PT 2617 .E85 Z9565 1985
Unseld, Siegfried 152242.
Hermann Hesse, Werk und
Wirkungsgeschichte

Siegfried Unseld

Hermann Hesse
Werk und Wirkungsgeschichte

Suhrkamp Verlag

Revidierte und erweiterte Fassung der Ausgabe von 1973

Erste Auflage der erweiterten Fassung 1985

Druck: MZ-Verlagsdruckerei GmbH, Memmingen
Printed in Germany

»Meine Dichtungen sind alle ohne Absichten, ohne Tendenzen entstanden. Wenn ich aber nachträglich nach einem gemeinsamen Sinn in ihnen suche, so finde ich allerdings einen solchen: vom Camenzind bis zum Steppenwolf und Josef Knecht können sie alle als eine Verteidigung (zuweilen auch als Notschrei) der Persönlichkeit, des Individuums gedeutet werden. Der einzelne, einmalige Mensch mit seinen Erbschaften und Möglichkeiten, seinen Gaben und Neigungen ist ein zartes, gebrechliches Ding, er kann wohl einen Anwalt brauchen. Und so wie er alle großen und starken Mächte gegen sich hat: den Staat, die Schule, die Kirchen, die Kollektive jeder Art, die Patrioten, die Orthodoxen und Katholiken aller Lager, die Kommunisten oder Faschisten nicht minder, so habe ich und haben meine Bücher immer alle diese Mächte gegen sich gehabt und bekamen ihre Kampfmittel, die anständigen wie die brutalen und gemeinen, zu spüren. Es wurde mir tausendmal bestätigt, wie gefährdet, schutzlos und angefeindet der Einzelne, der nicht Gleichgeschaltete in der Welt steht, wie sehr er des Schutzes, der Ermutigung, der Liebe bedarf.«

Hermann Hesse

Vorbemerkung

Hermann Hesse starb am 9. August 1962; sein Werk ist abgeschlossen; sein Nachlaß ist – vorbildlich bei einem zeitgenössischen Schriftsteller – der öffentlichen Forschung zugänglich und steht einem umfassenden Editionsprogramm offen. Sein Werk war zu seinen Lebzeiten, wenn man die Periode des Dritten Reiches ausnimmt, gut ediert und erreichte fast immer hohe Auflagen, und doch werfen die Publikationen mit unveröffentlichten Texten aus dem Nachlaß, Dokumenten seiner Kindheit und Jugend, Anthologien zu bestimmten zeitnahen Themen und insbesondere die umfangreiche Publikation seiner Briefe neue Bedeutungslichter auf Person und Autor Hermann Hesse, auf die Entstehungsgeschichte seiner Werke und vor allem auf seine engagierte Verflochtenheit in die Geschichte seiner Zeit. Hesse, ein Dichter, zeitlos und deshalb immer zeitgemäß, ist in unserer Zeit wieder aktuell, sein Werk für junge Menschen wieder wesentlich geworden.
Schon einmal, 1952, zum 75. Geburtstag Hesses, wurde der Versuch einer Werkgeschichte unternommen, die, auf Anregung von Peter Suhrkamp, mit Zitaten aus seinen Briefen, zu einem »Brevier« erweitert wurde. Bei der jetzigen gründlichen Revision und Erweiterung, die auf Materialien des Nachlasses zurückgreifen konnten, können letztgültige Daten und Fakten geboten, Hesses eigene Perspektiven auf sein Werk deutlicher gezeigt und relevante Stimmen von Zeitgenossen über sein Werk, lobend und kritisch, gesammelt dargeboten werden.
Bei dieser Werkgeschichte konnte der Chronist auf die neuere Sekundärliteratur, auf seine eigenen Arbeiten, seine Dissertation, seine Hesse-Editionen und das Suhrkamp-Archiv zurückgreifen, er konnte nicht zuletzt das benutzen, was Volker Michels in seinen Editionen und bei der Nach-

laßarbeit zutage gefördert hatte. Er dankt Volker Michels für seine Mitarbeit an dieser Werkgeschichte.
Das Prinzip dieser Werkgeschichte ist klar: auf den rechten Seiten des Buches wird die Geschichte des Werkes von Hesse in knapper Form dargeboten, und im Anschluß daran werden, chronologisch geordnet, repräsentative Stimmen zu den einzelnen Werken gebracht. Auf den linken Buchseiten stehen Texte von Hermann Hesse zu den jeweiligen Werken oder aus dem Umkreis der betreffenden Werke. Die Quellen der zitierten Werke werden an Ort und Stelle gegeben oder am Schluß vermerkt.
Der Chronist beabsichtigte ein Zweifaches: Er wollte die äußeren Daten und Fakten der Genesis des Werkes wie der Biographie des Autors geben und gleichzeitig versuchen, die innere Werkgeschichte nachzuzeichnen.

Hermann Hesse
Werk und
Wirkungsgeschichte

»Die ›Romantischen Lieder‹ tragen schon im Titel ein ästhetisches und ein persönliches Bekenntnis. Ich nehme es als Abschluß einer Periode und glaube, daß auf mein ferneres Dichten von ihnen aus kein Schluß zulässig ist. Das Manuskript ist seit Frühjahr fertig – eben seither bin ich einsamer, stiller, klarer geworden. Zweitens: Die Redaktion, die Aufnahme einzelner und Weglassung anderer Lieder glaubte ich, nach langem Besinnen, von nichts Persönlichem abhängig machen zu dürfen. Das Büchlein sollte kein Kunterbunt, sondern ein Ganzes, eine Reihe von Tönungen und Variationen desselben romantischen Grundmotivs werden.«

Brief an seine Mutter vom 2. 12. 1898, GBriefe 1, a. a. O., S. 48

»Das ist das Hauptstück meiner Romantik: liebevolle Pflege der Sprache, die mir wie etwa eine rare Geige erscheint, bei der eine lange Geschichte und Ausbildung mit der treuesten Pflege und der geübtesten Hand zusammenwirken muß, um Leben und Wohllaut zu haben.«

Brief an Eugen Diederichs vom 6. 4. 1899, GBriefe 1, a. a. O., S. 54

»Wie wichtig schien mir im Herbst 1899 dieses kleine Büchlein, als ich das erste Exemplar meines ersten Buches in der Hand hielt! Ich bin dem treu geblieben, was ich damals begonnen habe, aber es war ein mühsamer Weg, und die Mühe hat sich nicht gelohnt. Aber dennoch: das Beste, was das Leben geben kann, nämlich liebe Freunde, das hat es mir gegeben, und ich bin dafür dankbar.«

Brief an Alice Leuthold vom 4. 7. 1930. Unveröffentlicht.

»Ich betrachte in der Buchhandlung merkwürdige Versbüchlein von Achtzehnjährigen, im Verlag Pierson in Dresden erschienen, und ich denke nicht mehr daran, daß ich auch einmal derartige Verse gemacht habe und sogar demselben Autorenfänger auf den Leim gegangen bin.«

Aus »Das erste Abenteuer«, Erzählung, 1906.

ROMANTISCHE LIEDER

Gedichte. 1899 bei E. Pierson in Dresden in dreifacher Ausstattung (leinengebunden und broschiert) erschienen. Entstanden von Jan. 1897 – Frühjahr 1898 in Tübingen, wo der achtzehnjährige Hesse nach einigen vergeblichen Berufsversuchen seit Oktober 1895 in der Heckenhauerschen Buchhandlung tätig war.

»Romantisch« die Atmosphäre seines Zimmers in der Herrenberger Straße: an den Wänden das große Chopinbild, mehr als hundert weitere Bildnisse bewunderter Männer und, als besondere Dekoration, auf studentische Art symmetrisch aufgehängte Tabakspfeifen. Der erste von hier aus unternommene Versuch, etwas Geschriebenes zum Druck zu bringen, scheiterte: ein Aufsatz, an Christoph Schrempf gesandt mit der Bitte um Abdruck in der Zeitschrift »Die Wahrheit«, kam mit einem »gründlichen, schonungslosen, aber verantwortungsbewußten Schreiben« zurück. Hesse beteiligte sich mit 175 Mark an den Herstellungskosten dieser ersten Gedichtsammlung. Die Auflage betrug 600 Exemplare, von denen bis zum Januar 1900 54 Exemplare verkauft wurden. Das Bändchen erschien im Herbst 1898, obwohl das Impressum das Jahr 1899 nennt. Nur wenige Lieder sind in den Sammelband *Gedichte* 1902 übernommen, die meisten in die Ausgabe *Die Gedichte* 1942 (als Gedichte »Aus den Jahren 1895-98«) und in *Die Gedichte* 1977, Bd. 1. Auflage der Taschenbuchausgabe bis 1983: 69 Tsd. GS V, WA 1 (in Auswahl).

»Dieser Liedton hat etwas Zwingendes. Es ist eben das ›Genie des Herzens‹, das in diesen Gesängen waltet, von dessen Berührung jeder reicher fortgeht.« Karl Ernst Knodt, 1899

»Was den Titel meines ersten Prosabuches betrifft, so war seine Bedeutung mir selbst wohl klar, nicht aber den meisten Lesern. Das Reich, in dem ich lebte, das Traumland meiner dichterischen Stunden und Tage, wollte ich damit andeuten, das geheimnisvoll irgendwo zwischen Zeit und Raum lag, und ursprünglich sollte es ›Eine Meile hinter Mitternacht‹ heißen, doch klang mir das gar zu unmittelbar an die ›Drei Meilen hinter Weihnachten‹, des Märchens, an. So kam ich auf die Stunde hinter Mitternacht.
Daß das Buch später aus der Liste meiner Bücher verschwand und einige Jahrzehnte lang verschwunden blieb, hatte seine biographischen Gründe. In den Prosastudien der ›Stunde hinter Mitternacht‹ hatte ich mir ein Künstler-Traumreich, eine Schönheitsinsel geschaffen, sein Dichtertum war ein Rückzug aus den Stürmen und Niederungen der Tageswelt in die Nacht, den Traum und die schöne Einsamkeit, es fehlte dem Buch nicht an ästhetenhaften Zügen. Heute nun scheint mir die ›Stunde hinter Mitternacht‹ für den Leser, dem es um das Verständnis meines Weges zu tun ist, mindestens ebenso wichtig wie ›Lauscher‹ und ›Camenzind‹.«

Aus »Geleitwort zu ›Eine Stunde hinter Mitternacht‹«, 1941, Schrift. z. Lit. Bd. 1, S. 18ff., WA 11.

»Was heut modern und raffiniert,
Ist übermorgen antiquiert,
Was gestern wunderbar und gold,
Ist heute alt und überholt.
Ich seh' schon, wie mein Enkel lacht
Der alten wunderlichen Welt,
Wenn er einmal in Händen hält
Die ›Stunde hinter Mitternacht‹!«

Briefgedicht Hesses um 1900

»Die Nachtblätter, die in Ihren Händen sind, wuchsen mir aus ungezählten, schlafsuchenden mitternächtlichen Spaziergängen in Straßen, Brücken und Alleen. Diese Stunden voll Vereinsamung, unter den wipfelregen Kastanien und Platanen wurden mir allmählich zu einem unschätzbaren Born der Erinnerung, der Einkehr und Reinigung.«

Brief an H. Voigt-Diederichs vom 19. 2. 1899, GBriefe 1, a. a. O., S. 51

EINE STUNDE HINTER MITTERNACHT

Neun Prosastudien. 1899 (Juli) bei Diederichs in Leipzig erschienen. Die Texte entstanden im Winter 1898/99 in Tübingen. Hesse stand damals in Briefwechsel mit einer »jungen norddeutschen Dichterin«, Helene Voigt. Sie wurde später die Frau von Eugen Diederichs. Ihrer Befürwortung verdankt Hesse die Annahme des Buches.* Im ersten Jahr wurden 53 Exemplare verkauft. Der Band wurde von Rilke und Wilhelm von Scholz freundlich besprochen. Als nach Jahren das »kleine, ungemein sorgfältig gesetzte, gedruckte und geschmückte Buch« (das von der Offizin W. Drugulin in Leipzig hergestellt war) in seiner Auflage von 600 Exemplaren vergriffen war, zog Hesse es zurück. »In Calw erregte das Buch lediglich Entrüstung«, schrieb Hesse 1899 in einem Brief. Unveränderte Neuauflage erst 1941 und 1942. Enthalten im Band *Frühe Prosa* Zürich 1948. GS I, WA 1.

»Es verlohnt sich wohl, von einem Buche zu reden, welches fürchtig ist und fromm von einer dunklen, betenden Stimme. Denn die Kunst ist nicht ferne von diesem Buche. Der Anfang der Kunst ist Frömmigkeit: Frömmigkeit gegen sich selbst, gegen jedes Erleben, gegen alle Dinge, gegen ein großes Vorbild und die eigene ungeprobte Kraft. Hinter der ersten Hoffart unseres Herzens beginnt jenes große Belagertsein von Gott, welches damit endet, daß wir mit 100 Toren aufgehen vor dem dunklen Ring seiner Macht. Da hebt unser Leben an: das neue Leben, die vita nuova.
Die Worte sind wie aus Metall gemacht und lesen sich langsam und schwer. Dennoch ist das Buch sehr unliterarisch. An seinen besten Stellen ist es notwendig und eigenartig. Seine Ehrfurcht ist aufrichtig und tief. Seine Liebe ist groß und alle Gefühle darin sind fromm: es steht am Rande der Kunst.« Rainer Maria Rilke, 1899

a. a. O. V, 466ff.

* 1971 erschien in einer einmaligen Auflage von 800 Expl. im Verlag Diederichs, Köln, der Briefwechsel zwischen Hermann Hesse und Helene Voigt-Diederichs bis zum Jahre 1900. Die wichtigsten Hesse-Briefe daraus sind enthalten in GBriefe 1, a. a. O.

Vom Büchertisch

Hermann Lauscher. Nachgelassene Schriften und Tagebücher. Basel 1900, bei R. Reich. 2 Fr.
Unter obigem Titel gab ich auf Wunsch einiger Freunde die hinterlassenen Papiere eines unlängst verstorbenen Dichters und Sonderlings heraus. Sie gewähren, wie ich meine, nicht uninteressante Einblicke in das innere Leben eines modernen Idealisten. Auch dürften sie für Basel ein gewisses Lokalinteresse haben, da der Verstorbene gerade in der Zeit, in welcher das »Tagebuch« entstand, hier lebte.
So nah befreundet mir der sonderbare Verfasser auch war, so viel seine lebendige, rege Natur von seinen zukünftigen Dichtungen hoffen lassen mochte, – ich empfand sein plötzliches Abscheiden doch als eine Erlösung für seine zwischen Extremen peinlich schwankende Seele. Seinem feurigen, unsteten, doch im Grunde noblen und jedenfalls immer ehrlichen Wesen wußte ich kein besseres Denkmal als die Herausgabe seiner hinterlassenen Schriften, in denen man, wenn nicht Klarheit und Ruhe, so doch Persönlichkeit, Kampf und Wahrhaftigkeit finden wird.

Hesses Selbstrezension des ›Lauscher‹, Ende 1900 in der »Allgemeinen Schweizer Zeitung«, Basel.

»Erschrecken Sie nicht, lieber Herr Diederichs, es kommt ein Manuskript angefahren. Bitte sehen Sie die kleine Dichtung an und sagen Sie mir Ihre Ansicht. Sie werden wohl merken, daß die ganze Geschichte Zug für Zug Erlebnis ist, dennoch oder eben darum glaube ich die Veröffentlichung wagen zu dürfen ... Sollten Sie nun meiner Dichtung Ihren Beifall gönnen, aber schlechte Geschäfte fürchten, so wäre ich in diesem Falle ausnahmsweise bereit, mich in irgendeiner Weise an den Kosten zu beteiligen. In diesem Falle wäre ich für die kleinste Auflage und hohen Ladenpreis, um dem Büchlein eine Art Raritätswert zu geben.«

Brief an Eugen Diederichs vom 16. 8. 1900, GBriefe 1, a. a. O., S. 74

»... wie denn der ›Lauscher‹ überhaupt ein Versuch war, mir ein Stück Welt und Wirklichkeit zu erobern und den Gefahren einer teils weltscheuen, teils hochmütigen Vereinsamung zu entkommen.«

Aus dem Geleitwort zu »Eine Stunde hinter Mitternacht«, 1941

HERMANN LAUSCHER

Gedichte und Prosastücke. 1901 bei R. Reich in Basel erschienen unter dem Titel: *Hinterlassene Schriften und Gedichte von Hermann Lauscher. Herausgegeben von Hermann Hesse.* Neun Gedichte und drei (in der 1907 von Wilhelm Schäfer besorgten Ausgabe fünf) Prosastücke. Das erste, »Meine Kindheit«, 1896 in Tübingen, die anderen Stücke im Herbst 1899 in Basel geschrieben; hier war der Zweiundzwanzigjährige im Herbst 1899 in die Buchhandlung R. Reich und später in deren Antiquariat eingetreten; Basel war für ihn die Stadt seiner Kindheit. Die Widerspiegelung dieser Zeit, Tübinger Reminiszenzen, die Freundschaft mit Julie Hellmann, der »Lulu« des *Lauscher*, und das schwermütig-ironische Tagebuch bilden den Inhalt der Stücke. Im Geleitwort zur Ausgabe von 1933 schrieb Hesse: »Bei jeder Durchsicht des *Lauscher* sind mir im Lauf der Jahre Stellen aufgefallen, die ich gern gestrichen oder geändert hätte, z. B. jene jugendlich-hochfahrenden törichten Worte über Tolstoj im Anfang des Tagebuches. Es schien mir jedoch nicht erlaubt, mein eigenes Jugendbildnis nachträglich umzufälschen.« 1907 unter dem Titel *Hermann Lauscher* im Verlag »Rheinlande« in Düsseldorf; 1911 bei Albert Langen in München. 1933 unverändert und mit 25 Illustrationen von Gunter Böhmer bei S. Fischer. *Frühe Prosa* Zürich 1948. GS I, WA I, 1976 als insel taschenbuch 206, illustriert und mit einem Nachwort von Gunter Böhmer. 1977 im 25. Tausend.

»Wenn man nicht wüßte: dieses Stück ist schon vor mehr als dreißig Jahren gedruckt erschienen, möchte man es für eine Mystifikation des reifen Hesse halten, so stark ist es im Licht, so rein und dicht im Gehalt, so ebenbürtig den gerühmtesten Kindheitserinnerungen ... In ihnen verläßt der Mensch alle Geborgenheit, die er so wundersam beschrieb. Die heimischen Maßstäbe zerbrechen ihm, die modischen Stelzen, so flink er mit ihnen laufen kann, wollen ihm nicht genügen.«

Heinrich Wiegand
»Die Neue Rundschau«, 1934

»Ich habe apart ein Heft Lyrik, das ich mitsende. Es enthält unter strenger Weglassung anderer Töne die Art von Liedern, die mir selbst nicht am liebsten ist, aber am echtesten scheint. Sie werden wenig Freude daran haben, denn, soviel ich Sie kenne, ist Ihre Philosophie und Ihre Kunst positiver als meine. Aber ich bin eben als Hypochonder und Raisonneur in die Mitte zwischen Held und Dulder gefallen, und mein Inneres und Äußeres ist etwas verbummelt. Die Lieder enthalten viel Schlechtes, aber nichts Gelogenes – mehr kann ich selbst darüber nicht sagen.«

Brief an Carl Busse vom 26. 9. 1901, GBriefe 1, a. a. O., S. 83

»Ich war ein junger Mensch von etwa 23 Jahren und arbeitete als Gehilfe in einer Buchhandlung mit einem monatlichen Gehalt von 110 Franken. Ich hatte ein winziges Heft Verse auf eigene Kosten drucken lassen, das natürlich ganz unbeachtet blieb, außerdem war bei dem damals ganz jungen Verleger Diederichs ein Bändchen früher Prosa von mir erschienen. Diese zweite Veröffentlichung hatte mir eine freundschaftliche Besprechung durch Rilke gebracht, im übrigen war sie ebenso erfolglos wie die erste geblieben. Ich konnte nicht hoffen, nochmals einen Verleger zu finden. Da kam eines Tages aus blauem Himmel ein Brief von Carl Busse aus Berlin. Er habe Verse von mir gelesen, schrieb er, und da er soeben bei Grote eine kleine Reihe von Versbüchern jüngster Lyriker herauszubringen beginne, lade er mich ein, ihm einen Band ›Gedichte‹ zur Herausgabe zu überlassen. Diese freundliche Aufforderung war die erste wirkliche Freude, die ich in meinem jungen Literatenleben erfuhr. Ich machte mich sofort an die Auswahl und Ordnung des Gedichtbandes und saß glücklich und ungeduldig Nacht für Nacht viele Stunden an dieser Arbeit, bis ich das Manuskript an Busse absenden konnte.«

Aus: »Eine Erinnerung an Carl Busse«, »Neue Zürcher Zeitung«, 3. 12. 1928, enthalten in GBriefe 1, a. a. O., S. 494f.

GEDICHTE

1902 bei Grote in Berlin erschienen im 3. Band der »Neuen Deutschen Lyriker«, herausgegeben und eingeleitet von Carl Busse. Diese lyrische Ernte aus den Jahren 1899-1902 war der Mutter, Marie Hesse, gewidmet; sie starb am 24. April, kurz vor Erscheinen des Buches. In diesem zweiten Gedichtbuch findet Hesse noch keinen durchgehenden lyrischen Ton. – 23. Tsd. 1950 bei Grote unter dem Titel »Jugendgedichte«. In *Die Gedichte* 1942 und der erweiterten Ausgabe in den suhrkamp taschenbüchern Nr. 381, 1977. Auflage der Taschenbuchausgabe bis 1983: 69 Tsd. GS V, WA 1.

»Hier ist ein Temperament, eine Natur. Aus hunderten hätte ich dieses innige, deutsche, tiefe, treue Buch herausgefunden: ein paar Zeilen hätten genügt ... Diesem Dichter dürfte keiner das Dichten verbieten. Es hieße der Blume das Duften verwehren ... Keiner hat heute seit Eichendorff diese, das Gemüt beseligende Macht. Manche seiner Gedichte sind dem Schönsten beizuzählen, das wir in deutschen Versen besitzen.« Richard Schaukal
in der »Wiener Abendpost« vom 6. 12. 1902 und 20. 6. 1903

»Die Gedichte von Hermann Hesse wirken nirgends wie Anklang und Nachklang. Sie besitzen den Stempel einer besondern, neuen Persönlichkeit und sie erzählen auch ein ganzes Jünglings- und Mannesleben mit seinen Träumen, Wünschen, Irrungen und mit seiner Resignation. Dabei fällt uns die Abwesenheit jener Virtuosenkünste angenehm auf, mit denen manche dichtende Zeitgenossen ihren Versen einen flott modernen Aufputz geben zu müssen meinen. Hermann Hesse weiß, daß er solcher Mittelchen nicht bedarf. Natürlich freut es auch ihn, wenn sich ihm ein überraschender, vielleicht niemals vor ihm in solcher Gedankenfolge gebrauchter Reim darbietet; aber er hat ihn nicht von weither gesucht. Seine Sprache ist zu herzlich, als daß ein solcher Verdacht aufkommen könnte; das überquellende Gefühl verlangt nichts anderes als ein kraftvolles Dahinströmen ohne gekünstelte Hemmungen.«
Josef Victor Widmann in »Der Bund«, Bern, vom 7. 6. 1903

Gruß an die französischen Studenten:

»Mein erster Roman ist geschrieben in Basel in den ersten Jahren dieses Jahrhunderts und im Jahre 1903 zum erstenmal erschienen. Er stammt also aus einer sagenhaft gewordenen Zeit, lang vor den großen Kriegen und Umwälzungen Ihrer Epoche, aus der Atmosphäre von Frieden und Sorglosigkeit, von der Sie etwa durch Ihre Eltern oder Großeltern haben erzählen hören. Dennoch atmet er nicht Zufriedenheit und Sattheit, denn er ist Werk und Bekenntnis eines jungen Menschen, und Zufriedenheit und Sattheit gehören nicht zu den Merkmalen der Jugend.

Peter Camenzinds Unzufriedenheit und Sehnsucht richtet sich nicht auf die politischen Verhältnisse, sondern teils auf die eigene Person, von welcher er mehr verlangt, als sie vermutlich wird leisten können, teils auf die Gesellschaft, an der er auf jugendliche Weise Kritik übt. Die Welt und Menschheit, die er allerdings kennenzulernen noch wenig Gelegenheit hatte, ist ihm zu satt, zu selbstzufrieden, zu glatt und normiert, er möchte freier, heftiger, schöner, edler leben als sie, er fühlt sich zu ihr von Anfang an im Gegensatz, ohne eigentlich zu merken, wie sehr sie ihn doch lockt und anzieht.

Da er Lyriker ist, wendet er sich mit seinem unerfüllten und unerfüllbaren Verlangen der Natur zu, er liebt sie mit der Leidenschaft und Andacht des Künstlers, er findet zeitweise bei ihr, in der Hingabe an Landschaft, Atmosphäre und Jahreszeiten eine Zuflucht, einen Ort der Verehrung, Andacht und Erhebung.

Darin nun ist er, Sie wissen es, durchaus ein Kind seiner Zeit, der Zeit um 1900, der Zeit der ›Wandervögel‹ und Jugendbewegungen. Er strebt von der Welt und Gesellschaft zur Natur zurück, er wiederholt im kleinen die halb tapfere, halb sentimentale Revolte Rousseaus, er wird auf diesem Wege zum Dichter.

Aber, und das ist wohl das unterscheidende Merkmal dieses jugendlichen Buches, er gehört dennoch nicht zu den Wandervögeln und Jugendgemeinschaften, im Gegenteil, nirgends würde er schlechter eingeordnet sein, als in diesen teils treuherzigbiederen, teils lärmend selbstbewußten Gruppen und Bünden, die bei Lagerfeuern entweder Gitarre spielen oder die Nächte hindurch disputieren. Sein Ziel und Ideal ist es nicht, Bruder in einem Bunde, Mitwisser in einer Verschwörung, Stimme in einem Chor zu sein. Sondern statt Gemeinschaft, Kameraderie und Einord-

PETER CAMENZIND

Roman. 1904 bei S. Fischer in Berlin erschienen*. Entstanden 1901-1903 in Basel. Erste Studien in Vitznau.
Nach einer Italienreise 1901 (Florenz, Ravenna, Venedig), auf der Studien sorgsam in zwei Wachstuchheften festgehalten wurden (vgl. H. Hesse, »Italien« S. 360ff.), geriet Hesse in Basel in lebendige Beziehung zur bildenden Kunst. Begegnungen mit Carl Joel und Heinrich Wölfflin. – Paul Ilg, ein Thurgauer Schriftsteller, machte S. Fischer auf den »Basler Literaten« aufmerksam. Samuel Fischer las den *Lauscher* und schrieb am 30. 1. 1907 an Hesse: »Sehr geehrter Herr! Wir haben mit großem Vergnügen die hinterlassenen Gedichte und Schriften von Hermann Lauscher gelesen und steht viel Schönes auf diesen wenigen Seiten und eine nicht gemeine Hoffnung knüpft sich daran. Es würde uns freuen, wenn Sie uns neuere Arbeiten von Ihnen mitteilen wollten.« »Es war die erste literarische Anerkennung und Ermunterung in meinem Leben«, schrieb Hesse später. »Ich hatte damals den *Camenzind* begonnen und Fischers Einladung spornte mich sehr an. Ich schrieb ihn fertig, er wurde sofort angenommen. Ich war arriviert.« Hugo Ball schreibt zu diesem Vorgang: »Nun, nicht nur arriviert. Hesse stand jetzt dort, wo er hingehörte: auf dem Forum, weithin vernehmbar. Und diese Verbindung war noch in einem anderen Sinne für ihn bedeutsam. Auch während der schlimmsten Jahre verstand S. Fischer, eine Art von Gesellschaft und geistiger Elite aufrecht zu erhalten; einen Zirkel, der dem Werke, noch ehe es geschrieben ist, eine Realität und gesellige Signatur verleiht. Dieser feste Wille des Verlegers, dieses starke Bewußtsein einer Führung und Würde war es vielleicht gerade, was für Hesse zur Bedingung eines stetigen Sich-Erschließens wurde. Es ist sehr möglich, daß nur dieser Verlag dem Dichter jenes Gefühl von Sinn in

* Wenn nicht anders vermerkt, sind alle folgenden Werke bei S. Fischer in Berlin erschienen.

nung sucht er das Gegenteil, er will nicht den Weg vieler, sondern eigensinnig nur seinen eigenen Weg gehen, er will nicht mitlaufen und sich anpassen, sondern in seiner eigenen Seele Natur und Welt spiegeln und in neuen Bildern erleben. Er ist nicht für das Leben im Kollektiv geschaffen, er ist einsamer König in einem von ihm selbst geschaffenen Traumreich.
Ich glaube, hier haben wir den Anfang des roten Fadens gefunden, der durch mein ganzes Werk geht. Ich bin zwar nicht bei der etwas kauzigen Eremitenhaltung Camenzinds geblieben, ich habe mich im Lauf meiner Entwicklung den Problemen der Zeit nicht entzogen und nie, wie meine politischen Kritiker meinen, im elfenbeinernen Turme gelebt – aber das erste und brennendste meiner Probleme war nie der Staat, die Gesellschaft oder die Kirche, sondern der einzelne Mensch, die Persönlichkeit, das einmalige, nicht normierte Individuum. Von diesem Standort aus läßt sich der Camenzind, so unzulänglich er sein möge, recht wohl einer Betrachtung und Analyse meines ganzes Lebens zugrunde legen.«

Offener Brief »Neue Zürcher Zeitung«, 4. 8. 1951, Schrift. z. Lit. Bd. 1, a.a.O., S. 25ff., WA 11.

»Vor einigen Wochen waren Sie so freundlich, sich nach meinen Arbeiten zu erkundigen und mich zur Vorlage einer solchen aufzufordern. Mein kleiner Roman ›Peter Camenzind‹ ist nun fertig und geht zugleich mit diesen Zeilen an Sie ab. [...]
Sie werden auf den ersten Blick sehen, daß mein Werkchen unmodern, ja antimodern ist. Auch an formalen Mängeln wird es nicht fehlen. Dagegen ist Volk und Land aus langen, liebevollen Beobachtungen dargestellt und es steht nichts Erfundenes und Unerlebtes drin. Den Schwerpunkt sollte die seelische Entwicklung des Sonderlings Peter bilden, alles Nebenher ist daher skizzenhaft behandelt. Sprachlich schloß ich mich keiner Mode an, sondern folgte – zunächst meinem persönlichen Gefühl – durchaus dem gesprochenen Deutsch meiner Heimat (ich bin halber Basler, halb Schwabe).«

Aus einem Brief an S. Fischer, Anfang Mai 1903. Unveröffentlicht.

seinem Tun und jenen Zustrom von Erwartung bieten konnte, ohne die Hesses Werk, wie wir es heute kennen, vielleicht nicht vorhanden wäre.«
Im Oktober bis Dezember 1903 wurde der Text in der »Neuen deutschen Rundschau« vorabgedruckt. Die Buchausgabe erschien im Januar 1904. Sie ist Ludwig Finckh gewidmet. Noch im Erscheinungsjahr erhielt Hesse den Wiener »Bauernfeldpreis«. 1909 erschien bereits das 50. Tausend, 1925 im 115. Tausend in der blauen Leinenausgabe der »Gesammelten Werke in Einzelausgaben«, Neuausgabe, im 139. Tausend, 1950 bei Suhrkamp in Berlin und Frankfurt. Als Knaur Taschenbuch von 1964 bis 1970: 70. Tsd. Gesamtauflage aller deutschsprachigen Ausgaben von 1904 bis 1977: 612 Tsd., GS I, WA I. 1974 als suhrkamp taschenbuch 161, 1984 im 215. Tausend.

»Habe den Camenzind fern in Erinnerung als etwas Kühles, mit Herbstbuntheit und Herbheit gefülltes Papier.« Bertolt Brecht
Notiz v. 22. 8. 1920, a. a. O., 8,8

»Ein sehr gutes Buch. Ich glaube, es gehört zu denen, die lange und verstohlen mitklingen.« Oskar Loerke
Tagebucheintrag vom 27. 5. 1906, a. a. O.

»Neulich an südlichen Küsten las ich das Buch eines starken Menschen. Es heißt *Peter Camenzind* und ist von Hermann Hesse. Obwohl Peter sich als Schweizer aufführt, während Hermann die Sprache des Reiches spricht, scheinen beide durchaus dieselbe Person. Das Buch ist deutsch ohne patriotische Rempelei und fromm ohne Prostitution der Seele. Von der Erzählung weiß ich wenig zu sagen. Ein junger Mensch aus altem Bauernblut wächst bäuerlich auf, wird in Bildung getaucht, die ihn benetzt, nicht lockert. Er hat ein paar Lieb- und Freundschaften daheim und in der Fremde, stets ohne Glück und Stern; sein Gewinn ist der heilige Franziskus von Assisi, der ihn Liebe zu aller Kreatur lehrt. So kehrt er heim und wurzelt fest als das, was seine Väter und er zuvor gewesen.
Das ist einfach – und vielleicht wenig. Herrlich aber ist die große und treue Liebe des Schreibers zu aller Kreatur des Himmels und der Erde! Wenn er Sonne und Wolken, Berg und See, Bäume und

Umschlag der Erstausgabe (1904), gestaltet von Franz Christophe.

Kräuter und lebendiges Wesen schildert und preist, so klingt durch seine Worte der Ton der Wahrhaftigkeit, der Gefühle und Gedanken, auch bekanntere und geläufige, erneut und adelt.«

Walther Rathenau
unter dem Pseudonym »Ernst Reinhart« in »Die Zukunft«,
Berlin 1904. Titel: »Ein gutes Buch«

Walther Rathenau schrieb am 21. 1. 1918 in einem Brief an Hesse: »Die erste und einzige Buchbesprechung, die ich je geschrieben habe, erschien vor vielen Jahren in der ›Zukunft‹. Sie betraf Ihr Buch, *Peter Camenzind.*«

»Was Hesse über die Wolken und den Föhn sagt, besser: singt, vor Enthusiasmus glühend singt, ist von einer Schönheit, einem Schwung, einer Farbenpracht, wie sie ähnliche Rhapsodien bei Jean Paul, Hölderlin und den großen Nordländern kaum aufbringen. Aber auf solche Glanzpartien folgen kaum untermalte Strecken, nüchternste Referate, weitergeschrieben, wie von einem selbst gelangweilten Reporter, Öden, die man zu überschlagen geneigt ist ... Möge der liebenswürdige Poet uns bald mit einem abgeschlossenen Werke beschenken. Er hat große Pflichten gegen seinen gütigen Genius.«

Richard Schaukal
in »Wiener Abendpost« vom 19. 3. 1904

»Wir lesen darin heute nicht mehr so sehr die gefühlsbewegte Geschichte einer Jugend, so zeitlos die zeitlich gebundene auch ihre Gültigkeit bewahrt hat, als vielmehr die großen Gedichte in Prosa, die allerorts darin aufglänzen, Juwelen, deren Schliff wie am ersten Tage blendet: das Poesie gewordene Stück Erdgeschichte von den Schichtungen des Gebirges bis zur klassischen Schilderung des Föhns«.

Ossip Kalenter in »Die Weltwoche«, Zürich, vom 26. 11. 1948

»›Non vitae, sed scholae [discimus]‹ ist eben doch der erste Grundsatz des heutigen Staatsschulsystems, wie ich in meinem nächsten Roman erweisen werde.«

Brief an Karl Lichtenhahn vom 5. 2. 1904. Unveröffentlicht.

»›Unterm Rad‹ wird nächstes Jahr als Buch erscheinen, in Kleinigkeiten gemildert. Hoffentlich nimmst Du an den paar salzigen Stellen nicht zu sehr Anstoß. Die Schule ist die einzige moderne Kulturfrage, die ich ernst nehme und die mich gelegentlich aufregt. An mir hat die Schule viel kaputtgemacht, und ich kenne wenig bedeutendere Persönlichkeiten, denen es nicht ähnlich ging. Gelernt habe ich dort nur Latein und Lügen, denn ungelogen kam man in Calw und im Gymnasium nicht durch – wie unser Hans beweist, den sie ja in Calw, weil er ehrlich war, fast umbrachten. Der ist auch, seit sie ihm in der Schule das Rückgrat gebrochen haben, immer unterm Rad geblieben.«

Brief an Karl Isenberg vom 25. 11. 1904, GBriefe 1, a.a.O., S. 130

»Zugleich mit diesen Zeilen sende ich Ihnen das Manuskript meiner neuen Erzählung ›Unterm Rad‹, die Geschichte eines schwäbischen Schulknaben.
Es ist mir wahrscheinlich, daß der Roman Sie enttäuschen wird. Denn obwohl eine solide Arbeit darin steckt, ist der Stoff doch zu lokal und zu spröde, und das Ganze hat viel weniger Temperament als der Camenzind. [...] Nun lesen Sie bitte die Geschichte in aller Muße, daß sie so sehr auf speziell schwäbische Einrichtungen (Seminar) losgeht, wird Ihnen mißlich sein. Doch finden Sie vielleicht doch noch das allgemein Menschliche vorwalten. Nun, Sie werden ja sehen, was daran ist.«

Brief an S. Fischer vom 28. 12. 1903. Unveröffentlicht.

»Damals, vor 50 Jahren, war die Lehrerschaft über das Buch empört, ein deutsches Lehrerblatt schrieb ›Hesse mag ein begabter Dichter sein, ein Freund der Wahrheit ist er nicht.‹ Der kleine Roman erschien zuerst in der Neuen Zürcher Zeitung, und nachdem die ersten paar Fortsetzungen erschienen waren, bewarb sich der ›Merkur‹, die konservative Hauptzei-

UNTERM RAD

Roman. 1906 erschienen, 1903/04 in Calw und Gaienhofen entstanden.
Der Antiquariatsberuf wurde im August 1903 aufgegeben. 2. Italienreise im April 1903. Hochzeit mit Maria Bernoulli (aus dem Altbasler Mathematikergeschlecht der Bernoulli). Ende August 1904 bezieht Hesse ein leerstehendes Bauernhaus im badischen Dorf Gaienhofen am unteren Bodensee. Viele Schilderungen des *Bilderbuches* umkreisen die Landschaft und das Erleben dieser Zeit.
Der vom April bis Mai 1904 in der »Neuen Zürcher Zeitung« vorabgedruckte Roman trägt deutlich autobiographische Züge . Wie für den Hans Giebenrath des Romans, so war auch für Hesse – und auch für seinen Bruder Hans – die »Lateinschule zur Tragödie« geworden. Wie Hermann Heilner war auch Hesse (am 7. März 1892) aus dem Maulbronner Seminar geflohen, und wie Giebenrath mußte auch sein Autor (vom Frühjahr 1894 bis Herbst 1895) eine Schlosserlehre in einer Calwer Turmuhrenwerkstätte ableisten. *Unterm Rad* ist, was das Biographische betrifft, eine Oberflächenzeichnung. Die wirklichen Konflikte unter den Schülern und die große Krise, in die Hermann Hesse geriet, ist dokumentiert in den Briefen und Zeugnissen des Bandes *Kindheit und Jugend vor Neunzehnhundert*. (siehe dort) – 1909 neu aufgelegt in »Fischers Bibliothek zeitgenössischer Romane«. Im 100. Tausend 1918. Von 1933 – Kriegsende war das Buch vergriffen und durfte nicht nachgedruckt werden. Erste Neuauflage, vom Autor geringfügig bearbeitet, 1951 bei Suhrkamp in Berlin und Frankfurt im 156. Tausend. Gesamtauflage aller deutschsprachigen Ausgaben von 1906 bis 1977: 372 Tsd., GS I, WA 2. 1972 als suhrkamp taschenbuch 52, 1984 im 556. Tausend. 1977 Sonderausgabe der Urfassung von »Unterm Rad«, herausgegeben von Volker Michels in der Büchergilde Gutenberg. Dasselbe 1982 als Band 776 der Bibliothek Suhrkamp.

tung von Württemberg, angelegentlich um das Abdrucksrecht. Nach wenigen weiteren Fortsetzungen aber schrieb er mir entsetzt, so etwas könne er nicht bringen.«

Brief an Walther Meier, um 1952. Unveröffentlicht.

»Über ›Unterm Rad‹ urteilte ein Lehrer unter anderm: Schopenhauer und Nietzsche seien ja Muster von gehässigen Grobianen, aber gegen mich seien sie Waisenknaben. – All diese unliebsame Öffentlichkeit ist so äußerlich, daß man sich dran gewöhnt, sie nie ernst zu nehmen.«

Brief an die Familie in Calw vom 2. 4. 1911, GBriefe 1, a. a. O., S. 191 f.

»Die Lateinschule, welche auch mir viele Konflikte gebracht hatte, wurde für ihn [seinen Bruder Hans] *mit der Zeit zur Tragödie, auf andere Weise und aus anderen Gründen als für mich, und wenn ich später als junger Schriftsteller in der Erzählung ›Unterm Rad‹ nicht ohne Erbitterung mit jener Art von Schulen abrechnete, so war das leidensschwere Schülertum meines Bruders dazu beinah ebenso sehr Ursache wie mein eigenes. Hans war durchaus gutwillig, folgsam und zum Anerkennen der Autorität bereit, aber er war kein guter Lerner, mehrere Lehrfächer fielen ihm sehr schwer, und da er weder das naive Phlegma besaß, die Plagereien und Strafen an sich ablaufen zu lassen, noch die Gerissenheit des Sich-Durchschwindelns, wurde er zu einem jener Schüler, von denen die Lehrer, namentlich die schlechten Lehrer, gar nicht loskommen können, welche sie nie in Ruhe lassen können, sondern immer wieder plagen, höhnen und strafen müssen.«*

Aus »Erinnerung an Hans«, 1936, WA 10, S. 199 ff.

»In der Geschichte und Gestalt des kleinen Hans Giebenrath, zu dem als Mit- und Gegenspieler sein Freund Heilner gehört, wollte ich die Krise jener Entwicklungsjahre darstellen und mich von der Erinnerung an sie befreien, und um bei diesem Versuche das, was mir an Überlegenheit und Reife fehlte, zu ersetzen, spielte ich ein wenig den Ankläger und Kritiker jenen gegenüber, denen Giebenrath erliegt und denen ich selber beinahe erlegen wäre: der Schule, der Theologie, der Tradition und Autorität.«

Aus »Begegnungen mit Vergangenem«, 1953, WA 10, S. 347 ff.

»Das Buch enthält die kurze Geschichte eines schwäbischen Knaben, dessen stilles und feines Leben von der ›wohlwollenden‹ und schrecklichen Maschine der Gewohnheit und Gewöhnlichkeit aufgerieben und zerdrückt wird ... Hans Giebenrath wird das Opfer dieses Systems, hinter dem treibend, anfeuernd und lebenertötend der verständnislose Ehrgeiz des kleinbürgerlichen Vaters und robuster Philologenseelen steht. Ein Tendenzwerk? Ja, dort, wo es mit warmen Worten das Recht der Jugend auf eine Jugend verlangt.«

Theodor Heuss
in »Die Hilfe«, 1905

»Es hieße gering von dem Buch sprechen, wollte man es Lehrern und Eltern ans Herz legen, obgleich es gerade denen nichts schaden könnte.«

Wilhelm Schäfer
in »Die Rheinlande«, Düsseldorf 1905

»Der Roman enthält ungefähr eine Anleitung für Eltern, Vormünder und Lehrer, wie man einen gesunden, begabten jungen Menschen am zweckmäßigsten zu Grunde richtet, welche Wurzeln man abzuschneiden hat, damit das junge Stämmchen am schnellsten verdorrt und stirbt.«

Arthur Eloesser
in »Vossische Zeitung«, Berlin 1906

»Hesses tiefe Menschenskepsis, seine Verachtung für die Unmoral der seelischen Trägheiten, für die als Tüchtigkeit heuchlerisch maskierte Erwerbs- und Erfolgssucht: sie sind von der Wahrhaftigkeit gekennzeichnet und von der solidarischen Geste, die den Komplizierten, den Sensiblen und Einzelgängern guttut ... Der meistens behutsame Sprechton von einem, dem, wie es scheint, immer das Friedliche, Schöne, Glückliche am Herzen liegt, er verschärft den Kontrast zum Schrecklichen ... Die Verspottungstechnik, hier so still, so sacht, so pseudo-behäbig, kann ich erst jetzt richtig schätzen. Aber in jeder Lebenszeit bin ich auf Hesses Seite, wenn über die schrecklichen Resultate der traditionellen Stupidität verhandelt wird, so wie in diesem heute wie damals, wie morgen und übermorgen gültigen kleinen Roman ... Ich muß wohl meine eigenen stumpfsinnigen Nazimitläuferlehrer in Hans Giebenraths Peinigern wiedererkannt und Solidarität in der Literatur gefunden haben. Ich nahm Hesses Roman als eine hohn- und haßvolle Vergeltungsmaßnahme gegen das Unrecht an Kindern durch Erziehungsstümper höchst bereitwillig auf.«

Gabriele Wohmann
in »Frankfurter Allgemeine Zeitung« vom 16. 4. 1980

»Auf Ihre freundliche Anfrage über die Entstehung meines ›Diesseits‹ fällt mir die Antwort schwer. Wie eine Dichtung zustande kommt, das kann man nicht erzählen, der Dichter kommt dazu wie die Frau zum Kind. So will ich wenigstens die trockenen Daten nennen. Die fünf Erzählungen sind in derselben Reihenfolge entstanden, wie sie im Buch stehen. Das ist ein Zufall, denn im Buch ordnete ich die Reihenfolge nach ganz anderen, nicht chronologischen Gesichtspunkten, und ich bemerke erst heute, da ich das Buch daraufhin ansehe, daß zufällig die Anordnung auch chronologisch stimmt. Die Entstehungszeit der fünf Stücke liegt zwischen Herbst 1903 und Herbst 1906. Am raschesten (in etwa 3 Wochen) ist die ›Fußreise‹ geschrieben, am langsamsten der ›Heumond‹, bei dem zwischen Beginn und Fertigwerden mehr als ein Jahr liegt. Mir persönlich ist die Erzählung ›Aus Kinderzeiten‹ die liebste, die Kritik hat meist den ›Heumond‹ und zu meiner Verwunderung den ›Lateinschüler‹ vorgezogen.
Sie fragen, wie ich damit zu dem Verleger kam. Das war sehr einfach. Schon meine zwei vorhergehenden Bücher waren bei S. Fischer, Berlin, erschienen, und ich hatte keinen Grund, diesen Verlag, den ich sehr schätze und mit dem ich durchaus zufrieden bin, zu verlassen. Der Erfolg des Buches ist über mein Erwarten gut gewesen.«

Über *Diesseits* anläßlich einer Umfrage der »Allgemeinen Buchhändlerzeitung«, 1908. GBriefe 1, a. a. O., S. 501

»Ich benutze gern, wie zum Beispiel in den beiden letzten Erzählungen der ›Nachbarn‹, die Freiheit unserer Novellenform, um statt des eigentlichen Erzählens einem beschaulichen Betrachten der Natur und merkwürdiger Menschenseelen nachzugehen. Daß dabei wie in allen meinen bisherigen Büchern das Idyllische vorwiegt, mag zum großen Teil in meinem Wesen liegen, dem alles Dramatische fremd ist; zum Teil ist es aber auch bewußte Beschränkung auf ein Gebiet, dem ich mich bis jetzt noch besser gewachsen fühle als der Darstellung mancher gar nicht idyllischer Stoffe, zu der mir das Vertrauen noch fehlt.
Mehr kann ich in der Kürze nicht sagen. Nur noch das, daß ich trotz der letzten Notiz keineswegs der Meinung bin, ein aufrichtiger Autor könne seine ›Stoffe‹ absolut frei wählen. Vielmehr bin ich durchaus davon überzeugt, daß die Stoffe zu uns kommen,

DIESSEITS – NACHBARN – UMWEGE

Erzählungen. 1907, 1908 und 1912 erschienen. Entstanden in Gaienhofen. Viele Erstdrucke dieser Erzählungen (z.B.: »Die Verlobung« unter dem Titel: »Eine Liebesgeschichte« 1908, »Ladidel« 1909, »Der Weltverbesserer« 1911, und »Pater Matthias« 1911) veröffentlichte die literarische Halbmonatsschrift »März«, die Hesse (von 1907 bis 1912), Ludwig Thoma, Kurt Aram mit und bei Albert Langen herausgaben; andere Erstdrucke erschienen unter anderem in der »Neuen Rundschau«, Sonderausgaben der Erzählungen: »Der Lateinschüler« 1914, 1934. »Die Marmorsäge« 1916. »In der alten Sonne« 1914, 1943: »Die Verlobung« 1924, 1951.
Umarbeitung dieser Erzählungen in den Jahren 1928-1930 (mit Ausnahme von »Eine Fußreise im Herbst«, »Pater Matthias«). Die umgearbeiteten Erzählungen der Bände *Diesseits, Nachbarn* und *Umwege* wurden neu aufgelegt in den beiden Bänden der GW *Diesseits* 1930 und *Kleine Welt* 1933. *Diesseits, Kleine Welt* und *Fabulierbuch* in einem Bande 1954 in GW. Gesamtauflage aller deutschsprachigen Ausgaben von 1907 bis 1970: ca. 145. Tsd., 1973: 200. Tsd. Enthalten in der Sonderausgabe *Die Erzählungen* 1973, in der vierbändigen Ausgabe der *Gesammelten Erzählungen* in den suhrkamp taschenbüchern 1977 und der sechsbändigen Geschenkausgabe von 1982. GS I u. II, WA 2 und 3.

»Wir sind etwas durch ›Stimmung‹ verwöhnt und verweichlicht. Auch Hesse gibt Töne und Stimmung, aber er füllt sie mit Konturen, mit festen und gewissen Strichen. Aus seinem Schildern kommt kräftige Anschauung. Mit einer großen sprachlichen Disziplin zwingt er Gehalt und Form einer Landschaft, eines Naturbildes in unsere Vorstellung ... Hesse gehört zu denen, die aus dem eigenen Leben gestalten: ihre Phantasie ist gezügelt, alle dichterische Energie strömt in die Darstellung ... Ich kann von diesem Buch nur mit warmem Lobe reden ... Es ist mit Hesse ein neues dichterisches Wesen in unsere Kunst von heute getreten, das in den Händen

nicht wir zu ihnen, und daß daher die scheinbare ›Wahl‹ kein Akt eines losgebundenen persönlichen Willens, sondern gleich jeder Entschließung Folge eines lückenlosen Determinismus ist. Nur möchte ich damit nicht den Anschein erwecken, als halte ich nun jeden Einfall und jede Arbeit eines Dichters für sanktioniert, sondern gebe gern und mit Überzeugung zu, daß hier wie im übrigen Leben der Glauben an die Determination keineswegs die persönliche Verantwortlichkeit aufhebt. Dafür haben wir einen untrüglichen Maßstab im Gewissen, und das dichterische Gewissen ist darum das einzige Gesetz, dem der Dichter unbedingt folgen muß, und dessen Umgehung ihn und seine Arbeit schädigt.«

»Westermanns Monatshefte«, 1908, in Schrift. z. Lit. Bd. 1, S. 28f., WA 11.

»Die meisten sind Erzählungen, doch ist das eine notgedrungene Bezeichnung, und ich weiß besser als mancher zu wohlwollende Kritiker, daß ich eigentlich kein Erzähler bin. Auch neun Zehntel und mehr von allen heutigen Romanen sind keine Erzählungen. Wir ›Erzähler‹ von heute treiben alle eine Kunst von übermorgen, deren Formgesetze noch nicht da sind. Was man eigentlich Erzählung nennt, ist die Darstellung vom Geschehen zwischen handelnden Menschen, während wir jetzt ein Bedürfnis fühlen, den einsamen Einzelnen darzustellen. Vielleicht wird aus diesen Versuchen eine neue Kunst werden. Das wird etwas Anderes, Neues sein, aber auch hier wird das A und O sehr nahe beieinander liegen. Und wenn auch diese neue Art einmal ihren Homer bekommt, so wird er trotz allem Neuen dem alten Homer wie ein Bruder gleichen.«

Aus »Schwabenspiegel«, 1909. Unveröffentlicht.

Unbefugter und Unfähiger zur Gefahr werden kann. In Hesses Werken aber stellt sie sich dar als eine freie, selbstschöpferische Fortsetzung unserer besten Tradition.« Theodor Heuss

in »Literarisches Echo«, 1907

»Früher sprach der Dichter über die Dinge, jetzt erzählen die Dinge vom Dichter. Die Sachlichkeit des Ausdrucks wuchs ... Ich verzeichne als eine Besonderheit des schönen Buches den starken landschaftlichen und lokalen Charakter, der nicht mit Absichtlichkeit aufgesetzt ist, sondern in den Worten, in der Raumverteilung, in der Anschauung der Dinge und Menschen als eine Selbstverständlichkeit mitschwingt.« Theodor Heuss

in »Die Hilfe«, 1907

»Von Hesse habe ich den Novellenband *Diesseits* auf dem Zimmer. Er kann sehr viel, wenn auch vielleicht nur das Eine: Landschaft zu geben, ohne sie zu beseelen, und dennoch sie zum Mittelpunkt machen, nicht zur Staffage. Sein Schauen hält eine eigene Mitte zwischen der Kontemplation eines Mystikers und dem Scharfblick eines Amerikaners.« Walter Benjamin

Brief an Herbert Belmore vom 30. 7. 1913, a. a. O., S. 82

»Diese Geschichten Hesses blühen frisch wie am ersten Tag und negieren so gut wie ein Manifest, daß das dauernde Kunstwerk nach einem der Lage gemäßen Programm ›angefertigt‹ sein müßte ... In immer neuer Spiegelung erscheint das Wort ›diesseits‹, anders in der geheimnisreichen Vorfrühlingsatmosphäre des präludierenden Stückes ›Aus Kinderzeiten‹, anders in der Geschichtenreihe vom Ausbruch und Schicksal unerprobter Sexualität. Im ›Heumond‹, wo Hesse mit Proustschem Raffinement das Seelische in Arabesken der Landschaft und Witterung aufgelöst hat, ist nur Ahnung und Widerschein ... Denkt man bei der Betrachtung an Stifter und Eichendorff, so ist das nur ein Mittel zur Einordnung in jene spezifisch deutsche Gruppe von Prosadichtung, bei der im Gegensatz zu den großen englischen Romanciers der Abenteuer, die Erzählung zur Lyrik wird, zum Reflex innerster Gedanken und Gefühle.«

Heinrich Wiegand

in »Berliner Tageblatt« vom 14. 9. 1930

»Sie wissen nicht, daß ich am »Ton« dieser ›Gertrud‹, deren andere Fehler ich leider kenne, lang und recht schwer gearbeitet und gerade hierin das denkbar reinste Gewissen habe. Es liegen in meinem Tisch verborgen zwei große Manuskripte von je etwa 100 Seiten, in welchen beiden versucht ist, die ›Gertrud‹ nicht im Ich-Ton zu erzählen, sondern rein episch. Das war die Arbeit zweier Winter, und im dritten schrieb ich, nach achtmonatlichem Besinnen, die ganze Sache neu im Ich-Ton.«

Brief an Theodor Heuss vom 17. 11. 1910, GBriefe 1, a.a.O., S. 183f.

»Ich war der Meinung, stofflich in der ›Getrud‹ insofern Neues zu probieren, als das Buch von der schwierigen Balance handelt, die im echten Künstler zwischen Liebe zur Welt und Flucht vor der Welt einerseits, andererseits zwischen Befriedigung und Durst ständig vibriert. Äußerlich ist das kein großer Stoff, aber psychologisch doch.«

Brief an Theodor Heuss vom 21. 11. 1910. GBriefe 1, a. a. O., S. 186

»Daß Gertrud selbst als Person zu sehr im Halblicht bleibt, mag stimmen, sie war für mich weniger ein Charakter als ein Symbol und zugleich auch ein Stimulans, dessen Kuhn zu seiner ganzen Entwicklung bedurfte.«

Brief an Conrad Haußmann vom 27. 12. 1910. Unveröffentlicht.

»Danke auch für die allzu freundlichen Worte über ›Gertrud‹. Leider ist es mir nicht gegeben, mit Lob und Zustimmung viel anzufangen, da ich selber an meinen Arbeiten, sobald sie fertig sind, nur die Fehler und das Nichtgekonnte sehe. Eben darum gehe ich immer sehr bald an Neues, da ich eigentlich nur an der Arbeit, nicht am Fertigen Freude finde.«

Brief an Prof. Karl Hampe vom 28. 2. 1911. Unveröffentlicht.

»Die Auffassung des Lebens, die darin [›Gertrud‹] steht, wird sich mir wohl nicht wesentlich mehr verändern, mit dem Buch als Dichtung, als Form bin ich aber unzufrieden. Der Weg, den ich suche und brauche, führt vom Sentimentalen weg zum Humor, eine andere Steigerung und Lösung meines Wesens kann ich mir kaum denken.«

Brief an Frau L. du Bois vom 4. 6. 1911. Unveröffentlicht.

GERTRUD

Roman. 1910 bei Albert Langen in München erschienen. Entstanden in Gaienhofen.

1907 Umzug innerhalb Gaienhofens in ein selbstgebautes Haus am Erlenloh. Im Arbeitszimmer, mit eingebauter Bibliothek, großem Mappenschrank und grünem, aber nicht ungefährlichem Kachelofen, der zwar gut heizte, bei föhnigem Wetter aber, Kohlegase entwickelnd, explodieren konnte, entstand im Winter 1908/09 der Musikerroman *Gertrud*. Von ihm gibt es mehrere Fassungen. Die zweite Fassung wurde 1909/10 in »Velhagen und Klasings Monatsheften« abgedruckt. Die dritte Fassung erschien 1910. Im Nachlaß fanden sich Frühfassungen des Romanes als Fragmente. Der Text der Fragmente ist wesentlich verschieden von den beiden nachfolgenden Fassungen. Dort wird der Roman in Ich-Form erzählt, vom Geiger und späteren Komponisten Kuhn, im Fragment einer Frühfassung ist das Ich der Erzählung der Autor selbst. Eines dieser Fragmente ist veröffentlicht in dem Band *Prosa aus dem Nachlaß*.

In Gaienhofen, wo ihn viele Schriftsteller und Maler besuchten, befreundete sich Hesse, der sich schon früh, in seinem sechsten oder siebten Jahr, »von der Macht der Musik ergriffen« fühlte, mit Musikern wie Alfred Schlenker, Othmar Schoeck und Volkmar Andreä, für die Hesse Opernlibretti schrieb, z.B. »Bianca«, »Romeo und Julia«, »Der verbannte Ehemann« und »Die Flüchtlinge«. Die Freundschaft mit Othmar Schoeck dauerte bis zu dessen Tode 1957. Schoeck vertonte 23 Gedichte von Hesse.

1926 von der Deutschen Buchgemeinschaft übernommen (Ausgaben 1927 und 1951). Erstmals in GW bei Suhrkamp in Berlin und Frankfurt 1955. Gesamtauflage aller deutschsprachigen Ausgaben von 1910 bis 1977: 263 Tsd. 1973-1981 als Rowohlt-Tachenbuch 150 Tsd. 1983 als suhrkamp taschenbuch 890. 1984 im 25. Tausend. GS II, WA 3.

Gertrud

Roman
von
Hermann Hesse

München, bei Albert Langen
1910

Titelseite der Erstausgabe, gestaltet von Otto Blümel.

Lieber Hermann Hesse, Du bist ein zu schöner Kerl. Heute Abend ist Deine »Gertrud« mich durch Haut und Adern in schwere heise Wallungen gegangen und ich habe oft die Tischplatte festhalten müssen. Ich habe dabei eine Zeichnung machen müssen und die Grete hat vorgelesen. Hier!
Ich muß Dich danken! Dein Olaf

Telegramm von Olaf Gulbransson, 1910

»Hermann Hesse ist berühmt geworden mit seinem *Camenzind*, genauer mit dem Anfangskapitel vom Föhn und den Wolken, das bis heute ein Glanzstück unserer Prosa geblieben ist... Nun ist uns Hesse von der anderen Seite gekommen und hat die Menschen seiner Handlung ganz aus der Landschaft gelöst und ihr Dasein für sich selber hingestellt ...
Es geht lautlos zu in diesem Buch und nichts ist merkwürdiger daran als die Spannung, mit der man es trotzdem zu Ende liest.«

Wilhelm Schäfer
in »Die Rheinlande«, Düsseldorf 1911

»Hesse ist zu gescheit, um schlechte Sachen zu schreiben, aber er wird leicht in seinem Wollen zu bescheiden. Und er hat sich schon ein bißchen arg mit ›seinem‹ Ton beruhigt. Ein guter Ton, aber er könnte etwas Auffrischung vertragen. Trefflich ist in diesem Buch die Gestalt des Sängers herausgekommen und das zermürbende Verhältnis zwischen Mutter und Sohn; bei der Frauengestalt der *Gertrud* werden die intimen Züge erdrückt unter der Sympathie des liebenden Erzählers.«

Theodor Heuss
in »Die Hilfe«, 10. 11. 1910

Rat

Solang du nach dem Glücke jagst,
Bist du nicht reif zum Glücklichsein,
und wäre alles Liebste dein.

Solang du um Verlornes klagst
Und Ziele hast und rastlos bist,
Weißt du noch nicht, was Friede ist.

Erst wenn du jedem Wunsch entsagst,
Nicht Ziel mehr noch Begehren kennst,
Das Glück nicht mehr beim Namen nennst,

Dann reicht dir des Geschehens Flut,
nicht mehr ans Herz, und deine Seele ruht.

Erstdruck in »Unterwegs« unter dem Titel »Rat«. Wiederaufnahme in die späteren Gedichtbände unter dem Titel »Glück«.

UNTERWEGS

Gedichte. 1911 bei Georg Müller in München erschienen. Entstanden in Gaienhofen.
Einmalige numerierte Liebhaberausgabe: 50 Exemplare auf handgeschöpftem Bütten in Leder, 500 Exemplare in Halbleder. Enthält die seit 1902 entstandenen Gedichte. Dieser Band enthält Gedichte, die von nun an zum festen Bestand der Lyrik Hesses gehören. 1915 zweite und letzte Auflage, um die »Zeitgedichte« erweitert. Seit 1921 vergriffen und nicht mehr gedruckt. Übernommen in die Ausgabe *Die Gedichte* 1942 und 1977. GS V, WA 1 (in Auswahl).

»Es sind Gedichte von ausgezeichneter Kunst in diesem Band, in der Form leicht und ohne Gewaltsamkeit; manchmal denkt man an Lenau. Der Dichter hat von seiner Jugend Abschied genommen, aber er hat nicht die Sicherheit beruhigter Mannesjahre eingetauscht, und in die Worte der Resignation mischt sich leise Angst und Anklage.«

Theodor Heuss
»Neckarzeitung«, 10. 8. 1912

Titelseiten der Erstausgabe, gestaltet von Otto Blümel.

»Wenn ich mich jetzt, drei Jahre nach meiner malayischen Reise, an den Osten erinnere, so sehe ich die Einzelbilder jener Reise leicht getrübt; ... wenn man mich aber nach dem Wert und den Haupteindrücken meiner Reise fragt, so weiß ich besser und rascher Bescheid als damals gleich nach der Heimkehr ...
Der erste und vielleicht stärkste äußere Eindruck, das sind die Chinesen. Was ein Volk eigentlich bedeutet, wie sich eine Vielzahl von Menschen durch Rasse, Glaube, seelische Verwandtschaft und Gleichheit der Lebensideale zu einem Körper zusammenballe, in dem der Einzelne nur bedingt und als Zelle mitlebt wie die einzelne Biene im Bienenstaat, das hatte ich wirklich noch nie erlebt ... Etwas völlig anderes ist der Eindruck, den die Naturvölker machen. Zu ihnen rechne ich die Malayen ... Daß aber die Seele Europas ihnen gegenüber voll von Schuld und ungebüßter Sünden starrt, läßt sich nicht leugnen. Die unterdrückten Völker der Tropenländer stehen unserer Zivilisation als Gläubiger mit älteren und gleichbegründeten Rechten gegenüber wie etwa die Arbeiterklasse in Europa. Wer im eigenen Automobil im Pelz an Arbeitern vorüberfährt, die müde und frierend nach Hause gehen, kann keine ernsteren Gewissensfragen an sich stellen als wer auf Ceylon oder Sumatra oder Java als Herr zwischen lautlos bedienenden Farbigen lebt.
Schließlich aber ist doch ein menschlicher Eindruck der stärkste. Es ist der der religiösen Ordnung und Gebundenheit all dieser Millionen Seelen. Der ganze Osten atmet Religion, wie der Westen Vernunft und Technik atmet. Primitiv und jedem Zufall preisgegeben scheint das Seelenleben des Abendländers, verglichen mit der geschirmten, gepflegten, vertrauensvollen Religiosität des Asiaten, er sei Buddhist oder Mohammedaner oder was immer.«

»Erinnerung an Asien«, 1914, in »Aus Indien«. Erweiterte Neuausgabe von 1980.

AUS INDIEN

»Aufzeichnungen von einer indischen Reise«. 1913 erschienen. Reiseskizzen, (11) Gedichte, eine Erzählung, 1911/13 entstanden. Nach acht Jahren Gaienhofen hält Hesse den Sinn seines dortigen Aufenthaltes für erschöpft, »es war dort kein Leben mehr für mich.« Der Versuch, ein bäuerlich-seßhaftes Leben zu führen, ist gescheitert. Um Distanz und Überblick zu gewinnen, »aus lauter innerer Not«, unternimmt er eine Reise nach Indien. Anfang September 1911 fährt er mit dem Maler Hans Sturzenegger durch die Schweiz und das versengte Oberitalien nach Genua und von dort durchs Mittelmeer und Rote Meer nach Penang, Singapur und Südsumatra. Rückkehr Ende 1911. »Aus Indien« enthält unmittelbare Aufzeichnungen von dieser Fahrt. Der literarisch-philosophische Extrakt ist u. a. in der Erzählung »Der Europäer« und vor allem in *Siddhartha* geborgen.
Bei der letzten, 12. Auflage der Aufzeichnungen, 1923, erstmals das schwarze Rückenschildchen und auf dem Vorderdeckel die HH-Initialen der GW. *Aus Indien* ist in dieser Form später nicht mehr erschienen. 1980 erschien als suhrkamp taschenbuch 562 eine wesentlich erweiterte und um Texte aus dem Nachlaß von Volker Michels ergänzte Neuausgabe. 1983 im 47. Tausend.

»Man kann sich an die Dinge hängen und umgekehrt die Dinge an sich; Hesse tut das letztere, es scheint mir schlichter und im Grunde wertvoller. Er ist nicht Indiens, sondern seinetwegen in diese Welt gefahren, und was er heimbringt, sind deshalb seine Sachen: kluge, gebildete Einsichten, stille Beobachtungen und besonnene Gefühle. Vielleicht hätte er auch noch etwas warten sollen, bevor er seinen Bericht gab; aber auch so enthält er viel stilles Erlebnis, das ebensowenig ins Kino paßt, wie seine ganze Art in den modernen Betrieb.«

Wilhelm Schäfer
in »Die Rheinlande«, Düsseldorf 1913

»Jener Roman, an dessen entscheidendem Kapitel ich 1912 bei Ihnen in Badenweiler arbeitete und zu dem mir Dr. Thorspeken medizinische Aufschlüsse gab, ist im Winter fertig geworden und im August in Velhagens Monatsheften gestanden. Über eine Buchausgabe bin ich noch nicht schlüssig; ich habe bei dieser Arbeit viel gelernt, und sie hat mich manches Persönliche überwinden und verstehen helfen, aber ich weiß nicht, ob sie auch anderen wird wesentlich nützen können.«

Brief an Albert Fraenkel vom September 1913, GBriefe 1, a. a. O., S. 230

»Heute ist mein neues Buch herausgekommen. Der Roman hat mir viel zu schaffen gemacht und ist für mich ein, wenigstens einstweiliger, Abschied von dem schwersten Problem, das mich praktisch beschäftigt hat. Denn die unglückliche Ehe, von der das Buch handelt, beruht gar nicht nur auf einer falschen Wahl, sondern tiefer, auf dem Problem der »Künstlerehe« überhaupt, auf der Frage, ob überhaupt ein Künstler oder Denker, ein Mann, der das Leben nicht nur instinktiv leben, sondern vor allem möglichst objektiv betrachten und darstellen will – ob so einer überhaupt zur Ehe fähig sei. Eine Antwort weiß ich da nicht; aber mein Verhältnis dazu ist in dem Buch möglichst präzisiert; es ist darin eine Sache zu Ende geführt, mit der ich im Leben anders fertig zu werden hoffe.«

Brief an den Vater vom 16. 3. 1914, GBriefe 1, a. a. O., S. 242

»Ich dachte eine Art Edelkitsch zu finden. Aber es war nicht so. Das Buch hat mir gefallen und hat sich bewährt, es sind nur ganz wenige Sätze darin, die ich heute streichen oder ändern würde, und umgekehrt steht eine Menge von Sachen darin, die ich heute (...) nicht mehr vermöchte. Damals, mit diesem Buch, hatte ich die mir mögliche Höhe an Handwerk und Technik erreicht und bin nie weiter darin gekommen. Dennoch hatte es ja seinen guten Sinn, daß der damalige Krieg mich aus der Entwicklung riß und mich, statt mich zum Meister guter Formen werden zu lassen, in eine Problematik hineinführte, vor der das rein Ästhetische sich nicht halten konnte.«

Brief an Peter Suhrkamp vom 15. 1. 1942, Schrift. z. Lit. Bd. 1, a. a. O., S. 30, WA 11.

ROSSHALDE

Roman. 1914 erschienen. 1912/13 in Gaienhofen, Badenweiler und Bern entstanden.
Im Jahre 1912 Umzug in das Landhaus des Malers Albert Welti am Melchenbühlweg in der Nähe von Bern, oberhalb Schloß Wittigkofen. Haus und Garten sind geschildert in dem 1914-1920 geschriebenen, 1920 und 1936 veröffentlichten Romanfragment »Das Haus der Träume« (der Titel eine Erinnerung an Freund Welti, der eines seiner Bilder so genannt hatte), enthalten in *Prosa aus dem Nachlaß*. Das Weltihaus ist, als »Herrensitz Roßhalde«, Schauplatz des Romans, der von einer sich auflösenden Künstlerehe handelt. Vorabdruck 1913 in »Velhagen und Klasings Monatsheften«. In der Titelzeichnung von E. R. Weiß ist das thematische Motiv des Romans nachgebildet.
52. Tausend 1925 in den GW; das 55. Tausend 1931 trägt die Gattungsbezeichnung »Erzählung«. Gesamtauflage aller deutschsprachigen Ausgaben 1914 bis 1977: 872 Tsd. 1972 bis 1979 als Rowohlt Taschenbuch 150 Tsd.; 1980 als suhrkamp taschenbuch 312, 1985 im 67. Tausend. GS II, WA 4.

»Wer Hermann Hesse lieb hat, den wird dieses Buch sehr interessieren. Hesse ist jetzt siebenunddreißig Jahre alt und der *Camenzind* lange her. Hesse hat die Welt seines erfolgreichsten Buches noch ein paar Mal gestaltet, und jedes Mal stärker, bewußter; am schönsten wohl in *Diesseits*, in ›Heumond‹.
Nun hat er sich gewandelt: er ist älter geworden, und es bereitet sich da irgend etwas vor. Wenn nicht vorn auf dem Titelblatt der Name Hesse stünde, so wüßten wir nicht, daß er es geschrieben hat. Das ist nicht unser lieber, guter, alter Hesse: das ist jemand anders ... Als ich das Buch, das den Zerfall dieser Ehe schildert, zu Ende gelesen hatte, empfand ich das Ganze als ein Einleitungskapitel zu einem großen Werk. Wie Veraguth nach dem Tode seines geliebten jüngern Sohnes in die Fremde geht, zu seinem Freunde nach Indien, was nun folgt – das will ich wissen. Und Hesse ist wieder dieser Veraguth: er hat die heimatlichen Zelte abgebrochen und geht – wohin? Die Hand ist noch die des Meisters. Was wir von je an ihm so

Umschlagmotiv der Erstausgabe von E. R. Weiß.

»Auf einer grünen Fläche mit wenigen kleinen Wiesenblumen saßen die drei Figuren: der Mann gebückt und in ein hoffnungsloses Grübeln vergraben, die Frau ergeben wartend in enttäuschter Freudlosigkeit, das Kind hell und arglos in den Blumen spielend, und über ihnen allen ein intensives, wogendes Licht, das triumphierend im Raum flutete und in jedem Blumenkelch mit derselben unbekümmerten Innigkeit aufstrahlte wie im lichten Haar des Knaben und in dem kleinen Goldschmuck am Halse der betrübten Frau.« Aus »Roßhalde«.

liebten und bewunderten: die starke Kraft und Sinnlichkeit seiner Sätze – das ist wieder da. Er kann, was nur wenige können. Er kann einen Sommerabend und ein erfrischendes Schwimmbad und die schlaffe Müdigkeit und körperliche Anstrengung nicht nur schildern – das wäre nicht schwer. Aber er kann machen, daß uns heiß und kühl und müde ums Herz ist.
Und noch eins: es freut einen so sehr, daß in diesem Buch, nachdem man uns über Gebühr mit läppischen Liebesgeschichten gelangweilt hat, einmal wieder der Wert einer rechten Männerfreundschaft aufgezeigt wird. Es ist ja in den großen Städten fast nicht mehr möglich, von solchen Dingen zu sprechen, ohne häßliche Nebengeräusche zu veranlassen. Da möchte man Hermann Hesse danken, daß ers uns wieder einmal geschrieben hat, wie fest dieses Band zwischen zwei Männern sein kann, gesponnen ohne hinterhältige Absichten, ohne Herrschaft, geknüpft von Individualität zu Individualität, von Mensch zu Mensch.«

Kurt Tucholsky
»Die Schaubühne«, 1913

»Welcher Weg vom Lauscher, vom Camenzind, vom glücklichen Überschwang zechender und verliebter Jugend zu dieser gefestigten Männlichkeit! ... Wenn je Dichten Gerichtstag halten heißt über sich selbst, dann hier, wo das Werk überragendes Menschentum ist. Roßhalde ist eine Ehegeschichte, freilich nur das Ende einer Ehe ... Er hat jetzt seine Sprache in fester Hand; zum Glück hielt er sich frei von jenem ›Altersgoetheln‹, das Hauptmann und Thomas Mann an die Grenze ihrer unmittelbaren Sprachgestaltung führte. Da sind Tempo, Farbe, Anschaulichkeit, von einem weisen, aber freien Kunstverstand geleitet.«

Theodor Heuss
in »März«, München, vom April 1914

»Haben Sie Dank für Ihre schönen Zeilen über ›Knulp‹, meinen Bruder. Ich konnte eine Weile keine Briefe schreiben, weil ich sehr viel Arbeit und Sorgen hatte. Seit Ende August bin ich als Soldat einberufen und habe zunächst bis 15. November Urlaub, weil ich für die Gefangenenfürsorge tätig bin. Namentlich suche ich den Gefangenen Lektüre zu verschaffen und plane ein eigenes Wochenblatt für sie.«

Brief an Romain Rolland, 4. 10. 1915, GBriefe 1, a. a. O., S. 286

»Ich freue mich, daß Sie gerade den ›Knulp‹ gern haben! Der ist mir, neben ›Roßhalde‹ und einigen Gedichten das Liebste von meinen Schriften.«

Brief an Stefan Zweig vom 20. 11. 1915, GBriefe 1, a. a. O., S. 307

»Ich halte es im Gegensatz zu manchen Modeprogrammen nicht für die Aufgabe des Dichters, seinen Lesern Normen für Leben und Menschentum aufzustellen und allwissend und maßgebend zu sein. Der Dichter stellt dar, was ihn anzieht, und Gestalten wie Knulp sind für mich sehr anziehend. Sie sind nicht »nützlich«, aber sie tun sehr wenig Schaden, viel weniger als manche nützliche, und sie zu richten, ist nicht meine Sache. Vielmehr glaube ich: wenn begabte und beseelte Menschen wie Knulp keinen Platz in ihrer Umwelt finden, so ist die Umwelt ebenso mitschuldig wie Knulp selber.«

Brief an eine Leserin in Stuttgart, 23. 2. 1935, Briefe, Erweiterte Ausgabe 1964 bzw. Ausgewählte Briefe, S. 138

»Wenn mein Knulp etwas taugt und mich überlebt, dann wird bald die Zeit kommen, wo jeder Illustrator und jeder Verleger und Herausgeber mit ihm anfangen dürfen, was sie wollen, und womöglich werden Sie dann bei meinem Grab erscheinen und verlangen, daß ich mich darin umdrehe. Ich werde es aber nicht tun ... Ohne den Wunsch Stöcklins, ihn zu illustrieren, hätte kein Verleger in der Schweiz das Verlangen gespürt, meinen Knulp dem Scheintod zu entreißen.«

Brief an Will Eisenmann von 1945. Unveröffentlicht.

»Gefreut hat mich auch, daß du den Knulp wieder gelesen hast. Er gehört nämlich zu den paar wenigen meiner Sachen, die mir

KNULP

»Drei Geschichten aus dem Leben Knulps«, im Juni 1915 erschienen. 1907–1913 in Gaienhofen und Bern entstanden. Gedruckt während des Krieges auf Papier mit Holzschliffzusatz in »Fischers Bibliothek zeitgenössischer Romane«. Im Nachlaß Hesses fanden sich drei Vorstudien zum Leben Knulps: »Peter Bastians Jugend« (1902), »Brief an Herrn Kilian Schwenkschedel« (1902/1903), »Aufzeichnung eines Sattlergesellen« (1904). Diese Texte wurden mit dem Titel ›Geschichten um Quorm‹ veröffentlicht im Band *Prosa aus dem Nachlaß*.

Im Nachlaß von Carl Seelig fand sich eine bislang unbekannte Fassung von »Knulps Ende«.

Hesse hat an *Knulp* mit langen Unterbrechungen gearbeitet. Erst 1908 hat er den ersten Teil »Vorfrühling« für eine Veröffentlichung in der Neuen Rundschau freigegeben. Die Divergenz des langen Entstehungszeitraums und des Erscheinungstermins wurde von manchen Kritikern übersehen.

Mehrere Sonderausgaben mit Illustrationen von Fritz Ryser, Nikolaus Stoecklin und Karl Walser sind vergriffen. 1946 erschien ein von Hesse gestifteter Sonderdruck für die deutschen Kriegsgefangenen. 120. Tausend 1926 erstmals in den GW. Gesamtauflagen aller deutschsprachigen Ausgaben 1915 bis 1977 ca. 390 Tsd. Bibliothek Suhrkamp Band 75, ab 1976 mit den Illustrationen von Karl Walser. 1979 erweitert um das unveröffentlichte Fragment »Knulps Ende« als insel taschenbuch 394; 1982 im 42.Tausend. GS III, WA 4.

»Hermann Hesses *Knulp* habe ich in den letzten Tagen vor der italienischen Kriegserklärung gelesen, im Hofgarten in München, während das Zeitungsblatt neben mir lag und die Nachrichten noch im Untergrund des Bewußtseins nachhallten. So ergab sich von selbst, daß beides, die so weltfremde Geschichte und die erregenden Weltbegebenheiten, ineinander griffen. Ein in gewissem Sinne nicht

über alle Entwicklungen hinweg immer nah und lieb geblieben sind. Als ich, zusammen mit Bruno, einst mein Heimattal und Heimatstädtchen Calw nach vielen Jahren wiedersah, machte ich die mich überraschende Erfahrung: nicht die Gestalten meiner Eltern und Großeltern und auch nicht meine eigene Knabengestalt war es, die ich überall in den Gassen gehen sah oder doch gegenwärtig spürte, sondern es war Knulp. Und da erst wurde mir klar, daß für mich Knulp und die Heimat eins geworden seien. Lediglich der Schluß, mit dem Tod im Schnee, war mir zu Zeiten etwas zu sentimental und kitschig, aber mit der Zeit ist auch dieser Einwand eingeschlafen.«

Brief an Ernst Morgenthaler vom Januar 1954. Unveröffentlicht.

»Mit Knulp bin ich auch, trotz einigen mir nicht korrigierbaren Schönheitsfehlern, noch ganz einverstanden. Ich habe mit ihm etwas Sonderbares erlebt. Ich kam, zusammen mit einem meiner Söhne, etwa im Jahr 1930 nach sehr langer Zeit wieder einmal nach Calw, übernachtete im Waldhorn, ganz nah beim großväterlichen und väterlichen Haus, ging durch ein paar Gassen, sah von der Brücke in die Nagold hinunter – und die Gestalt, die mir da überall gegenwärtig war, da um eine Gassenecke verschwand und hier beim Brunnen stand, war keine Person meiner Kindheit und Jugend, sondern war Knulp. Er war für mich (was ich vorher nicht gewußt hatte) zum Geist und Sinnbild der Heimat geworden.«

Brief an Hilde Sarasin vom 4. 6. 1956. Unveröffentlicht.

mehr überbietbares deutsches Buch und welche Händel – man sann unwillkürlich darüber nach.« Otto Flake
in »Die Neue Rundschau«, 1915

»Diese Prosa, die ohne Mühe gesetzt zu sein scheint, ist eine Vollkommenheit in sich. Kein Satz ist zu entbehren, kein Wort leer, alles fügt sich zu allem, zum schönen Bilde, zur schönen Musik, und im ganzen ist da eine lebendige Welt, durch die man sich selbst zu bewegen wähnt während des Lesens.« Felix Braun
in »Die Rheinlande«, Düsseldorf 1915

»Sein jüngstes Buch ›Knulp‹ ist für mich sein schönstes: ein Deutschland ist darin, das niemand kennt, selbst wir Deutschen nicht und das wahrhaft liebenswert ist.« Stefan Zweig
im Oktober 1915 an Romain Rolland

»Die schönen Novellenbände jener Übergangsjahre gehören gewiß zur reinsten Erzählerprosa, und der *Knulp*, dieser einsame Spätling einer romantischen Welt, scheint mir ein unvergängliches Stück Kleindeutschland, ein Spitzwegbild und gleichzeitig voll reiner Musik wie ein Volkslied.« Stefan Zweig
in »Neue Freie Presse«, Wien 1923, a. a. O.

»Mit lebhafter Teilnahme habe ich den *Knulp* gelesen. Seine ausgesuchte, geschmeidige und einfache Sprache hat mein Vertrauen geweckt und mich ermutigt, deutsch zu lesen.« André Gide
Brief an H. Prinzhorn, Juni 1930

»Zum erstenmal wieder nach Jahrzehnten fuhr ich mit der kleinen Bahn durch die sommerlichen Waldhügel der Maulbronner Gegend, stieg an der verschlafenen Haltestelle aus und wanderte durch den feuchten, moorigen Wald nach Maulbronn hinüber, froh zugleich und beklommen in der Erwartung des Wiedersehens, denn hier hatte ich in den sagenhaften Jahren der ersten Jugend Wichtiges erlebt ...
Verwirrt und beschämt trat ich dem Wunder näher, stand am Eingang der Brunnenkapelle und sah im klaren Schatten des gewölbten Raumes die drei Brunnenschalen übereinanderschweben, und das singende Wasser fiel in acht feinen Strahlen von der ersten in die zweite größere Schale und in acht feinen klingenden Strahlen von der zweiten in die riesige dritte, und das Gewölbe spielte im ewigen Dornröschentraum verzaubert mit den lebendigen Tönen, heute wie gestern, heute wie damals, die Jahre und Jahrzehnte hindurch und stand herrlich in sich begnügt und vollkommen als ein Bild von der Zeitlosigkeit alles Schönen.
Viele edle Gewölbe haben mich beschattet, viele schöne Gesänge haben mich erregt und mich getröstet, viele Brunnen in vielen Ländern haben mir, dem Wanderer, gerauscht. Aber dieser Brunnen ist mehr, unendlich mehr, er singt das Lied meiner Jugend, er hat meine Liebe gehabt und meine Träume beherrscht in einer Zeit, da jede Liebe noch tief und glühend, da jeder Traum noch ein Sternhimmel voll Zukunft war. Was ich vom Leben erhoffte, was ich selbst dem Leben anbot und versprach, was ich zu sein und zu schaffen und zu dulden dachte, was von Heldenmut und Ruhm und ehrwürdiger Künstlerschaft meine ersten Lebensträume erfüllte und bis zum Schmerz mit Fülle überquoll, das alles hat dieser Brunnen in der Kapelle mir gesungen, das hat er belauscht und beschützt.«

»Der Brunnen im Maulbronner Kreuzgang« aus »Am Weg«, Enthalten in *Die Kunst des Müßiggangs*, 1973, S. 167

AM WEG

Erzählungen. 1915 bei Reuß & Itta in Konstanz erschienen. – 1943 einmalige numerierte Neuausgabe in der Büchergilde Gutenberg mit Illustrationen von Louis Moilliet. 1946 und 1970 bei Werner Classen, Zürich.
Vier Erzählungen (Der Wolf, Ein Wintergang, Der Brunnen im Maulbronner Kreuzgang, Vor einer Sennhütte im Berner Oberland) wurden 1968 in eine erweiterte Neuausgabe des *Bilderbuchs* aufgenommen. Das »Märchen« erschien 1919 unter dem Titel »Flötentraum« in der Sammlung *Märchen*.

Umschlag der Erstausgabe von 1915 von Karl Einhart.

»Mädchen bleiben und Männer bezaubert stehn,
Wenn durchs Gebüsch meine einsame Laute tönt,
Und in Liedern verblutet
Statt in Liebesarmen mein Herz.«

Titelseite von »Musik des Einsamen«, 1925 von Ferdinand Stäger; die Erstausgabe erschien 1915.

MUSIK DES EINSAMEN

»Neue Gedichte«. 1915 als Nr. 11 in »Salzers Taschenbücherei«, vom 85. Tausend an in »Salzers Volksbüchern« im Verlag Salzer in Heilbronn erschienen. 1911-1914 entstanden. Nicht in den GW. 94. Tsd. 1951, 115. Tsd. 1967. Übernommen in die Ausgabe *Die Gedichte* 1942. GS V, WA 1 (In Auswahl) und in die zweibändige Ausgabe »Die Gedichte« in den suhrkamp taschenbüchern Nr. 381, 1977. Auflage bis 1983: 69 Tsd.

Lieber Hermann Hesse,
welche Freude hat mir Ihre schöne »Musik« gemacht! Sie haben Glück, daß ich nicht komponiere. Ich könnte dem Wunsch nicht widerstehen, Noten unter Ihre Zeilen zu zeichnen. (Und die Dichter sind damit niemals einverstanden.) Sie haben einen besonderen Sinn für das Lied. Alles, was Sie sagen, ist einfach und spricht direkt zum Herzen. Ihr kleines Büchlein war mir jeden Morgen im Wald von Champel ein lieber Kamerad. Da war ein Vogel dazugekommen zu den anderen, – ein Vogel, der die Sehnsucht nach dem Vergangenen sang.
Herzlichen Dank Ihr Romain Rolland

Brief an Hesse vom 5. Mai 1915
(Übertragen von Renate Steinsiek)

»Das ist ein neues Versbuch von Hermann Hesse. Und wer spürt es nicht: zwischen der oft gewalttätigen Zwecklyrik unserer Tage ist es eine wahre Wohltat, fern von gereimter Publizistik (die auch ihre Rechte hat!) der Gast eines Dichters zu sein, der nicht Journalist, sondern Künstler ist. Die Blüte reifer, herber Männlichkeit, Resignation, die sich in ruhiges Kraftgefühl verwandelt – es ist jener stille, feste Schritt der Verse, den wir in der Kunst Hesses kennen und dem wir gerne folgen, da er uns zu einem nicht entweihten Tempel führt.« Theodor Heuss

»März«, Dezember 1914

»Der ›Demian‹ hat an manchen Orten eingeschlagen. Es mehren sich brenzlige Anzeichen dafür, daß man allmählich den Autor errät. Tun Sie aber bitte ja nichts dazu! Es wird ja einmal kommen, aber es tut mir leid, ich wäre lieber anonym geblieben. Am liebsten gäbe ich jedes neue Werk unter einem neuen Pseudonym heraus. Ich bin ja nicht Hesse, sondern war Sinclair, war Klingsor, war Klein etc. und werde noch manches sein.«

Brief an Josef Bernhard Lang vom 26. 1. 1920, GBriefe 1, a. a. O., S. 442f.

»Von vielen Seiten werde ich aufgefordert, mich darüber zu erklären, warum ich die Dichtung ›Demian‹ nicht unter meinem eigenen Namen herausgegeben habe, und warum ich gerade das Pseudonym Sinclair dafür wählte.
Nachdem einige Journalisten meine Autorschaft festgestellt und mein kleines Geheimnis zerstört haben, bekenne ich mich denn zu dieser Verfasserschaft. Die Ansprüche auf Enthüllungen und psychologische Erklärungen über die Entstehung des ›Demian‹ und die Gründe für seine Pseudonymität kann ich jedoch nicht erfüllen, auch nicht anerkennen. Die Kritik hat das Recht, den Dichter zu analysieren, soweit sie es vermag, sie hat auch das Recht, das, was ihm wichtig und heilig ist, für Dummheiten zu erklären und ans Licht öffentlicher Diskussion zu ziehen. Damit jedoch sind ihre Rechte erschöpft. An den Geheimnissen, zu welchen die Kritik nicht vordringt, bleibt dem Dichter nach wie vor sein stilles Recht, von dem nur er weiß, sein kleines, behütetes Geheimnis.
Ich habe, da nun einmal leider der Schleier zerrissen wurde, den Fontanepreis, der dem ›Demian‹ erteilt wurde, zurückgegeben, und meinen Verleger beauftragt, künftige Neudrucke des Buches mit meinem Autornamen zu versehen. Ich halte meine Pflichten damit für erfüllt. Und für ein künftiges Mal weiß ich nun, durch Erfahrung klug, einen guten, einen vollkommen sicheren Weg, im Schatten zu bleiben, falls ich nochmals im Leben ein mir heiliges Geheimnis haben sollte. Ich werde ihn aber niemand verraten.«

Erklärung von Hermann Hesse in »Vivos voco« 1, 1919/20. Schrift. z. Lit., Bd. 1, S. 32f., WA 11.

DEMIAN

Demian. Die Geschichte einer Jugend. Von Emil Sinclair, 1919 erschienen. Entstanden im September/Oktober 1917 in Bern.

Wie kaum ein anderes Werk Hesses hat dieses Buch eine Geschichte. Hesse ist seit August 1915 im Dienste der »Deutschen Gefangenenfürsorge, Bern« und wird (1916-17) Mitherausgeber der »Deutschen Internierten-Zeitung«. Am 3. 11. 1914 erscheint in der »Neuen Zürcher Zeitung« sein berühmt gewordener, gegen Nationalismus und Kriegschauvinismus gerichteter Aufsatz: »O Freunde, nicht diese Töne!« Hesse wurde von Romain Rolland (in »Au-dessus de la Mêlée«) eine »goethische Haltung« zugesprochen; die deutsche Presse, eine ähnliche Äußerung aus einem »unter Kriegsrecht« geöffneten und ohne seine Erlaubnis in den Leipziger Nachrichten veröffentlichten Brief von 1915 aufgreifend, brandmarkt ihn als »Gesinnungslumpen« und »Vaterlandsverräter«. Zu dieser Verunglimpfung und der für ihn ungewohnten Einfügung in ein Kriegsamt kommen persönliche Sorgen und Nöte: der Tod seines Vaters 1916, die gefährliche Erkrankung seines dritten und jüngsten Sohnes Martin, die zunehmende seelische Erkrankung seiner Frau, deren Gemütskrankheit schließlich ausbricht und einen Aufenthalt in Heilanstalten erforderlich macht. Diese »Besessenheit durch Leiden« erzwang die »zweite große Wandlung« seines Lebens (die erste war erfolgt, als er sich zum Dichter berufen fühlte): »Diesmal blieb mir die Einkehr nicht erspart. Es dauerte nicht lange, so sah ich mich genötigt, die Schuld an meinem Leiden nicht außer mir, sondern in mir selbst zu suchen. Denn das sah ich wohl ein: der ganzen Welt Wahnsinn und Rohheit vorzuwerfen, dazu hatte kein Mensch und kein Gott ein Recht, ich am wenigsten. Es mußte also in mir selbst allerlei Unordnung sein, wenn ich so mit dem ganzen Weltlauf in Konflikt kam. Und siehe, es war in der Tat eine

»Nach meiner Erfahrung können im seelischen Erleben Dinge, die lang in einem gelegen sind, plötzlich frei werden und für den Außenstehenden einen Menschen total verändert erscheinen lassen. So ging es zum Teil mir, und obwohl ich im ›Demian‹ und im ›Klingsor‹ nichts gesagt habe, was ich nicht immer wußte und in mir hatte, geschah es doch jetzt mit anderer Betonung und ergab etwas wesentlich Neues. Und ebenso meine ich es mit dem ›Untergang Europas‹ – das ist natürlich keine Angelegenheit der Erdbeben oder Kanonen oder Revolutionen, sondern für jeden Einzelnen der Moment des Jasagens zu einem Absterben alter und einem Aufkommen neuer Betonungen und Ideale. Die Welt wandelt sich sehr allmählich, für den Einzelnen aber ist der Moment einer Konversion oder Inversion, einer Abkehr oder neuen Liebe, dramatisch und als deutliche Zäsur im Leben vorhanden.«

Brief an Conrad Haußmann vom 28. 9. 1920, GBriefe 1, a. a. O., S. 458f.

»Daß meine Verse zum Teil hübsch sind, und daß es manche junge Menschen gibt, die meine Bücher lesen und unter deren Einfluß stehen, erfahre ich häufig, sehe aber nicht ein, was es mit mir zu tun hat, da ich nicht zu diesem Zweck schreibe. Die Rolle des beliebten Unterhaltungsliteraten, in die ich geraten bin, Gott weiß wie, ist gewiß die letzte, die zu mir paßt. Mein Versuch, mit dem ›Demian‹ mich dieser blöden Rolle zu entziehen und unbekannt zu bleiben, ist mißglückt. Damit ist zunächst auch meine kleine Freude an diesem Buch dahin.

Ich glaube nicht, daß an dem, was mich drückt und mein Leben fast unerträglich macht, irgend etwas zu ändern oder zu trösten ist. Die kleinen äußeren Erfolge oder Anerkennungen sind mir lediglich lästig. Zur Zeit plagt mich, schon seit vielen Monaten, am meisten das Gefühl, daß ich in der Kunst eigentlich nichts mehr zu suchen habe, daß das weitere Dichten und Malen hübscher Sächelchen nur eine Flucht vor größeren und schwereren Schicksalen ist. Ich glaubte schon früher nie, daß ich im Grunde ein Künstler bin, d.h. daß die Kunst mein innerster und letzter Beruf sei. Daß ich Verse mache und daß diese Verse ebenso gut sind wie die anderer heutiger Dichter, ist nicht wichtig und bedeutet bei dem Tiefstand der heutigen deutschen Dichtung nichts. Aber ich habe, vermutlich, noch ganz andere Aufgaben. Ich habe eine Familie gehabt und mußte sie verlassen, ich war ein berühmter Mann und mußte darauf pfeifen; ich mußte alles, was

große Unordnung. Es war kein Vergnügen, diese Unordnung in mir selbst anzupacken und ihre Ordnung zu versuchen.« (»Kurzgefaßter Lebenslauf«)
Der Versuch gelingt mit Hilfe des Psychoanalytikers und Jung-Schülers Dr. J. B. Lang in Luzern in den Jahren 1916 und 1917. Sechzig Sitzungen verzeichnet die Kladde des Arztes. Lektüre der Schriften der führenden Analytiker Freud und Jung. Während dieser Zeit schreibt Hesse die Märchen »Der schwere Weg« und »Iris«. Die wesentliche Frucht dieser Krise und neuen Orientierung war der *Demian*, der im Herbst 1917 in Bern geschrieben wurde. Hugo Ball berichtet, »das Buch entstand vehement ... In wenigen brennenden Monaten war es niedergeschrieben.« Seinen Neubeginn will Hesse mit einem neuen Autornamen markieren. Er wählt für seine »Geschichte einer Jugend« ein Pseudonym, »um nicht die Jugend durch den bekannten Namen eines alten Onkels abzuschrecken.« Im Herbst 1917 erhält S. Fischer einen Brief von Hermann Hesse, in dem er ihm die Arbeit eines jungen Menschen avisiert, der krank in der Schweiz darniederliege, nicht mehr lange zu leben habe und seine Geschäfte mit der Welt nicht selbst besorgen könne – Hesse habe ihm sogar die Mühe der Abschrift des Manuskriptes abgenommen – Emil Sinclair, so der Verfasser, sei ein Pseudonym, damit der Todgeweihte nicht behelligt werde. Fischer antwortet am 19. 11. 1917: »Mein Lektor, Herr Loerke, hat das Buch von Sinclair gelesen und mir darüber viel Gutes gesagt. Ich komme jetzt während der schweren Arbeitstage nicht so bald zur Lektüre, wollte Sie aber, da der Autor schwer krank ist, auf einen Bescheid nicht so lange warten lassen. Ich bin also bereit, das Buch zu drucken, sobald sich die Papierverhältnisse etwas deutlicher übersehen lassen. Augenblicklich habe ich noch ältere Verpflichtungen zu erfüllen und vor allem: ich muß meine Papierbestände für den Druck neuer Auflagen meines Autorenkreises bereithalten. Ich dachte sogar daran, einiges in der Schweiz zu drucken, vielleicht bei Hallwag in

mich vorübergehend im Leben beglückte oder tröstete, bald wieder wegwerfen. Das bedeutet, daß anderes auf mich wartet.«

Brief an Lisa Wenger, ca. 1920. Unveröffentlicht.

»›Demian‹ ist in der Tat nicht eigentlich ein Mensch, sondern ein Prinzip, die Inkarnation einer Wahrheit oder, wenn Sie wollen, einer Lehre. Er spielt genau die selbe Rolle, die im Steppenwolf die ›Unsterblichen‹, die oberen Mächte, die Verfasser des Traktats spielen.«

Brief an Frau Sarasin vom 15. 2. 1954. GBriefe 4.

»Die Menschen des ›Demian‹ sind nicht mehr noch weniger »wirklich« als die meiner anderen Bücher. Ich habe nie Menschen nach dem Leben gezeichnet. Zwar kann ein Dichter auch das tun, und es kann sehr schön sein. Aber im Wesentlichen ist ja Dichtung nicht ein Abschreiben des Lebens, sondern ein Verdichten, ein Zusammensehen und Zusammenfassen des Gültigen.

Der ›Demian‹ handelt von einer ganz bestimmten Aufgabe und Not der Jugend, welche freilich mit der Jugend nicht aufhört, aber doch sie am meisten angeht. Es ist der Kampf um die Individualisierung, um das Entstehen einer Persönlichkeit.

Nicht jedem Menschen ist es gegeben, eine Persönlichkeit zu werden, die meisten bleiben Exemplare und kennen die Nöte der Individualisierung gar nicht. Wer sie aber kennt und erlebt, der erfährt auch unfehlbar, daß diese Kämpfe ihn mit dem Durchschnitt, dem normalen Leben, dem Hergebrachten und Bürgerlichen in Konflikt bringen. Aus den zwei entgegengesetzten Kräften, dem Drang nach einem persönlichen Leben und der Forderung der Umwelt nach Anpassung, entsteht die Persönlichkeit. Keine entsteht ohne revolutionäre Erlebnisse, aber der Grad ist natürlich bei allen Menschen verschieden ... Der ›Demian‹ zeigt gerade jene Seite im Kampf um die werdende Persönlichkeit, die den Erziehern die unbequemste ist. Der werdende junge Mensch, wenn er den Drang zu starker Individualisierung hat, wenn er vom Durchschnitts- und Allerweltstyp stark abweicht, kommt notwendig in Lagen, die den Anschein des Verrückten haben ... Es gilt nun nicht, seine »Verrücktheiten« der Welt aufzuzwingen und die Welt zu revolutionieren, sondern es gilt, sich für die Ideale und Träume der eigenen Seele gegen die Welt so viel zu wehren, daß sie nicht verdorren ... Es besteht überall das Streben, die Menschen gleichförmig zu machen und ihr Persönliches möglichst zu beschneiden. Dagegen wehrt sich unsere Seele, mit Recht, daraus entstehen die Demianerlebnisse. Sie

Bern. Ich hoffe, daß es, wenn die Verhältnisse sich nicht noch weiter verschlechtern, möglich sein wird, das Buch im Mai oder Juni nächsten Jahres herauszubringen.
Wegen der Honorarbedingungen möchte ich an den üblichen Tantiemen sehr gern festhalten. Wir werden aber in diesem Fall gezwungen sein, einen ziemlich teuren Ladenpreis anzusetzen. Nun, über das alles behalte ich mir noch nähere Nachrichten bei Gelegenheit der Vertragsausfertigung vor, jedenfalls bitte ich Sie, dem Autor zu sagen, daß ich das Buch gern drucken werde. Sollten Sie den Abdruck des Romans in den ›Weißen Blättern‹ nicht durchsetzen können, so könnten wir auch den Vorabdruck in der ›Neuen Rundschau‹ in Erwägung ziehen.« – Der *Demian* wurde dann von Februar bis April 1919 unter dem Pseudonym Emil Sinclair in der »Neuen Rundschau« vorabgedruckt.
Das Buch erschien im Juni 1919 in einer Auflage von 3300 Expl. unter dem Pseudonym »Emil Sinclair« (nach Isaac von Sinclair, einem Freund Hölderlins); das Pseudonym »Emil Sinclair« verwandte Hesse zum erstenmal 1917, als ihm, um die Gefangenenarbeit nicht zu gefährden, nahegelegt wurde, seine politische Publizistik zu unterlassen. (Von 1914 bis 1919 erschienen ca. 25 politische Aufsätze, teilweise unter dem Pseudonym »Emil Sinclair«). In der von ihm und R. Woltereck herausgegebenen Monatsschrift »Vivos voco« (1919-1923), Heft 1 (1920), mußte Hesse das Pseudonym lüften, nachdem ihn Otto Flake als Verfasser erkannt und Eduard Korrodi ihn in der »Neuen Zürcher Zeitung« vom 24. 6. 1920 zur Preisgabe des Pseudonyms aufgefordert hatte. Hesse gab den Fontane-Preis, der dem Anfänger Emil Sinclair zugefallen war, zurück.
Die 9.-16. Auflage war noch unter dem Pseudonym Emil Sinclair erschienen, die 17. Auflage erschien dann (1920) unter dem Titel *Demian. Die Geschichte von Emil Sinclairs Jugend von Hermann Hesse.*
»Der *Demian* hatte«, wie sich Thomas Mann 30 Jahre später

nehmen für jeden andere Formen an, ihr Sinn ist aber immer derselbe. Wem es ernst ist, der überwindet sie, und wenn er stark ist, wird aus einem Sinclair ein Demian.«

Brief an Marie-Louise Dumont vom Februar 1929, in GBriefe 2, S. 210f.

»Ihre Anfrage hat mich erreicht. Was im ›Demian‹ über Kain steht, dafür sind mir keine literarischen Quellen bekannt, doch könnte ich mir recht wohl denken, daß bei den Gnostikern Ähnliches steht. Was damals Theologie war, ist für uns Heutige mehr Psychologie, aber die Wahrheiten sind dieselben ...
Wieweit eine solche Auffassung von den Theologen geteilt werden kann oder ob sie etwa von den unbekannten Verfassern der Bücher Mosis verstanden und gebilligt würde, darum kümmere ich mich nicht. Die Mythen der Bibel, wie alle Mythen der Menschheit, sind für uns wertlos, solange wir sie nicht persönlich und für uns und unsere Zeit zu deuten wagen. Dann aber können sie uns sehr wichtig werden.«

Brief an den Realschüler H. S. vom 13. 4. 1930
Briefe, Erw. Ausg. 1964 bzw. Ausgewählte Briefe, S. 30

»Er [Eduard Korrodi] hat seinerzeit den pseudonymen ›Demian‹ sehr gelobt, ohne den Verfasser zu erraten, hat ihn zum Teil auf meine Kosten gelobt, er ahnte ja nicht, daß ich der Autor sei, und hat sich für die kleine Blamage [...] später hart an mir gerächt.«

Brief an Helene Welti vom 30. 7. 1934, in GBriefe 2, S. 432ff.

»Einmal, mit Hilfe eines Pseudonyms, war es mir nahezu ein Jahr lang gelungen, meine Gedanken und Phantasien unter fremdem Namen auszusprechen, unbelästigt von Ruhm und Anfeindung, unbeirrt von Abstempelung – aber dann war es aus, dann wurde ich verraten, die Journalisten kamen dahinter, es wurde mir der Revolver vor die Brust gesetzt, und ich mußte bekennen. Es war aus mit der kurzen Freude, und seither war ich wieder der bekannte Literat Hesse und das einzige, was ich tun konnte, um mich zu rächen, bestand darin, daß ich mir nun Mühe gab, nur noch solche Sachen zu schreiben, die bloß von sehr wenigen goutiert werden können, so daß ich seither immerhin ein etwas ruhigeres Leben hatte.«

Aus »Die Nürnberger Reise« WA 7, S. 134.

erinnerte, eine große, »elektrisierende Wirkung«. Klabund schrieb zu dem Vorabdruck in der »Neuen Rundschau«: »Ich bewundere Hermann Hesse, daß er, ein Mann in den Vierzigern, es aus eigenster Kraft über sich gebracht hat, noch einmal von vorn anzufangen, noch einmal ein neuer, ein junger Mensch zu werden. Er ist der einzige von den Dichtern seiner Generation, der das zustande gebracht hat.« Rückblickend auf die *Demian*-Zeit schrieb Hermann Hesse 1925 im »Kurzgefaßten Lebenslauf«: »... noch immer habe ich die heimliche Hoffnung, es werde mit der Zeit auch mein Volk, nicht als Ganzes, aber in sehr vielen wachen und verantwortlichen Einzelnen, eine ähnliche Prüfung vollziehen und an die Stelle des Klagens und Schimpfens über den bösen Krieg und die bösen Feinde und die böse Revolution, in tausend Herzen die Frage setzen: wie bin ich selber mitschuldig geworden: und wie kann ich wieder unschuldig werden? Denn man kann jederzeit wieder unschuldig werden, wenn man sein Leid und seine Schuld erkennt und zuende leidet, statt die Schuld daran bei anderen zu suchen.« 75. Tausend 1925 in den GW. Gesamtauflage aller deutschsprachigen Ausgaben von 1919 bis 1977: 508 Tsd., 1974 als suhrkamp taschenbuch 206. 1984 im 475. Tsd. GS III, WA 5.

»Ich sog [das Buch] mit kleinen Schlucken ein, und jedesmal legte ich es mit einer ungemeinen Sättigung und Befriedigung hin ... mit einer Sicherheit, die ohnegleichen ist, rührt er an das Wesentliche; er hebt an das Licht die urgeborene Amoralität; real sehe ich, fühle ich, erlebe ich die übermoralischen Seelenbewegungen, oh, wie grenzenlos schwer ist es, das zu sehen, dahin vorzudringen ... es lehnt auf das Entschlossenste in Wort und Gebärde das Intellektuelle ab ... und wieviel reiner, ohne Apparate stellt sich hier der Sinn dar.«

Alfred Döblin
in »Reform des Romans«, aus »Der neue Merkur«, München, Juni 1919

»In der Welt der Demiane und der Steppenwölfe gibt es keine erfüllbaren Ideale. Dort ist jedes Ideal nicht ein Befehl, sondern nur ein Versuch, der Heiligkeit des Lebens zu dienen: in Formen, die wir von Anfang an als unvollkommen und ewiger Erneuerung bedürftig erkennen.
Der Weg Demians ist nicht so klar und licht wie der, den Sie bisher gegangen sind. Er verlangt nicht nur Hingabe, er verlangt auch Wachsein, Mißtrauen, Selbstprüfung, er schützt nicht vor Zweifeln, er sucht sie sogar auf. Dies ist kein Weg für Menschen, denen mit klaren, eindeutigen, stabilen Idealen und Befehlen noch zu helfen ist. Er ist ein Weg für Verzweifelte, für solche nämlich, die an der Formulierbarkeit des Heiligen, an der Eindeutigkeit der Ideale und Pflichten schon verzweifelt sind, denen die Not des Lebens und Gewissens das Herz verbrennt.
Vielleicht ist Ihr Zustand eine Vorstufe dieser Verzweiflung. Dann steht Ihnen noch viel Leid bevor, viel Verzichtenmüssen auf Dinge, die Ihr Stolz waren, aber auch viel Leben, viel Entwicklung, viele Entdeckungen.
Nehmen Sie, falls es so sein sollte, aus dem ›Demian‹ und meinen anderen Schriften die Begriffe mit, die Ihnen darin wichtig geworden sind. Bald werden Sie mich nicht mehr brauchen und neue Quellen entdecken. Goethe ist ein guter Lehrer, und Novalis oder der Franzose André Gide – es gibt unzählige.«

Brief »an einen jungen Mann in Deutschland« vom 8. 4. 1932
Briefe, Erw. Ausg. 1964 bzw. Ausgewählte Briefe, S. 65

»Sinclair war das Pseudonym, das ich einst, in der bittersten Prüfungszeit meines Lebens, für einige meiner Aufsätze während des Krieges von 1914 und dann für den ›Demian‹ gewählt hatte, nicht ohne dabei an Hölderlins Freund und Gönner in Homburg zu denken, dessen Name mir seit frühester Jugend teuer war und einen heimlichen Klangzauber besaß. Und unter dem Zeichen ›Sinclair‹ steht für mich heute noch jene brennende Epoche, das Hinsterben einer schönen und unwiederbringlichen Welt, das erst schmerzliche, dann innig bejahte Erwachen zu einem neuen Verstehen von Welt und Wirklichkeit, das Aufblitzen einer Einsicht in die Einheit im Zeichen der Polarität, des Zusammenfallens der Gegensätze, wie es vor tausend Jahren die Meister des ZEN in China auf magische Formeln zu bringen versucht haben.«

Aus dem Vorwort der Neuauflage von »Sinclairs Notizbuch«, 1962, Schrift z. Lit. Bd. 1, S. 33. WA 11.

»Ihr Buch wirkte auf mich wie das Licht eines Leuchtturms in einer Sturmnacht. Ihr Buch hat ein bestmögliches Ende, nämlich da, wo alles Vorausgegangene auch wirklich ein Ende hat, und wo alles das wiederum beginnt, womit das Buch begonnen hat, nämlich mit der Geburt und dem Aufwachen des neuen Menschen.« C. G. Jung
Brief an Hermann Hesse vom 3. 12. 1919

»Man wird dem Buch nicht gerecht, wenn man es nur ungewöhnlich nennt; es ist in Wirklichkeit eins unter hundert, eines dieser seltenen Werke echter Literatur, die der Rezensent immer sucht, aber kaum findet. Denn es ist mit einem Einfühlungsvermögen und einer Wärme geschrieben, die nur aus der tiefsten Aufrichtigkeit entstehen kann; es zeichnet sich aus durch lebendige Einbildungskraft, durch Sinn für Schönheit und enthüllt einen bewundernswerten Einblick in die Jugendpsychologie.« Stefan Zweig
»New York Times Book Review« vom 8. 4. 1923

»*Demian* ist ein Meisterwerk der deutschen Sprache ... *Demian* ist ein Durchbruch des Dichters auf der ganzen Linie; ein Durchbruch zu sich selbst, bis hinab in eine Urverflochtenheit. Und ist ein Sang von der Gewalt des Muttertums; ein Sang von den Wurzeln des Menschenwesens. Die Sprache ist durchsichtig hell, und doch so sehr in eine makabre, mohnhafte Sphäre getragen, daß sie gleich Gertrudens Stimme alle wilde Süßigkeit der Leidenschaft, und sogar einer inzestuösen, einer kainitischen Leidenschaft, zu tragen weiß und doch ganz rein von menschlichen Gedanken und Stürmen zu leuchten vermag. Denn auch die Zeit ist in diese Sprache eingegangen, und welch eine Zeit! Eine brudermörderische, eine rebellische, eine gesetzwidrige Zeit.« Hugo Ball
»Hermann Hesse«, a. a. O., S. 138, 145

»Mir ist es eine Freude, dieser ersten amerikanischen Ausgabe der zündenden Prosa-Dichtung seiner Mannesjahre, des *Demian*, einen Vorspruch der Sympathie und der warmen Empfehlung zu geben. Ein schmaler Band; aber die Bücher geringen Umfangs sind es oft, welche die stärkste Dynamik entwickeln, – man denke an den ›Werther‹, an dessen Wirkung in Deutschland der *Demian* von weitem erinnert. Das Gefühl des Autors für die überpersönliche Gültigkeit seiner Schöpfung muß sehr lebhaft gewesen sein: dafür spricht die absichtliche Zweideutigkeit des Untertitels ›Die Geschichte einer Jugend‹, was sowohl individuell gemeint sein, wie die Geschichte einer ganzen jungen Generation bedeuten kann. Dafür spricht auch,

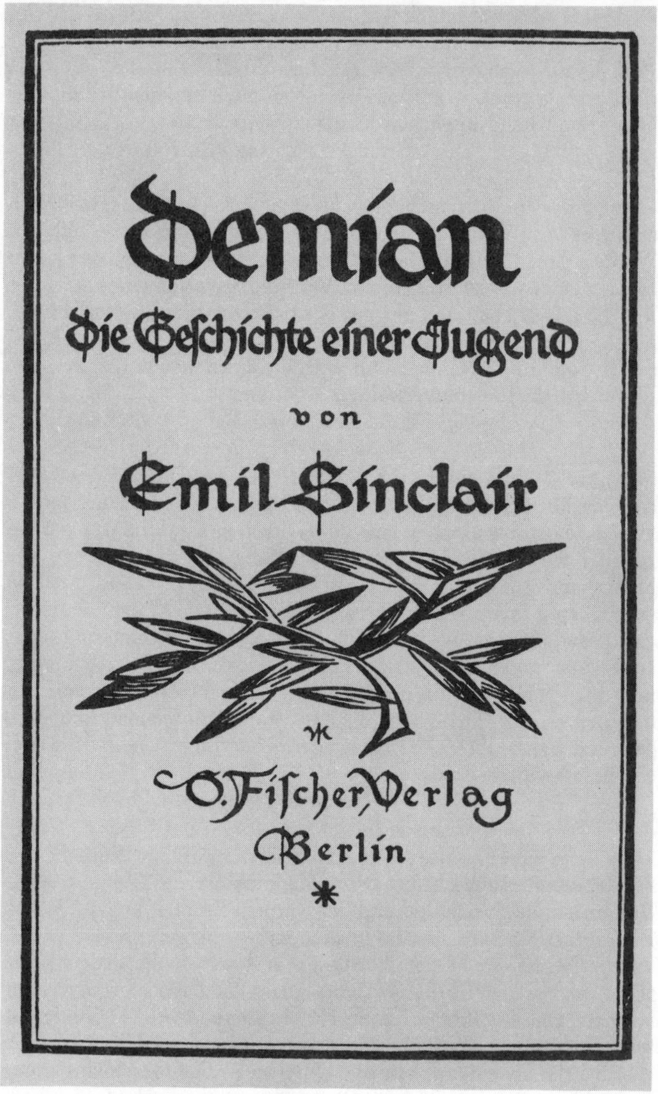

Umschlag der Erstausgabe (1919) von E. R. Weiß.

daß Hesse gerade diese Erzählung nicht unter seinem schon geläufigen und abgestempelten Namen erscheinen lassen wollte, sondern das Pseudonym ›Sinclair‹ – einen aus dem Hölderlinkreis stammenden Namen – auf den Umschlag drucken ließ und seine Autorschaft lange sorgfältig verhehlte ...
Unvergeßlich ist die elektrisierende Wirkung, welche gleich nach dem Ersten Weltkrieg der *Demian* jenes mysteriösen Sinclair hervorrief, eine Dichtung, die mit unheimlicher Genauigkeit den Nerv der Zeit traf und eine ganze Jugend, die wähnte, aus ihrer Mitte sei ihr ein Künder ihres tiefsten Lebens entstanden (während es schon ein Zweiundvierziger war, der ihr gab, was sie brauchte), zu dankbarem Entzücken hinriß.« Thomas Mann
im Vorwort zur amerikanischen Ausgabe des »Demian« 1948, a. a. O.

»November 1918 ... Bleierne Trostlosigkeit liegt über den Menschen. Für die alte Generation ist Deutschland zerbrochen, denn Deutschland, das ist für sie das Hohenzollernreich. Es gibt Würdenträger des gestürzten Regimes, die den Einmarsch der Besatzungstruppen nicht überleben mögen. Aber die Jüngeren trauern dieser Gespensterwelt nicht nach. Deutschland war für sie mit Georges Worten ›das Land, dem viel Verheißung noch innewohnt‹. Durch den Zusammenbruch des Regimes waren alle vorwärtsdrängenden geistigen Kräfte freigestellt. ... Ein Geistesfrühling von verschwenderischem Reichtum brach an. In den Hörsälen drängten sich die feldgrauen Studenten: die aufgeschlossenste akademische Jugend seit dem Sommer 1914. In vielen war Geist und Tradition der Freideutschen Jugend noch lebendig. Ihre heiligen Bücher waren die Gleichnisse des Tschuang-Tse, Platon, Hölderlin, Nietzsche, George: ihre Haltung eine wundervolle Weltweite, Aufbruch zu neuem Tag. An diese Jugend wandte sich Hermann Hesse in der Zeitschrift ›Vivos voco‹, die er mit Richard Woltereck herausgab. Sie brachte Zeugnisse eines neuen Geistes, der die bösen Mächte des Völkerhasses überwand. Über ›eine Stimme aus Jung-Amerika‹ konnte ich dort 1920 berichten. Das literarische Werk Hesses war der Jugend ferngeblieben. Das änderte sich aber wie mit einem Zauberschlage, als 1922 [sic] sein *Demian* erschien. Hier waren ja die feldgrauen Studenten unmittelbar angesprochen. Hier war das Leiden unter der Schule; Irren und Wirren des Geschlechts; Wissen von Mythen und Mysterien; der Krieg vorgeahnt, durchlitten, mit dem Tode bezahlt. *Demian*, sterbend, zu dem verwundeten Freund: ›Kleiner Sinclair, paß auf! Ich werde fortgehn müssen. Du wirst

Hesse vor Ausbruch des Ersten Weltkriegs.

mich vielleicht einmal wieder brauchen ... Wenn Du mich dann rufst, dann komme ich nicht wieder so grob auf einem Pferd geritten oder mit der Eisenbahn. Du mußt dann in Dich hinein hören, dann merkst Du, daß ich in Dir drinnen bin.‹ Eine Botschaft, so schlicht wie tief. Nichts in Hesses Werken reicht an dieses Wort. Man sagt so etwas nur einmal.« Ernst Robert Curtius, 1947

a. a. O., S. 202f.

»Hierher gehört das erste in der Reihe der die Krisis des Geistes spiegelnden Werke Hermann Hesses, jener aufrührerische *Demian* aus der Zeit des Ersten Weltkrieges, in dem das Recht eines selbstherrlichen Kain gegen einen unterwürfigen Abel verfochten wurde – eine Haltung, die ja schon zu Byrons Zeit ein Vorrecht der nach Freiheit vom Gesetz begehrenden Dichter war.

Es ist kein Zufall, daß Hesse dieses anthropologische Postulat durch ein theologisches ergänzte und daß der Gott, den er verkündete, kein anderer war als das gnostizisierende Wesen Abraxas, das uns auch in einer frühen Schrift des Psychologen Carl Gustav Jung entgegentritt, das Wesen, das, wie Hesse sagt, ›die symbolische Aufgabe hat, das Göttliche und das Teuflische zu vereinigen‹, das also ebendasselbe in ewiger Vollkommenheit besitzt, was die psychologistische Lehre ihre Adepten als die Integration des Bösen vollziehen heißt.

Es hat den Anschein, als erhöbe sich hier nur ein Aufstand gegen jene Macht des creator spiritus, welche nicht bloß zwischen Licht und Finsternis, sondern bald auch zwischen Heil und Unheil scheidet. Und doch beginnt mit diesem ersten Werk der Reihe der Dienst des Dichters Hesse am Geist.« Martin Buber, 1957

In: »Hermann Hesses Dienst am Geist«,
Neue Deutsche Hefte 1957/58

»Dieses Buch – es ist unerläßlich es zu bekennen – hat mich in der Nazizeit wie kein anderer deutscher Roman bewegt und betroffen. Emil Sinclairs Entwicklungsgeschichte empfand ich sofort als meine Geschichte. Ich spürte: hier wird deine Sache verhandelt, deine Not aufgeklärt. Vor allem enthielt das Buch eine klare Botschaft. Sie hieß: Glaube nicht an den Mächtigen dieser Welt. Der Bürger lügt.«

Horst Krüger

In »Frankfurter Allgemeine Zeitung« vom 29. 2. 1984

»In den letzten Tagen des Januar schrieb ich, unter dem Druck der Weltereignisse, in zwei Tagen und Nächten die kleine Schrift ›Zarathustras Wiederkehr‹, welche bald darauf anonym erschien und an meine Freunde versendet wurde.
Unter den Zweifeln, welche diese Bekenntnisschrift eines Unpolitischen bei vielen Lesern erweckte, kehrten folgende zwei immer und immer wieder. Beinahe jeder, der den Verfasser (was nicht schwer war) erraten hatte, stellte ihm diese beiden Fragen: warum nennst du deinen Namen nicht? und: wozu die Maske Zarathustras, der Anklang an Nietzsche, die Stilimitation?
Der erste und häßlichste Vorwurf, der mir wegen der Anonymität gemacht wurde, der der Feigheit, ist wohl dadurch erledigt, daß ich mich öffentlich zu meiner Schrift bekenne. Daß er wiederholt auftauchte, empfand ich als charakteristisch für die Mentalität der Kriegszeit. Auch Männern von Charakter schien es ohne weiteres möglich und wahrscheinlich, daß ein Autor sich etwaigen unbequemen Folgen durch Verschweigen seines Namens entziehe! Und wirklich war seit 1914 jeder Deutsche, der öffentlich für die Idee einer übernationalen Menschlichkeit stritt, in so roher Weise gezüchtigt worden und so völlig ohne Schutz geblieben, daß ein gewisser Mut dazu gehörte, bei solchen Gesinnungen zu verharren. Ich persönlich bin stolz auf jede Beleidigung, die ich seit dem Sommer 1914 in unserer chauvinistischen Presse erfahren habe, und wünsche nicht die Freundschaft jener Herren und Blätter wiederzugewinnen, welche jetzt seit dem November 1918 so heftig denselben Ideen beistimmen, für welche sie uns bis dahin gesteinigt hatten.
Aber warum ließ ich meine Schrift anonym erscheinen, wenn es nicht aus Ängstlichkeit geschah? Ich bin erstaunt darüber, daß niemand die Ursache erriet. – Wer auch nur eine einzige von den Bekenntnisschriften der geistigen Jugend gelesen hat – der ›Expressionisten‹ – der kennt die bis zu Verachtung und bitterstem Haß gesteigerte Auflehnung unserer Jungen gegen alles, was ihnen als bisherig, als gestrig, als impressionistisch bekannt ist; daß ich dazu gehöre, schien mir zweifellos, und daß eine Schrift mit meinem Autornamen vom lebendigsten Teil der Jugend gar nicht würde gelesen werden, schien mir gewiß. Dies war mein Grund, anonym zu bleiben.
Nun die zweite Frage: Warum lehnte ich mich an Nietzsche an, warum imitierte ich den Ton des Zarathustra?

ZARATHUSTRAS WIEDERKEHR

Ebenfalls in den Sinclair-Kreis gehören die folgenden Publikationen: »Kleiner Garten, Erlebnisse und Dichtungen« (Wien 1919), »Die Heimkehr, Erster Akt eines Zeitdramas« (Vivos voco) 1919, »Blick ins Chaos«, Aufsätze, 1921, »Sinclairs Notizbuch«, Zürich 1923 (die Aufsätze dieses Buches, 1917-1920 geschrieben, wurden zuvor unter dem Pseudonym Emil Sinclair in Zeitungen und Zeitschriften veröffentlicht).

Zarathustras Wiederkehr. Ein Wort an die deutsche Jugend. Von einem Deutschen, erschien in Bern 1919. Dieser politischen Flugschrift ist ein Motto von Friedrich Nietzsche vorangestellt, das mit den Sätzen endet: »Krankheit ist jedesmal die Antwort, wenn wir an unserem Recht auf unsere Aufgabe zweifeln wollen, wenn wir anfangen, es uns irgendworin leichter zu machen. Sonderbar und furchtbar zugleich! Unsere Erleichterungen sind es, die wir am härtesten büßen müssen! Und wollen wir hinterdrein zur Gesundheit zurück, bleibt uns keine Wahl: wir müssen uns schwerer belasten als wir je vorher belastet waren.«
Unter den jungen Menschen in der Hauptstadt hatte sich das Gerücht herumgeflüstert, Zarathustra sei wieder erschienen; so machten sich einige Jünglinge, welche vom Krieg heimgekehrt und in der veränderten und umgestürzten Heimat voll Besorgnis waren, auf, um Zarathustra zu sehen. Sie fragten ihn, er antwortete, einer von ihnen schrieb auf, was Zarathustra sprach. Das Buch enthält folgende Abschnitte: Vom Schicksal. Vom Leiden und vom Tun. Von der Einsamkeit. Spartacus. Das Vaterland und die Feinde. Weltverbesserung. Vom Deutschen. Der Abschied.
Die 2. Auflage erschien 1920 im S. Fischer Verlag Berlin: *Zarathustras Wiederkehr. Ein Wort an die Deutsche Jugend von Hermann Hesse*. 19.-21. Tausend 1924. Zur ersten nicht

Mir scheint, ein Leser mit zartem Sprachgefühl wird durch meine Schrift zwar an den Zarathustra erinnert werden, wird aber auch sofort erkennen, daß sie gewiß keine Stilnachahmung versucht. Sie erneuert, sie klingt an, aber sie imitiert nicht. Ein Imitator des Zarathustra hätte eine Menge von Stilmerkmalen benutzt, die ich völlig wegließ. Auch muß ich gestehen, daß ich Nietzsches Zarathustra seit nahezu zehn Jahren nicht mehr in Händen gehabt habe.

Nein, der Titel und der Stil meiner kleinen Schrift entstand wahrlich nicht aus dem Bedürfnis nach einer Maske, oder gar aus einer spielerischen Lust zu Stilversuchen. Auch wer den Geist dieser Schrift ablehnt, muß doch – so scheint mir – den hohen Druck ahnen, unter dem sie entstand.

Daß sie an Nietzsche anklinge und den Geist seines Zarathustra beschwöre, das merkte ich selbst erst während dem fast bewußtlosen Schreiben, das sich völlig explosiv vollzog. Aber seit Monaten, nein, seit Jahren hatte sich in mir eine andere Einstellung zu Nietzsche gebildet. Nicht zu seinen Gedanken, nicht zu seiner Dichtung. Wohl aber zu Nietzsche, dem Menschen, dem Mann. Mehr und mehr erschien er mir, seit dem jammervollen Versagen unserer deutschen Geistigkeit im Kriege, als der letzte einsame Vertreter eines deutschen Geistes, eines deutschen Mutes, einer deutschen Mannhaftigkeit, die gerade unter den Geistigen unseres Volkes ausgestorben zu sein schien. Hatte nicht seine Vereinsamung zwischen Kollegen voll verantwortungslosen Strebertums ihm den Ernst seiner »Aufgabe« gezeigt? War er nicht im Grimm über den schauerlichen Kulturniedergang Deutschlands während der wilhelminischen Epoche schließlich zum Antideutschen geworden? Und war nicht er es, der einsame Nietzsche, der vergrollte Verächter des deutschen Kaiserrausches, der letzte glühende Priester eines scheinbar absterbenden deutschen Geistes – war nicht er es, der Unzeitgemäße und Vereinsamte, dessen Stimme stärker als jede andere zur deutschen Jugend sprach? Mochten sie ihn mißverstehen, ihn beliebig ausdeuten – fühlten sie nicht doch alle, daß ihre Liebe zu Nietzsche, ihre erste Schwärmerei für den Dichter des Zarathustra, das Liebste und Heiligste sei, was ihre Jugend erleben könnte? Wo ist der deutsche Dichter, der deutsche Gelehrte, der deutsche geistige Führer sei 1870, der so wie Nietzsche das Vertrauen der Jugend genoß, der so wie er an das Heiligste und Geistigste mahnte? Es ist kein anderer da«. *(1919)*

Aus »Eigensinn«, Autobiographische Schriften, S. 114ff.

anonymen Ausgabe von 1920 schrieb Hesse: »Es gab einmal einen deutschen Geist, einen deutschen Mut, eine deutsche Mannhaftigkeit, welche sich nicht nur im Herdenlärm und der Massenbegeisterung äußerte. Der letzte große Geist dieser Art ist Nietzsche gewesen, und er ist, inmitten des damaligen Gründertums und der damaligen Herdengesinnung in Deutschland, zum Anti-Patrioten und Anti-Deutschen geworden. An ihn will mein Ruf erinnern, an seinen Mut, an seine Einsamkeit. Statt des Herdengeschreis, dessen weinerliche jetzige Note um nichts lieblicher ist als während der ›großen Zeit‹ seine großmäulige und brutale es war, will dieser Ruf die Geistigen unter der deutschen Jugend an einige einfache, unerschütterte Tatsachen und Erfahrungen der Seele erinnern. Möge jeder sich zum Volk und zur Allgemeinheit verhalten wie Bedürfnis und Gewissen es ihm eingibt – wenn er darüber sich selbst, seine eigene Seele versäumt, so wird es wertlos sein. Erst wenige im verarmten und besiegten Deutschland haben begonnen, das Weinen und Schimpfen als unfruchtbar zu erkennen und sich tüchtig und mannhaft zu machen für das, was kommen soll. Erst wenige haben eine Ahnung von dem Verfall des deutschen Geistes, in dem wir lang vor dem Kriege schon lebten. Wir müssen nicht hinten beginnen, bei den Regierungsformen und politischen Methoden, sondern wir müssen von vorn anfangen, beim Bau der Persönlichkeit, wenn wir wieder Geister und Männer haben wollen, die uns Zukunft verbürgen. Davon spricht meine kleine Schrift. Sie ist anfänglich anonym in der Schweiz erschienen und in dieser Form in mehreren Auflagen verbreitet worden, weil ich die Jugend nicht durch einen bekannten Namen mißtrauisch machen wollte. Sie sollte unbefangen prüfen, und hat es getan. Dadurch ist mein Beweggrund zur Anonymität hinfällig geworden.«*

* Enthalten in *Politische Betrachtungen* (Bibliothek Suhrkamp Band 244). WA 10, S. 466f.

»Die Schrift, die wir Ihnen beiliegend zusenden und um deren Beachtung wir bitten, beschwört einen ehrwürdigen Schatten herauf. Der Verfasser knüpft an Nietzsche und dessen Zarathustra an, um mit dieser Erinnerung der deutschen Jugend den Geist ins Gedächtnis zu rufen, der am stärksten und männlichsten auf sie gewirkt hat.
Trotz gewisser, auf diese Beschwörung eines ehrwürdigen und geliebten Namens zielender Stil-Erinnerungen ist die kleine Schrift aber keineswegs eine Nachahmung oder Wiederholung eigentlich Nietzschescher Gedanken. Ihr Zweck ist der, die geistige Jugend Deutschlands (dieselbe, für welche Nietzsches Name und Gedächtnis ehrwürdig ist) in entscheidender Stunde zu einer ernsten, eigenen, voll verantwortlichen Stellung zu den aufregenden Ereignissen des Tages aufzurufen. Diese Schrift ermahnt die deutsche Jugend auf das Ernsteste, zum Tagesgeschehen innerlich Distanz zu erobern und aus dem Erlebten die Stimme der Notwendigkeit, des Schicksals, zu vernehmen.
Der Geist dieser Schrift dient keiner Partei, keinem politischen Programm! Er ruft die Jugend dazu auf, sich das Zeitgeschehen zum persönlichen Schicksal werden zu lassen, ihm seelisch gerecht zu werden. Seine Lehre ist diese: Schicksal ist nicht nur erträglich, es ist gut und unser Segen, wenn wir vermögen, es uns ganz zu eigen zu machen.
Im Augenblick der Verwirrung und des Hingenommenseins durch die Aufregungen des Tages und der Stunde mahnt dieser Aufruf eindringlich zu der seelischen Haltung, welcher allein es möglich ist, den Tag und die Stunde in voller, persönlicher Ernsthaftigkeit zu erleben.
So dient die kleine Schrift nicht einer ›Politisierung des Geistes‹, sondern einer Beseelung des politischen Erlebens.«

Begleitbrief zu Rezensionsexemplaren der ersten anonymen Ausgabe von 1919.

»Jene kleine Schrift von der Wiederkehr des Zarathustra wird verschieden aufgenommen, von einigen Jungen mit Begeisterung, von anderen mit seltsam schwerer Kritik als unsozial etc., da und dort meinte man sogar, der Verfasser könnte der Entente nahe stehen! So dumm ist die Welt. Entstanden ist das Büchlein mit Notwendigkeit in einigen Tagen schwerster Bedrängnis und Spannung, wie Harz aus einem alten Stamm tropft.«

Aus einem Brief an Erwin Ackerknecht vom 9. 3. 1919. Unveröffentlicht.

»*Zarathustras Wiederkehr*, geschrieben Dezember 1918, erschien erst anonym 1919 im Verlag Staempfli zu Bern, dann ein Jahr später bei Fischer. Dieser Zarathustra redivivus ist Hesses Revolutionsvermächtnis; ein Bekenntnis zur inneren ›Civitas dei‹ ... Es ist die Stimme dessen von Sils-Maria, und es ist bereits auch die Stimme des *Siddhartha*, die hier spricht. Schon ist seine Lehre von der Illusion der Gegensätze da und der ganze Tonfall der Einsiedelei und der Skepsis gegen das Tun und die Tat, die aus der Umgebung von Fabrikschornsteinen kommen ... Es ist der amor fati Nietzsches; die Liebe zum Unabänderlichen ist es, die *Zarathustra-Siddhartha* predigen. Das Büchlein ist ein Beweis für hohe Freundschaften unter Toten und immer Lebendigen und ist eine schöne Erinnerung an die Geburtszeit der Republik. In keinem neuen deutschen Geschichtsbuch sollte es unerwähnt bleiben. Es ist die rühmlichste politische Dichterleistung jener Jahre.« Hugo Ball

a. a. O. S. 160f.

»Die kleine Schrift Hesses zeugt von großer Unbefangenheit allem Parteiwesen gegenüber. Ihre Grundlehre ist die, daß nie äußeres Tun rettende Tat sein kann, sondern nur die Erkenntnis eigenen Schicksals und sein bewußtes Erleiden – Hinfinden des Menschen zum Kern seines Selbst ...

Hesse sagt manches Kluge über das Geschehen der Zeit. Er spricht von der Entschlossenheit der Verzweiflung, durch die Spartakus jene ›dumpfe Angst des Bürgers‹ beschämt, ›welcher erst dann zum Heldentum greift, wenn er seinen Geldbeutel bedroht sieht.‹ ... Er spricht auch vom gerechten Zusammenbruch unserer Opernherrlichkeit von vorgestern, vom Krämerideal des vergangenen Reiches, dem nachzujammern und nachzutrauern Sünde wäre.

Wie dem aber auch sei – das Büchlein ist ein ehrlicher, eigenwilliger Versuch, den Menschen dieser Zeit aus ihrer großen Not zu helfen. Es bleibt als Bekenntnis einer vom Tagesstreit wundervoll unberührten, nur um inneren Gewinn bemühten Persönlichkeit liebenswert.«

»Das literarische Echo«, Leipzig
vom 15. 8. 1920

»Ich hoffe, Sie werden auch weiterhin die Märchen einfach so lesen, wie sie im Moment zu Ihnen sprechen, einfach den Bildern und der Musik nach, ohne Suchen nach einem »Sinne«. Denn dieser ist wohl darin, aber er nimmt für jeden ein anderes Kleid an, und wenn ich ihn in nackten Worten sagen könnte, würde ich natürlich keine Dichtungen mehr machen.«

Brief an Georg Reinhart vom 25. 6. 1919, GBriefe 1, a. a. O., S. 404

»Die Moral nützt uns nichts. Das steht auch in den Märchen, die ich Ihnen schickte. Das erste und älteste, der Augustus, ist noch voll Moral und schildert am Schluß ein Glück, das ich mir wohl oft gedacht und gewünscht, aber nie erlebt habe. Das letzte, die Iris, hat auf diese Moral schon verzichtet, es erzählt nicht ein erdachtes Finden, sondern ein erlebtes Suchen.«

Brief an Els Bucherer-Feustel vom 12. 7. 1919, GBriefe 1, a. a. O., S. 406/7

»Die Märchen waren für mich ein Übergang zu einer anderen, neuen Art von Dichtung, ich mag sie schon nicht mehr, ich mußte noch viele Schritte weitergehen und bin darauf gefaßt, daß es mir mit der Dichtung gehen wird, wie es mir erst in der Politik, dann im Leben ging, daß die Nächsten nicht mehr mitkommen und mich verlassen.«

Brief an Franz Karl Ginzkey vom 5. 8. 1919, GBriefe 1, a. a. O., S. 410

»Märchen haben nur einen Wert, wenn sie dichterisch von vollem Wert sind, sind sie das nicht und bleiben sie didaktisch, dann halte ich nichts von ihnen.«

Aus einem Brief an Georg Winter vom 8. 6. 1946. Unveröffentlicht

MÄRCHEN

1919 erschienen. »Augustus« 1913 geschrieben (Emil und Bertha Molt gewidmet). »Der Dichter« 1913 (Für Mathilde Schwarzenbach), »Merkwürdige Nachricht von einem anderen Stern« 1915 (Für Frau Helene Welti). »Der schwere Weg« 1916 (Für Dr. Hans Brun und Frau). »Eine Traumfolge« 1916 (Für Volkmar Andreae). »Faldum« 1916 (Für Georg Reinhart). »Iris« 1917 (»Für Mia« – Hesses erste Gattin). Die beiden Märchen »Augustus« und »Iris« erschienen 1918 als 13. Band der »Bücherei für deutsche Kriegsgefangene«.
1925 in den GW. Die Ausgabe Zürich 1946 ist Peter Suhrkamp gewidmet. In GW bei Suhrkamp in Berlin und Frankfurt neu 1955 um »Piktors Verwandlungen« (Texte ohne Zeichnungen) erweitert, 32. bis 36. Tausend. Gesamtauflage aller deutschsprachigen Ausgaben 1919 bis 1977: 422 Tsd. Ein Band *Iris. Ausgewählte Märchen* erschien in der Bibliothek Suhrkamp als Band Nr. 369. 1975 erste Gesamtausgabe *Die Märchen* als suhrkamp taschenbuch 291. 1983: 305 Tsd.

»Man mag beginnen, wo man will: Hermann Hesses *Märchen* erfüllen, was Han Fook, ›Der Dichter‹, bei seinem Meister suchte: ›scheinbar nur das Einfache und Schlichte zu sagen, damit aber in des Zuhörers Seele zu wühlen, wie der Wind in einem Wasserspiegel.‹ Und dieses Schlichte und Einfache ist großer Art und liegt doch immer nah ... Aber immer, wo so der Dichter in Weg und Windung aus dem Zweck des Alltags nach dem Unscheinbaren dauernden Sinns sich müht, hat er auch die Biene aus seinem ›Märchen‹ auf dem Ärmel, die er mit sich forttrug, damit er später gleich einen Boten hätte, den Zurückgebliebenen von seinen Gängen zu berichten. Diese Berichte dann haben den Charme, den man etwa im ›Taugenichts‹ gefunden; ob dabei die Sprache nun tief gegliedert oder in jener rührenden Flächenhaftigkeit erscheine: Hermann Hesses *Märchen* führen so viel Poesie, daß sie sich da und dort die reine Betrachtung leisten können.«

Werner Weber
»Neue Zürcher Zeitung« vom 9. 11. 1946

»Auch ich schlage mich bald mit dem Mörder, mit dem Tier und Verbrecher in mir beständig herum, aber ebenso auch mit dem Moralisten, mit dem allzufrüh zur Harmonie Gelangenwollen, mit der leichten Resignation, mit der Flucht in lauter Güte, Edelmut und Reinheit. Beides muß sein, ohne das Tier und den Mörder in uns sind wir kastrierte Engel ohne rechtes Leben, und ohne den immer neuen flehentlichen Drang zum Verklären, zur Reinigung, zur Anbetung des Unsinnlichen und Selbstlosen sind wir auch nichts Rechtes.
Mir ist es so gegangen, daß ich, unter dem Einfluß von Vorbildern wie Goethe, Keller etc. als Dichter eine schöne und harmonische, aber im Grund verlogene Welt aufbaute, indem ich alles Dunkle und Wilde in mir verschwieg und im stillen erlitt, das »Gute« aber, den Sinn fürs Heilige, die Ehrfurcht, das Reine betonte und allein darstellte. Das führte zu Typen wie Camenzind und der ›Gertrud‹, die sich zugunsten einer edlen Anständigkeit und Moral um tausend Wahrheiten drücken, und brachte mich schließlich, als Mensch wie als Dichter, in eine müde Resignation, die zwar auf zarten Saiten Musik machte, keine schlechte Musik, die aber dem Leben abgestorben war ... ich mußte neue Töne suchen, ich mußte mich mit allem Unerlösten und Uralten in mir selber blutig herumschlagen – nicht um es auszurotten, sondern um es zu verstehen, um es zur Sprache zu bringen, denn ich glaube längst nicht mehr an Gutes und Böses, sondern glaube, daß alles gut ist, auch das, was wir Verbrechen, Schmutz und Grauen heißen. Dostojewski hat das auch gewußt ... Genug, ich will Sie nicht langweilen. Ich will Ihnen bloß sagen: der Mörder in Ihnen hat seinen Bruder bei mir, und Sie werden mit dem Mörder desto besser fertig, je mehr Sie ihm zuhören, ihn zu Wort kommen lassen, ihn zu verstehen suchen.
Je weniger wir uns vor unseren eigenen Phantasien scheuen, die im Wachen und Traum uns zu Verbrechern und Tieren machen, desto kleiner ist die Gefahr, daß wir in der Tat und Wirklichkeit an diesem Bösen zugrundegehen.«

Brief an Carl Seelig vom Herbst 1919, GBriefe 1, a. a. O., S. 423 f.

»Ich bin neulich mit der Arbeit fertiggeworden, an der ich seit meinem Hiersein fast jeden Abend gehockt bin. Es ist eine lange Novelle, das Beste, was ich bis jetzt gemacht habe, ein Bruch mit

KLEIN UND WAGNER

Novelle. Erschienen 1920 in der Sammlung *Klingsors letzter Sommer*. Die Novelle *Klein und Wagner* ist die erste größere Arbeit, die Hesse im Tessin geschrieben hat. Die Novelle entstand im Mai/Juli 1919 in Montagnola. Friedrich Klein, mit dem beziehungsreichen Decknamen Wagner, der ehrbare Beamte, belastet mit imaginären Verbrechen, ist eine erste Inkarnation von Hesses Steppenwolf. Vorabdruck von *Klein und Wagner* im 1. Heft von »Vicos voco« vom Oktober 1919. In der Ankündigung der Zeitschrift heißt es: »Hermann Hesse und Richard Woltereck nehmen den alten Glockenspruch auf, im Glauben daran, daß das Verlangen nach wertvollem Leben bei vielen, oft gerade den Guten und Besten, verschüttet gewesen sein mag, doch daß die ewige Natur wohl Leben verdecken und umgestalten, doch nicht dauernd vernichten kann ...«
»Hermann Hesse hat sich längere Zeit mit Veröffentlichungen auf dem Gebiete der größeren Novelle zurückgehalten, seine erste Arbeit erscheint jetzt in unserer Zeitschrift unter dem Titel *Klein und Wagner*« (Börsenblatt für den Deutschen Buchhandel 7. November 1919).
Einzelausgabe Bibliothek Suhrkamp Band 43, 1958, und 1973 als suhrkamp taschenbuch 116. 1982 im 108. Tausend.

»Ich habe *Klein und Wagner* gelesen. Ich finde es wunderbar, von einer Tiefe und Großartigkeit, die mich sehr gepackt hat.«
Annette Kolb
Brief an Hermann Hesse vom 27. 1. 1932. Unveröffentlicht.

»Die Technik arbeitet stellenweise fast wissenschaftlich exakt: im Traum des *Klein und Wagner* z. B. – mit den jüngsten psychologischen Erkenntnissen, wie sie etwa C. G. Jung in seiner ›Psychologie der unbewußten Prozesse‹ vermittelt hat. Ich bewundere Hermann Hesse, daß er, ein Mann in den Vierzigern, es aus eigenster Kraft über sich gebracht hat, noch einmal von vorn anzufangen, noch einmal ein neuer, ein junger Mensch zu werden. Er hat mit einem

meiner früheren Art und der Beginn von ganz Neuem. Schön und holdselig ist diese Dichtung nicht, mehr wie Cyankali, aber sie ist gut und war notwendig. Jetzt fang ich eine neue an, und saufe Wein dazu, denn ohne Arbeit und ohne Wein ist es mir unerträglich.«

Brief an Louis Moilliet am 24. 7. 1919, GBriefe 1, a. a. O., S. 407

»Inzwischen habe ich die erkämpfte Einsamkeit und Ruhe ziemlich redlich benützt, um zu probieren, ob ich noch etwas tauge und das Weitermachen einen Sinn hat. Ich habe, in zehn Wochen, eine Novelle geschrieben, die den meisten meiner frühern Freunde Bauchweh machen wird, die aber gut und wichtig ist, zum Teil ein Bruch mit meiner Vergangenheit, zum Teil ein Neubeginn, in noch nicht betretene Gebiete hinein. Daneben habe ich viel gemalt und auch beim Malen allmählich einen Weg genommen, der mehr gegen das Neue und Expressionistische hin führt, wenigstens im Vergleich mit früher.«

Brief an Helene Welti vom 28. 7. 1919. Unveröffentlicht.

»Es liegt nicht in meinem Willen, Klein wegzuschicken und Hesse zu sein. Klein ist ein Stück Hesse und wird es immer sein, und ohne ihn, ohne die Übertragung meines Leidens in diesen Spiegel, hätte ich dies Leiden nicht ertragen. Es ist meine Rettung gewesen, daß ich in die Einsamkeit ging und vollkommen Tag und Nacht in meiner Dichtung lebte.«

Brief an Ida Huck vom Februar 1920. Unveröffentlicht.

entschiedenen Ruck sein altes Gewand von sich abgeworfen. Er hat den Mut, neu zu beginnen, eingedenk des alten Tao-Wortes, daß der Weg, nicht das Ziel den Sinn des Lebens mache. Auch die Zerspaltenheit, die doppelte oder gar dreifache Gestalt und Gestaltung des eigenen Ich gewinnt bei Hesse wie einst bei Goethe und später bei den Romantikern erneut Bedeutung und tiefsten Sinn. Selbst Gott ist gut und böse. Klein zugleich Wagner.«

Klabund
in »Die Neue Rundschau«, 1920

»›Klein und Wagner‹ legt zwei Beziehungen auf die Zunge: Dostojewski und Psychoanalyse... Es ist keine Lehrnovelle; denn sonst würde der Mensch, der durchstrahlt wird, nicht als Ergebnis seines Lebens die Philosophie des sich Fallenlassens suchen... Der Schluß der Novelle ist ein Meisterstück. Vergessen muß freilich werden, daß die Sekunden, in denen der Ertrinkende die Summe seines Lebens zieht, dem Dichter fast ein halbes Dutzend bester Prosaseiten ergeben, in denen er das Simultane, das Nebeneinander und die blitzartigen Assoziationen freilich nur als ein Nacheinander erzählen kann. Zu den Künstlichkeiten der Novelle rechne ich das Heranziehen des Falles Richard Wagner, präparierte Träume, die das helle Entzücken derer sein werden, die eine Novelle nach der Handhabung und Verwendung der psychologischen Instrumente beurteilen.«

Eduard Korrodi
in »Neue Zürcher Zeitung« vom 11. 6. 1920

›Klingsors letzter Sommer‹ und die mit ihm damals im gleichen Bande erschienene Erzählung ›Klein und Wagner‹ sind im selben Sommer, einem für die Welt und für mich ungewöhnlichen und einmaligen Sommer, entstanden. Es war im Jahre 1919 ... Mir zum Beispiel, dem vom Krieg degradierten und vergewaltigten, jetzt wieder ins Privatleben entlassenen Dichter, wollten zuweilen die unwahrscheinlichsten Dinge möglich scheinen, etwa eine Rückkehr der Welt zur Vernunft und Brüderlichkeit, ein Wiederentdecken der Seele, ein Wiedergeltenlassen des Schönen, ein Wiederangerufenwerden von den Göttern, an die wir bis zum Zusammenbruch unserer einstigen Welt geglaubt hatten. Jedenfalls sah ich für mich keinen anderen Weg als den zur Dichtung zurück, einerlei ob die Welt der Dichtung noch bedürfe oder nicht. Wenn ich mich von den Erschütterungen und Verlusten der Kriegsjahre, die mein Leben nahezu vollkommen zertrümmert hatten, noch einmal erheben und meinem Dasein einen Sinn geben konnte, so war es nur durch eine radikale Einkehr und Umkehr möglich, durch einen Abschied von allem Bisherigen und einen Versuch, mich dem Engel zu stellen.

Es hatte bis zum Frühling 1919 gedauert, bis die Kriegsgefangenenfürsorge, in deren Dienst ich stand, mich entließ; die Freiheit fand mich allein in einem leeren und verwahrlosten Hause, in dem es seit einem Jahr sehr an Licht und Heizung gemangelt hatte. Es war von meiner frühern Existenz sehr wenig übriggeblieben. So machte ich einen Strich unter sie, packte meine Bücher, meine Kleider und meinen Schreibtisch ein, schloß das verödete Haus und suchte einen Ort, wo ich allein und in vollkommener Stille von vorn beginnen könnte. Der Ort, den ich fand, und an dem ich heute, viele Jahre später, noch lebe, hieß Montagnola und war ein Dorf im Tessin. Um diesen Sommer zu einem außerordentlichen und einmaligen Erlebnis für mich zu steigern, kamen drei Umstände zusammen: das Datum 1919, die Rückkehr aus dem Krieg ins Leben, aus dem Joch in die Freiheit, war das Wichtigste; aber es kam hinzu Atmosphäre, Klima und Sprache des Südens, und als Gnade vom Himmel kam hinzu ein Sommer, wie ich nur sehr wenige erlebt habe, von einer Kraft und Glut, einer Lockung und Strahlung, die mich mitnahm und durchdrang wie starker Wein.

Das war Klingsors Sommer. Die glühenden Tage wanderte ich durch die Dörfer und Kastanienwälder, saß auf dem Klappstühl-

KLINGSORS LETZTER SOMMER

Erzählungen. 1920 erschienen unter dem Titel *Klingsors letzter Sommer*. Enthält: »Kinderseele«, »Klein und Wagner« und die Titelerzählung. Die Erzählung »Kinderseele« (im »Alemannenbuch« 1919 erschienen) Ende 1918 in Bern geschrieben. – Im Frühjahr 1919 verläßt Hesse das Weltihaus. »Es war mir klar geworden, daß es moralisch nur noch eine Existenzmöglichkeit für mich gab: meine literarische Arbeit allem anderen voranzustellen, nur noch in ihr zu leben und weder den Zusammenbruch der Familie, noch die schwere Geldsorge, noch irgendeine andre Rücksicht mehr ernst zu nehmen. Gelang es nicht, so war ich verloren.« Hesse fährt ins Tessin, nach Lugano, verbringt einige Wochen in Sorengo und bezieht im Mai 1919 in Montagnola die Casa Camuzzi. In diesem Palazzo, einer Imitation eines Barock-Jagdschlosses, entsteht im Juli-August 1919 *Klingsors letzter Sommer*. Materiell gesehen war es Hesses ärmste Zeit: Er war kein Hausherr mehr, sondern Mieter von vier, im Winter empfindlich kalten, möblierten Stuben, »ein kleiner abgebrannter Literat, ein abgerissener und etwas verdächtiger Fremder, der von Milch und Reis und Makkaroni lebte, seine alten Anzüge bis zum Ausfransen austrug und im Herbst sein Abendessen in Form von Kastanien aus dem Walde heimbrachte«; ohne die Hilfe von Freunden hätte Hesse diese Zeit nicht bestehen können. 1924 im 19. Tausend. Erst 1971 wieder in dieser Zusammenstellung als rowohlt taschenbuch. 1982 im 350. Tausend. Gesamtauflage der Einzelausgabe von 1920 bis 1976: 184. Tsd. 1931, 1973 und 1983 mit *Siddhartha* unter dem Titel *Weg nach Innen*. 1947 Neuausgabe in den GW bei Suhrkamp in Berlin und Frankfurt. Die Titelgeschichte *Klingsors letzter Sommer* ab 1953 als Band 502 in der Insel-Bücherei. Die Erzählungen der Erstausgabe unter dem Titel *Klingsor* in den GS III und WA 5. Enthalten in der Sonderausgabe *Die Erzählungen*, 1973.

chen und versuchte, mit Wasserfarben etwas von dem flutenden Zauber aufzubewahren; die warmen Nächte saß ich bis zu später Stunde bei offenen Türen und Fenstern in Klingsors Schlößchen und versuchte, etwas erfahrener und besonnener, als ich es mit dem Pinsel konnte, mit Worten das Lied dieses unerhörten Sommers zu singen. So entstand die Erzählung vom Maler Klingsor«.

Aus »Erinnerung an Klingsors Sommer«, »Neue Schweizer Rundschau«, 1944/45, Schrift. z. Lit. Bd. 1, S. 43ff. WA 11.

»Ich freue mich auch, daß Sie den Klingsor so freundlich nachsichtig aufnahmen und das Wesentliche darin so gut herausfühlten! Auch mir gefällt gar nicht alles darin, aber darin besteht der Hauptunterschied zwischen meinen früheren Büchern und allem, was ich seit einem Jahre schrieb, daß ich eben nicht mehr das auswähle, was lieblich ist und ohne Widersprüche und Konflikte zur Harmonie führt, sondern den schweren und gefährlichen Weg gewählt habe. ›Gewählt‹ ist falsch, man hat da keine Wahl.«

Brief an Mathilde Schwarzenbach am 30. 12. 1919, GBriefe 1, a. a. O., S. 433

»Ja, der Klingsor ist eine hübsche Rakete, schön schreibt sie ihren hohen Bogen durch die Nacht, schön und traurig verknistern ihre blauen Sterne in der Finsternis. (Ein Dostojewski freilich ist es noch lange nicht.) Ich werde auch neue Raketen machen, Brüder von mir, voll von Schönheitsrausch, Bosheit und Schwermut, hübsche unheilbare Strolche und Kometen in dieser schäbigen Welt, und sie werden mich überleben, um Stunden und Tage, und werden noch am Himmel zucken, wenn mich die Erde geschluckt hat. Herrgott, wie bin ich allein – wie wäre ich allein, wenn ich nicht zu Zeiten diese Brüder um mich hätte! Mein Bruder Sinclair wäre mir zur Zeit am meisten willkommen.«

Brief an Anny Bodmer vom Dezember 1919. Unveröffentlicht.

»Ich las Thomas Manns zwei Idyllen, ›Herr und Hund‹ und ›Gesang vom Kindchen‹, danach Hermann Hesses Erzählung *Klingsors letzter Sommer*. Wie wunderbar manchmal der Zufall grundsätzliche Gegenüberstellungen ermöglicht. Von zwei ehemals ruhigen Schilderern gegebener Bürgerlichkeit ist Mann noch ruhiger und bürgerlicher geworden, Hesse zur Intensität und zum Opfer des Bürgerlichen gekommen. ... *Klingsor* ist Maler, wie Hesse selbst wieder zu malen begonnen hat, und an ein paar Stellen stehen beide vor dem Punkt, wo sie die Schilderung des Gegenständlichen abwerfen möchten, und sie versuchen, die Wiedergabe von Traumgebilden – jenseits des Gegenständlichen steht nicht der formvariierende Traum, sondern die präzise, metallharte und wie bläulicher Stahl blinkende Mathematik der Strukturelemente.« Otto Flake

in »Die Fünf Hefte«, München 1920

»Das Reifste, das Reichste, das Eigenartigste, was dieser neue Hesse bisher gegeben hat, ist das Novellenbuch *Klingsors letzter Sommer*. Ein Werk, das ich mit bewußter Wertung zu den bedeutendsten der neuen Prosa zähle. Hier ist eine seltene Verwandlung erreicht: das Sehen ist magisch geworden ... In dem Lebensbilde des Malers *Klingsor* sind bewußt van Gogh'sche Farben in Prosa umkomponiert, und nichts zeigt deutlicher den Weg, den Hermann Hesse gegangen – von Hans Thoma, dem schwarzwäldischen, idealistischen, flachlinigen Malerpoeten zu jener besessenen Magie der Farben, zu dem ewig leidenschaftlichen Disput von Dunkel und Licht. ... Die merkwürdige Reinheit der Prosa, die Meisterschaft des Aussagens, gerade dieser unsagbarsten Zustände, gibt Hermann Hesse heute einen ganz besonderen Rang in der deutschen Dichtung, die sonst nur in chaotischen Formen oder Unformen, im Schrei und der Exstase das Übermäßige zu schildern und zu reflektieren sucht.« Stefan Zweig, 1923

a. a. O.

»Ich lese Hermann Hesses *Klingsors letzter Sommer*. Diese Novelle ist sehr schön. Es ist etwas Edschmid drinnen, aber viel besser. Es ist einer darin, der am Schluß nur mehr roten Wein trinkt und verkommt und die Jahreszeiten anschaut und den Mond aufgehen läßt, das ist seine Beschäftigung!« Bertolt Brecht

Notiz vom 22. 8. 1920, a. a. O., 8,8

»In Büchern wie meiner ›Wanderung‹ sehen die meisten Leser angenehme Idyllen, etwas lyrische Musik und ahnen nichts von der Konzentration, von dem Verzicht, dem Schicksal, das dahinter steht. Man kann diese Konzentration nicht erreichen, wenn man zugleich intensiv und extensiv arbeiten, zugleich nach innen und nach außen leben will ... Natürlich beruht das auf Schwäche. Natürlich kommt all mein Tun aus Schwäche, aus Leiden, nicht aus irgendeinem vergnügten Übermut, wie die Laien ihn zuweilen beim Dichter vermuten.«

Brief an Wilhelm Kunze vom September 1921. GBriefe 1, a. a. O., S. 482

»Wie schön ist es, solche Grenzen zu überschreiten! Der Wanderer ist in vielen Hinsichten ein primitiver Mensch, so wie der Nomade primitiver ist als der Bauer. Die Überwindung der Seßhaftigkeit aber und die Verachtung der Grenzen machen Leute meines Schlages trotzdem zu Wegweisern in die Zukunft. Wenn es viele Menschen gäbe, in denen eine so tiefe Verachtung für Landesgrenzen lebte wie in mir, dann gäbe es keine Kriege und Blockaden mehr. Es gibt nichts Gehässigeres als Grenzen, nichts Stupideres als Grenzen. Sie sind wie Kanonen, wie Generale: solange Vernunft, Menschlichkeit und Friede herrschen, spürt man nichts von ihnen und lächelt über sie – sobald aber Krieg und Wahnsinn ausbricht, werden sie wichtig und heilig. Wie sind sie uns Wanderern in den Kriegsjahren zur Pein und zum Kerker geworden! Der Teufel hole sie!«

Aus den Aufzeichnungen »Wanderung«, WA 6, S. 133.

WANDERUNG

Aufzeichnungen. Mit 14 farbigen Aquarellen und Zeichnungen nach Motiven aus der Umgebung von Locarno. Ende 1920 erschienen. 1918/1919 entstanden. Bereits im Sommer 1919 hatte Hesse dem Verlag das Manuskript geschickt.
Die 13 Prosaaufzeichnungen und die zehn Gedichte spiegeln gleichnishaft Hesses Übersiedlung von Bern nach dem Tessin, von Nord nach Süd wider. Von nun an soll für den, der bislang dauernd Grenzen überschritt, der Tessin zur Heimat werden. Die *Wanderung*, schrieb Hesse rückblickend, »ist nichts als ein Lobgesang auf die Tessiner Landschaft«.
Nicht in den GW. 23. Tsd. 1949 bei Suhrkamp Berlin und Frankfurt. Danach als Buchausgabe nicht mehr erschienen. Die Texte der *Wanderung* sind übernommen in GS III und WA 6 und in die Neuausgabe von *Weg nach Innen* von 1973 und 1983. Einzelausgabe 1975 in der Bibliothek Suhrkamp. 28. Tsd. 1983.

»Die letzten Bücher von Hermann Hesse werfen über seine frühere Produktion ein ganz neues Licht. Was bisher subjektiv beschränkt schien, ist jetzt über das bloß Persönliche hinaus objektiv bedeutungsvoll geworden ... Hesse ist der tragische Repräsentant des impressionistischen Lebensgefühls, der Simmelschen Philosophie. Er will die Fülle der ewigen Bewegtheit des Lebens, er will nichts unerlebt lassen, und doch bringt ihm keine Erfüllung Sättigung. Er will das Leben, aber er weiß, daß das Leben in Schuld führt ... Seine Heimatlosigkeit ist die Heimatlosigkeit des heutigen Menschen.«

Hermann Herrigel
in »Frankfurter Zeitung« vom 10. 12. 1920

»Ich bin kein sehr guter Maler, ich bin ein Dilettant; aber es gibt keinen einzigen Menschen, der in diesem weiten Tal die Gesichter der Jahreszeiten, der Tage und Stunden, der die Falten des Geländes, die Formen der Ufer, die launigen Fußwege im Grün so kennt und liebt und hegt wie ich, der sie so im Herzen hat und mit ihnen lebt. Dazu ist der Maler mit dem Strohhut da, mit seinem Rucksack und seinem kleinen Klappstuhl, der zu allen Zeiten diese Weinberge und Waldränder abstreift und belauert, über den die Schulkinder immer ein wenig lachen und der die anderen Leute zuweilen um ihre Häuser und Gärten, Frauen und Kinder, Freuden und Sorgen beneidet. Ich habe ein paar Bleistiftstriche auf mein weißes Blatt gemacht, die Palette herausgeholt und Wasser eingeschenkt. Und nun setze ich mit einem Pinsel voll Wasser und wenig Neapelgelb den hellsten Fleck meines Bildchens hin; es ist der bestrahlte Giebel dort zuhinterst über dem fetten saftigen Feigenbaum. Und jetzt weiß ich nichts mehr von Giovanni und nichts von Mario Cavadini und beneide sie nicht und kümmere mich um ihre Sorgen so wenig wie sie sich um die meinigen, sondern kämpfe mich gespannt und angestrengt durch die Grün, durch die Grau, wische naß über den fernen Berg, tupfe Rot zwischen das grüne Laub, tupfe Blau dazwischen, sorge mich sehr um den Schatten unter Marios rotem Dach, mühe mich um das Goldgrün des runden Maulbeerbaumes über der schattigen Mauer. Für dies Abendstunde, für diese kurze, glühende Malstunde am Hang über unserem Dorf bin ich dem Leben der anderen kein Beobachter und Zuschauer mehr, beneide es nicht, beurteile es nicht, weiß nichts von ihm, sondern bin in mein Tun verbissen und in mein Spiel verliebt genauso hungrig, genauso kindlich, genauso tapfer wie die anderen in das ihre.«

Aus »Aquarell«, »Frankfurter Zeitung« vom 4. 7. 1926 in KdM. S. 233f.

GEDICHTE DES MALERS

Zehn Gedichte mit farbigen Zeichnungen von Hesse. 1920 im Verlag Seldwyla in Bern erschienen. Einmalige Auflage von 1000 Stück, davon 250 numeriert.
Erstes Buch mit Reproduktionen eigener Bilder. Hesse malte etwa seit 1917. Erste Malversuche in der Umgebung von Locarno. Malerei als Kunst der Selbsterfassung. Seine Tessiner Aquarelle – skizzenhafte Bewältigung des oft symbolisch aufgefaßten Gegenstandes, wahre Tagebücher atmosphärischer Farbspiele – zählen nach Hunderten.
Die Gedichte des Bandes entstanden nach dem *Demian*-Erlebnis 1916/1917. Eine neue Form geht aus ihnen hervor.
Ab 1923 bei S. Fischer. Die Gedichte wurden übernommen in den Sammelband *Die Gedichte* 1942. Eine zweite Ausgabe mit Reproduktionen erscheint erst wieder 1951 im Kirchhoff-Verlag, Freiburg. Faksimilierte Widmung für Dr. Hans C. Bodmer. 250 Exemplare als Privatauflage auf Japanpapier. GS V. 1985 Neuauflage als insel taschenbuch.

»Hesse ist fast ebensosehr Maler wie Poet. In einigen seiner Gedichtbände sind Reproduktionen von Aquarellen enthalten, anschaulich dem Sinn der Verse sich zugesellend. Diese Illustrationen bekunden eine fast kindliche Anschmiegsamkeit. Aber beides, Dichtung wie Bild, ist ganz erfüllt vom Duft der Natur. Sie verraten eine so innige, vollendete Verbindung mit der Erscheinungswelt, daß kein Mißton Zugang findet in diesen reinen Zusammenklang ... In unseren Tagen schenkt man fast nur noch den Knalleffekten Aufmerksamkeit, und maßvolle Schriften müssen sich gedulden bis ihre Zeit kommt. Wenn sie aber wirklich etwas wert sind, dann wird sich nach einigen Jahren das Kielwasser ihrer Fahrt erkennen lassen und immer weiter ausbreiten.« André Gide

im Vorwort zur französischen Ausgabe der »Morgenlandfahrt«
Paris 1948 a. a. O.

»Ein Gedicht ist in seinem Entstehen etwas ganz Eindeutiges. Es ist eine Entladung, ein Ruf, ein Schrei, ein Seufzer, eine Gebärde, eine Reaktion der erlebenden Seele, mit der sie sich einer Wallung, eines Erlebnisses zu erwehren oder ihrer bewußt zu werden sucht. In dieser ersten, ursprünglichen, wichtigsten Funktion ist überhaupt kein Gedicht beurteilbar. Es spricht ja zunächst lediglich zum Dichter selbst, ist sein Aufatmen, sein Schrei, sein Traum, sein Lächeln, sein Umsichschlagen ... Manchmal geschieht es nun, daß ein Gedicht außer dem, daß es den Dichter entspannt und befreit, auch noch andere erfreuen, bewegen und rühren kann – daß es schön ist – ... Hier beginnt nun ein bedenklicher Kreislauf. Weil ›schöne‹ Gedichte den Dichter beliebt machen, darum kommen nun wieder eine Menge von Gedichten zur Welt, welche nichts als schön sein wollen, die gar nichts mehr wissen von der ursprünglichen, urweltlichen, heilig-unschuldigen Funktion des Gedichtes. Diese Gedichte sind von allem Anfang an für andre gemacht, für Hörer, für Leser. Sie sind nicht mehr Träume oder Tanzschritte oder Schreie einer Seele, Reaktionen auf Erlebnisse, gestammelte Wunschbilder oder Zauberformeln, Gebärde eines Weisen oder Grimasse eines Irren – sie sind bloß noch gewollte Erzeugnisse, Fabrikate, Pralinés für das Publikum.«

Aus »Über Gedichte«, Schriften z. Lit. Bd. 1, a.a.O., S. 197ff. WA 11.

»Ich danke Ihnen für das Verständnis, mit dem Sie meine Gedichte ansehen. Ich habe in der Tat vor ›Herz und Schmerz‹ nicht die mindeste Scheu. Ich bin der Meinung, daß diese Reime, ständige Ornamente im Volkslied, schon den Eichendorff oder den Goethe keineswegs durch ihre Originalität und Neuheit erschüttert haben, sondern daß sie von allen deutschen Dichtern einige Jahrhunderte lang ebenso natürlich und harmlos gebraucht wurden, wir wie uns der Buchstaben und Interpunktion bedienen.
Inmitten der heutigen Zeit, vollends inmitten dieses tristen Ramsch-Ausverkaufs aller Kulturwerte, sehe ich in allen den bolschewikischen Zertrümmerungen der sprachlichen und der dichterischen Tradition beinahe lediglich etwas Negatives. Die Sprachturnereien heutiger Originale werden altes Blech sein, noch ehe ihre Schöpfer graue Haare kriegen.«

Brief an Hugo Marti vom Januar 1934. Unveröffentlicht.

AUSGEWÄHLTE GEDICHTE

1921 erschienen. Enthält Gedichte aus *Romantische Lieder, Gedichte, Unterwegs, Musik des Einsamen* und *Wanderung*.

Ende 1920 Aufforderung S. Fischers, eine Auswahl seiner Werke vorzubereiten. Von Hesse abgelehnt. Die Aufforderung wurde für ihn jedoch zum Anstoß zur Ordnung und Sichtung seines weitverzweigten Werkes. Erste Frucht dieser Rückschau sind die *Ausgewählten Gedichte*. Strenge Auslese. Nur das Wertvollste sollte überdauern. Die Jugendgedichte aus der Zeit vor 1902 bestanden am besten; sie füllten ein Drittel des Buches. Aus den *Gedichten* 1902 wurde der fünfte, aus der *Musik des Einsamen* der sechste, aus *Unterwegs* nur der neunte Teil übernommen.

Letzte, 6.-8. Auflage 1924.

»Über dieser Lyrik liegt ein niemals aussetzender Druck; eine Seele, die niemals eins ist mit sich selbst und sich immer dessen bewußt ist, die sich ständig sehnt, zurück, fort, in die Zukunft: dort wo sie nicht ist, ist das Glück ... Es gibt nur zwei Arten von hesseschen Gedichten: solche, die müde und schwer machen, weil dies ihre Stimmung ist, und solche, die nicht müde und schwer machen, trotzdem dies ihre Stimmung ist.«

Ernst Lissauer
in »Das literarische Echo«, Leipzig 1921/22

»Hesses Lyrik, am besten dort, wo sie den einfachen, tiefen Klang des Volksliedes aufnimmt, bedarf keiner Empfehlung mehr. Nun versucht der Dichter, jung noch, doch immer schon von den Flügeln einer schmerzlichen Melancholie beschattet, eine Auslese dessen zu geben, was er während zwanzig Jahren in vier Versbänden zusammengetragen hat... Fast aus jeder Seite ertönt die süße Heimwehmusik, die von den heutigen Minnesängern keiner so gut wie Hesse versteht. Wilhelm Schäfer, der ausgezeichnete Epiker, sagte mir einst: ›Hesse ist ein Geiger‹ –: ich glaube, er hat mit diesen Worten den Wert und die Grenzen seines Freundes trefflich umfaßt.«

Carl Seelig
in »Wissen und Leben«, Zürich Nr. 15, 1921

»Mein Heiliger ist indisch gekleidet, seine Weisheit steht aber näher bei Lao Tse als bei Gotama. Lao Tse ist ja jetzt in unsrem guten armen Deutschland sehr in Mode, aber alle finden ihn doch eigentlich paradox; während sein Denken gerade nicht paradox, sondern streng bipolar, zweipolig ist, also eine Dimension mehr hat. An seinem Brunnen trinke ich oft.«

Brief an Stefan Zweig vom 27. 11. 1922. GBriefe 2, S. 42.

»Ich bin nicht Siddhartha, ich bin nur immer wieder auf dem Wege zu ihm ... Man darf sich nie auf eine gefundene Wahrheit versteifen, auch nicht auf die eines Buches, denn das Suchen kann wohl gelernt werden, das Finden nicht.«

Brief an Bruno Randssus 1922. Unveröffentlicht.

»Daß Weisheit nicht lehrbar sei, ist eine Erfahrung, die ich einmal im Leben versuchen mußte, dichterisch darzustellen. Der Versuch dazu ist Siddhartha.«

Brief an Werner Schindler vom 14. 1. 1922. Unveröffentlicht.

»Erst dieser Tage kam mir Ihre Besprechung des ›Siddhartha‹ in die Hände, über die ich mich gefreut habe. Daß mein Weg dauernd von der Dichtung weg zur Philosophie führe, glaube ich allerdings nicht, ich sehe im Gegenteil in ›Siddhartha‹ eine Art von Verzicht auf den Wert des spekulativen Denkens.«

Brief an Fritz Marti vom 10. Januar 1923. GBriefe 2, S. 44f.

»›Siddhartha‹ ist ein sehr europäisches Buch, trotz seines Milieus, und die Siddhartha-Lehre geht so stark vom Individuum aus und nimmt es so ernst, wie keine asiatische Lehre es tut. Ich möchte, im Gegensatz zu Ihrer Nomenclatur, geradezu sagen, ›Siddhartha‹ ist der Ausdruck meiner Befreiung vom indischen Denken. Ich habe zwanzig Jahre lang indisch gedacht, wenn auch in meinen Büchern dies nur hinter den Zeilen stehen blieb, und ich war im Alter von dreißig Jahren Buddhist, natürlich nicht in einem kirchlichen Sinn. Der Weg meiner Befreiung aus jedem Dogma, auch dem indischen, führt bis ›Siddhartha‹ und geht natürlich weiter, wenn ich am Leben bleibe.«

Brief an Rudolf Schmid vom 18. 1. 1925. GBriefe 2, S. 96f.

SIDDHARTHA

»Eine indische Dichtung«. 1922 erschienen. Entstanden in Montagnola 1919-1922.

Im Dezember 1919 beginnt Hesse mit der Niederschrift des ersten Teils dieser Dichtung. Erster Teilvorabdruck in der »Neuen Zürcher Zeitung« vom 6./7. 8. 1920. Vorabdruck des ersten Teils in der »Neuen Rundschau« 1921. Zwischen dem ersten und dem zweiten Teil eine Pause von fast anderthalb Jahren. »Ich machte damals – nicht zum erstenmal natürlich, aber härter als jemals – die Erfahrung, daß es unsinnig ist, etwas schreiben zu wollen, was man nicht gelebt hat, und habe in jener langen Pause, während ich auf die Dichtung *Siddhartha* schon verzichtet hatte, ein Stück asketischen und meditierenden Lebens nachholen müssen, ehe mir die seit Jünglingszeiten heilige und wahlverwandte Welt des indischen Geistes wieder wirklich Heimat werden konnte.« Im Mai 1921 begann eine mehrwöchige Psychoanalyse bei C. G. Jung in Küsnacht.

Der zweite Teil wird von März-Mai 1922 geschrieben. Teil 1 ist Romain Rolland, Teil 2 Hesses Vetter, dem Japanologen Wilhelm Gundert, gewidmet; dem Vorabdruck des ersten Teils von *Siddhartha* in der »Neuen Rundschau« vorangestellt, finden sich die folgenden an Romain Rolland gerichteten Worte: »Seit dem Herbst des Jahres 1914, da die seit kurzem eingebrochene Atemnot der Geistigkeit auch mir plötzlich spürbar wurde, und wir einander von fremden Ufern her die Hand gaben, im Glauben an dieselben übernationalen Notwendigkeiten, seither habe ich den Wunsch gehabt, Ihnen einmal ein Zeichen meiner Liebe und zugleich eine Probe meines Tuns und einen Blick in meine Gedankenwelt zu geben. Nehmen Sie die Widmung des ersten Teils meiner noch unvollendeten indischen Dichtung freundlichst entgegen.«

1931, 1947, 1973 und 1983 in *Weg nach Innen*. Einzelausgabe

»... ›Siddhartha‹, ein Buch in dem ich versucht habe, die alte asiatische Lehre von der göttlichen Einheit für unsere Zeit und unsere Sprache zu erneuern.«

Aus »Gedanken über Lektüre«, »Berliner Tageblatt« vom 6. 2. 1926. Unveröffentlicht.

»Ich bin kein Vertreter einer festen, fertig formulierten Lehre, ich bin ein Mensch des Werdens und der Wandlungen, und so steht neben dem ›jeder ist allein‹ in meinen Büchern auch noch anderes, zum Beispiel ist der ganze ›Siddhartha‹ ein Bekenntnis zur Liebe, und dasselbe Bekenntnis steht auch in anderen meiner Bücher.«

Brief an R. B. vom 4. 5. 1931, Briefe. Erw. Ausgabe 1964, S. 52

»Leid tut mir, daß ich dich wegen des Guru enttäuschen muß. Ich habe nie einen andern gehabt als das, was ich in mir aus der Beschäftigung mit den Indern und noch mehr den Chinesen ansammelte. Und dann war ich eben nie etwas anderes als Künstler; was ich an Läuterungs- und Sublimierungsversuchen trieb, geschah immer mit Hilfe der künstlerischen Arbeit.«

Brief an Mathilde Boehringer-Bernoulli, 1944, MatSiddh., S. 222

»Mir scheint, Sie haben mit Ihren Einwänden gegen die Entwicklung ›Siddharthas‹ ganz recht, wenn Sie nämlich in meiner Erzählung etwas Paradigmatisches und Erzieherisches sehen, eine Art von Anweisung zur Weisheit und zum richtigen Leben. Aber das ist meine Erzählung nicht. Wenn ich einen Siddhartha hätte schildern wollen, der Nirwana oder die Vollkommenheit erreicht, dann hätte ich mich in etwas hinein phantasieren müssen, was ich nur aus Büchern und Ahnungen, nicht aber aus eigenem Erleben kannte. Das konnte und wollte ich aber nicht, sondern ich wollte in meiner indischen Legende nur solche innere Entwicklungen und Zustände darstellen, die ich wirklich kannte und wirklich selbst erlebt hatte. Ich bin nicht ein Lehrer und Führer, sondern ein Bekenner, ein Strebender und Suchender, der den Menschen nichts anderes zu geben hat als das möglichst wahrhaftige Bekenntnis dessen, was ihm in seinem Leben geschehen und wichtig geworden ist. Als ich den ›Siddhartha‹ schrieb, in einer ernsten und intensiven Zeit meines Lebens, war es mir ein Herzenswunsch, das kleine Buch möchte auch

GW von 1950 (im 44. Tsd.) bei Suhrkamp in Berlin und Frankfurt, »Meiner Frau Ninon gewidmet«. *Siddhartha* ist heute in 12 verschiedene indische Dialekte übersetzt. In den USA ist die Erzählung in einer Auflage von nahezu 3 Millionen Expl. verbreitet. Gesamtauflage aller deutschsprachigen Ausgaben bis 1983 ca. 1,7 Millionen. 1974 als suhrkamp taschenbuch 182, (1974-1983): 724 Tsd. GS III, WA 5.

»Nach den düsteren Melancholien, den purpurnen Zerrissenheiten des *Klingsor*-Buches schwingt sich hier die Unruhe zu einer Art Rast: eine Stufe scheint hier erreicht, von der Ausschau weit in die Welt verstattet ist. Aber man spürt: es ist noch nicht die letzte.«

Stefan Zweig a. a. O.

»*Siddhartha*, die indische Dichtung Hermann Hesses, ist ein ungemein weises Buch. Es ist zu weise, um nur als Dichtung da zu sein, denn die denkerischen Ursprünge sind darin stärker als die dichterischen Kräfte. Dennoch kann nur ein Dichter ein Denken so sagen, wie es in diesem Buch geschieht, nur ein Dichter kann Gedanken so ins Sinnbild beziehen und Gestalt werden lassen und das Ganze aus dem Herzschlag des Stoffes heraus so zu einer wirkenden Schöpfung verschmelzen.«

Otto Doderer
in »Frankfurter Zeitung« vom 12. März 1923

»Trotz der indischen Gewandung ist dies keineswegs ein Buch im Sinne eines transzendenten östlichen Mystizismus. Und wenn es sich auch als Versuch einer durchaus versöhnlichen Überwindung des Buddhismus und des Christentums darstellt, so haftet ihm doch nichts von einem anmaßenden Appell oder von leidenschaftlichem Predigen an. Das Buch ist erfüllt von stiller Heiterkeit, von Gemütsruhe, von dem Bestreben nach Ausgleich zwischen Intellektualismus und Instinkt. Daran ist man zur Zeit gewiß nicht gewöhnt, und mancher mag hier Anlaß zu Antipathie und Ablehnung sehen. Diese innere Ruhe findet ihren Ausdruck in einer sorgfältigen, klaren und angemessenen Form, wobei die vorhandene Introversion sich von jedem Abgleiten ins Sentimentale fernhält. Dieses Werk ist für die heutige Zeit erstaunlich, jedenfalls innerhalb des deutschen Schrifttums. Wie ein liturgischer Cantus firmus, erfüllt von Liebe und bar jeder Leidenschaft, so hebt es sich hervor aus den Mißklängen der Erbitterung.«

Lavinia Mazzucchetti, 1923
im Vorwort zur italienischen Ausgabe *Der Steppenwolf*, 1959

in Indien gelesen und beurteilt werden. Es hat dreißig Jahre gedauert, bis er erfüllt wurde.«

Brief an Vasant Ghaneker, Haiderabad, April 1953. Briefe 1964 bzw. Ausgewählte Briefe S. 405.

»Die ernsthafte und fruchtbare Verständigung zwischen Ost und West ist nicht nur auf politischem und sozialem Gebiet die große, noch unerfüllte Forderung unserer Zeit, sie ist eine Forderung und Lebensfrage auch auf dem Gebiet des Geistes und der Lebenskultur. Es geht heute nicht mehr darum, Japaner zum Christentum, Europäer zum Buddhismus oder Taoismus zu bekehren. Wir sollen und wollen nicht bekehren und bekehrt werden, sondern uns öffnen und weiten, wir erkennen östliche und westliche Weisheit nicht mehr als feindlich sich bekämpfende Mächte, sondern als Pole, zwischen denen fruchtbares Leben schwingt.«

Brief an Kenji Takahashi vom Mai 1955. Geleitwort zur 16-bändigen japanischen Ausgabe von Hesses »Gesammelten Werken«.

»Diese Erzählung wurde vor bald vierzig Jahren geschrieben. Sie ist das Bekenntnis eines Mannes von christlicher Herkunft und Erziehung, der schon früh die Kirche verließ und sich um das Verstehen anderer Religionen bemüht hat, besonders um indische und chinesische Glaubensformen. Ich suchte das zu ergründen, was allen Konfessionen und allen menschlichen Formen der Frömmigkeit gemeinsam ist, was über allen nationalen Verschiedenheiten steht, was von jeder Rasse und von jedem Einzelnen geglaubt und verehrt werden kann.«

An die persischen Leser des »Siddhartha« 1958, Schriften z. Lit. Bd. 1, a. a. O., S. 50. WA 11.

»Das Buch erreicht eine Einheit von Stil, Struktur und Bedeutung, die Hesse nach dem *Siddhartha* nie mehr in solcher Vollkommenheit erreicht hat.«
Theodore Ziolkowski
»Siddhartha, the Landscape of the Soul«, 1956

»*Siddhartha* las ich zuerst in deutscher Sprache – nachdem ich mindestens dreißig Jahre lang kein Deutsch mehr gelesen hatte. Wäre *Siddhartha* nur auf Türkisch, Finnisch oder Ungarisch erhältlich gewesen, ich hätte ihn ebenso gelesen und verstanden, obgleich ich von diesen Sprachen nicht die leiseste Ahnung habe. Nichts mehr seit der Lektüre des Tao Te King hat mir soviel bedeutet. Ein kurzes Buch, ein einfaches Buch, tiefgründig wohl, und doch hat es das Lächeln, das über dem Getümmel steht, die Welt überwindet und sie gerade dadurch wiederfindet.«
Henry Miller
in »Die Kunst des Lesens«, 1963

»Ein Buch, dessen Tiefe in der kunstvoll einfachen und klaren Sprache verborgen liegt; einer Klarheit, die vermutlich die geistige Erstarrung jener literarischen Philister aus dem Konzept bringt, die immer so genau wissen, was gute und was schlechte Literatur ist. Einen Buddha zu schaffen, der den allgemein anerkannten Buddha übertrifft, das ist eine unerhörte Tat, gerade für einen Deutschen. *Siddhartha* ist für mich eine wirksamere Medizin als das Neue Testament.«
Henry Miller
Brief an Volker Michels, 1973. Unveröffentlicht

»›Siddhartha‹ ist ein Buch des Aufbruchs, ein Buch der Rebellion, ein Buch, das Religion revolutioniert, ein Buch des Protests gegen Lehre und Dogma. Ein Buch des Sich-Suchens und Sich-Findens. Ein Buch der Liebe. Ein Buch des Sich-Annehmens. Ein Buch des Annehmens des anderen... Wer Hesses ›Siddhartha‹ liest, nachdenkt, erfährt, ist gefeit gegen äußerliche Unterordnung, gegen Anpassung, gegen Unfreiheit.«
Siegfried Unseld
in »Materialien zu H. Hesse ›Siddhartha‹« Bd. 2, 1978

»Fünfundzwanzig Jahre sind es her, seit ein wohlwollender Arzt mich zum erstenmal als Patienten nach Baden schickte, und die Zeit jener ersten Badener Kur muß mich auch innerlich vorbereitet und zu neuen Erlebnissen und Gedanken fähig gefunden haben, denn es ist damals das kleine Buch ›Der Kurgast‹ entstanden, das ich bis vor kurzem noch bis in die illusionslose Bitternis des Alterns hinein für eines meiner besseren Bücher gehalten und in durchaus sympathischem Andenken getragen habe. Angeregt teils durch die ungewohnte Muße des Kur- und Hotellebens, teils durch einige neue Bekanntschaften mit Menschen und Büchern, fand ich in jenen sommerlichen Kurwochen eine Stimmung der Einkehr und Selbstprüfung, auf der Mitte des Weges vom ›Siddhartha‹ zum ›Steppenwolf‹, eine Stimmung von Zuschauertum der Umwelt wie der eigenen Person gegenüber, eine ironisch-spielerische Lust am Beobachten und Analysieren des Momentanen, eine Schwebe zwischen lässigem Müßiggang und intensiver Arbeit. Und da die Objekte dieser Beobachtungen und spielerischen Schilderungen, die Badekur mit Hotelleben, Kursaalkonzerten und müßigem Flanieren doch etwas zu klein und gewichtlos gewesen wären, richtete meine Denk- und Schreiblust sich schon bald auf ein anderes, sowohl wichtigeres wie lustigeres Objekt, auf sich selbst nämlich, auf die Psychologie des Künstlers und Literaten, auf die Leidenschaft, den Ernst und die Eitelkeit des Schreibens, das wie alle Kunst das scheinbar Unmögliche wagt und dessen Ergebnisse, wenn es glückt, zwar niemals dem entsprechen und ähnlich sind, was der Schreibende angestrebt und versucht hat, dafür aber gelegentlich hübsch, amüsant und tröstlich ausfallen können, so wie die Eisblumen am Fenster eines geheizten winterlichen Zimmers, aus welchen wir nicht mehr den Kampf zwischen gegensätzlichen Temperaturen, sondern Seelenlandschaften und Traumwälder ablesen.«

Aus »Aufzeichnung bei einer Kur in Baden«, 1949, WA 8, S. 508ff.

»Das Niveau der abendlichen Unterhaltungen ist so, daß ich abseits bleibe: Verdauung und Häkelmuster. Die Atmosphäre feister Bürgerlichkeit ist mir lästiger als der Nebel und die Kur ... Vorgestern Abend saßen die Kurgäste gelangweilt beisammen. Schließlich sagte einer: »Appetit hätt i scho, aber so ne kaibeschlechti Verdauig.« Darauf eine der Damen: »Sie müend halt

KURGAST

»Aufzeichnungen von einer Badener Kur«, 1925 erschienen. Außer geringen Textänderungen inhaltsgleich mit der 1924 als Privatdruck von 300 numerierten Exemplaren veröffentlichten »Psychologia Balnearia oder Glossen eines Badener Kurgastes«. Vermerk Hesses: »Die Psychologia Balnearia wurde konzipiert bei zwei Kuraufenthalten in Baden im Frühjahr und Herbst des Jahres 1923, geschrieben im Oktober 1923, teils in Baden, teils in Montagnola.«

Von 1923 an war Hesse öfter, immer im Spätherbst, zur Schwefelkur seiner Ischias und Rheumatismen im Verenahof in Baden bei Zürich. Vieles hat er dort erdacht und geschrieben. Die Schublade seines Hotelschreibtisches barg zeitweise die Manuskripte des *Narziß und Goldmund*, der *Morgenlandfahrt* und des *Glasperlenspiels*. Hunderte von Briefen, von Tagebuchblättern und einige Dutzend Gedichte (darunter »Besinnung« 1933, »Nachtgedanken« 1938) sind in Baden entstanden.

Der *Kurgast*, nach den *Ausgewählten Gedichten* von 1921 die zweite Frucht seiner Rückschau und Selbsterfassung, gibt in ironischer Selbstdarstellung ein neues Bild vom Menschen und »Literaten« Hesse und ist neben dem (1924 geschriebenen) »Kurzgefaßten Lebenslauf« und der folgenden *Nürnberger Reise* eine der wenigen unmittelbar autobiographischen Schriften. Das Motto des Buches stammt von Nietzsche: »Müßiggang ist aller Psychologie Anfang«. Auffallend ist der Humor dieses Buches. Gleich zu Beginn des *Kurgasts* findet sich eine Hommage an Jean Pauls »Dr. Katzenbergers Badereise«: »Indem ich später kleiner Dichter es unternehme, die Skizze eines Badeaufenthaltes zu entwerfen, denke ich an ... das Goldstück unter all dem Papiergeld, an den Paradiesvogel unter all den Sperlingen, an die Badereise des Dr. Katzenberger.«

Der *Kurgast* muß wiederum als eine wichtige Vorstufe zum

nid bim Esse die ganzi Bröcke-n-abe schlucke, mer mueß au käue;« das ist so der Ton ... Im Schwitzbad oder in der Packung übe ich zuweilen Piktor-Künste, werde Baum und Vogel, döse halbe Jahrhunderte lang zufrieden dahin, schwimme hemmungslos in Relativität, höre den Matratzennachbarn schnarchen und nehme an, es sei der Motor eines Schiffes, das mich nach Borneo bringt.«

Brief an Georg Reinhart, Oktober 1922. Unveröffentlicht.

»Gestern habe ich, nach neun Tagen, die ich von früh bis spät an der Schreibmaschine versaß, während es draußen sündflutlich regnete, mein Badener Manuskript zu Ende gebracht. Es heißt

Psychologia Balnearia. Glossen eines Badener Kurgastes

und enthält, wie ich glaube, einiges Neue und Besondere. Das Manuskript ist sehr intimer Art, in einzelnen Abschnitten eine reine Confession und soll zunächst nicht in die Öffentlichkeit. Dagegen ist es mein heftiger Wunsch, davon für die Freunde und den engsten Kreis von Lesern einen Privatdruck von nur etwa 200 Stück herstellen zu lassen, dessen Kosten die verkauften Exemplare decken müßten. Die Schrift käme nicht in den Handel und wäre nur direkt von mir zu beziehen ... Ich habe seit dem ›Klingsor‹ nie mehr so eruptiv gearbeitet und bin jetzt von dieser Zeit ununterbrochener fieberhafter Arbeit, die sehr schön war, sehr erschöpft.«

Brief an Georg Reinhart vom 29. 10. 1923. GBriefe 2, S. 69f.

»Ubi aqua, ubi bene
Spricht die heilige Verene
Wenn du genug von der Tortur hast,
So komm hierher und werde Kurgast
Flüchte aus des Lebens Lärme
In die Wärme dieser Therme.«

Scherzgedicht zum »Kurgast«, Undatiert. Unveröffentlicht.

Steppenwolf (und zum *Glasperlenspiel*) angesehen werden: »... in vereinzelten Augenblicken zuckt meine Seele erschreckt und widerstrebend auf wie ein Steppentier, das plötzlich gefangen im Stall erwacht.« Fünfundzwanzig Jahre später schreibt Hesse die »Aufzeichnung bei einer Kur in Baden«. Hier gibt er einen Rückblick über die damalige Stimmung »der Einkehr und Selbstprüfung, auf der Mitte des Weges vom *Siddhartha* zum *Steppenwolf*«. Diese Aufzeichnung zielt auch auf ästhetische Probleme; während eines Gesprächs dachte Hesse daran, »daß mein Buch, wie jedes dichterische Gebilde, nicht bloß aus Inhalten bestehe, daß vielmehr die Inhalte relativ belanglos seien, ebenso belanglos wie die etwaigen Absichten des Autors, sondern daß es für uns Künstler darauf ankomme, ob anläßlich der Absichten, Meinungen und Gedanken des Autors ein aus Sprach-Stoff, aus Sprach-Garn gewobenes Gebilde entstanden sei, dessen nicht meßbarer Wert weit über dem Meßbaren der Inhalte stehe.« Es sei, schrieb Hesse am 22. 1. 1924 an Richard Münzel, »hinter einer halb scherzhaften Fassade, mein persönlichstes und ernstestes Buch«.
1939 im 15. Tausend.
1947 in Zürich zusammen mit der *Nürnberger Reise*. In GW bei Suhrkamp in Berlin und Frankfurt zusammen mit *Nürnberger Reise* neu 1953. GS IV, WA 7.
Von 1925 an erschienen an Stelle der von S. Fischer angeregten ausgewählten Werke die »Gesammelten Werke in Einzelausgaben« (GW); sie sind gesetzt in Unger-Fraktur, kartoniert in blauem Umschlag oder gebunden in blauem Leinenband. Schwarzes Rückschild. HH-Initialen von E. R. Weiß auf dem Vorderdeckel. – Die Erstausgabe des *Kurgastes* erschien bereits in den GW. Gesamtauflage aller deutschsprachigen Ausgaben 1925 bis 1977: 178 Tsd. zusammen mit den 1949/50 in den Schweizer Monatsheften publizierten »Aufzeichnungen bei einer Kur in Baden«. Bibliothek Suhrkamp Band 329. 1977 als suhrkamp taschenbuch 383, 1983 im 84. Tausend.

Demnächst erscheint

PSYCHOLOGIA BALNEARIA

oder

Glossen eines Badener Kurgastes

von

Hermann Hesse

Dieses Buch, im Jahr 1923 bei zwei Badener Kuraufenthalten entstanden, wird vorerst nur als Privatdruck erscheinen. Es werden 300 numerierte Stücke gedruckt, davon werden 250 gebunden und vom Verfasser signiert.

Eine allgemeine Ausgabe dieses Buches ist für später im Verlag S. Fischer in Berlin geplant, wird jedoch frühestens ein Jahr nach dem Erscheinen des Privatdrucks herausgegeben.

Der Privatdruck ist nur vom Verfasser direkt zu beziehen (Montagnola bei Lugano, Schweiz). Der Preis für das ~~gebundene~~ broschierte Exemplar ist 26 Schweizer Franken.

Montagnola bei Lugano

Hermann Hesse

Prospekt zur Vorbestellung des Privatdrucks der ersten »Kurgast«-Ausgabe.

»Es sind ›Selbstbeobachtungen‹. Der Autor tritt im Text höchstpersönlich als ›Herr Hesse‹ auf; etwa siebzig Druckseiten, höchst präzis formuliert, in der Distanz zur Umgebung überraschend. Stellenweise eine Selbstbetonung in einer Weise, die man von ihm bisher nicht kannte. Das wird ihm, wir sagten's ja oft, sehr gut bekommen, wenn auch vielleicht nicht in der Bürgerpresse.« Hugo Ball
in einem Brief vom Herbst 1923
an seine Frau

»Hesse zeichnet, mit der stillen Nachdenklichkeit und Anschaulichkeit seiner Sprache, nichts als den nach keiner Richtung hin gesteigerten Alltag des Badeaufenthaltes und gibt doch – seine Lebensanschauung, und zwar so sachlich und klar wie kaum in einem anderen seiner Bücher ... So ist das Buch vom *Kurgast* ein besonders eindringliches Psychologie-Dokument. Es macht Situationen, die durch Leiden verfeinert sind, aktiv. Bei alledem ist der *Kurgast* nicht unfroh, grüblerisch, abstrakt oder kühl. Und über Hesses Kunst der ich-psychologisch erhöhten Idylle blickt wohlwollend der Geist des alten Badereise-Dichters Jean Paul.« Rudolf Kayser
in »Die neue Rundschau«, 1925

»Unter der literarischen Generation, die mit mir angetreten, habe ich ihn früh als den mir Nächsten und Liebsten erwählt und sein Wachstum mit einer Sympathie begleitet, die aus Verschiedenheiten so gut ihre Nahrung zog wie aus Ähnlichkeit. Es gibt Dinge von ihm – wie den Kurgast – die ich lese und empfinde ›als wärs ein Stück von mir‹.« Thomas Mann, 1947
a. a. O.

»Zu den mir bestimmten, mir gemäßen und wichtigen Erlebnissen gehören nächst den menschlichen und geistigen auch die der Landschaft. Außer den Landschaften, die mir Heimat waren und zu den formenden Elementen meines Lebens gehören: Schwarzwald, Basel, Bodensee, Bern, Tessin, habe ich einige, nicht sehr viele, charakteristische Landschaften mir durch Reise, Wanderung, Malversuche und andre Studien angeeignet und sie als für mich wesentlich und wegweisend erlebt, so Oberitalien und namentlich die Toskana, das Mittelländische Meer, Teile von Deutschland und andre. Gesehen habe ich viele Landschaften und gefallen haben mir beinahe alle, aber zu schicksalhaft mir zugedachten, mich tief und nachhaltig ansprechenden, allmählich zu kleinen zweiten Heimatländern aufblühenden wurden mir nur ganz wenige und wohl die schönste, am stärksten auf mich wirkende von diesen Landschaften ist das obere Engadin ...

Wir Dichter und Intellektuellen halten sehr viel vom Gedächtnis, es ist unser Kapital, wir leben von ihm – aber wenn uns solch ein Einbruch aus der Unterwelt des Vergessenen und Weggeworfenen überrascht, dann ist stets der Fund, er sei erfreulich oder nicht, von einer Wucht und Macht, die unsern sorgfältig gepflegten Erinnerungen nicht innewohnt. Mir kam zuweilen der Gedanke oder die Vermutung, es könnte der Trieb zum Wandern und Welterobern, der Hunger nach Neuem, noch nicht Gesehenem, nach Reise und Exotik, der den meisten nicht phantasielosen Menschen zumal in der Jugend bekannt ist, auch ein Hunger nach Vergessen sein, nach Wegdrängen des Gewesenen, soweit es uns bedrückt, nach Überdecken erlebter Bilder durch möglichst viele neue Bilder. Die Neigung des Alters dagegen zu festen Gewohnheiten und Wiederholungen, zum immer erneuten Aufsuchen der selben Gegenden, Menschen und Situationen wäre dann ein Streben nach Erinnerungen, ein nie ermüdendes Bedürfnis, sich des vom Gedächtnis Bewahrten zu versichern, und vielleicht auch ein Wunsch, eine leise Hoffnung, diesen Schatz an Bewahrtem vielleicht noch vermehrt zu sehen, vielleicht eines Tages dieses und jenes Erlebnis, diese und jene Begegnung, dies oder jenes Bild und Gesicht, das vergessen und verloren war, wiederzufinden und dem Bestand an Erinnertem beizufügen. Alle alten Leute sind, auch wenn sie es nicht ahnen, auf der Suche nach dem Vergangenen, dem scheinbar Unwiederbringlichen,

BILDERBUCH

Schilderungen. 1926 erschienen in den GW. Fünf Teile: »Bodensee« (7 Schilderungen. Geschrieben 1904 bis 1907 in Gaienhofen). »Italien« (5 Schilderungen. Die erste 1901 in Basel, die anderen 1911-1913 in Gaienhofen und Bern geschrieben). »Indien« (17 Schilderungen, dem Buch »Aus Indien« entnommen; ferner die »Erinnerung aus Indien«, 1916 geschrieben und »Besuch aus Indien« von 1922).
»Tessin« (8 Schilderungen. Geschrieben 1919-1924 in Montagnola). »Verschiedenes« (14 Aufzeichnungen zu verschiedenen Anlässen. Geschrieben 1904-1924). Innerhalb der fünf Teile chronologische Gliederung. 1926 im 10. Tausend. Die Schilderungen und Aufzeichnungen des *Bilderbuches* haben meist autobiographischen Charakter, doch auch immer dort, wo sie Landschaft, Klima und Wachstum beschreiben, entladen sie »Wirklichkeit«: »Wirklichkeit ist ein Blitz, der in jedem Steine gefangen zuckt. Weckst du ihn nicht, so bleibt der Stein ein Stein, die Stadt eine Stadt, die Schönheit schön, die Langeweile langweilig und alles schläft den Traum der Dinge, bis du aus deinem hochgespannten Strömen her sie mit dem ›Gewitter‹ ›Wirklichkeit‹ überflutest.« Neuausgabe 1958 um acht Stücke erweitert (Montefalco, San Vigilio, Abendwolken, Der Wolf, Kastanienbäume, Ein Wintergang. Der Brunnen im Maulbronner Kreuzgang. Vor einer Sennhütte im Berner Oberland). GS III, WA 6. (ohne die acht Stücke der erweiterten Neuausgabe von 1958)
Da sich in Hesses Nachlaß zu jedem der vier thematischen Schwerpunkte des *Bilderbuches* sehr viel mehr Texte fanden, als – schon aus Umfangsgründen – in diesen Auswahlband aufgenommen werden konnten, hat Volker Michels seit 1977 die Themenbände »Bodensee«, »Italien« (1983) und »Aus Indien« (1980) in erweiterten und illustrierten Einzelausgaben vorgelegt. Ein Sammelband mit sämtlichen Texten Hesses über seine Wahlheimat »Tessin« wird vorbereitet.

das aber nicht unwiederbringlich und nicht unbedingt vergangen ist, denn es kann unter Umständen, zum Beispiel durch die Dichtung, wiedergebracht und dem Vergangensein für immer entrissen werden.«

Aus: »Engadiner Erlebnisse‹, 1953, WA 10, S. 324

»Um doch etwas Nützliches zu tun, nahm ich den Riesenhaufen von Aufsätzen, Zeitungsartikeln etc. etc. vor, den ich im Lauf meines Lebens geschrieben habe, es sind hunderte, und ging daran, daraus eine kleine Probeauswahl meiner »Kleinen Schriften« [= »Bilderbuch«] zusammenzustellen, die nächsten Winter vielleicht erscheinen könnten. An sich sind alle diese Arbeiten bedeutungslos, für mich aber haben sie die Bedeutung, daß man daraus dann ziemlich deutlich sehen wird, daß trotz allen Wandlungen ich im Menschlichen, Künstlerischen und Politischen stets die gleichen Ziele verfolgte und die gleichen Gesinnungen hatte – ich selber war oft recht erstaunt, alte Artikel von mir aus den Jahren 1904 und so weiter zu lesen, in denen Sachen ausgesprochen standen, die ich erst viel später gedacht und gewußt zu haben glaubte.«

Brief, ca. 1925 an Helene Welti, Unveröffentlicht.

»In *Bilderbuch* hat sich etwas Ungewöhnliches begeben, daß ein Dichter allein durch die beredten Landschaften, die ihn vorübergehend beherbergten, den Stufengang seines Lebens erzählt. Bodensee, Italien, Indien, Tessin sind die vier Hauptkapitel des *Bilderbuchs*. Ich möchte vor allem auf die Tessiner Bilder hinweisen, weil sie auf eine ganz eigene beschauliche Art das südliche Antlitz der Schweiz beglückend ausmalen ... Seid doch zufrieden, daß euch dies *Bilderbuch* über die gewöhnliche Betteloper des Lebens recht Jean Paulisch erhoben hat.« Eduard Korrodi
in »Neue Zürcher Zeitung« vom 9. 3. 1926

»In letzter Zeit ist es merkwürdig in Mode gekommen, von Hermann Hesse geringschätzig zu reden. Die törichten Gemeinplätze so mancher Ablehnung aus neuerer Zeit werden einer gerechten Einschätzung auf die Dauer nicht standhalten können. Gerade an dem neuesten Band der Ernte, die jetzt von dem alten Dichter in die Scheuer gebracht wird, dem *Bilderbuch*, gibt es viel zu bewundern. Es sind stille, knappe Prosastücke aus den Jahren 1901 bis 1926, in der Folge seiner Lebensstationen angeordnet, alle von der farbigen Leuchtkraft der Aquarelle des Malers Hesse, denen sie in vielem sehr ähnlich sind.« Hans Bütow
in »Sonntagsblatt« vom 22. 2. 1959

»Hesse, heute nicht selten als ›anachronistisch‹ verschrien, erweist sich auch hier – wie in all seinen Werken – als Dichter von profunder Weltkenntnis. Sein *Bilderbuch* ist eine großartige ›Spektralanalyse‹ des Lebens mit seinen phantastischen Rhythmen und seinen untergründigen Strömungen. Die zahlreichen Porträts von Landschaften, Ereignissen und Gestalten übergreift – um ein Wort Hesses zu gebrauchen – eine ›magische Brücke‹: die zeitlose Welt der Werte und des Geistes in der Welt – wohl die größte ›Erinnerung‹ in diesem Buch der Erinnerungen. Dem Leser bleibe es überlassen, aus dieser Fundgrube zu schöpfen und auszuwählen.« Werner Rhode
dpa 22. 4. 1959

Nach Nürnberg zur reisen, ist nicht so einfach ... Denn natürlich setze ich mich nicht in irgendeinen Schnellzug, der schnurgerade von hier nach Nürnberg rennt, sondern dazwischen rufen mich auch noch andere Pflichten. Vor allem habe ich schon vor einem Jahre das Gelübde getan, bei meiner nächsten süddeutschen Reise unbedingt einen Aufenthalt in Blaubeuren zu nehmen, wo die schöne Lau gewohnt hat und wo ich das Hutzelmännlein, den Pechschwitzer, besuchen will, ich vermute bei ihm wichtige und schöne Geheimnisse. Ferner habe ich schon vor einigen Jahren im Gespräch mit Freunden einmal behauptet, im Vergleich mit dem Straßburger Münster sei das Ulmer Münster unbedeutend und enttäuschend, und eine Stunde nachher, als ich zu Hause im Bett spaßeshalber eine kleine Aufrichtigkeitsprobe machte und jenes Gespräch im Gedächtnis noch einmal durchnahm, da merkte ich, daß ich vom Ulmer Münster, das ich nur in früher Jugend ein einzigesmal gesehen habe, überhaupt keine klare Vorstellung mehr hatte. Und so beschloß ich denn, falls je mein Weg einmal mich in die Nähe von Ulm führen würde, dort haltzumachen und wieder Ordnung in die Münstersammlung meines Gehirns zu bringen. Die Ulmer haben mir das dann noch erleichtert, indem auch sie mich einluden, in ihrer Stadt meine Gedichte vorzusingen, und ich, der ich sonst alle diese Einladungen als Teufelswerk ansehe und nur alle zwei Jahre eine davon annehme, habe sofort zugesagt, eben um der Münstersache willen, und weil Blaubeuren in der Nähe ist, wo ich den Pechschwitzer, den Tröster, anzutreffen hoffe.

Aus »Reisebrief«, »Berliner Tageblatt« vom 12. 11. 1925

»Auf meiner Reise sah ich noch viel Schönes. Das Schönste war Ulm und Augsburg, dagegen hat mir Nürnberg einen beinahe schauerlichen Eindruck gemacht. Die alte Stadt mit ihrem Mittelalter und ihrer Gotik ist durch die Industrie und durch einen ungewöhnlich lärmenden Straßenverkehr ganz an die Wand gedrückt und kann nicht mehr atmen. Ich habe nie so deutlich gesehen, daß wir jenen Werken der alten Kultur gar nichts an die Seite zu setzen haben und daß uns nichts übrigbleibt als sie mit unserer vollkommen geistlosen Technik vollends zu zerstören.«

Brief an Franz Schall vom 16. 11. 1925. GBriefe 2, S. 124f.

DIE NÜRNBERGER REISE

Reiseerinnerungen. 1927 im 1.-15. Tausend außerhalb der GW erschienen. Titelbild, Einband und Kassette von Hans Meid illustriert. Einmalige Ausgabe, in dieser Ausstattung.
Im Jahre 1925 Herbstreise aus dem Tessin nach Nürnberg. Anlaß zu dieser zwei Monate dauernden Schwabenreise, »geboren aus dunkler Erinnerung an die schöne Lau und den Dichter Mörike, nun bestimmt, mich zu Klängen meiner Frühzeit zurückzuführen«, sind Einladungen zu literarischen Vorträgen in Ulm, Augsburg und Nürnberg. Ende September beginnt er die Reise nach seiner Kur in Baden mit den Etappen Tuttlingen, Blaubeuren, Ulm, Augsburg (»das Schönste war Ulm und Augsburg«), München und Nürnberg (»das einen beinahe schauerlichen Eindruck gemacht hat«). In München besuchte er Thomas Mann und Joachim Ringelnatz. Eine der »Dichterlesungen« Hesses fand in Nürnberg statt. Hier sei ein Bericht darüber zitiert:

»Hermann Hesse las am Dienstag im Künstlerhaus aus eigenen Dichtungen vor. Es ist selten, daß Nürnberg einen Dichter zu sehen bekommt, und so war es von vornherein zu erwarten, daß der Abend gut besucht werden würde. Man sah unter den Zuhörern vor allem einen guten Teil der Jugend, die sich sonst von ›literarischen‹ Veranstaltungen fernzuhalten pflegt, weil sie zuviel Kulturinstinkt hat. Aber Hesse – und eben dieses bewies auch dieser Abend – steht wirklich innerlich auf der Seite dieser un-›literarischen‹ Jugend, und man kann nicht eigentlich von seiner Dichtung als von einer bloß ›literarischen‹ Angelegenheit sprechen. Es fehlt ihm in seiner Vortragsart auch glücklicherweise das intellektuelle Pathos, das auf den Effekt ausgeht und gewöhnlich derartige Vorlesungen unerträglich macht. Trotzdem liest er aber nicht gleichgültig, sondern so, daß das natürliche Moment seines Wesens, von warmer Herzlichkeit unterstützt, sich auf das innige Verständnis der Dichtung konzentriert. Eine wundersame Welt tut sich uns dabei auf: die stille und freundliche Welt eines wahrhaften Dichters, dem Sehnsucht und Poesie noch mehr bedeuten als der Rummel der bürgerlichen Gesellschaft!«

»Fränkische Tagespost« vom 12. 11. 1925

»Die selbstironische Haltung dieser Schriften, besonders die der mehr spielerischen ›Nürnberger Reise‹ haben nicht selten Leser dazu verführt, aus meiner Selbstpreisgabe mehr oder weniger plump Gewinn zu ziehen, sich über meine gewaltigen Dummheiten und Schwächen und über ihre eigene weise Überlegenheit allzu naiv zu freuen und mir, um dieses Vergnügen noch zu erhöhen, entweder spöttelnde oder bemutternde Briefe voll guter Ratschläge zu schreiben. Manche dieser Briefe waren voll einer solcher Komik, daß ich, wenn wir noch in der harmlosen Welt jener Jahre lebten, sie hier mitgeteilt hätte.
Nun sind aber die zwanzig und mehr Jahre, die zwischen dem Entstehen dieser Aufzeichnungen und heute liegen, durch die Weltgeschichte vervielfacht worden: das Ulm, das Augsburg, das München, das Nürnberg von damals sind jetzt Ruinen, vom damaligen Schwaben und Deutschland ist wenig übriggeblieben. Gerade darum habe ich, außer ein paar winzigen, rein sprachlichen Korrekturen, nichts an diesen Zeugnissen einer unheimlich fern gerückten Zeit zu ändern mir erlaubt.«

Aus dem Nachwort zur Ausgabe »Kurgast. Die Nürnberger Reise«, 1946, Schriften z. Lit. Bd. 1, a. a. O., S. 51. WA 11.

Umschlag der Erstausgabe von 1927, von Hans Meid gestaltet.

Hesses Reiseerinnerungen, die in knappen Sätzen auch Wesentliches aussagen über den Beruf des Dichters, vermitteln ein humorvolles Selbstbildnis; sie sind »Versuche zur Aufrichtigkeit sowohl, wie zum Humor.« Die Ausgabe Zürich 1947, zusammen mit *Kurgast*. In GW bei Suhrkamp in Berlin und Frankfurt, zusammen mit *Kurgast*, neu 1953. Gesamtauflage aller deutschsprachigen Ausgaben 1927 bis 1977: 102 Tsd. 1975 als suhrkamp taschenbuch 227, 1985 im 77. Tausend.

»In den letzten Jahren haben viele Dichter ihre Fahrten in ferne Länder geschildert. Hesse beschreibt uns eine kleine Reise, aber der kurze Weg führte ihn ebenso weit und tief in die Welt wie es der längste getan hätte. Der Anlaß der Reise war nicht ihr Grund, und so war ihr Ende nicht ihr Ziel. Er selbst erkennt, daß die wahren Antriebe der Fahrt fern in seinem früheren Leben liegen und so messen sich unterwegs alte Träume, Sehnsüchte, Erfahrungen mit dem Flüchtigen, Heftigen, Verwirrenden und Scheinhaften der Gegenwart. Hesse tat eine Reise in zärtlich behütete Bezirke der Seele, in Paradiese der Erinnerung, vorbei an Lärm und Eitelkeit.«

Oskar Loerke
in der Programmvorschau des S. Fischer Verlags 1927

»Diese *Nürnberger Reise*, so kurz sie erscheint, ist eine wahrhaftige Reise in die Welt und ins Leben, eine Fahrt voll Heimweh, Glück, Schmerz und Grimm und ergreifendem Zauber. Und es scheint fast, als sei dieser ewige Weltreisende Hesse hier noch dichter an die Grenzen von Himmel und Erde vorgedrungen als auf seiner großen Wallfahrt nach dem fernen Indien.«

Wilhelm Schussen
in »Nürnberg Zeitung«, 1927

»Diese ›Nürnberger Reise‹ ist ein nachdenklicher Ausflug, eine jener scheuen Begegnungen des Dichters Hermann Hesse mit der Öffentlichkeit, vor denen ihn sein Steppenwolf-Ich vergebens zu warnen versucht ... Wie im ›Steppenwolf‹ Protest und Absage an die Zeit zugleich ihre Überwindung bedeuteten, so verwandelt sich der selbstzerstörerische Pessimismus der ›Nürnberger Reise‹ in Ironie und Humor. Es ist die heroische Form des Humors, Humor der leidenden Menschen, Humor als Lebensversuch, als Freude an den Bagatellen des täglichen Lebens.«

Hans Sahl
in »Die literarische Welt«, Nr. 49, Berlin 1927

»Dichtungen können auf manche Arten verstanden und mißverstanden werden. In den meisten Fällen ist der Verfasser einer Dichtung nicht die Instanz, welcher eine Entscheidung darüber zusteht, wo bei deren Lesern das Verständnis aufhöre und das Mißverständnis beginne. Schon mancher Autor hat Leser gefunden, denen sein Werk durchsichtiger war als ihm selbst. ...
Immerhin scheint mir der ›Steppenwolf‹ dasjenige meiner Bücher zu sein, das öfter und heftiger als irgendein anderes mißverstanden wurde, und häufig waren es gerade die zustimmenden, ja die begeisterten Leser, nicht etwa die ablehnenden, die sich über das Buch auf eine mich befremdende Art geäußert haben. Zum Teil, aber nur zum Teil, kommt die Häufigkeit dieser Fälle davon her, daß dieses Buch, von einem Fünfzigjährigen geschrieben und von den Problemen eben dieses Alters handelnd, sehr häufig ganz jungen Lesern in die Hände fiel.
Aber auch unter den Lesern meines Alters fand ich häufig solche, denen mein Buch zwar Eindruck machte, denen aber merkwürdigerweise nur die Hälfte seiner Inhalte sichtbar wurde. Diese Leser haben, so scheint mir, im ›Steppenwolf‹ sich selber wiedergefunden, haben sich mit ihm identifiziert, seine Leiden und Träume mitgelitten und mitgeträumt, und haben darüber ganz übersehen, daß das Buch auch noch von anderem weiß und spricht als von Harry Haller und seinen Schwierigkeiten, daß über dem Steppenwolf und seinem problematischen Leben sich eine zweite, höhere, unvergängliche Welt erhebt, und daß der »Traktat« und alle jene Stellen des Buches, welche vom Geist, von der Kunst und von den »Unsterblichen« handeln, der Leidenswelt des Steppenwolfes eine positive, heitere, überpersönliche und überzeitliche Glaubenswelt gegenüberstellen, daß das Buch zwar von Leiden und Nöten berichtet, aber keineswegs das Buch eines Verzweifelten ist, sondern das eines Gläubigen.
Ich kann und mag natürlich den Lesern nicht vorschreiben, wie sie meine Erzählung zu verstehen haben. Möge jeder aus ihr machen, was ihm entspricht und dienlich ist! Aber es wäre mir doch lieb, wenn viele von ihnen merken würden, daß die Geschichte des Steppenwolfes zwar eine Krankheit und Krisis darstellt, aber nicht eine, die zum Tode führt, nicht einen Untergang, sondern das Gegenteil: eine Heilung.«

Nachwort zur Schweizer Ausgabe des »Steppenwolf« von 1941, Schriften z. Lit. Bd. 1, a. a. O., S. 52f. WA 11.

DER STEPPENWOLF

1927 erschienen, ohne Gattungsbezeichnung; erst in späteren Ausgaben die Bezeichnung »Erzählung«.* Die lange Vorgeschichte des *Steppenwolf*-Komplexes wurde ausgelöst durch die von Hesse so formulierte »Krise des Mannes von fünfzig Jahren«, einer fast neurotisch empfundenen Isolation; sie fand ihren direkten Niederschlag in den Vorstudien zum *Steppenwolf*, die zu einem Teil im Band *Krisis* (siehe dort) aufgenommen wurden. Im 27. Heft des Simplicissimus von 1922 erschien »Aus dem Tagebuch eines Entgleisten« (geschrieben Frühjahr 1922): »Ich schmeiße es hin, mein Leben, daß die Scherben klirren; ich vergeude, ich alternder Mann, meine Tage und Stunden wie ein Student ...« Das Ich dieses Textes sieht sich als ein »verbrauchtes Instrument«: »und ich rief mir zu: ›Mach Schluß mit dir, Männeken, du gehörst zum alten Eisen.‹« Zahlreiche private Schwierigkeiten begleiten diese Jahre: Augenschmerzen, Gicht, Ischias, die Kuraufenthalte erforderten. Scheidung von seiner ersten Frau Maria Hesse, geb. Bernoulli, am 14. 7. 1923; zweite Heirat mit Ruth Wenger am 11. 1. 1924; die nie richtig vollzogene Ehe wurde am 2. 5. 1927 wieder geschieden (das

* »Eine neue Dichtung beginnt für mich in dem Augenblick zu entstehen, wo eine Figur mir sichtbar wird, welche für eine Weile Symbol und Träger meines Erlebens, meiner Gedanken, meiner Probleme werden kann. Die Erscheinung dieser mythischen Person (*Peter Camenzind, Knulp, Demian, Siddhartha, Harry Haller* usw.) ist der schöpferische Augenblick, aus dem alles entsteht. Beinahe alle Prosadichtungen, die ich geschrieben habe, sind Seelenbiographien, in allen handelt es sich nicht um Geschichten, Verwicklungen und Spannungen, sondern sie sind im Grunde Monologe, in denen eine einzige Person in ihren Beziehungen zur Welt und zum eigenen Ich betrachtet wird. Man nennt diese Dichtungen ›Romane‹. In Wirklichkeit sind sie keineswegs Romane, so wenig wie ihre großen, mir seit der Jünglingswelt heiligen Vorbilder, etwa der ›Heinrich von Ofterdingen‹ des Novalis oder der ›Hyperion‹ Hölderlins, Romane sind.«
Aus »Eine Arbeitsnacht«, Schrift, z. Lit. Bd. 1, a. a. O., S. 80ff. WA 11.

»Mit dem ›Steppenwolf‹, nach dem Du fragst, steht es so: Es gibt den Roman ›Steppenwolf‹, in Prosa, der ist kürzlich zu Ende geschrieben und liegt beim Verleger, erscheint so bald wie möglich. Gestern sagte mir Fischer, der ihn noch auf der Reise zu Ende gelesen hatte, seine Meinung darüber. Ich habe ihn seit 25 Jahren nie so erschüttert, begeistert und auch beunruhigt von einem neuen Buch sprechen hören. Das Buch wird Aufsehen machen, aber nicht nur schönes, sondern die Feinde, auch von der politischen Seite her, werden sich ebenfalls rühren, vielleicht sogar der Staatsanwalt. Dies darfst Du aber niemand weitersagen. Außer dem Roman gibt es aber auch noch die Gedichte. Diese sind (einige davon lerntest Du ja kennen und warst entsetzt davon, ebenso wie manche andre Freunde) teilweise in der Rundschau abgedruckt gewesen.«

Brief an Schwester Adele vom 9. 2. 1927, a. a. O., MatStep. S. 106

»Es ist erstens die religiöse Herkunft meines Wesens und Denkens, etwas, was keiner meiner Kritiker, außer Ball, je begriffen hat. Ob man es nun als Wert oder als Mangel ansehe: ich bin nun einmal in einer Sphäre hoher, ja leidenschaftlicher Religiosität aufgewachsen, und sie ist in mich übergegangen, wenn sie sich in mir auch vielfach geändert und pervertiert hat. Und so ist die Verzweiflung Harrys keineswegs nur die an sich selbst, sondern die an der Zeit. Die Wurstigkeit, mit der der Krieg erlebt und sofort wieder vergessen wurde, ist das stärkste Symptom. Das Sichverantwortlichfühlen für die Welt und für sein Volk konnte ein religiöser Deutscher anno 14 bis 19 nicht in sich tragen, ohne daß er an seinem Volk und seiner Zeit verzweifelt ist.
Damit sind wir beim zweiten Punkt. Auch Sie, wie alle meine Kritiker, finden es eine rein subjektive Schrulle oder Empfindlichkeit, daß Harry noch immer an den »alten Kriegsgeschichten« zu kauen hat. Ja, für mich ist der Krieg mit seinen vier Jahren Mord und Unrecht, mit seinen Millionen Leichen und seinen zerstörten herrlichen Städten keine »alte Geschichte«, die jeder Vernünftige doch Gottseidank längst vergessen hat, sondern er ist, weil ich die Bereitschaft zu seiner Wiederholung in tausend Zeichen überall atme, sehe, fühle, rieche, für mich wahrlich eine mehr als ernste Angelegenheit.«

Brief an Erhard Bruder 1928, MatStep., a. a. O., S. 127

Urteil des Zivilgerichts des Kantons Basel spricht – mit Verweisen auf den *Kurgast* – vom Beklagten als einem »Eremiten, Sonderling, Neurotiker, Schlaflosen und Psychopathen, er sei eine reife Künstlernatur, aber starken Stimmungen unterworfen; namentlich am Morgen befinde er sich meist in düsterer, gereizter Stimmung ... Die Klägerin *dagegen* sei jung und lebensfroh ...«). Dazwischen Nervenkrankheit seiner ersten Frau, Lungentuberkulose seiner zweiten. Dauernder Domizilwechsel, Kur- und Nachkur in Baden; Lesung vor Schwerkranken in einem Davoser Sanatorium; Basel, Montagnola, Basel; dann die in der *Nürnberger Reise* beschriebene Deutschlandreise; am 19. 12. 1925 bezieht er seine Züricher Wohnung Schanzengraben 31, die bis 1931 seine Winterwohnung bleibt; unerkannt besucht er in Zürich einen Hermann Hesse-Abend: »Auch bei dieser literarischen Abendunterhaltung, wo ich doch gewissermaßen als Sachverständiger und Fachmann gelten konnte, bemerkte ich wieder diese Isolierung, die mich zum Eremiten bestimmt und welche darin besteht, daß ich in mir ein unergründliches Verlangen trage, das Menschenleben ernst nehmen zu können.«

Hesse unterzieht sich wieder einer Psychoanalyse. Die Psychoanalyse wird als Theorie wichtig für ihn. »Die Analyse bestätigt den Künstler vor sich selbst«, schrieb er in einem Aufsatz »Der Künstler und die Psychoanalyse« (»Frankfurter Zeitung«, 16. 7. 1918). Sigmund Freud schrieb Hesse dazu: »Einer Ihrer Leser, der Ihrem Schaffen seit dem ›*Peter Camenzind*‹ mit Genuß gefolgt ist, möchte Ihnen gerne zum Dank für Ihren Aufsatz in der ›Frankf. Zeitg.‹: ›Künstler u. Psychoanalyse‹ die Hand drücken.« Hesse antwortete: »Daß Sie mir ein Wort des Dankes sagen, berührt mich ganz wie eine Beschämung, denn im Gegenteil bin ich es, der Ihnen tiefen Dank schuldet ... Die Dichter waren ja unbewußt immer Ihre Bundesgenossen, sie werden es immer mehr auch bewußt werden.« (9. 9. 1918, GBriefe 1, S. 378).

»Wenn ich nun auf junge Leser zum Beispiel des ›Steppenwolf‹ treffe, so finde ich sehr oft, daß sie alles in diesem Buch, was über den Irrsinn unsrer Zeit gesagt ist, sehr ernst nehmen, daß sie aber das, was mir tausendmal wichtiger ist, gar nicht sehen, jedenfalls nicht daran glauben. Es ist aber nichts damit getan, daß man Krieg, Technik, Geldrausch, Nationalismus etc. als minderwertig ankreidet. Man muß an Stelle der Zeitgötzen einen Glauben setzen können. Das habe ich stets getan, im ›Steppenwolf‹ sind es Mozart und die Unsterblichen und das magische Theater, im ›Demian‹ und im ›Siddhartha‹ sind dieselben Werte mit anderen Namen genannt.«

Brief an R. B. vom 4. 5. 1931, MatStep., a. a. O., S. 144

»Der Inhalt und das Ziel des ›Steppenwolf‹ sind nicht Zeitkritik und persönliche Nervositäten, sondern Mozart und die Unsterblichen. Ich dachte sie den Lesern näher zu bringen, indem ich mich selbst vollkommen preisgab – die Antwort war Anspucken und Hohngelächter. Dieselben Leser, die den ›Steppenwolf‹ auslachten oder angriffen, waren dann vom ›Goldmund‹ entzückt, weil er nicht heute spielt, weil er nichts von ihnen verlangt, weil er ihnen nicht die Schweinerei ihres eigenen Lebens und Denkens vorhält. Das ist, von mir aus gesehen, der Unterschied zwischen den beiden Büchern, er besteht beim Leser, nicht bei mir.
Aufgabe des ›Steppenwolf‹ war: Unter Wahrung einiger für mich ›ewiger‹ Glaubenssätze die Ungeistigkeit unserer Zeittendenzen und ihre zerstörende Wirkung auch auf den höherstehenden Geist und Charakter zu zeigen. Ich verzichtete auf Maskeraden und gab mich selbst preis, um den Schauplatz des Buches wirklich ganz und schonungslos echt geben zu können, die Seele eines weit über Durchschnitt Begabten und Gebildeten, der an der Zeit schwer leidet, der aber an überzeitliche Werte glaubt. Der deutsche Leser hat sich über das Leiden Harrys amüsiert und ihm auf die Schulter geklopft, das war der ganze Erfolg der Anstrengung.«

Brief an P. A. Riebe, MatStep., a. a. O., S. 147f.

»Weitaus die Mehrzahl der Menschen, mit denen ich lebe, deren Werk oder Vorbild mir etwas bedeutet, deren Vorhandensein mir tröstlich ist, lebt nicht in diesem trüben »Heute«, sondern auf einer überzeitlichen Ebene, im ›Steppenwolf‹ habe ich sie, glaube ich, die »Unsterblichen« genannt. Zu ihnen gehören Bach wie Jesus, Lao Tse und Buddha wie Giorgione, Corot oder Cézanne.

Mit seinem *Steppenwolf* folgt Hesse einem Wort Nietzsches: »Ein Werk auf die Katastrophe hin bauen«.
Im Winter 1925/26 entstehen zahlreiche Gedichte (teilweise aufgenommen in *Krisis*). Im November 1926 erscheint in der »Neuen Rundschau« »Der Steppenwolf. Ein Stück Tagebuch in Versen«. Vom 15. 12. 1926 an arbeitet er in Zürich sechs Wochen lang »Tag und Nacht« am Prosatext des *Steppenwolfs*. Mai 1927 Vorabdruck des »Tractats« in der »Neuen Rundschau«. Im Juni 1927 erscheint bei S. Fischer die Buchausgabe. Den Text der Ankündigung schrieb Oskar Loerke. (Tagebucheintrag vom 9. 7. 1927). – Am 2. Juli begeht Hesse in Montagnola seinen 50. Geburtstag gemeinsam mit Ninon Dolbin, seiner späteren dritten Frau.
Das Werk gliedert sich äußerlich in drei Abschnitte: Das »Vorwort des Herausgebers«, den »Tractat vom Steppenwolf« und »Harry Hallers Aufzeichnungen«. In jedem dieser drei Abschnitte wird von einer anderen erzählerischen Perspektive aus erzählt. Im Vorwort beschreibt der »Herausgeber« (der Neffe der Hauswirtin Hallers, der anonym bleibt) das Äußere des *Steppenwolfs*. Im »Tractat« spricht ein imaginärer Verfasser aus dem unbewußten Inneren der Seele Harry Hallers, der Seele des *Steppenwolfs* Harry Haller, der die Initialen seines Verfassers trägt. In den »Aufzeichnungen« berichtet Haller über Vorgänge, die ihm widerfahren. –
Das kunstvoll gebaute, nach musikalischen Sätzen komponierte Buch wird von vielen als das gekonnteste Werk Hesses angesehen; jedenfalls ist ihm die größte Wirkung beschieden. Der größere Teil seines Leserpublikums lehnte jedoch das Werk ab oder fand es unerheblich, während die Kritiker diesmal, und insbesondere die literarischen Kollegen, begeistert waren. Auffallend durch die ganze nachfolgende Zeit hindurch war die Tatsache, daß Hesse in seinen sicher über 35 000 Briefen am häufigsten von allen seinen Werken den *Steppenwolf* verteidigen mußte. Andererseits entzündete sich

Ich glaube nicht, daß es irgend einem Künstler, Dichter oder Denker anders geht: seine Kameraden sind vor allem die Vorangegangenen, die, deren Gedanken, Ziele und Ideale auch nach Jahrzehnten, Jahrhunderten oder Jahrtausenden noch lebendig und schön und wirksam sind, während die Kaiser, Könige, Staatsführer, Feldherren, die Größen des »Heute«, alle morgen schon veraltet und dann rasch vergangen sind. Was ist heut Kaiser Wilhelm, Hitler, Hindenburg?«

Brief an H. M. vom Februar 1953, MatStep., a. a. O., S. 154

»Anders ist es, wenn Sie Knecht einen Steppenwolf nennen. Er ist dessen Gegenteil. Der Steppenwolf flieht vor dem Verzweiflungstod durchs Rasiermesser ins naive sinnliche Leben. Knecht aber, der Gereifte, verläßt heiter und tapfer eine Welt, die ihm keine Entwicklungsmöglichkeiten mehr läßt.«

Brief an R. Klotz vom 28. 8. 1955, a. a. O., MatStep., S. 156

Auslieferungsanzeige der Erstausgabe.

die Hesse-Rezeption der Nachkriegsjahre in Deutschland und die der 60er Jahre in den USA am *Steppenwolf*.

1940 im 40. Tausend. Schweizer Ausgabe Zürich 1941. Manesse Bibliothek der Weltliteratur 1946. Neue Ausgabe bei Suhrkamp Berlin und Frankfurt 1947. Bibliothek Suhrkamp Band 226 1971. Deutschsprachige Gesamtauflage 1927 bis 1977: 732 Tsd. 1974 als suhrkamp taschenbuch 175, 1984 im 900. Tausend. GS IV, WA 7. 1981 erschien eine großformatige, von Günter Böhmer illustrierte bibliophile Sonderausgabe des *Steppenwolf* in 1000 numerierten Exemplaren. Der Band »Materialien zu Hermann Hesses *Der Steppenwolf*«, herausgegeben von Volker Michels, dokumentiert ausführlich die Entstehungsgeschichte des *Steppenwolf* mit Texten von Hermann Hesse und Texten über den *Steppenwolf* (MatStep.).

»Der Versuch, Synthese zu schaffen, mußte scheitern, da Hesse selbst noch in Skeptizismus und zersetzender Ironie unlösbar verstrickt ist. Sein Buch bleibt eine giftige, gefährliche Wirrnis, giftig in seiner ungezügelten Sinnlichkeit, gefährlich in seiner radikalen und ätzenden Verneinung aller Lebenswerte, eine Wirrnis abstruser, schillernder und paradoxer Ideen. Großes stilistisches Können ist hier ziellos und maßlos vergeudet.«
»Literarischer Ratgeber für die Katholiken Deutschlands«, 1927.

»Ich lese den *Steppenwolf*, dies unbarmherzigste und seelenzerwühlendste aller Bekenntnisbücher, düsterer und wilder als Rousseaus ›Confessions‹, die grausamste Geburtstagsfeier, die je ein Dichter sich selbst zelebrierte: aus Selbstbesinnung Selbstvernichtung schaffend: ein Dokument vom Untergang des alten Menschen, der alten Zeit, die weder eine Zeit ist noch Zeit hat, sondern zwischen zwei Zeiten mit großem Gepolter versinkt. Einsam, feindlich und ungerecht steht Hesse gegen unsre Zeit; aber nicht haßvoll anklagend, sondern leidend als zerrissener Sonderling, die Fetzen seines Wesens in ihrem lärmenden Sturm flattern lassend. Ein echt deutsches Buch, großartig und tiefsinnig, seelenkundig und aufrichtig; analytischer Entwicklungsroman mit romantischer Technik, romantischen Wirrnissen wie die meisten großen deutschen Romane und wie die meisten Bücher Hermann Hesses. Jetzt sehe ich, daß all seine Bücher im Grunde waren wie dieser *Steppenwolf*, nur nicht so

Tractat

vom

Steppenwolf

Es war einmal einer namens Harry, genannt der Steppenwolf. Er ging auf zwei Beinen, trug Kleider und war ein Mensch, aber eigentlich war er doch eben ein Steppenwolf. Er hatte vieles von dem gelernt, was Menschen mit gutem Verstande lernen können, und war ein ziemlich kluger Mann. Was er aber nicht gelernt hatte, war dies: mit sich und seinem Leben zufrieden zu sein. Dies konnte er nicht, er war ein unzufriedener Mensch. Das kam wahrscheinlich daher, daß er im Grunde seines Herzens jederzeit wußte (oder zu wissen glaubte), daß er eigentlich gar kein Mensch, sondern ein Wolf aus der Steppe sei. Es mögen sich kluge Menschen darüber streiten, ob er nun wirklich ein Wolf war, ob er einmal, vielleicht schon vor seiner Geburt, aus einem Wolf in einen Menschen verzaubert worden war oder ob er als Mensch geboren, aber mit der Seele eines Steppenwolfes begabt und von ihr besessen war oder aber ob dieser Glaube, daß er eigentlich ein Wolf sei, bloß eine Einbildung oder Krankheit von ihm war. Zum Beispiel wäre es ja möglich, daß dieser Mensch etwa in seiner Kindheit wild und unbändig und unordentlich war, daß seine Erzieher versucht hatten, die Bestie in ihm totzukriegen, und ihm gerade dadurch die Einbildung und den Glauben schufen, daß er in der Tat eigentlich eine Bestie sei, nur mit einem dünnen Überzug von Erziehung und Menschentum darüber. Man könnte hierüber lang und unterhaltend sprechen und sogar Bücher darüber schreiben; dem Steppenwolf aber wäre damit nicht gedient, denn für ihn war es ganz einerlei, ob der Wolf in ihn hinein-

Ausstattung des Steppenwolf-Tractats in der Erstausgabe von 1927.

grausam. Alle sind sie Selbstschau, Selbstbiographie, Zersplitterung des eigenen Ich: nicht aus Lust an der Analyse, sondern aus Sehnsucht, ein Einheitliches zu werden; sich selbst, das Wesentliche zu finden.«

Kurt Pinthus
im »8 Uhr-Abendblatt«, Berlin 1927

»Außerordentlich finde ich, wie an allen Wegbiegungen die Zeit in Harrys Seele mündet, und wie er sich mit dem Ganzen auseinandersetzen muß, während er sich mit sich selbst auseinandersetzt.«

Oskar Loerke
Brief an Hesse vom 7. 3. 1927, MatStep., a. a. O., S. 264

»Es handelt sich um einen Mann, der so männlich ist, sich nicht für eine Persönlichkeit zu halten, nämlich nicht für eine, sondern für eine ganze Masse davon. Um eine Bestie handelt es sich, die gegen die verlogene, entartete Vorstellung von unserer inneren Einheit, diese wohl vom antiken Körper her aufgebaute, schöne Selbsttäuschung die Zähne bleckt. Es handelt sich um ein ›ins Herdenleben und in die Städte verirrtes‹ Sonderlingstier; um einen Anarchisten, der voll rasender Wut auf dieses falsch dastehende Dasein Warenhäuser und Kathedralen zerschlagen und der bürgerlichen Weltordnung das Gesicht ins Genick drehen möchte. Es handelt sich um einen Revolutionär des Ichs.
Eine große Bedeutung von Hermann Hesses Autopamphlet liegt darin, daß es dies nicht einmal mehr tragische Drückebergertum des jetzigen Bürger-Ichs entblößt ... Dies Werk spricht in scharfen, erschütternden, phantastischen und klaren Worten zu uns, es hat eine wunderbare Höhe über jener einst seinen Dichter umfangenden Sentimentalität erreicht. Der Tumult der Gegenwart zeichnet sich deutlicher als an den mitschwankenden Gestalten an solchem Werk eines überragend redlichen Dichters ab. Es ist ein willkommener Vorstoß zur immer noch so schwachen Front aller Feinde dieser alten, in ihrem Gegeneinander wie in ihrer Ordnung gleich falschen Welt.«

Alfred Wolfenstein
in »Die Weltbühne«, 1927, MatStep., a. a. O., S. 273 ff.

»Ist es nötig zu sagen, daß der *Steppenwolf* ein Romanwerk ist, das an experimenteller Gewagtheit dem ›Ulysses‹, den ›Faux monnayeurs‹ nicht nachsteht?«

Thomas Mann
Aus dem Vorwort zur amerikanischen Ausgabe des »Demian« 1948, a. a. O.

Umschlag der Menukarte des Hotels Baur au Lac zum Kunsthaus-Maskenfest vom 6. 2. 1926, das im »Steppenwolf« geschildert ist.

»*Der Steppenwolf* hat mich seit langem zum erstenmal wieder gelehrt, was Lesen heißt.« Thomas Mann
Brief an Hermann Hesse vom 3. 1. 1928,
in Hesse – Mann Briefwechsel, Frankfurt 1968, S. 9

»Dieses Buch ist von einem Bruder von mir geschrieben worden. Hier war meine Situation gezeichnet, die Situation des Bürgers, der zum Revolutionär werden möchte und den die Gewichte alter Normen lähmen.« Peter Weiss
Aus »Abschied von den Eltern«, 1961, MatStep., a. a. O., S. 324ff.

»Ein Buch der Lebenskrise, der Künstlerkrise, der Gesellschaftskrise ... *Der Steppenwolf* ist außerdem und sogar vor allem ein deutsches Buch. Oder eher: ein Romanwerk der Kritik an deutschen Zuständen«. Hans Mayer
Hermann Hesses Steppenwolf aus »Zur deutschen Literatur der Zeit«, Hamburg 1967. MatStep., a. a. O., S. 330ff.

»... das allein aber würde Hesse für die jungen Anhänger der neuen Sensibilität, die trotz ihrer Berufung auf die großen philosophischen und religiösen Lehrer der Gewaltlosigkeit nur scheinbar dem Verhalten der politisch-radikaleren Gruppen widersprechen, nicht so interessant machen, wenn er nicht in dem 1927 erschienenen *Steppenwolf* ein existentielles Brevier des Anarchismus geliefert hätte, eine Dichtung, die damals als faszinierende Studie über die Schizophrenie eines verklemmten Kleinbürgers gelesen wurde, inzwischen aber im Lichte einer zum Kampf gegen die technologischen und Klassenzwänge entschlossenen Neuen Linken, ihre latente Sprengkraft erwiesen hat. Nicht der erlösungssuchende Pilger Hesse ist es, der zivilisationsmüde Westler, der auf dem Wege zum ›Nicht-Tun‹ und zum ›Ausgelöschten Selbstbewußtsein‹ einen Lebensmodus für die gespaltene Seele sucht, nicht dieser ist es also zuvörderst, den man wiederentdeckt hat, sondern es ist der Lehrer einer Haltung, die in der internationalen kulturrevolutionären Bewegung zum Ausdruck kommt, und die man auch mit dem Begriff ›Spontaneität‹ bezeichnen könnte. Gerade um diese Spontaneität geht es den Hesseschen Romanfiguren, geht es aber auch einem nicht zu übersehenden Teil der neuen Jugend, die die mechanistischen Züge der Technik ablehnt, ihre gesellschaftsverändernde Potentialität aber nicht von vorneherein ausschließt.« Heinrich Schirmbeck
»Der neue West-östliche Divan«, in »Frankfurter Rundschau« vom 6. 5. 1972

»Liebe Freunde!
Während Ihr mir zum fünfzigsten Geburtstag gratulieret, bereite ich dies Heft Gedichte für Euch zum Druck vor, das Tagebuch eines Winters und eine Antwort im voraus auf Eure Glückwünsche. Der »Mann von fünfzig Jahren« hat wenig Grund, Glückwünsche einzuheimsen. Er pflegt mehr mit der Angst vor dem Altern und Sterben beschäftigt zu sein als mit der Freude am Festefeiern.
Indessen ist das Problem des alternden Mannes, die altbekannte Tragikomödie des Fünfzigjährigen, keineswegs der einzige Inhalt dieser Verse. Es ist in ihnen nicht bloß von dem nochmaligen Aufflackern der Lebenstriebe im Alternden die Rede, sondern mehr noch von einer jener Etappen des Lebens, wo der Geist seiner selbst müde wird, sich selbst entthront und der Natur, dem Chaos, dem Animalischen das Feld räumt. In meinem Leben haben stets Perioden einer hochgespannten Sublimierung, einer auf Vergeistigung zielenden Askese abgewechselt mit Zeiten der Hingabe an das naiv Sinnliche, ans Kindliche, Törichte, auch ans Verrückte und Gefährliche. Jeder Mensch hat dies in sich. Ein großer Teil, ja der allergrößte Teil dieser dunkleren, vielleicht tieferen Lebenshälfte ist in meinen früheren Dichtungen unbewußt verschwiegen oder beschönigt worden. Der Grund zu diesem Verschweigen lag, wie ich glaube, nicht in einer naiven Verdrängung des Sinnlichen, sondern in einem Gefühl der Minderwertigkeit auf diesem Gebiete. Ich verstand mich auf das Geistige im weitesten Sinne besser als auf das Sinnliche; im Denken und Schreiben konnte ich mit einer Auswahl hochstehender Zeitgenossen den Wettlauf aufnehmen, im Shimmy-Tanzen und den Künsten des Lebemannes dagegen war ich ein Barbar, obwohl ich wußte, daß auch diese Künste wertvoll sind und zur Kultur gehören.
Mit zunehmenden Jahren nun, da das Schreiben hübscher Dinge an sich mir keine Freude mehr macht und nur eine gewisse spät erwachte leidenschaftliche Liebe zur Selbsterkenntnis und Aufrichtigkeit mich noch zum Schreiben treibt, mußte auch diese bisher unterschlagene Lebenshälfte ins Licht des Bewußtseins und der Darstellung gerückt werden. Es fiel mir nicht leicht, denn es ist angenehmer und schmeichelhafter, der Welt seine edle, vergeistigte Seele zu zeigen als die andere, auf deren Kosten die Vergeistigung stattgefunden hat. Viele meiner Freunde haben

KRISIS

Ein Stück Tagebuch. In einer einmaligen Sonderausgabe 1928 bei S. Fischer erschienen: »1000 numerierte Exemplare im Format 18,6 zu 27 cm. Im großen Grad der Weiß-Fraktur auf bestem, federleichtem Papier gedruckt. In Ganzleinen 12 RM« (lt. Verlagsanzeige).

Am 18. Juni 1926 schickte Hesse das Manuskript»Krisis« an S. Fischer. Die im Winter 1925/26 entstandenen 45 Gedichte dieses Bandes, nach Hesses Meinung »das rückhaltloseste Dichterbekenntnis seit Heine«, verursachten im Verlag Unruhe. Zunächst wollte Hesse die Gedichte im Rahmen des *Steppenwolf* veröffentlichen, doch hat ihn wohl das Echo auf den Abdruck einiger Gedichte in der »Neuen Rundschau« vom November 1926 zu einem Verzicht bewogen. Thomas Mann schrieb von der »liebenswürdigen Hypochondrie« dieser Verse. S. Fischer war zu einer größeren Auflage bereit, aber Hesse empfand diese Gedichte doch als »private Angelegenheit«, als ein persönliches Bekenntnis, das es »vor Mode- und Sensationslust zu schützen« galt. Deshalb die Idee der einmaligen teuren Sonderausgabe, deren Fortgang vom Verlag freilich nicht beschleunigt wurde. »Von der ›Krisis‹ wußte ich nur, daß sie als Privatausgabe schon seit einem halben Jahr fertig gesetzt ist, daß sie dem Verlag aber als entbehrlicher Pleonasmus neben dem Roman vorkommt und daher zurückgelegt wird. Mir einerlei, aber schade.« (Am 2. 11. 1927) – Die Ausgabe erschien schließlich im April 1928. »Dieses Werk in Gedichtform« (heißt es in der wahrscheinlich von Loerke stammenden Verlagsanzeige) »ist weit mehr als nur das Tagebuch einer kurzen Zeitspanne. Es ist ein Lebensbuch.«

Die Texte sind vollständig in den *Steppenwolf-Materialien* enthalten sowie in der Taschenbuchausgabe *Die Gedichte* von 1977. Seit 1982 wieder als Einzelausgabe in der Bibliothek Suhrkamp, Band 747.

mir denn auch aufs deutlichste gesagt, daß meine neueren Unternehmungen, im Leben wie im Dichten, unverantwortliche Entgleisungen seien, und daß der Autor des ›Siddhartha‹ sich selbst eine würdigere Haltung schuldig sei. Ich denke nun hierüber anders, vielmehr es handelt sich hier nicht um Meinungen auf Gesinnungen, sondern für mich um Notwendigkeiten. Man kann nicht das Ideal der Aufrichtigkeit haben und immer nur die hübsche und bedeutende Seite seines Wesens zeigen. Die andere ist auch da, und ich gestehe, daß meine Aufrichtigkeit hier noch bedeutende Löcher hat, daß ich in diesem Büchlein eine Anzahl von Gedichten weggelassen habe, weil ihre Mitteilung meinem Selbstgefühl allzu weh getan hätte.
Liebe Freunde, es ist mir an Eurem Urteil nichts gelegen. Viel aber liegt mir an Eurer Liebe. Erhaltet sie mir, auch wenn Ihr meine Verse nicht billigt.«

»An meine Freunde«, Krisis 1928, MatStep., a. a. O. S. 161 f.

»Was nun den Preis der ›Krisis‹ betrifft, so ist es natürlich schade, daß weder Fischer noch ich einen Spezialfond von einigen Tausend Mark für eine solche Sache übrig haben. Aber es ist nun einmal so, daß ein in kleiner Auflage gedrucktes Buch sehr teuer sein muß. Es in großer Auflage zu drucken, dafür wäre Fischer wohl zu haben gewesen, nicht aber ich, denn ich finde, dies Buch ist eine private Angelegenheit. Sie zu einer öffentlichen zu machen, dazu wird es erst dann Zeit sein, wenn ich etwa so lange tot sein werde wie etwa Nietzsche es heute ist. Denn das muß man den Deutschen lassen: wenn sie auch den Geist und die Dichter bitter hassen, so wissen sie doch nach 30 bis 50 Jahren stets genau zu erkennen, ob die Privatangelegenheiten eines Dichters oder Philosophen wirklich nur privat waren oder vielleicht doch alle angingen.
Kurz: Ich wollte, daß diese Gedichte gedruckt seien, d. h. daß sie für immer niedergelegt wären, darum ließ ich sie drucken, statt bloß einige Abschriften zu verschicken. Ich wollte aber nicht, daß unter dem Volk, dessen Kritik über mich lediglich aus Schulmeisterei und krassem Unverständnis besteht, diese Gedichte etwa zu einem Sensations- und Modebuch würden, wie es ja der ›Steppenwolf‹ nahezu geworden ist. Dazu sind diese Gedichte zu wenig objektiv, dazu sind sie zu sehr Bekenntnis und momentane Notiz. Mit diesem Buch modeberühmt zu werden und Geld zu verdienen, wäre mir ärger gewesen als alles andre, was die vereinten Stämme der Germanen mir schon angetan haben. Eine

»Francois Villon hat einen Bruder bekommen.«

Walter Hans Griese
in »Der Kreis«, Hamburg 1928

»Der Rang der Verse des Buches *Krisis* und ihr Autor, unbürgerlicher Dichter bürgerlicher Herkunft, beanspruchen unsere Teilnahme auf jeden Fall. Wir haben einen besonderen Grund dazu, weil das Buch von der bürgerlichen Presse ziemlich radikal verschwiegen worden ist. Hörte einer die Verse, er würde vielfach auf einen jungen Dichter raten, der vor nichts Ehrfurcht habe, auch nicht vorm heiligen Ich; der, unbelastet von Verpflichtung und Würde, unseren großartigen Kulturbetrieb und vornehmlich das Getue der Dichter als einen aufs Hohle gebauten Schwindel ablehne. Kühne zynische Gedichte junger Autoren werden aber wohlgefällig von der Presse behandelt. Mit Blasiertheit und Frivolität kokettiert man und ist im übrigen überzeugt, daß der absurd sich gebärdende Most einen konservativen Wein geben wird. Radikale Jugend bedeutet nicht viel, das beweist jede Art von Historie. Umstürzendes Alter ist gefährlich. Aufbegehrende Jugend: normal. Revolutionierendes Alter: verrückt. Deshalb benehmen sich die Älteren nach außen hin immer hübsch gesittet, entwickelt sich die Jugend munter von Kompromiß zu Kompromiß. Also mußten die Literaturrichter, die Berufsoptimisten und die näheren Kunstkollegen empfindlich in ihrem Wichtigkeitsgefühl gestört werden, als Hermann Hesse, gefeierter Autor geliebter Bücher, Mitglied der Akademie, Mann von 50 Jahren, im S. Fischer-Verlag Verse veröffentlichte, die ohne Rücksichtnahme peinlichen Wahrheitsdienst üben und aussprechen, daß unsere Zeit reif zur Mahd liege, morsch und verlogen sei, daß der wurzellose Dichter ohne Anteilnahme einer Masse für ein paar Gleichgesinnte schreibe. Nichts wird beschönigt und verschwiegen, was unterhalb des Nabels ungeistig regiert. Aufgedeckt der faule Zauber des Ästhetentums, der in kleinen Zirkeln so tut, als drücke er eine neue Welt aus, während die Welt von ökonomischen und sozialen Kämpfen so zerrissen ist, daß dem Künstler, der nicht lügen will, jede gesellschaftliche Fundierung und Sicherung fehlt und die Kunst auf wackelnden Füßen zwischen den Klassen schwankt ... Stünde Hesse unter den Führern deutscher Dichtung nicht so verzweifelt allein in unpathetischem Kampfe, atmeten wir längst reinere Luft in der maßlos korrumpierten Literatur, öffneten sich rascher die Wege aus der *Krisis* zur Klarheit, aus dem Taumel zur Ruhe, aus der Gefangenschaft zur Freiheit. Auch wenn in Hesses Buch nicht von Arbeitern und Arbeitssorgen gehandelt

Auswahl der mehr »objektiven« Gedichte daraus kann ja später immer noch in einen Gedichtband aufgenommen werden.«
Brief an Heinrich Wiegand vom 8. 5. 1929, MatStep., a. a. O. S. 131f.

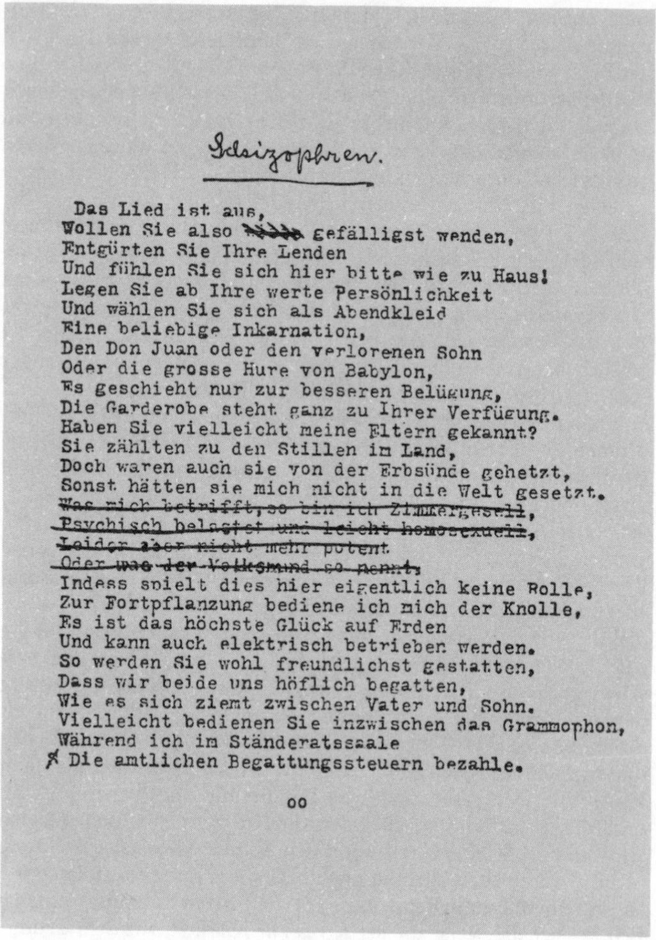

Schizophren.

Das Lied ist aus,
Wollen Sie also ~~[illegible]~~ gefälligst wenden,
Entgürten Sie Ihre Lenden
Und fühlen Sie sich hier bitte wie zu Haus!
Legen Sie ab Ihre werte Persönlichkeit
Und wählen Sie sich als Abendkleid
Eine beliebige Inkarnation,
Den Don Juan oder den verlorenen Sohn
Oder die grosse Hure von Babylon,
Es geschieht nur zur besseren Belügung,
Die Garderobe steht ganz zu Ihrer Verfügung.
Haben Sie vielleicht meine Eltern gekannt?
Sie zählten zu den Stillen im Land,
Doch waren auch sie von der Erbsünde gehetzt,
Sonst hätten sie mich nicht in die Welt gesetzt.
~~Was mich betrifft, so bin ich Zimmergesell~~,
~~Psychisch belastet und leicht homosexuell~~,
~~Leider aber nicht mehr potent.~~
~~Oder was der Volksmund so nennt;~~
Indess spielt dies hier eigentlich keine Rolle,
Zur Fortpflanzung bediene ich mich der Knolle,
Es ist das höchste Glück auf Erden
Und kann auch elektrisch betrieben werden.
So werden Sie wohl freundlichst gestatten,
Dass wir beide uns höflich begatten,
Wie es sich ziemt zwischen Vater und Sohn.
Vielleicht bedienen Sie inzwischen das Grammophon,
Während ich im Ständeratssaale
Die amtlichen Begattungssteuern bezahle.

oo

Typoskript eines der »Krisis«-Gedichte.

wird, muß es allen denen als außerordentliche menschliche und künstlerische Leistung erscheinen, die an die fortwirkende Kraft wahrhaftiger Beispiele glauben.« Heinrich Wiegand

Aus »Kulturwille«, Leipzig 1928, MatStep., a. a. O. S. 306ff.

»Dieses Werk in Gedichtform ist weit mehr als nur das Tagebuch einer kurzen Zeitspanne: es ist ein Lebensbuch. Denn es enthüllt mit Bewußtsein und ergreifender Deutlichkeit eine Wesensseite des Dichters, die von Anbeginn in ihm vorhanden war, doch vor dem Eintritt in die Klarheit, die Entschlußkraft, den Bekenntnisdrang des gereiften Mannesalters keinen künstlerischen Ausdruck fand. Hesse gewährt hier seine Macht des freimütigen Wortes jenen naiv sinnlichen, kindlichen, ja zuweilen gefährlichen Trieben, die in jedem Menschen von hochgespannter Geistigkeit eingeschlossen sind und nach Perioden gedanklicher Zucht und Askese ihr Recht und ihre Anerkennung suchen. Sinn und Ziel seiner einfachen, oft derben, immer aber reinen und vollen Verse ist Aufrichtigkeit: sie erfüllen eine Notwendigkeit seiner Natur. Und so wirken sie an der Entdeckung neuer Wirklichkeit und damit neuer Schönheit des Lebens mit, in deren Dienst alle Bücher des Dichters stehen.«

Oskar Loerke

in der Verlagsanzeige des S. Fischer Verlags, 1928

»Wir sagen nun freilich nicht viel, wenn wir diese Gedichte kühn und zum Teil erschütternd finden, insofern sie die Entzauberung und den Jammer eines berühmten Schriftstellers enthalten – sie müßten uns aber als Ausdruck eines Schicksals auch tief bewegen, wenn wir sie nicht in Beziehung zu einem, uns bekannten, mehr oder weniger sozusagen schon ›publizierten Leben‹ setzen könnten. Werden sie das tun? Soweit mein eigener Versuch gelang, den Autor und sein Ansehen hinwegzudenken, habe ich mir eingeredet: Nein, die Unerschrockenheit, die Neuheit dieser Gedichte ist jedenfalls nur in ihrer inhaltlichen Gesinnung wahrnehmbar, in ihrer Sprachgestalt, in ihrer knittelversartigen Konstitution sind sie sogar saloppe Tradition, in der Bewegung unserer Lyrik werden sie keine Epoche machen.« Eduard Korrodi

in »Neue Zürcher Zeitung« vom 31. 5. 1928

»Es freut mich, daß Sie die Betrachtungen gern mögen. Das Buch hat für mich, ebenso wie das Bilderbuch, nur dadurch Bedeutung, daß man an der Aufreihung von Arbeiten aus etwa 25 Jahren sehen kann, daß in meinem Sein und Denken zwar Sturm und Entwicklung, aber nie ein Bruch gewesen ist. Zwar hat mich die Erschütterung durch den Krieg, die auch meine Ehe und mein Privatleben vernichtete, sehr heftig betroffen – aber die Grundgedanken meines Denkens und Lebensglaubens sind nachher dieselben geblieben wie vorher; nur hatte ich erkannt, wie einsam und schutzlos alles edlere Menschentum, alle Humanität und Idealität in der Welt stehen, so daß ich meine Anschauungen mit mehr Bewußtsein und mehr Leidenschaft zum Ausdruck bringen mußte.«

Brief an Helene Welti vom 23. 10. 1928. GBriefe 2, S. 201 f.

»Was das Politische betrifft, so wird mir auch heute noch recht häufig mitgeteilt, wie dumm und kläglich und unmannhaft meine politischen Ansichten seien, die ich während des Krieges und kurz nachher geäußert habe. Denn manche Blätter der äußersten Rechten und des Großkapitals entdecken erst jetzt, bei Gelegenheit der ›Betrachtungen‹, das Vorhandensein solcher Ansichten bei mir, und sagen mir nachträglich die Meinung gründlich. Bezeichnenderweise behaupten auch heute wieder einzelne dieser Blätter, ich sei ein Verräter, der sich anno 14 in die Schweiz verkrochen und um den Dienst gedrückt habe (während ich mich sofort freiwillig meldete, und mein Dienst bei der Gesandtschaft bis Februar oder März 1919 gedauert hat).
Auch ich bin nicht der Meinung, meine jeweiligen politischen Meinungen könnten mich je von wirklichen Freunden trennen, wenn diese andre haben. Im Grunde sind meine Meinungen, die erst durch den Krieg für mich aus Meinungen zu Erlebnissen und zu Bekenntnissen wurden, einfach die christlichen. Ich bin im Grunde meiner Seele stets weder ein nordischer Hüne und Held, noch ein antiker Weiser oder Genießer gewesen, sondern ein Christ, nämlich was die geistige und moralische Haltung, nicht was den Inhalt meines Credo anlangte. Und so wurde mir der Zinsgroschenspruch seit dem Kriege oft zum Gleichnis. Auch ich war und bin dafür, daß der Kaiser (oder Staat) das Seine kriegen solle, jedoch nicht auf Kosten Gottes.

BETRACHTUNGEN

1928 erschienen in den GW. Enthält (35) Betrachtungen aus den Jahren 1904 bis 1927 und (12) »Aufsätze aus den Kriegsjahren«. »Dem Gedächtnis meines Freundes Hugo Ball« gewidmet. Im Ankündigungstext der Erstausgabe schrieb Oskar Loerke: »Die Reinheit und Reife und der zauberische Klang der Prosa Hesses erheben diese Betrachtungen in den Rang der Dichtung.«
Die beiden ersten Skizzen entstanden in Gaienhofen, zwölf Betrachtungen und die »politischen« Aufsätze in Bern, die anderen im Tessin.
Verschiedene Stücke erschienen bereits in früheren Sammelbänden, in der »Neuen Rundschau« oder in der »Neuen Zürcher Zeitung«; wieder andere Betrachtungen, etwa »Über Jean Paul«, »Nachwort zu ›Schubart‹«, »Nachwort zu ›Novalis‹«, sind Vor- oder Nachworte zu den von Hesse herausgegebenen Ausgaben deutscher Dichtungen. Das letzte Stück, »Nachruf an Hugo Ball«, wurde geschrieben am Tage von Balls Begräbnis, am 16. 9. 1927. Hugo Ball, dem diese *Betrachtungen* gewidmet sind, ist der erste bedeutende Biograph Hesses. Die Biographie »Hermann Hesse. Sein Leben und Werk« mit 14 Bildern aus Familienbesitz, 1927 bei S. Fischer erschienen, schrieb Ball, schon schwer krank, in wenigen Wochen des Frühjahres 1927 in Agnuzzo bei Lugano. Balls Biographie liegt in der Bibliothek Suhrkamp vor (Band 34) und als suhrkamp taschenbuch 385.
Der Band *Betrachtungen*, der neben den politischen wichtige literarische Aufsätze Hesses enthält, ist aufschlußreich für die Entwicklung Hesses, für die wachsende Differenzierung seiner Anschauung vom Beruf des Dichters.
1.-10. Tausend. Einmalige Auflage. Seit langem vergriffen. 14 Aufsätze in »Krieg und Frieden« 1946 übernommen. GS VII, WA 10-12, sowie »Politik des Gewissens«, 1977 und 1981.

Ach Schall, wir mögen weit auseinander sein im Glaubensbekenntnis, aber keiner von uns beiden hat jene stillheitre Egoistenweisheit der ›Materie‹, sondern du wie ich, wir sind Idealisten, und fordern von uns ziemlich viel, und das macht uns wahrscheinlich für einen Fremden einander viel ähnlicher als wir selber glauben würden.«

Brief an Franz Schall vom 18. August 1929. GBriefe 2, S. 224f.

»Vor einigen Monaten schrieb mir der 77jährige württemberg. Landesbischof Wurm: er habe diese Betrachtungen bei Freunden gefunden und habe sie gelesen, und er müsse sagen, daß er ihnen heute Wort für Wort beistimme. Aber er müsse auch sagen, daß er damals, als ich diese ›Betrachtungen‹ schrieb (nämlich 1914 bis 19), keineswegs mit ihnen wäre einverstanden gewesen, sondern er hätte sie damals aus patriotischen Gründen heftig ablehnen müssen.

Man sieht also: selbst ein weiser und gelehrter alter Mann, dazu ein frommer Christ, hat 25 Jahre Zeit, hat zwei verlorene Kriege samt der Hitlerschen Schreckenszeit gebraucht, um den einfachsten, rein menschlichen Erwägungen, sobald es um Vaterland und Politik ging, zustimmen zu können. Ich mache mir über das heutige Denken des Volkes in Deutschland keinerlei Illusionen, aber ich versuche doch einige Leute und namentlich Kriegsgefangene, mit meinen Gedanken bekannt zu machen. Das Buch ›Betrachtungen‹ selbst, in dem diese Gedanken standen, ist natürlich unter Hitler offiziell unterdrückt worden, es existiert wie fast alle meine Bücher seit langen Jahren nicht mehr, und ich werde sein Wiedererscheinen in Deutschland kaum noch erleben.«

Brief an Günther Friedrich vom 25. 2. 1946. GBriefe 3, S. 327f.

»Der tiefgehende Einfluß Nietzsches und vor allem Dostojewskis ist unverkennbar, und die hier aufgenommenen *Betrachtungen* Hesses zu den ›Karamasoffs‹ und zum ›Idioten‹ gehören sicher zu den bemerkenswertesten deutschen Äußerungen, welche die starke Welle der Dostojewski-Begeisterung 1918-1919 hervorgerufen hat. Neben Nietzsche und Dostojewski sind es Künstler und Seelendeuter der Romantik – im weitesten Sinne –, die für Hesse lebenswichtig werden: Jean Paul, Brentano, Hölderlin, Novalis, Bettina. Hesses Steppenwolf wird erst vor diesem Hintergrund voll verständlich. Von hoher zeitgeschichtlicher Bedeutung sind schließlich die Äußerungen Hermann Hesses zum Kriege. Seine Aufsätze werden von jedem beachtet werden müssen, der die deutsche Seelengeschichte während des Krieges erkennen will. Sie sind Zeugnisse eines inoffiziellen, antiimperialistischen Deutschland.« Eduard Schröder
»Germania« vom 30. 8. 1929

»Hermann Hesses vereinigte ausgewählte Erzählungen aus zwei Jahrzehnten in dem Buche ›Betrachtungen‹, Aufwühlendes über Dostojewski, ein visionäres, abseitiges Bild des alten verwahrlosten Goethe ... diese Meisterstücke kann man, glaube ich, nie vergessen. Und daneben stehen Aufsätze aus den Kriegsjahren, deren erster, schon im Dezember 1914 in Zürich erschienen, Verhetzung und Kriegsliteratur verurteilt und die Überwindung des Krieges fordert. Jeder dieser Aufsätze, bis zur Begrüßung der Revolution, atmet den gleichen Geist – ein einzigartiges, lichtes Beispiel unter den deutschen Dichtern von damals, ein gültiges Vorbild auch für die Zukunft.« Heinrich Wiegand
in »Der Kulturwille« 1928

»Ich gehe jetzt allmählich daran, nach vielen Jahren wieder einmal meine neueren Gedichte gesammelt in einem Band herauszugeben, ich hoffe für 1929 damit fertig zu werden. Da müssen alle die seit etwa 1914 in Zeitschriften etc. verstreuten Gedichte gesammelt, geordnet, durchgesehen und dann ausgewählt werden, eine vielfältige und zum Teil interessante Arbeit, bei der auch Ninon mir hilft.«

Brief an seinen Sohn Bruno vom 2. 3. 1928. Unveröffentlicht.

»Soeben teilt man mir mit, mein Gedichtbuch »Trost der Nacht« sei vergriffen und müsse neu gedruckt werden, aber wenn der Verlag sich nicht in schwere Gefahr begeben wolle, müssen beim Neudruck eine Anzahl von den Widmungen der Gedichte wegbleiben, z.B. die an Juden, an Romain Rolland etc. Ich war wütend, konnte aber nichts machen, da es natürlich nicht angeht, daß ich auf Kosten meines Verlegers, der es schon reichlich schwer hat, Gesinnung an den Tag lege. Ich habe also eingewilligt, d.h. ich habe natürlich nun eben sämtliche Widmungen, nicht bloß die beanstandeten, gestrichen.«

Brief an R. J. Humm vom 23. 2. 1941. Hesse-Humm Briefwechsel, Frankfurt a. M. 1977, S. 130f.

TROST DER NACHT

»Neue Gedichte«. 1929 erschienen in den GW. Enthält die seit 1915 entstandenen Gedichte aus verschiedenen Gedichtbänden sowie die nach 1927 geschriebenen »Letzten Gedichte«.
Alle in diese Auswahl mit aufgenommenen Gedichtbücher waren vergriffen und sollten nicht mehr gedruckt werden. Sämtliche Gedichte jetzt in den Sammelbänden »Jugendgedichte« (Grote Verlag), *Musik des Einsamen* und *Trost der Nacht.*
14. Tausend 1936. Übernommen in die Ausgabe *Die Gedichte* 1942. GS V, WA 1 (in Auswahl) sowie in die Taschenbuchedition *Die Gedichte* von 1977.

»Hier hat die Bezeichnung Dichter noch den vollen menschlichen Wert, hier ist Lyrik noch der einfache melodische Ausdruck der stärksten Leiden und Freuden, die das besondere Schicksal gerade dieses Poeten sind ... Heines Verse aus der Matratzengruft bekommen Geschwister, die durch Leid und Genie beglaubigt sind ... Der Antrieb und die tragende Kraft dieses Gedichtbuches (wie bei Hesses erschütterndem Schicksalsroman *Steppenwolf*) ist ein durchaus unharmonisches, zweiflerisches Empfinden, immer hin und hergetrieben vom Wirrwarr der Verlockungen ins Märchenhafte oder Krasse. Nächst dieser bis zum Äußersten rücksichtslosen Selbstentblößung, die ich für das Kennzeichen des wahren Dichters halte, gefällt mir das Formale, der unrhetorische, schlicht vor sich hingesagte, manchmal fast schnoddrige, manchmal herrlich liedhafte, jedenfalls stets mit dem Inhalt sich deckende Ton. Von der vielen Lyrik, die ich in letzter Zeit las ... ist Hesses Lyrik diejenige, die am klarsten und zuverlässigsten Menschliches künstlerisch, Künstlerisches menschlich gibt.« Max Herrmann-Neiße
in »Die Literarische Welt«, 5, Nr. 24 1929

»Hesse ist nicht mehr Idylliker, am Alten Hangender: er hat den Anschluß an das Heute, das Jetzt und damit die Jugend, die Zukunft, wenn sein Alltag auch in die Jahre kommt.«
Hans Martin Elster
in »Die Horen«, Berlin 1929

»Es welkt alles um uns herum, und sich darein zu finden, ist für uns naive und unerzogene Menschen schwer. Die Dichtung, an der ich seit anderthalb Jahren arbeite, handelt von nichts anderem. Ihr Held, Goldmund, ist so etwas wie ein mittelalterlicher Knulp, oder auch Klingsor, er leidet sehr an der Vergänglichkeit und Sterblichkeit alles Irdischen, und sein Freund muß ihm helfen, die uralte Wahrheit von der Vergänglichkeit des Fleisches und der Unsterblichkeit des Geistes einzusehen. Womit ich nicht etwa die Unsterblichkeit der ›Seele‹ meine, sondern den überpersönlichen Geist.«

Brief an Helene Welti vom 19. 12. 1928. Unveröffentlicht

»Für mich ist der Knulp und der Demian, der Siddhartha, der Klingsor und der Steppenwolf oder Goldmund jeder ein Bruder des anderen, jeder eine Variation meines Themas. Daß es Leser gibt, die im Steppenwolf nur Bericht über die Jazzmusik und Tanzereien finden, während sie weder das magische Theater, noch den Mozart, noch die »Unsterblichen« sehen, die den eigentlichen Inhalt des Buches bilden, daß andre Leser im Goldmund nur den Narziß bemerken oder nur die Liebesszenen gelesen zu haben scheinen, daran bin ich unschuldig. Und gegen die Bücher, die von den meisten so sehr gutgeheißen, gelobt und auf Kosten meiner anderen Bücher gerühmt werden, bin ich am meisten mißtrauisch.«

Brief »an einen Leser«, Juli 1930, Briefe Erw. Ausg. 1964 bzw. Ausgewählte Briefe, a. a. O. S. 35

»Der ›Goldmund‹ entzückt die Leute. Er ist zwar um nichts besser als der ›Steppenwolf‹, der sein Thema noch klarer umreißt und der kompositorisch gebaut ist wie eine Sonate, aber beim ›Goldmund‹ kann der gute deutsche Leser Pfeife rauchen und ans Mittelalter denken, und das Leben so schön und so wehmütig finden, und braucht nicht an sich und sein Leben, sein Geschäft, seine Kriege, seine ›Kultur‹ und dergleichen zu denken.«

Brief an Erwin Ackerknecht vom November 1930. MatStep., a. a. O. S. 142f.

»Man darf das nicht aussprechen, auch im Goldmund ist es nicht gesagt, es ist vom humanen Standpunkt ebenso wie vom demo-

NARZISS UND GOLDMUND

Erzählung. 1930 erschienen in den GW. Entstanden in den Jahren 1927/29.
Hesse hatte sich langsam von dem Schock der Krisisjahre erholt. Neues Heimatgefühl durch inniges Vertrautwerden mit seiner Tessiner Umgebung und beginnende Lebensgemeinschaft mit seiner späteren Frau Ninon. Im April 1927 begann er in Montagnola die Arbeit am *Goldmund*. Am 23. 1. 1929 war die erste Niederschrift fertig. Die einzelnen Textpartien wurden im Verenahof in Baden, in Zürich, in St. Moritz, der Hauptteil in Montagnola geschrieben. Die zweite Fassung und die Reinschrift entstanden ab Ende Januar 1929. Ende März war das Manuskript fertig. Es wurde am 9./10. April an den S. Fischer Verlag geschickt. Vorabdruck in der »Neuen Rundschau« von Oktober 1929 bis April 1930 mit dem Untertitel »Geschichte einer Freundschaft.«
In dem am 2. 12. 1928 während der Arbeit an *Narziß und Goldmund* geschriebenen Aufsatz »Eine Arbeitsnacht« bezeichnete Hesse seine Prosadichtungen als »Seelenbiographien«: »In allen handelt es sich nicht um Geschichten, Verwicklungen und Spannungen, sondern sie sind im Grunde Monologe, in denen eine einzige Person in ihren Beziehungen zur Welt und zum eigenen Ich betrachtet wird.«
1953 schickte Peter Suhrkamp ein Exemplar einer Neuauflage an den in den Ferien in Sils Maria weilenden Hesse; dieser hatte das Buch seit seiner Entstehung, vielmehr seit den Korrekturen zur ersten Auflage vor wohl 25 Jahren nie mehr gelesen. »Einst hatte ich das Manuskript dieser Dichtung zweimal von Montagnola nach Zürich, von da nach der Chantarella mitgeschleppt, auch erinnerte ich mich an zwei, drei Kapitel, die mich Mühe und wache Nächte gekostet hatten, aber das Ganze war mir, wie die meisten Bücher es mit den Jahren für ihre Autoren werden, ein wenig fremd und unbekannt geworden ... Goldmund war eines meiner erfolg-

kratischen und christlichen aus verboten, zu sehr daran zu erinnern, daß die Menschen ungleich sind, daß die Genialen uns mehr Spaß machen als die Dummen, und daß Gottes Reich auf Erden ohne die »aristokratischen« Überdurchschnittsmenschen nicht der Rede wert wäre. Daß diese Übernormalen ihr Plus mit großen Leiden bezahlen müssen, ist wieder ein anderes Kapitel.«

Brief an Karl Isenberg vom November 1930. GBriefe 2, S. 255 f.

»Sie werten in Goldmunds Leben die Kunst, das Künstlersein, überhaupt nicht. Daß Goldmund das, was er bei den Frauen nicht konnte, in der Kunst fertigbringt: die Beseelung des Sinnlichen und dadurch das Erreichen des Schönen – das existiert für Sie überhaupt nicht. Und ebenso sehen Sie in meinen Worten an Frau E. allzusehr nur den Artisten, den Erzähler, der sich seiner Aufgabe rein formal möglichst gut entledigen will, der sein Gewissen, statt gegen das Leben, nur gegen das Können anwendet. Dem ist nicht so, weder Goldmund ist so, noch bin ich so. Auch sehen Sie ja, daß meine vermeintlich allzu artistische Auffassung mich nicht hindern konnte, eine Geschichte zu erzählen, die Ihnen den Eindruck der Wahrheit und der Notwendigkeit macht, obwohl ich mein Leben und meine Kunst nicht, wie Sie es von Goldmund und von mir fordern möchten, so scharf und konsequent durchdacht habe. Wir beide, Goldmund und ich, sind das Gegenteil von vorbildlichen Menschen, und darum sind wir beide auch nur Hälften. Goldmund ist erst mit Narziß (oder doch mit seiner Beziehung zu Narziß) zusammen ein Ganzes. Ebenso bin ich, der Künstler Hesse, der Ergänzung bedürftig durch einen Hesse, der den Geist, das Denken, die Zucht, sogar die Moral verehrt, der pietistisch erzogen ist und der die Unschuld seines Tuns, auch seiner Kunst, immer wieder aus moralischen Verwicklungen heraus neu finden muß. Es ist dem Goldmund ebenso unmöglich wie mir selber, mein Leben, z. B. meine Beziehung zur Frau, durch das zu reinigen und zu fördern, was Sie Denken nennen. Ich habe, wie Goldmund, zur Frau ein naiv sinnliches Verhältnis, und würde wahllos lieben wie Goldmund, wenn nicht eine angeborene, anerzogene Achtung vor der Seele des Mitmenschen (also der Frau) und eine ebenso anerzogene Scheu vor dem bedenkenlosen Sichhingeben an die Sinne mich zügeln würde.«

Brief an Christoph Schrempf, April 1931. GBriefe 2, S. 255 ff.

reicheren Bücher gewesen, er war eine Zeitlang, wie der unangenehme Ausdruck heißt, ›in der Leute Mund‹, und der Leute Mund hatte nicht immer mit Dank und Lob darauf geantwortet, sondern der gute *Goldmund* ist, nächst dem *Steppenwolf*, dasjenige meiner Bücher gewesen, über das ich die meisten Vorwürfe und Entrüstungsausbrüche geerntet habe. Es erschien nicht lang vor der letzten Krieger- und Heldenepoche Deutschlands und war in hohem Grade unheldisch, unkriegerisch, weichlich und, wie man mir sagte, zur zuchtlosen Lebenslust verführend, es war erotisch und schamlos, deutsche und schweizerische Studenten waren dafür, daß es verbrannt und verboten werden müsse, und Heldenmütter teilten mir, unter Anrufung des Führers und der großen Zeit, ihre Entrüstung in oft mehr als unartigen Formen mit.« (aus »Engadiner Erlebnisse«, WA 10, S. 342).
1946 in der »Manesse-Bibliothek der Weltliteratur«. 113. Tausend 1947 bei Suhrkamp in Berlin und Frankfurt. Bibliothek Suhrkamp Band 65, 1971. Gesamtauflage aller deutschsprachigen Ausgaben 1930 bis 1977: 847 Tsd. GS V, WA 8. 1975 als suhrkamp taschenbuch 274, 1984 im 560. Tausend.

»Seine neue große Erzählung *Narziß und Goldmund* bedeutet abermals eine strenge Summe geistiger Erkenntnis und schöpferischen Erlebens, – einen Reichtum an Weltwissen und Weltgestaltung, der um so erregender wirkt, je gelassener und gedämpfter er sich im Fluß der Erzählungen spiegelt. ... Entzieht sich Hermann Hesse den Aufgaben der Zeit? Er erfüllt seine Aufgabe: der Zeit das Kräftespiel der ewigen Lebensmächte entgegenzuhalten, im fliehenden, zerrinnenden Tagesspuk das Urbild des Daseins und alle schöpferischen Elemente der künstlerischen Verzauberung rein zu bewahren. Wo es galt, sich im politischen und geistigen Wirrwarr der Zeit zu bekennen und zu entscheiden, da hat Hermann Hesse seiner Gewissenspflicht Genüge getan wie kaum einer unter den Schreiern einer lärmenden Zeitgemäßheit.« Paul Rilla
»Hermann Hesse, die Zeit und die Kunst«,
»Breslauer Neueste Nachrichten« vom 5. Mai 1930

»Sehr geehrte Herren,
ich erhielt Ihre Anfrage wegen des Tantième-Nachlasses an den holländischen Verleger des ›Narziß‹, der im Ganzen nur 16 Stück verkauft hat.
Die Nachricht paßt vollkommen zum Ergebnis Ihrer diesjährigen Abrechnung, und zu den Kritiken, die der ›Narziß‹ in England und Amerika erfährt. Ich sehe daraus, was mir nicht mehr neu ist: daß der Geist der internationalen Bourgeoisie, in allen Ländern, nicht die Schicht ist, die etwas mit mir anfangen kann. Das bedeutet den Verzicht auf Tagesberühmtheit, Nobelpreis und ähnliches, aber ich empfinde es dennoch als etwas ganz Positives.«

Brief an den S. Fischer Verlag, Ende Januar 1933. GBriefe, S. 371.

»In Deutschland war der ›Goldmund‹ schon seit langen Jahren vergriffen und durfte nicht neu gedruckt werden, weil darin die Erzählung eines Pogroms vorkommt und weil ich es ablehnte, diese Erzählung beim Neudruck wegzulassen.«

Brief an Emil Schibli von 1941. Unveröffentlicht.

»Jetzt kommen die gleichen Leute, die dem Steppenwolf eine des Dichters unwürdige Aktualität vorgeworfen hatten, und sprechen beim Goldmund von »Flucht in die Vergangenheit«. Ich aber habe in diesem Buch der Idee von Deutschland und deutschem Wesen, die ich seit der Kindheit in mir hatte, einmal Ausdruck gegeben und ihr meine Liebe gestanden – gerade weil ich alles, was heute spezifisch ›deutsch‹ ist, so sehr hasse.«

Brief an an Mia Engel, undat. ca. 1933. Unveröffentlicht.

»Diese Erzählung wetteifert nicht mit der Reportage, kümmert sich nicht um Aktualität, kitzelt nicht mit politischer Tendenz, verrücktem Getu oder Pikanterie, sondern ist – im besten Sinne des Wortes – Poesie, unzeitgemäße Poesie!« Max Herrmann-Neiße
in »Die Literarische Welt« 6, Nr. 23, 1930

»In einem Teil ist diese Erzählung die innigste Gestaltung des Don Juan- und Casanova-Motivs. Während der grandiose Don Juan seine Rechtfertigung erst durch Mozarts Musik fand, der leichtere Casanova durch das Sittendokument seiner Erinnerungen, erfährt sie *Goldmund* durch sein Künstlertum. Die Liebeshandlungen sind mit ebensolcher Kühnheit wie unendlicher Zartheit beschrieben – jemand hat davon gesagt: es sei, als küßten sich die Sätze. In dieser Prosadichtung höchsten Anspruches, die in die Reihe der klassischen deutschen Entwicklungsromane sich aufs Persönlichste einfügt, ist formal alles aufs Glückhafteste ausgewogen. Neben den Süßigkeiten des Erotischen steht die düstere Gewalt der Pestschilderungen, die atmosphärische Dichte der Naturstimmungen. Die bunt glühende Abenteuerwelt umfaßt der geistige Ring der Gespräche. In ihnen ruht eine Fülle der Weisheit, der Lebens- und Liebeserfahrung; die Biologie des Künstlers und das Wesen des Kunstwerkes werden authentisch dargestellt.« Heinrich Wiegand
in »Leipziger Volkszeitung«, 12. Juli 1930

»Das Ganze ist ein wundervoll farbiges Bild aus deutschem Mittelalter, in dem Romantik und Realistik verschmolzen sind. Fruchtig, duftend, rund, in sich selbst ruhend, ohne Lehrhaftigkeit und ohne Problematik; buntes Gewebe ewiger Lebensmächte, getränkt mit zauberischen Essenzen, die uns an Arnim, Tieck, Novalis gemahnen – aber durch geheime Blutsverwandtschaft, nicht durch literarische Anleihen oder altmeisterliche Patina. Kein Werk von Hesse hat größere Anwartschaft darauf, in den Bestand unserer Dichtung einzugehen. Es ist ein ganz deutsches Buch, unberührt von der Verführung des Ostens, die den Dichter schon damals umspann.«
Ernst Robert Curtius,
a. a. O., S. 208

»Die Spaltung unseres Wesens, das sich nach Hoheit und Ruhe, nach Vernunft und Nüchternheit des Wissens sehnt und zugleich nach gottlosem Rausch und sinnenfreudiger Hingebung an die Welt, wird in den beiden Hauptgestalten dieses Buches anschaulich: Narziß, der klar und streng um den letzten Sinn Bemühte, der geborene

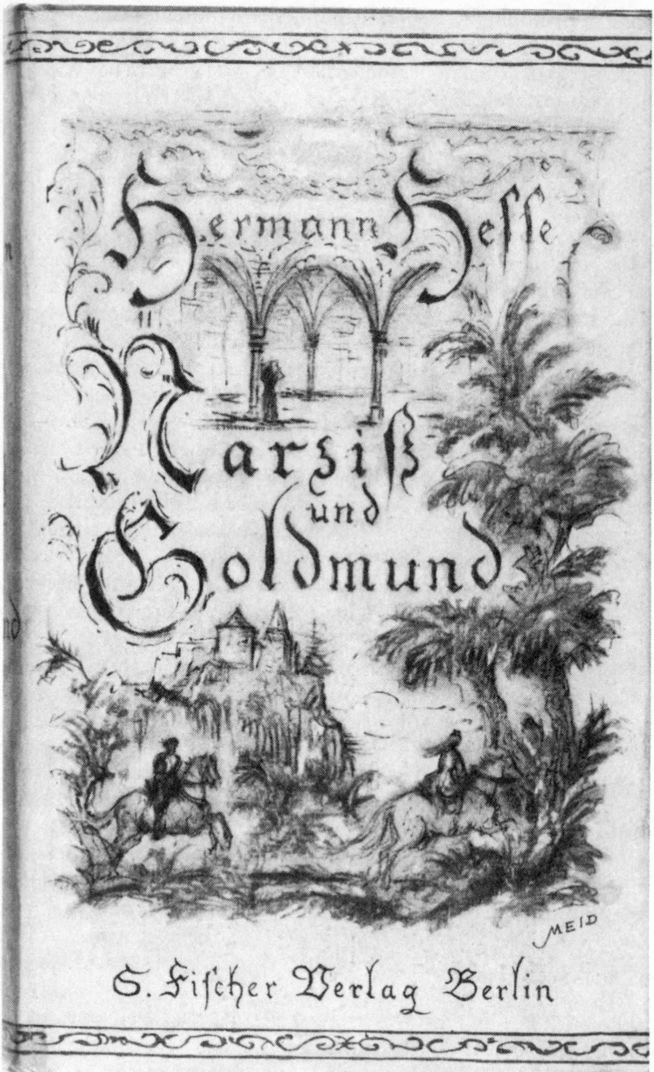

Umschlag der Erstausgabe (1930) von Hans Meid.

Lehrer und Weise, der Mönch und Abt – Goldmund, der ewig umgetriebene Lebensschüler, der selige Abenteurer des leiblichen Daseins, der Liebende, der Träumer und Bildner, der Todfeind der Besitzenden und Seßhaften. Wie die beiden Freundschaft schließen, in langer Trennung vorbestimmte Wege gehen und sich zum Abschied auf immer wiederfinden, das ist hier bezaubernd rein und im Tonfall schwermütigen Glücks erzählt.« Oskar Loerke
1930 in der Verlagsankündigung

»Hesses neuer Roman *Narziß und Goldmund*, der in der ›Neuen Rundschau‹ zu erscheinen begonnen hat, setzt mit großer sprachlicher Schönheit ein und scheint in einer mittelalterlichen Zeitlosigkeit zu schweben, die dem poetischen Bedürfnis dieses der rohen Aktualität widerstrebenden Geistes entspricht, ohne darum seine schmerzliche Fühlung mit den Problemen der Gegenwart zu verleugnen.« Thomas Mann
im Vorwort zum Katalog »Utländska Böcker 1929«

»Von den Darbietungen der älteren Generation hat mich Hermann Hesses Roman *Narziß und Goldmund* am meisten beglückt, ein wunderschönes Buch in seiner poetischen Klugheit, seiner Mischung aus deutsch-romantischen und modern-psychologischen, ja psychoanalytischen Elementen.« Thomas Mann
in »Das Tagebuch«, 6. Dezember 1930

»Das Verhältnis dieses schwäbischen Lyrikers und Idyllikers zur Sphäre der Wiener erotologischen ›Tiefenpsychologie‹, wie es sich etwa in *Narziß und Goldmund*, einer in ihrer Reinheit und Interessantheit durchaus einzigartigen Romandichtung, kundgibt, ist ein geistiges Paradoxon der anziehendsten Art.« Thomas Mann
Vorwort zur amerikanischen Demian-Ausgabe, 1948, a. a. O.

»Wie in den meisten großen Erzählungen Hesses werden auch in *Narziß und Goldmund* zwei Möglichkeiten des Menschlichen nebeneinandergestellt und untersucht: das ideale Mögliche und das dubiose Tatsächliche. Goldmund ist offensichtlich das Mögliche und Narziß das Tatsächliche.« Joseph Mileck
in seinem Buch »Hermann Hesse – Dichter, Sucher Bekenner«
S. 201. München 1979.

»Das was ich da trieb und was ich mein Leben lang getrieben habe, nannte man in früheren Zeiten Dichten, und niemand zweifelte daran, daß es zumindest ebensoviel Wert und Sinn habe wie Afrikareisen oder Tennisspielen. Heute aber nennt man es ›Romantik‹, und zwar mit einem Ton von heftiger Geringschätzung. Warum denn ist Romantik etwas Minderwertiges? War Romantik nicht das, was die besten Geister Deutschlands getrieben haben, die Novalis, Hölderlin, Brentano, Mörike, und alle deutschen Musiker von Beethoven über Schubert bis Hugo Wolf? Manche neueren Kritiker brauchen für das, was man einst Dichtung und dann Romantik nannte, jetzt sogar die dumme, aber ironisch gemeinte Bezeichnung »Biedermeier«. Sie meinen damit etwas »Bürgerliches« und etwas Uraltmodisches, sentimental Versponnenes, etwas, was inmitten der herrlichen heutigen Zeit dumm und spielerisch anmutet und zum Lachen reizt. So reden sie von allem, was an Geist und Seele über den Tag hinaus sich regt. So als sei das deutsche und europäische Geistesleben eines Jahrhunderts, als sei die Sehnsucht und Vision Schlegels, Schopenhauers und Nietzsches, der Traum Schumanns und Webers, das Dichten Eichendorffs und Stifters eine flüchtige, von uns zu belächelnde, glücklicherweise längst erstorbene Großvatermode gewesen! Aber dieser Traum ging ja nicht um Moden, um Lieblichkeiten und stilistische Bagatellen, er war Auseinandersetzung mit zweitausend Jahren Christentum, mit tausend Jahren Deutschtum, er ging um den Begriff des Menschentums. Warum war das heute so wenig geachtet, warum wurde es von den führenden Schichten unseres Volkes als lächerlich empfunden? Warum gab man Millionen aus für die »Ertüchtigung« unserer Körper, und auch ziemlich viel für die Routinierung unsres Verstandes – und hatte nichts als Ungeduld oder Gelächter übrig für jede Bemühung um die Bildung unserer Seele?«

Aus »Eine Arbeitsnacht« 1928, WA 11, S. 80ff.

DIESSEITS

Erzählungen. 1930 erschienen in der GW. Enthält Erzählungen aus *Diesseits* 1907, aus *Schön ist die Jugend* 1916 und aus *Nachbarn* 1908.
Hermann Hesse hat für diese Ausgabe die Erzählungen umgearbeitet. »Es handelte sich weniger um Änderungen als um Kürzungen, Wegstreichen entbehrlicher Ornamente etc.«, schrieb Hesse in einem Brief vom 20. 2. 1940 an G. G. Die hier aufgenommenen Erzählungen erschienen in ihren alten Fassungen nicht mehr.
Schweizer Ausgabe 1947. Zusammen mit *Kleine Welt* und *Fabulierbuch* in einem Band der GW bei Suhrkamp in Berlin und Frankfurt 1954. Enthalten in *Die Erzählungen* (siehe dort). GS 1, WA 2.

»Vergleicht man den Text des Bandes mit den alten Ausgaben der Geschichten, so findet man kaum jemals eine Vokabel geändert. Der Sprachausdruck war von Anfang an so treffsicher, daß kein falscher Ton angeschlagen wurde. Nur hie und da ist ein idiomatischer Tupfer dem allgemeingültigen Wort gewichen, sind einige wenige Flickwörter und legere Bindungen weggefallen. Hinzugefügt wurde nichts, aber keine Erzählung blieb von Strichen verschont. Als der Dichter schrieb, musizierte er sich in die Stimmung hinein, ließ er seine Melodie nachschwingen. Revidierend sieht er, wo das Wesentliche, Bedeutsame begann und endet, er streicht die Verzierungen durch. Damals war manche Erinnerung des Details mit seinem Thema verknüpft, heute schneidet er die privaten Zutaten weg. Sodann sind alle Urteile über die Figuren sowie Maximen und Wünsche entfernt worden: der Erzähler ist strenger geworden und tritt nicht mehr aus seiner Geschichte heraus. Endlich wurde jede optimistische Wendung getilgt: das ist das Resultat eines Vierteljahrhunderts Leben. Ein Dichter hat hineingehorcht in seine Geschichten und auch den kleinsten Rest von jugendlicher Unechtheit, von Übernahme eines flachen Optimismus und einer konventionellen Bürgerlichkeit gelöscht. Die Echtheit des Wortes wurde durch die Neufassung gleichsam bis zum Absoluten erhärtet.«

Heinrich Wiegand
in »Berliner Tageblatt« vom 14. 9. 1930

»Die Dichtungen dieses Bandes sind in etwas anderer Reihenfolge entstanden, als man sie hier geordnet findet. Sie stammen alle aus derselben Epoche, aus den drei ersten Nachkriegsjahren. Nach den Leiden und Behinderungen durch den Krieg, nach dem Zusammenbruch, den auch mein persönliches Leben damals erfahren hatte, war diese erste Nachkriegszeit für mich eine sehr fruchtbare, denn ich konnte nach Jahren der Entfremdung zum erstenmal wieder völlig frei meiner eigenen Arbeit leben, allein, ohne Amt, ohne Familie.

›Kinderseele‹ ist Ende 1918 geschrieben, noch in Bern. Im Frühling 1919, sofort nach meiner Übersiedlung ins Tessin, folgte ›Klein und Wagner‹ und unmittelbar auf ihn, im Sommer 1919, der ›Klingsor‹.

Der ›Siddhartha‹ wurde im Winter 1919 begonnen; zwischen dem ersten und dem zweiten Teile lag eine Pause von nahezu anderthalb Jahren. Ich machte damals – nicht zum erstenmal natürlich, aber härter als jemals – die Erfahrung, daß es unsinnig ist, etwas schreiben zu wollen, was man nicht gelebt hat, und habe in jener langen Pause, während ich auf die Dichtung ›Siddhartha‹ schon verzichtet hatte, ein Stück asketischen und meditierenden Lebens nachholen müssen, ehe die mir seit Jünglingszeiten heilige und wahlverwandte Welt des indischen Geistes mir wieder wirklich Heimat werden konnte. Daß ich in dieser Welt nicht weiterhin verharrte, wie ein Konvertit in seiner Wahlreligion, daß ich diese Welt oft wieder verließ, daß auf den ›Siddhartha‹ der ›Steppenwolf‹ folgte, wird mir von Lesern, welche den ›Siddhartha‹ lieben, den ›Steppenwolf‹ aber nicht gründlich genug gelesen haben, oft mit Bedauern vorgeworfen. Ich habe keine Antwort darauf zu geben, ich stehe zum ›Steppenwolf‹ nicht minder als zum ›Siddhartha‹; für mich ist mein Leben ebenso wie mein Werk eine selbstverständliche Einheit, welche eigens zu beweisen oder zu verteidigen mir unnütz scheint.«

Aus dem Nachwort zur ersten Ausgabe von 1931, Schrift. z. Lit., Bd. 1 S. 48

WEG NACH INNEN

Vier Erzählungen 1931 in Fischers Volksausgaben erschienen. Enthält: *Siddhartha, Kinderseele, Klein und Wagner* und *Klingsors letzter Sommer*. Einmalige Auflage 1931: 60 Tsd. In einem Brief vom 11. 7. 1931 schreibt Hesse an Helene Welti: »Bei den Verlegern sind gegenwärtig die billigen Volksausgaben in Mode, auch mein Verleger hat mehrere gemacht, und nachdem jetzt die großen Kanonen seines Verlags Thomas Mann, Wassermann und Schnitzler ihr billiges Buch bekommen haben, soll in Bälde auch ich eins kriegen; es wird den Siddhartha und den Klingsor enthalten und Mk. 2.80 kosten.«

Ausgabe in grünem Leinen außerhalb der GW. Einband und Schutzumschlag – nach einem Aquarell von Hesse – von Georg Salter. 1947 Neuausgabe bei Suhrkamp in Berlin und Frankfurt. (60.-119. Tsd.) 1973 Neuausgabe, erweitert um die *Wanderung* und acht Farbreproduktionen nach Aquarellen von H. H. Umschlag mit einem Aquarell von Hermann Hesse von Willy Fleckhaus. Sonderausgabe 1973: 55 Tsd. 1983: 25 Tsd.

Im Jahre 1931 verließ Hesse nach zwölfjährigem Aufenthalt die Casa Camuzzi, um in das ihm von seinem Zürcher Freund Dr. Hans C. Bodmer auf Lebenszeit zur Verfügung gestellte neue Haus einzuziehen.

Ankündigung der 3. Ausgabe des Suhrkamp Verlages, Frankfurt 1973:

Nur zweimal erschien diese berühmte Anthologie. Die Texte, die zu den schönsten Prosadichtungen Hesses zählen, sind durch die politischen Erfahrungen des Ersten Weltkriegs und durch eine tiefe persönliche Krise geprägt. Dieser *Weg nach Innen* ist kein Weg in eine unverbindliche Innerlichkeit, sondern ein Weg zum Gewissen des Einzelnen. Nicht die »vollkommene Lehre« ist das Ziel, sondern die »Vervollkommnung des Ichs«. Ein Ich, das sich entfaltet und verändert, überwindet Dogmen und Grenzen. »Die Verachtung der Grenzen«, schrieb Hesse in der ›Wanderung‹, macht »Leute meines Schlages zu Wegweisern in die Zukunft.«

»Ich habe mich manchmal gefragt, ob ich in dieser Dichtung nicht ein wenig allzu persönlich war und allzuviel ganz Privates mit hineingesteckt habe. Nun sehe ich, daß dir beim Lesen der eigentliche Sinn und die Mahnung, die die Dichtung enthält, doch ganz rein entgegengeklungen haben. Die Symbolik selbst braucht dem Leser ja gar nicht ›klar‹ zu werden, er soll nicht verstehen im Sinn von ›erklären‹, sondern er soll die Bilder in sich hineinlassen und ihren Sinn, das was sie an Lebens-Gleichnis enthalten, nebenher mitschlucken, die Wirkung stellt sich dann unbewußt ein.«

Brief an Alice Leuthold vom Mai 1931. GBriefe 2, S. 282.

»Sie sprechen von Leo, der früher nur ein Niedriger und Diener war, jetzt aber der Oberste ist. Das sehe ich anders: Schon damals vor und in Morbio war Leo nur für die Ahnungslosen der harmlose Diener, und obwohl sie ihn bloß für einen netten Diener hielten, trauten sie ihm doch zu, daß er den heiligen Bundesbrief solle bei sich getragen haben. Nein, Leo war immer derselbe, soweit er Gestalt und Symbol ist, war der Dienende, dessen Dienen heilig ist und Herrschen bedeutet. Freilich hat er ja noch einen zweiten Aspekt, in der Beziehung zum Erzähler: hier freilich wandelt er sich insofern, als alle Betonung allmählich vom Erzähler in Leo hinüberfließt, wie es auch die magische Doppelfigur im Archiv zeigt.«

Brief an Heinrich Wiegand, April 1932, GBriefe 2, S. 333f.

»Öffentliche Kritiken sowohl wie Leserbriefe zeigen mir, daß mein Märchen sehr verschiedene Deutungen erfährt, und damit bin ich zufrieden, denn jede Dichtung ist vieldeutig, es gehört dies sogar zu ihren wesentlichen Eigenschaften. Was ich selbst, so kurze Zeit nach der Entstehung, über die Erzählung zu sagen habe, kann nicht wichtig sein. Ich kann nur sagen: die ›Morgenlandfahrt‹ gehört, wie ›Demian‹, ›Siddharta‹ und ›Steppenwolf‹, für mich zu den wichtigen unter meinen Dichtungen, zu denen, deren Erleben und deren Gestaltung für mich lebensnotwendig waren. Ich habe zu dem kleinen Märchen, mit langen Pausen, beinahe zwei Jahre gebraucht. Welchen Sinn oder welche Tendenz meine Erzählung habe, darüber kann ich nicht mitreden. Es soll mir lieb sein, wenn die Zahl der Meinungen darüber recht

DIE MORGENLANDFAHRT

Erzählung. Erschienen 1932 außerhalb der GW. Titelvignette, Einband und Schutzumschlag von Alfred Kubin. Begonnen im Sommer 1930, abgeschlossen im April 1931.
Hesse hat diese Erzählung, an der er zehn Monate arbeitete, immer wieder als »mein Märchen« bezeichnet. Diese Erzählung ist die wichtigste Vorstufe zum *Glasperlenspiel*, das »Den Morgenlandfahrern« gewidmet ist.
Der Titel trügt, es ist keine Fahrt ins Morgenland, welche die Mitglieder eines Bundes antreten. Zwar führt die Fahrt durch Süddeutschland, durch die Schweiz und durch das Tessin; doch Zeit und Raum scheinen aufgehoben. Es sind keine gewöhnlichen Reisenden. Es ist ein Bund, dem reale Menschen der Gegenwart angehören, wie etwa der Violinspieler und Märchenleser H. H., aber auch große Meister der Vergangenheit, Clemens Brentano, Hugo Wolf, Paul Klee oder Gestalten großer Dichtungen, Tristan Shandi, Stifters Witiko und der Maler Klingsor. In einer »geheimen Adeptensprache« gibt sich der Bund die Aufgabe: »Unser Ziel war ja nicht nur ein Land und etwas Geographisches, sondern es war die Heimat und Jugend der Seele, es war überall und nirgends, war das Einswerden aller Zeiten.« Die Erzählung schildert die Gespräche, die Feste, die große Bundesfeier im Park des Schlosses Bremgarten bei Bern (das Schloß befand sich seit 1917 im Besitz von Max Wassmer, eines Freundes von Hesse). Von Bremgarten geht die Fahrt weiter bis zu jenem Endpunkt »Morbio Inferiore«: »Wir lagerten, nachdem wir in kühnem Zuge halb Europa und einen Teil des Mittelalters durchquert hatten, in einem tief eingeschnittenen Felsental, einer wilden Bergschlucht an der italienischen Grenze.« Hier, in Morbio Inferiore, im Muggiotal zwischen dem Comer- und dem Luganer See, fand die große Prüfung des Bundes statt. Leo, der Diener und Führer, ist verschwunden und mit ihm »einer der treuesten und gläubigsten Bundesbrü-

groß ist. Was aber ihr eigentliches Thema sei, darüber fand ich bisher alle Leser einig. Das Thema ist die Vereinsamung des geistigen Menschen in unserer Zeit und die Not, sein persönliches Leben und Tun einem überpersönlichen Ganzen, einer Idee und einer Gemeinschaft einzuordnen. Das Thema der ›Morgenlandfahrt‹ ist: Sehnsucht nach Dienen, Suchen nach Gemeinschaft, Befreiung vom unfruchtbar einsamen Virtuosentum des Künstlers.

Neu für mich und vielleicht auch überhaupt neu ist in dieser kleinen Dichtung der Versuch, die Hemmungen und Nöte der Gestaltung nicht abseits zu erledigen, sondern sie mit zum Gegenstand der Dichtung zu machen. Wieviel davon geglückt ist, weiß ich nicht, gelernt habe ich dabei sehr viel, und zwar weniger für die Literatur als für mein Leben. Die Zeiten der Unfruchtbarkeit, des Kampfes, der Verkrampfung und Hemmung nicht nur abzuwarten und durch Geduld zu besiegen, sondern diese Nöte selbst zum Gegenstand der Meditation zu machen, aus ihnen selbst neue Symbole und neue Orientierungen zu finden, darin glaube ich einen Schritt weiter gekommen zu sein.

Die Atmosphäre der Morgendlandfahrt und des »Bundes«, dies Mitleben in einem zeitlos Geistigen, dies Mitleben in Ideen und Vorstellungen vieler Zeiten und Kulturen, vieler Länder, vieler Dichter und Denker, wird von manchen Lesern als fremd empfunden, gewissermaßen als das Einsiedlerspiel eines zurückgezogen Lebenden, dem die Welt durch seine Bibliothek ersetzt wird. Es mag auch wohl sein, daß von den Anspielungen auf Bücher und Kunstwerke manche entbehrlich waren. An sich aber scheint dies Lebenkönnen in einem zeitlosen Reich mir keineswegs eine Schwäche, es scheint mir vielmehr die Stärke, vielleicht die einzige Stärke des heutigen Menschen zu sein. Was wir durch den Mangel an einer noch strebend blühenden Kultur entbehren, das wird uns, zum Teil, ersetzt durch die Möglichkeit, über den Kulturen die Menschheit, über dem Heute das Ewige zu unserer Lebensluft zu machen. Man kehrt aus dieser zeitlosen Welt der Religionen, Philosophien und Künste in die Probleme des Tages, auch in die praktischen und politischen, nicht geschwächt zurück, sondern gestählt, bewaffnet mit Geduld, mit Humor, mit neuem Willen zum Verstehen, mit neuer Liebe zum Lebenden, seinen Nöten und Irrungen.«

Aus »Suchen nach Gemeinschaft«. In einem Prospekt des Fischer Verlages vom Juni 1932. Schrift. z. Lit. Bd. 1, S. 87ff. WA 11.

der«, der Musikant H.H., der sich wieder seinem bürgerlichen Alltag zuwenden will. H.H. erreicht kein äußerliches Ziel, aber ein »Einswerden« mit dem Bild des Dieners Leo. 1949 im 9. Tausend innerhalb der GW. Peter Suhrkamp wählte die *Morgendlandfahrt* als Band 1 seiner »Bibliothek Suhrkamp«. Gesamtauflagen aller deutschsprachigen Ausgaben von 1932 bis 1977: 145 Tsd. GS VI, WA 8. 1982 als suhrkamp taschenbuch 725. 1983 im 50.Tausend.

»Hesses neue Prosadichtung ist ein Bekenntnismärchen, ein bedeutungsvolles Phantasiespiel vom tröstlichen Geheimnis der unvergänglichen Gemeinschaft des Geistes. Die Geschichte einer einzigartigen Fabelreise verwebt reizvoll Privates und Allgemeingültiges, Wunschbilder und Wirklichkeiten. Wenn es in unserer Zeit einen Wesensverwandten hat, so in Franz Kafkas allerdings düsterem, menschlich-magischem Werk. Auch in der Erzählung Hesses handelt es sich um ein imaginäres Reich, wo Unaussprechliches, Ahnungsvolles doch sehr wirksam besteht, um einen Bund, der seit Jahr und Tag keine sichtbare Existenz mehr zu haben scheint und trotzdem als höchste Instanz vom Gewissen der Seinen immer anerkannt wird, um eine Entdeckungsreise, die auf die banalen Hilfsmittel moderner Dutzendtouren verzichtet und ins Un- und Überwirkliche vorstößt. Es handelt sich um Abenteuer der Seele, des schöpferischen Gedankens, der Künstlertat.«

Max Herrmann-Neiße
»Die Literarische Welt« vom 3. Juni 1932

»Die wirkliche, das heißt: wirkende, heilsame Weisheit des Dichters der *Morgenlandfahrt* zeigt sich nicht zuletzt in dem gloriosen Deutsch, in dem diese Geschichte abgefaßt ist. Dieses Deutsch hat nichts Historisches, Rückblickendes, auch nur leise Angestaubtes, und dennoch ist es Erbe einer großen Kultur, klug, sorgfältig, empfindsam verwaltetes und mit wachem, herzlichem Geiste erlebtes Erbe, überkommen auf einen jener Begnadeten, von denen der Bruder H.H. berichtet: ›So riefen wir das Gewesene, das Zukünftige, das Erdichtete schöpferisch in den gegenwärtigen Augenblick.‹«

Joachim Maass
»Saarbrücker Zeitung« vom 5. September 1932

HERMANN HESSE

DIE MORGENLANDFAHRT

EINE ERZÄHLUNG

S. FISCHER VERLAG / BERLIN

Titelblatt der Erstausgabe (1932), Einband und Titelvignette von Alfred Kubin.

»Die neue Erzählung von Hesse, *Die Morgenlandfahrt*, gründet sich auf den Glauben, daß nur durch geistige Bildung eine bessere Zeit erkämpft werden kann; daß es ruchlos ist, den Willen zu einer Herrschaft des Geistes oder Psychokratie zu verraten; daß auch in einer Zeit, da die Einsamkeit der geistigen Menschen eine negative Größe erreichte, die vielleicht erst in einem Jahrhundert wieder zu einer Solidarität Aussichten gibt, die Brücken zur besten geistigen Tradition nicht abgebrochen werden dürfen. Hinter dem Spielerischen und Verwunderlichen in Hesses Erzählung steht strenge Verantwortlichkeit. Auf bunt bemalten Fensterscheiben der Dichtung wird geschildert, was auf einer anderen Ebene hart und trocken der Satz verkündet, daß die soziale Revolution die Kontinuität der kulturellen Entwicklung zu verwirklichen habe. Mitsamt ihren wehmütigen Scherzen, ihren kostbaren Sprachmelodien und Goldfarben ist Hesses Erzählung letztlich ein Manifest, die Demonstration eines den Tagbefangenen, Machtsuchern und unfreiwillig Ausgestoßenen verborgenen Bundes von Menschen, die, dem Geiste und dem Schönen ergeben, in ihrer Vereinsamung Zeitgenossen aus allen Zeiten wesenhaft um sich versammeln zum Protest gegen die Diskreditierung der Dichtung.« Heinrich Wiegand

»Die neue Rundschau« vom Mai 1932

»Bei Hesse ist nur der Ausdruck temperiert, keineswegs aber Empfindung und Gedanke. Und was den Ausdruck des Empfindens und Denkens mäßigt, ist ein sicheres Gefühl für das Angemessene, für Zurückhaltung, für Harmonie und – in bezug auf das Universum – für den inneren Zusammenhang der Dinge. Ferner ist es eine Art latenter Ironie – eine Gabe, die, wie mir scheint, nur sehr wenigen Deutschen gegeben ist. Es gibt bittere Sorten von Ironie: Ergießungen der Galle und der bösen Säfte. Die andere, so reizvolle Spezies jedoch, über die Hesse verfügt, scheint mir ein Ergebnis der Fähigkeit zu sein, von sich selbst abzusehen, seines Wesens innezuwerden, ohne nach sich hinzusehen, zur Selbsterkenntnis zu gelangen ohne Selbstgefälligkeit. Diese Art Ironie ist eine Form der Bescheidenheit – eine Haltung, die um so liebenswerter erscheint, von je höheren Gaben und inneren Werten sie begleitet wird.«

André Gide

Vorwort zu einer französischen Übersetzung der »Morgenlandfahrt«, 1948

»Die Modeleute und Journalisten werden in meinem Märchen mit Schadenfreude eine neue ›Flucht‹ aus dem Heute sehen, es ist aber Kampf bis zum Tod, nicht Flucht.«

Brief vom 24. 11. 1931 an Carlo Isenberg, GBriefe 2, S. 299.

Umschlagzeichnung zur ersten Ausgabe der Morgendlandfahrt von Alfred Kubin.

Henry Miller an den amerikanischen Verlag Noonday Press, New York:
»Ich möchte Ihnen meine Dankbarkeit aussprechen, daß Sie Hesses *Morgendlandfahrt* herausgebracht haben ... Ich werde das Buch weit und breit empfehlen. Es ist eines meiner Lieblingsbücher. Bei jedem Lesen bewegt es mich von neuem ... Ist die Publikation auch anderer Bücher von Hesse geplant, beispielsweise des *Steppenwolf* oder *Narziß und Goldmund*? Mir ist die Gleichgültigkeit der Verleger diesem großen und guten Hermann Hesse gegenüber unbegreiflich.«

Brief an die Noonday Press vom 30. September 1957.
Unveröffentlicht.

»Hermann Hesses neue Erzählung berichtet von dem Geheimbunde der Morgenlandfahrer, der die in allen Völkern und Zeiten zerstreute Gemeinschaft der Gläubigen, der Träumer, Dichter, Phantasten darstellen soll, symbolisch in ein gleichzeitiges Schicksal zusammengefaßt. Die Aufgabe aller Gefährten dieses Bundes ist die Fahrt ins Morgendland, die Fahrt zum Traum, zum Wunder und zur Heimat ... Die erzählerische Anmut im einzelnen und die Sicherheit, mit der die Geschehnisse zwischen Traum und Wirklichkeit gehalten und auf dieser Ebene glaubhaft gemacht werden, die Spannung, welche die monologische, fast figurlose Geschichte seltsamerweise besitzt, das rührend Märchenhafte, Kindliche und Romantische darin, das alles läßt nicht leicht erkennen, daß Hesse hier ebenso ein Bekenntnisbuch geschrieben hat wie im ›Steppenwolf‹, nur einheitlicher und mehr zur Erzählung geformt als dort.«

Günter Eich
in »Die Kolonne«, Dresden Jg. 3, 1932 Nr. 4

»Daß nichts um des bloßen Fabulierens willen erzählt wird, sondern daß das Irreale als die natürliche Substanz des Lebens da ist und davon ausgesagt wird, macht mir persönlich das Buch so lieb.«

Hermann Kasack
am 29. 3. 1932 in einem Brief an Hesse

»Mein Kompliment für die Morgenlandfahrt! Das ist so eine Art kleiner Zauberflöte in Prosa.«

Der Maler Karl Hofer
in einem Brief vom 7. 10. 1932 an Hesse

»Die Erzählungen in ›Kleine Welt‹ sind nicht bloß ausgewählt, sondern auch vor einigen Jahren alle genau durchgesehen und leicht bearbeitet, das war stilistisch eine heikle und undankbare, aber lehrreiche Arbeit. Oft ist nur ein Wort oder Satzzeichen gestrichen, überhaupt bestehen zwei Drittel der Änderungen in kleinen Streichungen. So ist an der Substanz nichts geändert, und doch der Umriß vielleicht ein klein wenig klarer geworden.«

Brief an Karl Isenberg vom 19. 3. 1933. Unveröffentlicht.

»Die sieben Erzählungen dieses Bandes stammen aus meiner Frühzeit, aus den Jahren meiner Niederlassung am Bodensee (1904 bis 1912), und waren früher in anderer Reihenfolge und teilweise in anderer Form in Büchern enthalten, welche seit Jahren vergriffen sind.

Das Neuherausgeben von weit zurückliegenden Jugendarbeiten ist für den Dichter eine nicht ganz einfache Angelegenheit, es gibt dabei manche Gewissensprüfung vorzunehmen und manche Entscheidung zu treffen.

In meinem Fall galt die Prüfung und Entscheidung sowohl der Auswahl aus meinen älteren Erzählungen als auch ihrer Textgestaltung. Die Arbeit daran zog sich über ein Jahr hin. Das Ergebnis war, daß mehrere meiner alten Novellen endgültig weggelassen wurden, und daß die ausgewählten und neugedruckten Erzählungen Satz für Satz neu durchgearbeitet wurden, wobei es mir hauptsächlich um das Ausmerzen von vermeidbaren Längen und um gewisse jugendliche Spielereien im Einzelausdruck zu tun war, es ist da manche Streichung nötig gewesen.«

Hesse in »Die neue Rundschau« vom Mai 1933

KLEINE WELT

Erzählungen. 1933 erschienen in den GW. Enthält Teile aus *Nachbarn* 1908, aus *Umwege* 1912 und der Aufzeichnungen *Aus Indien* 1913, die 1928 umgearbeitet und in der alten Fassung nicht mehr gedruckt werden. – Eine zweibändige Auswahl aller in Calw (»Gerbersau«) handelnden Frühwerke in »Gerbersau«, Tübingen 1949.

12. Tausend 1943. Zusammen mit *Diesseits* und *Fabulierbuch* in einem Bande der GW bei Suhrkamp in Berlin und Frankfurt GS II, WA 3, bzw. *Die Erzählungen* und in der vierbändigen Ausgabe der *Gesammelten Erzählungen* in den suhrkamp taschenbüchern 1977, 1. Aufl. je 20 Tsd.

»Ein wahres Schatzkästlein lauterer, besinnlicher, maßvoller Prosadichtung. Die deutsche Kleinstadt der Vorkriegszeit wird hier von einem gleicherweise zärtlichen wie wahrheitsstrengen Kenner gemalt ... Menschen, Eigengewächse leben hier noch in ungehetzter ausführlicher Selbständigkeit ihr unverwechselbares wesentliches Eigenschicksal. Das kann harmonisch mit dem subalternen Alltagsglück einer Verlobung enden, aber auch im Gefängnis, mit Selbsterkenntnis, Sichbescheiden, klug gewordenem Verzicht auf zu hoch gerittene Pläne, falscher Berufswahl, snobistischem Getue, Rechthaberei und Unduldsamkeit, aber auch mit dem Verlust des seelischen Gleichgewichtes und völliger Verzweiflung am Sinn des Daseins. Denn die Himmel und Höllen dieser kleinen Welt sind nicht weniger hoch und tief als die Gipfel und Abgründe anspruchsvollerer Zonen. Und die Tragödien und Komödien des Lebens haben allenthalben ihre immerwährende Bedeutung, ihre Würde und Wirklichkeit, wenn ein echter Dichter sie aufzuspüren und zu gestalten weiß.«

Max Herrmann-Neiße
in »Die Literarische Welt« vom 5. 5. 1933

»Wer zu einem Vergleich zwischen alten und neuen Fassungen in der Lage ist, wird erkennen, daß der Stilist und der Mensch Hesse härter wurde und keinen leichten Optimismus mehr durchgehen läßt. Der Dichter des Siddhartha, des Steppenwolf und der Morgenlandfahrt ist längst den Mauern der kleinen Welt entwichen. Aber sie, die frühgebildete, besteht weiter, weil sie ein echtes Abbild der größeren ist.«

Heinrich Wiegand
in »Neue Leipziger Zeitung vom« vom 10. 5. 1933

»Der Verlag rümpfte die Nase, als er von Gedichten hörte, und wollte nur eine Erzählung haben, und so ist das alle die Jahre hin und her gegangen, immer neue Aufforderungen des Verlags, immer neues Beharren auf meinem ersten Vorschlag – und als endlich meine Geduld das Spiel gewann und der Verlag annahm, da ging der Kampf von neuem los, denn sein damaliger literarischer Leiter wollte meine ganze, in Jahrzehnten gesiebte Auswahl umstürzen und sie hübscher, mannigfaltiger und gefälliger machen. Wieder mußte ich sitzen, schweigen und warten, aber auch das verzog sich, jener Leiter verließ seine Stelle, die Nachfolger teilten seinen Ehrgeiz nicht, auf einmal ging alles glatt, und nun bin ich mit dem Büchlein, bei dem auch meine Frau mitgeholfen hat, eigentlich durchaus zufrieden.«

Brief an Thomas Mann vom 4. August 1934. Hesse – Th. Mann – Briefwechsel, S. 67f.

»Ich sandte Dir diesen Winter mein Gedicht ›Besinnung‹, dort habe ich genau und mit peinlicher Prüfung jedes Wortes meinen Glauben zu formulieren versucht, soweit er dessen fähig ist. Du siehst daraus eindeutig, daß ich an die Herkunft des Menschen aus dem Geist, nicht aus dem Blut glaube, und so kann ich als höchste und letzte Bestimmung des Menschen auch nicht sein Rotieren um den ›Stamm‹ erkennen, was eine natürliche-egoistische Angelegenheit des Materiellen und Tierischen ist, sondern sein ›Rotieren‹ um Gott, das einzige, was mir am Menschenleben beachtenswert und liebenswert scheint, denn im Tierischen ist der Mensch, eben weil er auch noch den Geist dazu mißbrauchen kann, sehr viel wilder und böser als jedes Tier. Dem Wiederausbruch dieser Triebe, unter Vorantragung schöner (und wirklich geglaubter und verehrter) Ideale gehen wir wieder entgegen. Ich sehe diese zwangsläufigen Entwicklungen verhältnismäßig ruhig an, aber ich möchte keine Zweifel darüber lassen, daß diese Ideale, so aufrichtig die Jungen ihnen glauben mögen, mir keineswegs genügen. Sie genügen zum Kriegführen, zu sonst nichts.«

Brief an Alfred Schlenker vom Mai 1934, MatGlas, a. a. O. S. 87

VOM BAUM DES LEBENS

»Ausgewählte Gedichte«. 1934 im Insel Verlag erschienen. Die erste Auflage von 10 Tsd. Exemplaren war innerhalb von 5 Wochen vergriffen, obwohl sie – wie Hesse im Juni 1934 an Hans Sturzenegger ironisch schrieb – »nun in diesem schönen Augenblick erscheint, wo die Welt und Deutschland sich so innig und ausschließlich für Gedichte interessiert.« Der Titel des Bändchens, berichtet Hesse einen Monat später seinem Jugendfreund Otto Hartmann, »stammt von mir selber, ich habe schwebende Titel mit mehreren Anklängen etc. gern.«
Widmung »Für Ninon«. Insel-Bücherei 454. Feldpostausgabe 1942.
An letzter Stelle des Bandes *Vom Baum des Lebens* veröffentlichte Hesse, ganz bewußt, das Gedicht *Besinnung*. Es war kurz zuvor von Peter Suhrkamp im Februarheft 1934 der Neuen Rundschau veröffentlicht worden. Hesse wollte beide ganz gezielt zu diesem Zeitpunkt in Deutschland publiziert wissen; in den beginnenden Verfolgungen der NS-Ära, »inmitten des heutigen Kampfes«, sollte es Zeugnis ablegen, daß Hesse an »die Herkunft des Menschen aus dem Geist, nicht aus dem Blut glaube«.
220. Tausend 1974.

»Das Buch hat mich etwa seit meinem 27. Jahr durchs ganze Leben begleitet. Als ich die ersten drei ›Legenden‹ geschrieben hatte, dachte ich an ein Legendenbuch (nicht ohne den Einfluß Gottfried Kellers) und etwa im Jahr 1905 oder 6 erbat und bekam ich von dem damals in München lebenden Maler Albert Welti die Erlaubnis, diesem Legendenbuch eine Reproduktion seines Bildes von dem Eremiten beizufügen. Dann hörte mein Interesse an den Legenden allmählich auf, dafür kamen andere historische und halbhistorische Stoffe, immer in den Pausen zwischen meinen größeren Arbeiten, und um 1913 war das jetzige Buch so gut wie fertig, und ich dachte wieder an die Herausgabe, nur wartete ich noch auf das Fertigwerden einer damals begonnenen Erzählung, die aber nie fertig wurde, und plötzlich war der Krieg da und mit dem Fabulieren war es zu Ende. Das Buch kommt also heute um eine Generation zu spät, das ist mir klar. Aber einzelne der Erzählungen sind gelungen und des Aufbewahrens wert.«*

Brief an H. C. Bodmer von Ende Februar 1935. Unveröffentlicht

* »Das Haus der Träume«. Aufgenommen in »Prosa aus dem Nachlaß«, Frankfurt am Main 1965.

Umschlag der Erstausgabe (1935) von Gunter Böhmer.

FABULIERBUCH

Erzählungen. 1935 erschienen in den GW mit Schutzumschlag von Gunter Böhmer. Entstanden 1904 bis 1927.

»Literarisch war das Vorbild der ›Legenden‹ von Gottfried Keller sehr stark wirksam, ferner jene Fresken, die ich in Pisa im Camposanto gesehen hatte, der Triumph des Todes und das Leben der seligen Einsiedler. Und außerdem besaß ich ein Buch etwa aus dem Jahr 1700, sein Verfasser ist Arnold, der Autor der berühmten ›Kirchen- und Ketzergeschichte‹, ich besitze das Buch auch heut noch, es heißt ›Leben der seligen Väter etc.‹, es sind Lebensläufe frommer Menschen, beginnend mit dem heiligen Antonius und Paul«, schrieb Hesse im Juli 1936 an seine Schwester Marulla.

Die Bände *Diesseits* 1930, *Kleine Welt* 1933 und *Fabulierbuch* enthalten alle jene Erzählungen der Frühzeit, deren Aufnahme in den Bestand der GW wünschenswert schien. Ausgabe dieser drei Bücher in einem Bande der GW bei Suhrkamp in Berlin und Frankfurt 1954. Schweizer Ausgabe 1947. GS II, WA 4 und *Die Erzählungen* (in Auswahl). Einzelausgabe der Legenden 1975 als Band 472 der Bibliothek Suhrkamp. 1983 als suhrkamp taschenbuch 909.

»Bei Hesse (gegen seine Größe, was die Romane und Gedichte betrifft, soll hiermit nichts Abträgliches gesagt werden) spürt man nicht den Atem: man hört die Feder, aber eine langsame, oft ausstreichende Feder über das Papier gehen. Es sind drei oder vier ganz großartige Novellen im *Fabulierbuch*, aber auch sie sind schwer errungene und eben im Ringen vollendete Stücke. Bei den anderen ist nichts, was rundum wäre, es ist etwas Krankes, Müdes, nicht ganz Erreichtes darin, er scheint auf der Hälfte stehengeblieben zu sein: nicht gläubig genug, um romantisch, nicht hart genug, um überlegen zu sein, bleibt er mit diesen Novellen in einer Sphäre, in der wohl die Schönheit des Wortes, nicht aber die Kraft des Kerns erkannt werden kann.« Wolf von Niebelschütz
in »Magdeburger Zeitung«, Nr. 221 vom 3. 5. 1935

Tuschzeichnung von Gunter Böhmer.

Mir zum Beispiel bedeutet das Feuer
(nebst Vielem, das es bedeutet)
Auch einen chymisch-symbolischen Kult
im Dienste der Gottheit,
Heißt mir Rückverwandlung der Vielfalt ins Eine,
und ich bin
Priester dabei und Diener, vollziehe
und werde vollzogen,
Wandle das Holz und Kraut zu Asche,
helfe dem Toten
Rascher entwerden und sich entsühnen,
und geh in mir selber
Oftmals dabei meditierend
dieselben sühnenden Schritte
Rückwärts vom Vielen ins Eine,
der Gottesbetrachtung ergeben.

STUNDEN IM GARTEN

»Eine Idylle«. 1936 bei Bermann-Fischer in Wien erschienen im 8°-Querformat. »Meiner Schwester Adele zum 60. Geburtstag«. Entstanden im Juli 1935 in Montagnola. In dieser Dichtung in Hexametern wird eingehend der Garten des Montagnoleser Hauses beschrieben. »Ich teile meinen Tag zwischen Studio und Gartenarbeit« – schreibt Hesse 1934 an Karl Isenberg – »letztere dient der Meditation und geistigen Verdauung und wird darum meist einsam betrieben.« Damit war es nach 1933 – der vielen Bemühungen für die aus Deutschland emigrierten Kollegen und Freunde wegen – schlecht bestellt. So schreibt Hesse im Dezember 1935 an Hans Sturzenegger: »Ich freue mich, daß ich in diesem Sommer, fast mit gewaltsamer Konzentration von allem Aktuellen weg, wenigstens die kleine Idylle schreiben konnte ... Man merkt es ihr nicht an, in welcher Umgebung sie entstand.«

Ausgabe der Büchergilde Gutenberg o.J. (1936) mit Illustrationen von Gunter Böhmer. 1952 bei Suhrkamp in Berlin und Frankfurt zusammen mit der Idylle *Der lahme Knabe* unter dem Titel *Zwei Idyllen*. GS V.

Neuausgabe in der Insel-Bücherei (Nr. 999) 1976. Neu illustriert und mit einem Nachwort versehen von Gunter Böhmer. 1983 im 20. Tausend.

»Wenn einem der Freund gestorben ist, merkt man erst, in welchem Grade und welcher besondern Färbung man ihn geliebt hat. Und es gibt ja viele Grade und viele Färbungen der Liebe. Und meistens zeigt sich dann, daß Lieben und Kennen nahezu dasselbe sind, daß man den Menschen, den man am meisten liebt, auch am besten kennt. Der Grad des Schmerzes, den man im Augenblick des Verlustes empfindet, ist nicht entscheidend, er hängt zu sehr von unsrem augenblicklichen Zustand ab. Es gibt Zeiten, Tage, Stunden, in denen wir mit der Vergänglichkeit und dem Gesetz des Welkens und Sterbens einverstanden sind, da trifft uns eine Todesnachricht nur so wie ein Windhauch im Herbst den Baum trifft: er schaudert leicht und seufzt ein wenig, läßt eine Handvoll welken Laubes dahinwehen und sinkt in seine träumende Ruhe zurück. Zu anderen Stunden würde der Schmerz über denselben Tod wie Feuer brennen oder wie ein Axthieb treffen. Es ist auch nicht dasselbe, ob ein Tod uns überrascht oder ob wir ihn erwartet, oft gefürchtet, oft in der Phantasie voraus erlebt haben. So war es bei Freund Peter. Durch manche Jahre liebten ihn seine Nächsten als einen Leidenden, schwer Gefährdeten, in ständiger Todesnähe Weilenden. Er mochte im lebhaften, zuweilen leidenschaftlichen Gespräch noch so viel Leben und Energie ausstrahlen – wenn man ihn dann nachher vor dem Haus ein paar vorsichtige Krankenschritte tun sah, die hohe Gestalt leicht nach vorn geneigt, die Arme schlaff hängend, mit starrem Gesicht und müden Augen in die Landschaft blickend, oder wenn mitten im angeregten Sprechen eine Hustenattacke ihn überfiel, jener von uns allen gefürchtete, grausige, bellende, schüttelnde Husten, bei dem sein liebes Gesicht sich verzog und rot anlief, wenn er langsam und mühsam sich vom Stuhl erhob und uns mit abwinkender Gebärde verließ, dann wußte man Bescheid, und bei jedem Abschied fürchtete man, es möchte der letzte sein.«

Aus dem Gedenkblatt für »Freund Peter« (Suhrkamp) 1959, Schrift. z. Lit. Bd. 1, S. 311 ff. WA 11.

»Es ging mir ja in allen meinen Gedenkblättern nicht nur um die Wahrheit, vielmehr um das möglichst getreue Festhalten des Vergänglichen und Vergehenden im Wort. Das ist ein an sich etwas Don Quichottehafter Kampf gegen den Tod, gegen das Versinken und Vergessen, bezieht seinen Sinn aber doch wohl vor

GEDENKBLÄTTER

1937 erschienen in den GW. Entstanden 1902 bis 1936.
Das *Fabulierbuch* und die *Gedenkblätter* sind die einzigen Erstausgaben von Prosabüchern Hesses, die während des Dritten Reiches erschienen. Die *Gedenkblätter* geben zusammengenommen eine Art Selbstbiographie.
1950 bei Suhrkamp in Berlin und Frankfurt neu angeordnet und um acht Stücke erweitert (darunter: »Nachruf an Hugo Ball«.) – »Gedenkblatt für Franz Schall«; Ende August 1943 geschrieben. Franz Schall (1877-1943) war seit der Lateinschule Göppingen (1890-91) Hesses Freund, Schwabe, Altphilologe. Schall hat, als »Clangor«, das fingierte Motto des *Glasperlenspiels* ins scholastische Latein übertragen. Das Gedenkblatt enthält zwei Gedichte Schalls und seinen letzten Gruß »Post Exitum« an Hesse. – »Gedenkblatt für Adele«; Hesses Schwester Adele (geb. 15. 8. 1875, gest. 24. 9. 1949).
1962, zum 85. Geburtstag Hesses, um sieben Texte erweiterte Auflage. (Erinnerung an André Gide, Nachruf, Der Schwarze König, Der Trauermarsch, Martin Buber zum 80. Geburtstag, Freund Peter, An einen Musiker). GS IV, WA 10 (in Auswahl).
1984 erstmals als suhrkamp taschenbuch 963 mit dem Untertitel »Erinnerungen an Zeitgenossen«. Diese Ausgabe wurde von Volker Michels um 21 thematisch zugehörige Texte aus dem Nachlaß ergänzt, während Beiträge wie »Der Mohrle« und »Herr Claassen«, die bereits in den Erzählbänden enthalten sind, nicht wieder aufgenommen wurden, ebenso die Betrachtung »Tessiner Herbsttag«, die für einen »Tessin«-Themenband vorgesehen ist.

»Das Private als das Gültige zu schildern, ist von jeher Sache der Meister gewesen. Es gehört dazu der Mut, auf das Außerordentliche, auf die starken Akzente zu verzichten, die Geduld, hinter dem Täglichen das dauernde Erdreich und den beständigen Himmel zu *allem aus dem jetzigen Weltaspekt, wo ungefähr alles, was vor zwei Generationen noch wahr und recht und selbstverständlich war, erledigt und antiquiert erscheint.«*

Brief an Wilhelm Gundert vom Mai 1953. GBriefe 4.

»Soweit ich mich erinnern kann, habe ich als die Funktion des Dichters immer vor allem das Erinnern gesehen, das Nichtvergessen, das Aufbewahren des Vergänglichen im Wort, das Heraufbeschwören des Vergangenen durch Anruf und liebevolle Schilderung. Doch ist wohl auch von der alten idealistischen Tradition her etwas vom Amt des Dichters als Lehrer oder Mahner und Prediger in mir hängen geblieben. Doch habe ich das stets weniger im Sinn der Belehrung gemeint als im Sinn der Mahnung zur Beseelung des Lebens.«

Brief an Michel Benoist vom Frühjahr 1955. GBriefe 4.

»Meine Einsamkeit ist weder enge noch ist sie leer, sie erlaubt mir zwar das Mitleben in einer der heute gültigen Daseinsformen nicht, erleichtert mir aber zum Beispiel das Mitleben in hundert Daseinsformen der Vergangenheit, vielleicht auch der Zukunft, es hat ein unendlich großes Stück Welt in ihr Raum. Und vor allem ist diese Einsamkeit nicht leer. Sie ist voll von Bildern. Sie ist eine Schatzkammer von angeeigneten Gütern, ichgewordener Vergangenheit, assimilierter Natur. Und wenn der Trieb zum Arbeiten und Spielen noch immer ein wenig Kraft in mir hat, so ist es dieser Bilder wegen. Eines dieser tausend Bilder festzuhalten, auszuführen, aufzuzeichnen, ein Gedenkblatt mehr zu so vielen andern zu fügen, ist zwar mit den Jahren immer schwieriger und mühevoller geworden, aber nicht weniger lockend. Und besonders lockend ist der Versuch des Aufzeichnens und Fixierens bei jenen Bildern, die aus den Anfängen meines Lebens stammen, die, von Millionen späterer Eindrücke und Erlebnisse überdeckt, dennoch Farbe und Licht bewahrt haben. Es wurden ja diese frühen Bilder in einer Zeit empfangen, in der ich noch ein Mensch, ein Sohn, ein Bruder, ein Kind Gottes war und noch nicht ein Bündel von Trieben, Reaktionen und Beziehungen, noch nicht der Mensch des heutigen Weltbildes.«

Aus der Erzählung »Der Bettler«

suchen und zu sehen. Es ist der außerordentliche Reiz dieser *Gedenkblätter*, daß ihnen diese Absicht – die schon kaum mehr eine absichtliche Absicht ist – so völlig gelingt, wie sie Hesse kaum je gelungen ist. – In dem letzten von den zehn *Gedenkblättern*, der ›Erinnerung an Hans‹, haben alle Gaben Hesses sich zu einer Leistung vereinigt: die nachdenkliche, zarte, humanistische Haltung, die Noblesse des Jacob Burckhardt, und die aufblühende, wärmende, sinnenhelle Haltung, der Atem Jean Pauls – hier, wo es das leise Leben und Sterben des Bruders zu bedenken und zu betreuen galt, haben sich die zwei Strömungen vereinigt, und es ist auf siebzig Seiten das Schönste entstanden, was Hesse je geschrieben hat. Es ist das Vorrecht der Reichen, zu ihren Festtagen schenken zu dürfen. Diese Gabe zu Hesses 60. Geburtstag hat uns reich gemacht.«

Albrecht Goes
»Die Literatur«, 1937

»In der ungeheuer komplizierten, der Erkenntnis vielleicht nur noch in reiner Abstraktion zugänglichen Welt, in der wir leben, mögen die Bilder eines Hermann Hesse allzu menschlich erscheinen, als letzte und etwas müde Erinnerungen eines Dichters, der in zweifachem Sinne ein alter Mann ist: als Person sowohl wie als Repräsentant. Aber wir möchten glauben, daß die Fähigkeit, in jedem Worte dieser sehr schönen, schlichten Prosa wahrhaftig zu sein, das Opfer eines Lebens wert ist. Es wurde einer ein Dichter, weil es ihm nicht gegeben war, sein Leben zu heiligen. Aber wenn er das Leben, die Wirklichkeit, wie er sie sah, im Bilde zu heiligen vermochte, wenn ihm dies auch nur ein einziges Mal gelang, ist dann nicht auch seine Person, sein Wille darin aufgegangen, aufgehoben, verwandelt?«

Hermann Stresau
Über die erweiterte Ausgabe der »Gedenkblätter« 1950.
»Frankfurter Allgemeine Zeitung«, vom 21. August 1951

»Inzwischen hat mein Verlag (vorläufig vom Rundschauredaktor Suhrkamp geleitet) gefragt, ob ich nicht zu meinem 60. Geburtstag im nächsten Jahr ein Buch herauszugeben habe. Da sonst nichts Nennenswertes da ist, habe ich jetzt meine neueren Gedichte, seit 1928, gesammelt, es sind etwa 55 Gedichte, davon wollen wir zum nächsten Frühling ein Bändchen machen. Die Anordnung macht mir noch Schwierigkeiten, vermutlich werde ich bei der chronologischen bleiben. Ferner druckt mein früherer Verleger Bermann, jetzt in Wien, die Gartenidylle, sie wird etwa im September erscheinen.«

Brief vom 29. 6. 1936 an Otto Basler. Unveröffentlicht.

»Es freut mich, daß trotz allen Schwierigkeiten mein Gedichtbüchlein [Neue Gedichte] erscheinen konnte – wer weiß, ob es nicht das letzte Buch von mir ist, das in Deutschland erscheinen kann. Sollte meine Dichtung von Josef Knecht und dem Glasperlenspiel, wie es wohl möglich ist, ihre Vollendung nicht erleben, so wäre dies kleine Gedichtbuch, mit den Gedichten Knechts als Mittelpunkt, doch ein Vermächtnis für die paar Verstehenden.«

Brief an Alfred Kubin vom Frühjahr 1937. Unveröffentlicht.

NEUE GEDICHTE

1937 erschienen in den GW. Sind *Fabulierbuch* und *Gedenkblätter* die einzigen Prosabücher Hesses, so ist der Band *Neue Gedichte* von 1937 das einzige Gedichtbuch, das während des Dritten Reiches bei Fischer neu erschienen ist. Die Sammlung enthält die Gedichte Hermann Hesses, die seit dem Band *Trost der Nacht* (1929, siehe dort) entstanden sind, und sieben frühere Gedichte.
Die Abteilungen: »Gedichte des Sommers 1929«, »Gedichte des Sommers 1933«, »Die Gedichte des jungen Josef Knecht« 1934-1936.
Das letzte Gedicht »Nach einem Begräbnis« ist auf das Jahr 1935 datiert. Es ist die lyrische Beschreibung des Begräbnisses seines Bruders Hans, der freiwillig aus dem Leben schied. Hesse hat im Jahre 1936 eine ausführliche »Erinnerung an Hans« geschrieben.
7.-8. Tsd. 1940. Übernommen in die Ausgabe *Die Gedichte* 1942. GS V, WA 1 (in Auswahl). Enthalten in der zweibändigen Gesamtausgabe *Die Gedichte*, die 1977 in den suhrkamp taschenbüchern erschienen ist. Auflage bis 1983: 69 Tsd.

»Wie wohltuend ist das Ausgeprägte, da es nicht Manier ist, wie selten erleben wir, daß das Persönliche den Rang einer Humanität erreicht. Wir freuen uns an seiner wundersamen Empfänglichkeit für die Schöpfung, wir bewundern, wie furchtlos er sich zu seinen Zweifeln bekennt, wir sind beglückt über seine tiefe, an jeder Stelle lebendige Bildung. Und immer nehmen wir jene schmerzlich-heitere Gelassenheit, jene gläubige Skepsis mit auf den Weg, in der ein Herz voll Liebe und ein sehender Geist das Leben so tröstend bestehen.«

Hellmut von Cube
»Berliner Tageblatt« vom 23. Mai 1937

»Die Frage nach einer Gesamtausgabe meiner Gedichte ist, von außen her, im letzten Jahrzehnt mehrmals an mich herangetreten, und mehrmals habe ich über die Möglichkeit einer solchen Ausgabe nachgedacht, stets ergebnislos, denn angesichts der erschreckend großen Menge von Gedichten, von denen zudem viele einander so ähnlich waren, konnte ich unmöglich ein Bedürfnis nach einer Verewigung dieser Menge empfinden. Wenn diese Gedichte etwas nötig hatten, so war es Auswahl, Sichtung, Beschneidung.

Zwar sah ich wohl ein, daß Sinn und Zweck einer Gesamtausgabe ein völlig anderer sei als der jeder Auswahl, und daß auch für mich eine Gesamtausgabe vielleicht einen Sinn haben könnte: als Bekenntnis zu dem, was ich gelebt und getan, als restloses Hergeben des Materials, ohne Retouchierung und Unterschlagung, als Bejahung des Ganzen, samt allen seinen Mängeln und Fragwürdigkeiten, wozu nicht nur die unreinen Reime und metrischen Läßlichkeiten gehören. Aber ich sah dann jedesmal ein, daß dazu ein Grad von Reife oder auch von Müdigkeit, ein Grad von Geduld oder auch von Gleichgültigkeit gehöre, den ich noch nicht erreicht habe. Das würde vielleicht mit dem Alter kommen.

Und es kam in der Tat. Ich wäre zwar an die große und zum Teil recht lästige Arbeit dieser Gesamtausgabe aus eigenem Bedürfnis niemals gegangen, aber als Auftrag von außen nahm ich sie an, und siehe, jener Grad von Geduld oder Reife, von Müdigkeit oder Senilität, der mir erlauben würde, zum Ganzen dieser dichterischen Produktion, auch zu ihren so offenkundigen Schwächen, Ja zu sagen und in Gottes Namen meinen Namen darunterzusetzen, dieser Grad war jetzt erreicht; ich habe mich der Arbeit unterzogen.«

Nachwort zur ersten Gesamtausgabe »Die Gedichte«, 1942

»Namentlich in den Versen meiner Anfängerzeit stoße ich auf eine Menge von unreinen Reimen, unpräziser Metrik und etwas verschwommener Bilder, es wimmelt da von Fehlern, die kein Poetiklehrer einem Schüler durchgehen lassen würde. Ich habe über die Ursachen dieser Fehler und Nachlässigkeiten oft nachgedacht und gefunden, nächst dem jugendlichen Leichtsinn und Mangel an Ernst sei daran vor allem jene Art von Lyrik schuld, die ich als Kind und Knabe durch Lesen oder Singen im Eltern-

DIE GEDICHTE

Erste Gesamtausgabe der Gedichte, 1942 bei Fretz & Wasmuth in Zürich erschienen, »als Bekenntnis zu dem, was ich gelebt und getan, als restloses Hergeben des Materials, ohne Retouchierung und Unterschlagung, als Bejahung des Ganzen, samt all seinen Mängeln und Fragwürdigkeiten ...« Die Ausgabe enthält 608 chronologisch geordnete Gedichte aus neun verschiedenen Gedichtbänden, aus Zeitschriften und Privatdrucken. Nicht aufgenommen (etwa 150) Gelegenheits- und Scherzgedichte sowie einige Gedichte des Buches *Krisis* von 1928. Der Gedichtband hat folgende Abteilungen: Aus den Jahren 1895-1898, Aus den Jahren 1899-1902, Aus den Jahren 1903-1910, Aus den Jahren 1911-1918, Aus den Jahren 1919-1928, Aus den Jahren 1929-1942.
Für die schweizerische Ausgabe schrieb Hesse im Jahre 1942 den Freunden Hans C. und Elsy Bodmer das den Band einleitende Gedicht:

Einem Freunde, mit dem Gedichtbuch

Was mich je bewegte und erfreute
Seit den sagenhaften Jugendtagen,
All dies Flüchtige und bunt Zerstreute
An Besinnungen und Träumereien,
An Gebeten, Werbungen und Klagen
Findest du auf diesen Seiten wieder.
Ob erwünscht sie oder unnütz seien,
Wollen wir nicht allzu ernstlich fragen –
Nimm sie freundlich auf, die alten Lieder!

Uns, den Altgewordnen, ist das Weilen
Im Vergangenen erlaubt und tröstlich,
Hinter diesen vielen tausend Zeilen
Blüht ein Leben, und es war einst köstlich.
Werden wir zur Rechenschaft gezogen,

haus, in der Schule und auf der Gasse kennen und zu einem großen Teil auswendig gelernt habe. Diese Lyrik, nach der ich mich als urteilsloser Knabe unbewußt gebildet und gerichtet habe, bestand teils aus Volks-, teils aus Kirchenliedern, und in nicht wenigen von ihnen, namentlich von den meistgesungenen Volksliedern, ging es sowohl was die Versformen und Reime wie was die Folgerichtigkeit des Denkens und Fühlens betrifft, äußerst unbekümmert und oft richtig salopp und leichtfertig zu. Dann waren da jene Dichter der von Heine einst so lustig angeprangerten »schwäbischen Schule«, unter denen namentlich Justinus Kerner eine hemdärmelige Wurstigkeit gegenüber allen Forderungen der Poetik zeigt, während rätselhafterweise in seinen Versen, auch in den schlechten, manchmal etwas vom Urgeist aller Dichtung wie im Halbschlaf zu lallen scheint. Diese ungeeigneten Vorbilder haben mich, wie sich denken läßt, nicht zum Besten erzogen. Zwar habe ich, in den Schullesebüchern wie in ein paar Bändchen der kleinen Bibliothek meiner Mutter, auch schöne, tadellose Verse kennengelernt, zum Beispiel in zwei Gedichtbüchern von Emanuel Geibel, wo es weder hemdärmelig noch schluderig, sondern recht sauber und gewissenhaft herging, und ich kann nicht leugnen, daß manche von diesen glatten, schönen Geibelversen mir bis über die Zeit der Konfirmation hinaus sehr gefielen und imponierten, aber was darin stand, entbehrte, wie ich dennoch schon früh zu spüren begann, irgendeines Zaubers, eines Geheimnisses, nie empfand man bei ihrem hübschen Klang etwas von dem süßen Schauder, der bei den Volksliedern, bei Kerner, bei Uhland und gar bei Eichendorff auch durch nicht fehlerlose Verse hindurch einem das Herz eng machte. Mörike kannte ich damals noch nicht, wahrscheinlich wäre er mir ein besserer Lehrer gewesen als jene andern alle zusammen.

Mehr als dies vermag ich zur Erleichterung meines schlechten Gewissens nicht vorzubringen. Ich bildete mir noch manche Jahre lang ein, auch für mich und meine Gedichte müsse gelten, was für die Volkslieder und für jene »schwäbische Schule« galt: daß man es mit den Metren und Reimen nicht so genau zu nehmen brauche, wenn nur das Herz auf dem rechten Fleck sitze und edler Begeisterung oder Ergriffenheit fähig sei. Nun, dieser schöne Wahn verlor sich mit der Jugend, und ich habe denn auch in recht vielen meiner frühen Gedichte später zu bessern und zu glätten versucht. Aber ich habe dabei, und beim Lesen der Tausende von Anfängergedichten, das mir später zugemutet wurde,

Daß wir uns mit solchem Tand befaßten,
Tragen wir wohl leichter unsre Lasten
Als die Flieger, die heut Nacht geflogen,
Als der Heere arme, blutige Herde,
Als die Herrn und Großen dieser Erde.

Die erste Ausgabe in Deutschland in den GW, Juli 1947 bei Suhrkamp in Berlin, um zehn bis zum Frühjahr 1946 entstandene Gedichte erweitert. Neudruck 1949. GS V, um die bis 1950 entstandenen Gedichte vermehrt. WA 1 (in Auswahl). 1977 in den suhrkamp taschenbüchern (381) erste Gesamtausgabe *Die Gedichte* (mit 53 Gedichten aus dem Nachlaß). Auflage bis 1983: 69. Tsd.

»Hesses bezaubernde Lyrik weiß eine sensitive Modernität in Laute von volkstümlicher Romantik zu kleiden.« Thomas Mann, 1929
Das essayistische Werk, Miszellen, Vorwort zu dem Katalog »Utländska Böcker 1929«

»*Die Gedichte* sind ein Hauptteil von Hermann Hesses Werk, und dazu sind sie die edle Begleitmusik zu Leben und Wirken: Vers, Reim und Rhythmus gewordenes hochgemutes Erleben, in die Form gebanntes Chaos. Romantisches Erbe lebt darin fort; Kampf und Streben zeichnet die einen, holdes traumseliges Einigsein mit Weg und Schicksal die andern: lebendig sind alle, lebendig und wahr. Seine Wahrhaftigkeit vor allem hat ja vom Dichter die Gesamtausgabe gefordert. Keine Mode, keine ästhetische oder zeitliche Geschmacksrichtung und kein politischer Opportunismus hätte vermocht, den Dichter an seinen Gedichten zum Verräter zu machen. Er wollte sie haben wie er sie schuf, samt ihren »Mängeln« – wie er einleitend sagt – und sich zu ihnen bekennen, wie ein guter Vater sich zu allen seinen Kindern bekennt. Die Gedichte begleiten und umsäumen wie Meilensteine den Weg, den der Dichter ging, und zeugen von allen Reaktionen im Leben des Dichters, von Himmelstürmerei, Übermut und Freude am Leben, von Trunkenheit, Liebeslust und Zufriedenheit, aber auch von Qualen, Verzagtheit und Trauer ... Es gibt kaum etwas Erlebensmögliches, was von Hesse nicht erlebt und in Verse gebracht worden wäre. Selbst die entlegensten Spiele der Phantasie und des Denkens hat er mit Versen geadelt. Seine Leiden und Tröstungen sind da, sein Kampf und sein *eine eigentümliche Erfahrung gemacht: daß nämlich das Herumkorrigieren an fremden Gedichten viel weniger schwer fällt als das an den eigenen. Ein noch so geschickter und energischer Chirurg, denke ich mir, schneidet einen fremden Hals oder Bauch leichter, sicherer und erfolgreicher auf als seinen eigenen. Wenn ich fremde schlechte Verse las, fand ich leichter die schwachen Stellen und beschnitt oder korrigierte sie kaltblütiger, als wenn es um meine eigenen ging«.*

Brief an Herrn R. vom Februar 1952. GBriefe 4.

Ein Gedicht zu lesen ist von allen literarischen Genüssen der höchste und reinste. Nur der reinen Lyrik ist gelegentlich jene Vollkommenheit möglich, nur sie erreicht jene ganz von Leben und Gefühl durchdrungene ideale Form, welche sonst Geheimnis der Musik ist.

Aus dem Vorwort zu Hesses Auswahl »Lieder deutscher Dichter« 1913

Mit den Gedichten ist es auch mir wunderlich gegangen: Zum erstenmal, als alter Mann, mit dieser ganzen großen Produktion in der Reihenfolge der Entstehung konfrontiert zu stehen, war ein seltsames Erlebnis, mit manchen Enttäuschungen und Beschämungen. Positiv war dabei zweierlei: daß man aus diesen Gedichten in ihrer zeitlichen Folge immerhin eine Entwicklung herauslesen kann – dies war das eine. Und dann war es merkwürdig, wie bei manchen, seit Jahrzehnten nicht mehr gesehenen, längst vergessenen Gedichten jetzt plötzlich die Zeit ihrer Entstehung mir wieder vorstellbar wurde, die Stimmung und Temperatur, in der sie entstanden, bei einigen fiel mir sogar der Tag, das Zimmer, der Tisch, an dem ich sie schrieb, wieder ein.

Brief an Laurenz Wiedner, 1942. Unveröffentlicht.

Wachsein, sein Zürnen und Lieben, sein Mitleid, sein Mahnen, sein Opponieren: Hesses ganze Gesinnung als Humanität ist in seinen Gedichten in allen nur möglichen Variationen und Differenzierungen zum Ausdruck gebracht. Sie sind Dienst am Menschen, am Leben und am Geist.«

Otto Basler
in »Hermann Hesse, sein Leben und sein Werk«,
Fretz & Wasmuth, Zürich, 1947

»Es gibt natürlich kein ›Mein Gedicht‹. Mein Gedicht sind viele Gedichte – und die ›meinen‹ wären von Goethe, von Gryphius, Hölderlin, Trakl – von vielen. Ihren Wert, oder auch nur ihren Wert für mich, vergleichen zu wollen, wäre töricht. Daß ich dieses Gedicht (›Im Nebel‹) von Hermann Hesse nenne (ich hätte von Hesse allein ein halbes Dutzend gleichwertiger auswählen können) hat zwei Gründe.
Erstens haben mir seine Gedichte in meinen Jünglingsjahren sehr viel bedeutet – und auch als ich schon älter und härter und kritischer wurde, liebte ich jenes Halbdutzend immer noch.
Und zweitens ist es an der Zeit, daß endlich jemand unseren Kritikern die Meinung sagt, unter denen es in den letzten Jahren Mode geworden ist, an Hesse kein gutes Haar zu lassen. Ein paar junge Leute, deren Urteil durch keinerlei eigene Leistung gestützt ist, brandmarken Hesse als einen Nachahmer der Romantiker und sein Werk als ›Kitsch‹. Das aber ist nicht nur geschmacklos – Hesse hat seit bald zwei Jahrzehnten nichts mehr geschrieben und lebt als ein einsamer, sehr alter Mann unter uns –, sondern auch eine Frechheit. Auch in Heines Gesamtwerk gibt es neben dem seltenen Großen einen Wust leeren Geklingels. Sogar im Werk Goethes. Sechs Hesse-Gedichte für den bleibenden Bestand deutscher Lyrik – das ist eine ganze Menge für ein einziges Leben. Und daß diese sechs zu diesem Bestand gehören werden – zu einer Zeit, wenn man die Namen seiner Kritiker nur mehr im Kataster verstorbener deutscher Gymnasiallehrer finden kann –, davon bin ich überzeugt.«

Robert Neumann, 1961
in »Mein Gedicht«, Wiesbaden 1961

Das Glasperlenspiel

Musik des Weltalls und Musik der Meister
Sind wir bereit in Ehrfurcht anzuhören,
Zu reiner Feier die verehrten Geister
Begnadeter Zeiten zu beschwören.

Wir lassen vom Geheimnis uns erheben
Der magischen Formelschrift, in deren Bann
Das Uferlose, Stürmende, das Leben,
Zu klaren Gleichnissen gerann.

Sternbildern gleich ertönen sie kristallen,
In ihrem Dienst ward unserm Leben Sinn,
Und keiner kann aus ihren Kreisen fallen,
Als nach der heiligen Mitte hin.

»Um der Geschichte Knechts willen machen wir den Versuch einer kurzen, volkstümlichen Darstellung vom Wesen und der Herkunft des Glasperlenspiels, dessen Name jeder schon oft gehört hat, und über dessen eigentliche Beschaffenheit in nichtgelehrten Kreisen dennoch so sehr widersprechende Meinungen zu hören sind. Man erwarte also von uns nicht eine vollständige Geschichte und Theorie des Glasperlenspieles, wir möchten uns dagegen ausdrücklich verwahren; auch würdigere und geschicktere Autoren wären dazu heute nicht imstande, diese gewaltige Aufgabe wird einem späteren Zeitalter vorbehalten bleiben, falls die Quellen sowie die geistigen Voraussetzungen dazu nicht vorher verlorengehen, und sie wird dann vermutlich viele Kunsthistoriker und Philosophen beschäftigen … Als ›Erfinder‹ und Begründer des Spieles ist ein Reinhold Klaiber anzusehen, ein Beamter mit dem Titel Oberrechnungsrat in Frankfurt am Main, seine ›Erfindung‹ läßt sich ziemlich genau auf die Zeit um 1940 datieren. Mag seither aus den harmlosen Anfängen etwas völlig anderes, mit ihnen nicht mehr Vergleichbares geworden sein, das Verdienst, zu einem so erstaunlichen und vielfältigen Phänomen den ersten Anstoß gegeben zu haben, gebührt doch eben jenem Reinhold Klaiber, und wir müssen uns einen Augenblick bei ihm aufhalten, obwohl über seine Person nicht allzu viel bekannt ist, und obwohl diese Person, eine typische Durchschnittsfigur aus

DAS GLASPERLENSPIEL

»Versuch einer Lebensbeschreibung des Magister Ludi Josef Knecht samt Knechts hinterlassenen Schriften. Herausgegeben von Hermann Hesse.«
Erschienen in Zürich am 18. 11. 1943. »Den Morgenlandfahrern« gewidmet. Das Werk umfaßt folgende Teile: »Das Glasperlenspiel. Versuch einer allgemeinverständlichen Einführung in seine Geschichte.« Ein von Hesse erfundenes Motto. Die »Lebensbeschreibung des Magister Ludi Josef Knecht«, mit den Kapiteln: Die Berufung. Waldzell. Studienjahre. Zwei Orden. Die Mission. Magister Ludi. Im Amte. Die beiden Pole. Ein Gespräch. Vorbereitungen. Das Rundschreiben. Die Legende. »Josef Knechts hinterlassene Schriften«: Die Gedichte des Schülers und Studenten. Die drei Lebensläufe. Der Regenmacher. Der Beichtvater. Indischer Lebenslauf.
Hesse hat an keinem anderen Werk so lange gearbeitet wie am *Glasperlenspiel.* Im »Kurzgefaßten Lebenslauf« des Jahres 1925, einer Konjekturalbiographie im Jean Paulschen Sinn, spricht er von seiner Beschäftigung in den auf das Jahr 1930 folgenden Jahren: »Es wurde der Ehrgeiz meines späteren Lebens, eine Art Oper zu schreiben; in ihr sollte das menschliche Leben in seiner sogenannten Wirklichkeit wenig ernst genommen werden«, er wollte in der Oper das leisten, was ihm in den Dichtungen nie ganz gelungen ist: »Dem Menschenleben einen hohen und entzückenden Sinn zu setzen«; er wollte die Entwicklung der Natur schildern bis dorthin, wo sie durch unausbleibliches Leiden gezwungen würde, wieder sich dem Geiste zuzuwenden, »und das Schwingen des Lebens zwischen den beiden Polen der Natur und des Geistes sollte sich heiter, spielend und vollendet darstellen wie die Spannung eines Regenbogens ... Allein mir gelang die Vollendung dieser Oper nie«. Hesse selbst hat die Anfänge seines mathematisch-musikalischen Geistspiels auf

dem damaligen Europa und Deutschland, unser Interesse kaum zu verdienen scheint. Es liegen uns aus seinem Sterbejahr, dem Jahr 1959, einige Nekrologe vor, die wir benützen, ohne uns freilich zu wörtlichen Zitaten entschließen zu können, denn jeder Historiker kennt ja das Niveau jener Zeit und ihrer Organe, der Zeitungen. Klaiber stammte aus einer Familie im unteren Nekkartal, welcher eine große Zahl von mittleren und höheren Staatsbeamten sowie mehrere angesehene Industrielle entstammten. Als er nach den üblichen Schul- und Studienjahren seine Beamtenlaufbahn begann, war er bereits im Besitz eines mäßigen, wohlangelegten Vermögens, und heiratete etwa zehn Jahre später die einzige Erbin eines Berliner Großkaufmanns. Im Klaiberschen Hause in Frankfurt verkehrte, wenn auch nicht die geistige Elite, so doch ein Teil der dortigen Gelehrten und eine Anzahl gebildeter Bürgerfamilien. Es war ein angesehener Kreis von ausgesprochen bürgerlicher Kultur, mit literarischen und künstlerischen Interessen, der Politik eher fremd und mit den Wissenschaften jener Zeit oberflächlich bekannt, ein Haus und Kreis wie es im damaligen Deutschland gewiß noch viele gab, dessen Typus für jene Zeit aber nicht mehr eigentlich charakteristisch, ja in manchem Sinne rückständig war. Er wirkt im ganzen eher wie ein harmloses Überbleibsel des mittleren deutschen Bürgertums der Zeit vor dem ersten Weltkrieg. Einer gewissen Rückständigkeit war man sich übrigens in diesem Kreise durchaus bewußt, tat sich aber eher etwas darauf zugute, als daß man sich ihrer geschämt hätte; man legte in diesem Kreis durchaus keinen Wert darauf, in enger Fühlung mit dem Zeitgeist zu stehen, denn man hielt diesen Zeitgeist für höchst verdächtig und gefährlich, für bolschewistisch und für kulturfeindlich, und man war auf den Besitz von etwas Griechisch und Latein, von liberaler Humanität und Sinn für klassische Musik (zu welcher man aber auch noch Wagner, Brahms und andre verschollene Spätromantiker rechnete) ziemlich stolz, man las Goethe und gab musikalische Abende, alles ein wenig mit dem Gefühl und Anspruch, damit eine Insel und Burg inmitten einer entartenden und hinsiechenden Kultur zu bilden. Wie wenig man von dieser angeblich nahezu schon gestorbenen Kultur in Wirklichkeit besaß und ahnte, wußte man weder selbst, noch wußte es der Gegner. Der Politik gegenüber war man in halbwegs ruhigen Tagen von vornehmer Gleichgültigkeit, in stürmischen Zeiten von ängstlicher Ratlosigkeit, einzig gegen den sogenannten Bolschewismus war man seiner Haßgefühle sicher. Es war, man erinnere sich,

das Ende des Jahres 1930 datiert. Am 29. April 1942 schloß er die Arbeit ab.

Ist der *Steppenwolf* das wirkungsreichste Werk Hesses, so ist das *Glasperlenspiel* sicherlich das Werk, dessen Bedeutung bis heute noch nicht erkannt worden ist. Die literarische Kritik mußte es schwer haben mit diesem Werk, weil sie den politischen Hintergrund der Entstehung und auch die Genesis des Werkes nicht übersehen konnte. Dieser Überblick ist jetzt erst möglich anhand des aus dem Nachlaß edierten Textmaterials, anhand der überlieferten Texte zum *Glasperlenspiel*, der verschiedenen Fassungen, Entwürfe usw., insbesondere anhand der zahlreichen Briefe Hermann Hesses aus dieser Zeit und auch der an Hesse gerichteten Briefe (von welchen er etwa 35 000 aufbewahrt hat und die in den Archiven von Bern und Marbach liegen).

Die Entstehung des *Glasperlenspiels* ist untrennbar verbunden mit der Entwicklung der politischen Verhältnisse in Deutschland in der Zeit ab 1930. Vielleicht wird das *Glasperlenspiel* einmal erkannt werden als der große intellektuelle Gegenentwurf zur Barbarei und zu den Verbrechen des Dritten Reiches, als scharfe Analyse dieser Zeit und gleichzeitig als Utopie, deren Zukunftserwartung Inhalte der klassischen Utopien, wie die der Rückkehr zur Natur, die der Idee des Friedens und die einer klassenlosen Gesellschaft aufnimmt. Ein Ernst Blochsches »Noch-Nicht« hat Hesse im Motto des Werkes erfunden und Albertus Secundus zugeschrieben (von seinen Freunden Franz Schall – Clangor – und Josef Feinhals – Collofino – ins Lateinische übersetzt): »... denn mögen auch in gewisser Hinsicht und für leichtfertige Menschen die nicht existierenden Dinge leichter und verantwortungsloser durch Worte darzustellen sein als die seienden, so ist es doch für den frommen und gewissenhaften Geschichtsschreiber gerade umgekehrt: nichts entzieht sich der Darstellung durch Worte so sehr und nichts ist doch notwendiger, den Menschen vor Augen zu stellen, als gewisse Dinge, deren Existenz *mitten in jenen Jahrzehnten eines scheinbar unaufhaltsamen Niedergangs, in jenen Jahrzehnten, wo es Sitte war, politische Meinungsdifferenzen mit Schlagringen und Revolvern auszutragen, und wo in Deutschland ein vom Weltkrieg noch erschrecktes, angeblich republikanisch organisiertes Volk von Parteiprogrammen alle paar Monate ernst und angstvoll zur Wahlurne getrieben wurde, im Wahn, vor wichtigen Entscheidungen zu stehen, während in Wirklichkeit sich nichts entschied, und nebst den Zeitungen eine Handvoll politischer Amateure den Rahm von dieser trüben Milch schöpfte.*

An den Unterhaltungen dieses Kreises nahm auch Klaibers Frau regen Anteil und war bestrebt, in dieser mit verdünnter »Bildung« übersättigten Welt ebenbürtig zu erscheinen, hatte aber doch aus Vaterhaus und Jugend manche anderen Tendenzen und Gewohnheiten mitgebracht. So hatte sie Freude an komplizierten Kartenspielen und nahm bei einem emigrierten russischen Grafen Unterricht im Bridge, das damals Mode war. Sie suchte auch ihren Mann, seit er sich mit dem Titel Oberrechnungsrat hatte pensionieren lassen, für dieses Kartenspiel und diese Lektionen zu interessieren. Aber Klaiber, sonst Kavalier gegen seine Frau, mochte davon nichts wissen und erklärte oft in ausführlichen und schlechtgelaunten Reden, es scheine ihm ungereimt und recht geschmacklos, wenn erwachsene und gebildete Menschen, statt etwa Englisch zu lesen oder Vorträge zu hören, auf ein bloßes Kartenspiel, einen leeren Zeitvertreib, ein wahres Studium und eine Menge von Zeit, Eifer und Geld verwendeten. ›Vorträge‹ waren zu Klaibers Zeit auf dem Höhepunkt ihrer Beliebtheit angekommen. Wir können uns schwer in die Mentalität jener Zeit zurückversetzen. Es war beispielsweise durchaus nicht etwa unmöglich und absurd, sondern selbstverständlich und kam jeden Tag vor, daß ein Professor oder Redakteur vor einigen Hundert Zuhörern einen »Vortrag« über irgendeinen Dichter, Gelehrten, Forscher, einen Maler oder Musiker hielt, für welchen kein einziger der Zuhörer sich so weit interessierte, daß er dessen Werke und Leben anders als eben durch diesen einstündigen Vortrag kennen zu lernen gewillt war, und der denn auch beim übernächsten Vortrag schon wieder vergessen war. Man hielt und hörte Vorträge über Goethe, in welchen er im blauen Frack aus Postkutschen stieg und Straßburger oder Wetzlarer Mädchen verführte, oder Vorträge über arabische Kultur, in welchen eine Anzahl von intellektuellen Modeworten wie im Würfelbecher durcheinander geworfen wurde und jeder sich freute, so oft er

weder beweisbar noch wahrscheinlich ist, welche aber eben dadurch, daß fromme und gewissenhafte Menschen sie gewissermaßen als seiende Dinge behandeln, dem Sein und der Möglichkeit des Geborenwerdens um einen Schritt näher geführt werden.«

Am 18. 4. 1932 verläßt Hesse seine Züricher Winterwohnung. Er hatte (am 14. 11. 1931) zum drittenmal geheiratet, Frau Ninon Dolbin, geb. Ausländer, und war im Juli 1931 in das von seinem Freund Bodmer ihm auf Lebenszeit zur Verfügung gestellte Haus eingezogen; in diesem Haus entstehen, von gelegentlichen Aufenthalten in Baden abgesehen, die Texte des *Glasperlenspiels* und auch alle folgenden Arbeiten.

Im Jahre 1931 tritt Hesse aus der Sektion für Dichtung der Preußischen Akademie der Künste aus. Er mißtraute dem deutschen Staat, nicht »weil er neu und republikanisch ist, sondern weil er mir beides zu wenig ist.« Thomas Mann versucht im Dezember 1931 Hesse zu einem Wiedereintritt zu gewinnen, doch dieser lehnt ab. Seine Hoffnung auf eine ernstzunehmende Republik war zerstört. »Deutschland hat es versäumt, seine eigene Revolution zu machen und seine eigene Form zu finden«, die paar guten Geister der Revolution seien totgeschlagen worden. Er selbst sei seit dem Ersten Weltkrieg, während die Mentalität der Mehrheit gleichgeblieben sei, »um viele Meilen nach links getrieben worden« und er sah »ohne Zweifel eine blutige Welle weißen Terrors« voraus. In einem Brief aus dem Jahr 1932 schreibt er: »... aber der jetzt drohende faschistische Terror ist die genaue und von der deutschen Politik mit Sorgfalt emporgehätschelte Konsequenz von allem, was im Reich seit 1914, und schon lang vorher, Offizielles geschehen ist.« Auf diesem Hintergrund ist die Entstehung des *Glasperlenspiels* zu sehen. Hesse sieht Terror und Krieg voraus, aber er verweigert sich – nach den Erfahrungen des Ersten Weltkriegs – der Gewalt und dem direkten Engagement: »Lieber von Faschisten erschla-

eins von ihnen wiedererkannte. Man stand schon dicht vor jeder grauenhaften Entwertung des Wortes, welche dann wenig später die heroisch-asketische Gegenbewegung hervorrief ...«

Aus der dritten, zurückbehaltenen Fassung der Einleitung zum »Glasperlenspiel« vom Frühsommer 1932. MatGlas., a.a.O. S. 9ff.

»Nein, ›weiter‹ als der Regenmacher sind wir heute nicht. Daß das Spätere das Bessere, Vollkommenere sei, daß die Weltgeschichte ein dauernder »Fortschritt« sei, das sich einzureden war wohl die größte Dummheit des sonst so klugen 19. Jahrhunderts. Von ihr verführt, glauben die Feuilletonisten denn auch, das ›Glasperlenspiel‹ sei eine Utopie und ihr Autor glaube, es werde um 2100 stattfinden. Während doch das, was in meinem Buch steht, eine seelische Wirklichkeit ist, die immer und überall vorhanden war und sein wird und über die weder ein chinesischer Taoistenmönch im 10. Jahrhundert, noch ein kluger Musiker im 18. Jahrhundert den Kopf geschüttelt hätte.«

Brief an Emil Schibli von 1944. GBriefe 2, S. 252f.

»Was mein dickes neues Buch ist und will, das steht deutlich in dem Motto, das auf lateinisch und deutsch vorn im Buch steht. Es will etwas nicht Existierendes, aber Mögliches und Wünschbares so darstellen, als wäre es wirklich, und die Idee dadurch um einen Schritt näher an die Möglichkeit der Verwirklichung heranführen.

Übrigens ist dieses Motto nicht, wie es sich gibt, der Gedanke eines mittelalterlichen Gelehrten (könnte es aber sehr wohl sein), sondern es ist von mir verfaßt, auf deutsch, dann hat es mir, schon vor manchen Jahren, mein inzwischen gestorbener Freund Schall ins Lateinische übersetzt. Für mich selber war das Buch in den mehr als elf Jahren, in denen es entstand, viel mehr als eine Idee und ein Spielzeug, es war mir ein Panzer gegen die häßliche Zeit und eine magische Zuflucht, in die ich, sooft ich geistig dazu bereit war, für Stunden eingehen konnte, und wohin kein Ton aus der aktuellen Welt drang.«

Brief an Martin Hesse vom 3. 12. 1943, MatGlas., a.a.O. S. 232f.

»Es ist mir nahezu unmöglich, dir Auskünfte über das ›Glasperlenspiel‹ zu geben ... Ich halte nichts vom Erklären von Dichtungen, und wer nicht aus dem Buch selbst, wenn es einmal vorliegt,

gen werden, / als selbst Faschist sein. / Lieber von den Kommunisten erschlagen werden, / als selbst Kommunist sein«, heißt es in einem »in dieser Form nicht brauchbaren« Gedicht aus der Zeit der NS-Machtübernahme; er will »kein Partei- und Machtglück genießen / Und im Namen der Menschheit auf unsere Brüder schießen«. Seine Reaktion auf diese Zeit war es, eine überparteiliche Haltung zu formulieren (etwa in den beiden Abhandlungen »Mein Glaube«, 1931, und »Ein Stückchen Theologie«, 1932), und in der ›Utopie‹ des *Glasperlenspiels:* »Es galt für mich zweierlei: einen geistigen Raum aufzubauen, in dem ich atmen und leben konnte, aller Vergiftung der Welt zum Trotz, und zweitens den Widerstand des Geistes gegen die barbarischen Mächte zum Ausdruck zu bringen.«

Das Glasperlenspiel entsteht ganz konsequent, Stufe um Stufe, mit gelegentlichen halb- oder ganzjährigen Pausen, die für Vorstudien, insbesondere zu den »Lebensläufen«, erforderlich sind. Ständig unterbrochen wurde die Arbeit durch Einsatz für Flüchtlinge und Emigranten (schon im März 1933 ist »ein Flüchtling aus Leipzig, ein sozialistischer Schriftsteller seit acht Tagen unser Gast, gestern kam auch Thomas Mann«). Thomas Mann folgten Bertolt Brecht, Heinrich Zimmer, dessen Buch »Maya« Hesse im Juni 1936 liest; Der indische Lebenslauf vom März/April 1937 ist davon beeinflußt – dann Gottfried Bermann-Fischer, Joachim Maass, Albert Ehrenstein, Peter Weiss.

Unterbrechungen auch durch zahllose Besucher aus Deutschland (Peter Suhrkamp, Max Picard, Ernst Wiechert – dem Hesse empfiehlt, nicht nach Deutschland zurückzukehren –, Hermann Kasack, Hans Carossa und andere). Empfindlich beeinflußt wurde die Arbeit zudem durch Angriffe vonseiten des NS-Regimes und der Emigrantenpresse wegen seines Verbleibens im S. Fischer-Verlag, seiner Treue zu Peter Suhrkamp, seinen zeitkritischen Rezensionen in der Neuen Rundschau und Bonniers Magasin und schließlich

sich das ungefähre Bild des ›Glasperlenspiels‹ erschaffen kann, den geht es auch nichts an.
Denke es dir etwa so: Wie man aus Notenzeichen ein Musikstück, aus mathematischen Zeichen eine algebraische oder astronomische Formel ablesen kann, so haben die Glasperlenspieler sich in Jahrhunderten eine Zeichensprache aufgebaut, welche es ermöglicht, Gedanken, Formeln, Musik, Dichtung etc. etc. aller Zeiten in einer Art Notensprache wiederzugeben. Das Neue dabei ist lediglich, daß dieses Spiel für alle Disziplinen eine Art Generalnenner besitzt, also eine Anzahl von Koordinatenreihen zusammenfaßt und zu einem macht. Übrigens stehen im Text, den du hast, da und dort Einzelheiten, z. B. in den ›Studienjahren‹, aber auch anderwärts.«

Brief an Theo Baeschlin von Ende 1943, MatGlas. a. a. O. S. 233f.

»Sie haben in meinem Buch gewiß manches gefunden, wovon ich selbst nichts weiß. Andererseits haben Sie, Ihrer Lebensstufe gemäß, gewiß manches in dem Buch noch nicht verstanden, dazu gehört der Opfertod von Josef Knecht. Er hätte, klug und fein, es unterlassen können, trotz seiner Erkrankung den Sprung ins Bergwasser zu tun. Er tut ihn dennoch, weil etwas in ihm stärker ist als die Klugheit, weil er diesen schwer zu gewinnenden Knaben nicht enttäuschen kann. Und er hinterläßt einen Tito, dem dieser Opfertod eines ihm weit überlegenen Mannes zeitlebens Mahnung und Führung bedeuten und ihn mehr erziehen wird als alle Predigten der Weisen.
Sie werden das, so hoffe ich, vielleicht mit der Zeit auch verstehen. Aber schließlich ist es gar nicht so wichtig, ob Sie es verstehen werden, ich meine: mit dem Verstand diesen Tod Knechts begreifen und billigen. Denn dieser Tod hat ja seine Wirkung auf Sie schon getan, hat einen Stachel hinterlassen, eine nicht mehr ganz zu vergessende Mahnung, er hat eine geistige Sehnsucht und ein geistiges Gewissen in Ihnen geweckt oder bestärkt, welche weiter wirken werden, auch wenn die Zeit kommt, wo Sie mein Buch und Ihren Brief vergessen haben werden. Hören Sie nur auf diese Stimme, die jetzt nicht mehr aus einem Buch, sondern in Ihrem eigenen Innern spricht, sie wird Sie weiter führen.«

Brief an eine Leserin vom November 1947. MatGlas. a. a. O. S. 279f.

»Das ist schön und eigentlich überraschend, daß das ›Glasperlenspiel‹ nun doch ein Stück Ihres Hausrats geworden ist. Ich hätte

durch die Nachrichten von den KZ-Aufenthalten von Kollegen, Freunden und den Verwandten seiner jüdischen Frau.
Im Juni 1932 beginnt Hesse mit der Niederschrift der »Einleitung zum Glasperlenspiel«. Sie wird mehrfach geschrieben. Im Frühsommer 1934 entsteht eine dritte Fassung, »nahezu ein Jahr vor den deutschen Ereignissen vom März 1933«; es ist dies die »politische« Fassung der Einführung, in der vor Terror, Barbarei und Diktatur gewarnt wird und die in Abschriften in Deutschland kursiert.
Da diese Einleitung in Deutschland nicht gedruckt werden kann, schreibt Hesse im Mai und Juni 1934 eine vierte, wesentlich veränderte Fassung. Diese letzte, definitive Fassung erscheint im Dezember 1934 in der Neuen Rundschau (nur die lateinische Version des Mottos wurde nachträglich noch zweimal geändert) mit folgender Anmerkung: »Diese Abhandlung ist das Vorwort zu einer utopischen Dichtung, man hat sie sich etwa um das Jahr 2400 geschrieben zu denken. Von dieser Dichtung sind bisher nur zwei Teilstücke fertiggeschrieben: die vorliegende Abhandlung und die Erzählung vom Regenmacher.« Die vier Fassungen der Einleitung erschienen 1977 unter dem Titel *Von Wesen und Herkunft des Glasperlenspiels* als suhrkamp taschenbuch 382. Im April 1936 entsteht der zweite Lebenslauf »Der Beichtvater« (vorabgedruckt in »Neue Rundschau«, Juli 1936) und im März und April 1937 der dritte »Indische Lebenslauf« (vorabgedruckt in »Neue Rundschau«, Juli 1937). Ein vierter Lebenslauf (siehe *Der vierte Lebenslauf Josef Knechts*) wird im Juni und Juli 1934 in zwei Fassungen geschrieben, jedoch am 16. 10. 1934 als »vorerst gescheitert« aufgegeben.
Parallel zu den Lebensläufen entstehen die dreizehn Gedichte, die später als »Die Gedichte des Schülers und Studenten Josef Knecht« in das Werk eingehen.
Das erste Kapitel der Lebensbeschreibung »Die Berufung« schreibt Hesse im Januar 1938 (vorabgedruckt in der »Corona«, Juni 1938), die weiteren Kapitel folgen zügig; »die

nie von Ihnen verlangt, daß Sie sich damit mühen. Nun, da Sie sich damit befreundet haben, ist es mir aber eine Freude. Die Mehrzahl der Urteile deutscher Leser und Kritiker über das Buch sind so schauerlich eng und dumm, daß ich froh wäre, wenn ich es für mich behalten hätte.«

Brief an Ernst Penzoldt vom März 1949. MatGlas. a. a. O., S. 282

»Ich habe im ›Glasperlenspiel‹ die Welt der humanistischen Geistigkeit dargestellt, die vor den Religionen zwar Respekt hat, aber außerhalb derselben lebt. Ebenso habe ich vor dreißig Jahren im ›Siddhartha‹ den Brahmanensohn dargestellt, der aus der Tradition seiner Kaste und Religion hinaus seine eigene Art und Frömmigkeit oder Weisheit sucht.

Mehr als dies habe ich nicht zu geben. Über die Werte und Segnungen der christlichen Religion wird Ihnen jeder Priester und jeder Katechismus mehr sagen, als ich Ihnen sagen könnte.

Mir ist das humanistische Ideal nicht ehrwürdiger als das religiöse, und auch innerhalb der Religionen würde ich nicht einer vor der anderen den Vorzug geben. Eben darum könnte ich keiner Kirche angehören, weil dort die Höhe und Freiheit des Geistes fehlt, weil jede sich für die beste, die einzige, und jeden ihr nicht Zugehörenden für verirrt hält.

... Sie müssen also selbst wählen. Der Weg in die Kirchen ist leicht zu finden, die Tore stehen weit offen, an Propaganda fehlt es auch nicht. Der Weg nach Kastalien und darüber hinaus, den Knecht geht, ist schwieriger. Niemand wird eingeladen, ihn zu gehen, und wenn auch Kastalien vergänglich ist, so teilt es dies Los mit allem Menschenwerk. Dieser Vergänglichkeit ins Gesicht zu blicken, gehört mit zur geistigen Tapferkeit.«

Brief an einen Leser vom 2. 8. 1949. MatGlas. a. a. O. S. 283

»Im Anfang war es mir vor allem, ja beinah einzig darum zu tun, Kastalien sichtbar zu machen, den Gelehrtenstaat, das ideale weltliche Kloster, eine Idee oder, wie die Kritischen meinen, einen Wunschtraum, der zumindest seit der Zeit der Platonischen Akademie vorhanden und wirksam war, eins der Ideale, die durch unsre ganze Geistesgeschichte auch als wirksame »Leitbilder« da waren. Dann wurde mir klar, daß die innere Wirklichkeit Kastaliens nur in einer dominierenden Person, einer geistigen Helden- und Duldergestalt, überzeugend sichtbar gemacht werden könne, und so trat Knecht in den Mittelpunkt der Erzählung, vorbildlich und einmalig, nicht so sehr als idealer und vollkom-

letzten zwanzig Seiten« (also die Beschreibung des Todes von Knecht) »haben etwa ein Jahr gebraucht«. Am 29. 4. 1942 schließt Hesse die Arbeit ab: ein Kapitel wird noch nachträglich im Februar 1943 umgearbeitet.
Am 16. März 1942 treffen die ersten 7 Kapitel der Lebensbeschreibung beim S. Fischer Verlag in Berlin ein, der zweite Teil des Gesamtmanuskriptes folgt im Mai; die Kommunikation mit dem Verlag ist zeitbedingt schwierig. Hesses Werke sind unerwünscht, der Verleger erhält für sie kein Papier. Deshalb soll die langgeplante Gesamtausgabe der Gedichte in Zürich erscheinen. »Der ›Josef Knecht‹ aber soll nicht in Zürich erscheinen, sondern in Berlin, da ich meinem alten Verleger die Treue halte und ich neun Zehntel meiner Leser dort habe. Die Zähigkeit und Freundestreue, mit der Suhrkamp in Berlin meine immer wieder gefährdete Existenz durchgehalten hat, ist bestes Deutschland.« (Brief an Carl Seelig, vom Sommer 1942). Suhrkamp versuchte die Genehmigung für den Druck zu erhalten, obwohl ihm, wie er berichtet hat, die Vergeblichkeit, ja Unmöglichkeit seiner Bemühung klar war. Hesse hat diese Hoffnung in all den Jahren vorher nicht aufgegeben, deshalb ist bei politischen Passagen ein oftmals allusiver Sprachduktus zu beobachten. Schließlich wird die Publikation definitiv vom Propagandaministerium abgelehnt, wie Suhrkamp berichtet, »wegen eines Kapitels, das in einem Kloster spielt«. Peter Suhrkamp gelingt es mit Schwierigkeiten sowohl vonseiten der deutschen als auch der schweizer Behörden endlich, vom 20.-26. August 1942 nach Baden zu kommen, um Hesse die Ablehnung mitzuteilen und ihm das Manuskript zurückzugeben. Danach beabsichtigt Hesse »nun eben irgendwo in der Schweiz« das Werk drucken zu lassen, »damit es wenigstens erhalten bleibt«, denn »das Manuskript kann jeden Tag durch eine Bombe, einen Brand oder ähnliches zerstört werden, und dann wären die letzten elf Jahre mir verloren«.
In Vereinbarung mit Suhrkamp schließt Hesse am 20. 3. 1943

mener Kastalier, denn deren gibt es manche, als vielmehr dadurch, daß er mit Kastalien und seiner von der Welt abgetrennten Vollkommenheit nicht auf die Dauer zufrieden sein kann.
Der Biograph aber, den ich mir dachte, ist ein fortgeschrittener Schüler oder Repetent in Waldzell, der aus Liebe zur Gestalt des großen Abtrünnigen daran ging, den Roman seines Lebens für einen Kreis von Freunden und Knecht-Verehrern aufzuzeichnen. Diesem Biographen steht alles zur Verfügung, was Kastalien besitzt, die mündliche und schriftliche Tradition, die Archive, und natürlich auch das eigene Vorstellungs- und Einfühlungsvermögen. Aus diesen Quellen schöpft er, und ich finde, er hat nichts geschrieben, was innerhalb dieses Rahmens unmöglich wäre. Den letzten Teil seiner Biographie, dessen Milieu und dessen Einzelheiten von Kastalien aus nicht kontrollierbar sind, bezeichnet er ausdrücklich als die ›Legende‹ vom entschwundenen Magister Ludi, wie sie unter seinen Schülern und über sie hinaus in der Waldzeller Tradition fortlebt.
Von den Figuren des Buches haben einige ihr individuelles Gesicht von wirklichen Personen erhalten, manche dieser Vorbilder sind von guten Lesern denn auch erkannt worden, andere bleiben mein Geheimnis. Erkannt wurde vor allem die Figur des Pater Jakobus, die eine Huldigung an den von mir geliebten Jakob Burckhardt ist. Ich habe mir sogar erlaubt, ein Wort von ihm meinem Pater in den Mund zu legen. Er gehört mit seinem resignierten Realismus zu den Gegenspielern des kastalischen Geistes.«

Brief an Siegfried Unseld von 1949/50. Briefe Erw. Ausg. 1964 bzw. Ausgewählte Briefe S. 286ff. bzw. MatGlas. a. a. O. S. 284f.

»Die Vorstellung, die den ersten Funken in mir entzündete, war die der Reinkarnation als Ausdrucksform für das Stabile im Fließenden, für die Kontinuität der Überlieferung und des Geisteslebens überhaupt. Es kam mir eines Tages, manche Jahre bevor ich mit dem Versuch einer Niederschrift begann, die Vision eines individuellen, aber überzeitlichen Lebenslaufes: ich dachte mir einen Menschen, der in mehreren Wiedergeburten die großen Epochen der Menschheitsgeschichte miterlebt. Übriggeblieben ist von dieser ursprünglichen Intention, wie Sie sehen, die Reihe der Knechtschen Lebensläufe, die drei historischen und der kastalische. Es gab übrigens in meinem Plan noch einen weiteren Lebenslauf, ins 18. Jahrhundert als die Zeit der großen Musik-

einen Vertrag mit dem Verlag Fretz & Wasmuth, Zürich, über die Herausgabe des *Glasperlenspiels*. Der Titel des Werkes lautet damals noch »Der Glasperlenspielmeister«. Eine mit Peter Suhrkamp vereinbarte Bitte von Walther Meier, Lektor im Verlag Fretz & Wasmuth, die »Hinterlassenen Schriften« von Josef Knecht in die Biographie selbst einzubringen, sie also nicht getrennt an den Schluß zu stellen, lehnt Hesse ab. »Ich habe über diese Dinge nicht wie Suhrkamp und Sie, einige Tage oder Stunden nachgedacht, sondern etwa zehn Jahre lang, und ich muß mich daher wehren.« Hesse hat sich ein Leben lang gegen Änderungsvorschläge gewehrt; Suhrkamp mußte gleich am Anfang seiner Verlegerlaufbahn eine entsprechende Erfahrung machen. Wahrscheinlich gibt es überhaupt keine Korrekturen in Hesses Texten, die auf Einwirkung Dritter zurückzuführen sind.
Die erste Ausgabe des *Glasperlenspiels* erscheint am 18. 11. 1943 in Zürich in zwei Bänden.
Kurz nach seiner Rückkehr von seiner Schweizer Reise wird Peter Suhrkamp unter Gestapo-Aufsicht gestellt. Im März 1943 soll der Suhrkamp Verlag vormals S. Fischer, »aus Rache wegen Hesse, Falke und Kellermann«, wie eine Tagebuchnotiz von Hermann J. Abs vom 5. 3. 1943 berichtet (mitgeteilt nach Falk Schwarz »Literarisches Zeitgespräch im Dritten Reich, dargestellt an der Zeitschrift ›Neue Rundschau‹«, Frankfurt 1972), geschlossen werden. Suhrkamp gelingt noch einmal die Verhinderung des Schließungsbeschlusses, doch am 13. 4. 1944 wird er von der Gestapo verhaftet. »Mein treuester Freund in Deutschland, mein Verleger Suhrkamp, Fischers Nachfolger, war lange Zeit, zum Teil meinetwegen, Gefangener der Gestapo; ich weiß nicht, ob er noch lebt.« (Brief an Lina Kurtz vom Juli 1945. Unveröffentlicht.)
Anfang 1945 wird Suhrkamp in das KZ Sachsenhausen bei Oranienburg eingeliefert, jedoch am 8. Februar schwerkrank entlassen; das Verlagshaus mit allen Akten und Archivunter-

blüte verlegt, ich habe auch an diesem Gebilde nahezu ein Jahr lang gearbeitet und ihm mehr Studien gewidmet als allen andern Biographien Knechts, aber es ist mir nicht geglückt, das Ding blieb als Fragment liegen. Die allzu genau bekannte und allzu reich dokumentierte Welt jenes Jahrhunderts entzog sich dem Einbau in die mehr legendären Räume der übrigen Leben Knechts.

In den Jahren, die zwischen der ersten Konzeption und dem wirklichen Beginn der Arbeit am Buche lagen und in denen ich noch zwei andre Aufgaben zu erfüllen hatte, hat die Dichtung, die später den Namen ›Glasperlenspiel‹ bekam, mir in wechselnden Gestalten vorgeschwebt, bald in feierlichen, bald in mehr spielerischen. Es waren für mich Jahre leidlichen Wohlergehens nach einer ernsten Lebenskrise, und es waren auch Jahre der Erholung und wiederkehrenden Lebensfreude für das vom ersten Weltkrieg erschöpfte Deutschland und Europa. Zwar war ich in politischer Hinsicht wach und mißtrauisch geworden und glaubte nicht an die deutsche Republik und die deutsche Friedfertigkeit, aber die allgemeine Atmosphäre von Zuversicht, ja Behagen tat mir doch wohl. Ich lebte in der Schweiz, kam sehr selten nach Deutschland und habe die Hitlersche Bewegung lange Zeit nicht ernst genommen. Als sie nun aber, namentlich vom Bekanntwerden des sogenannten Boxheimer Dokuments an, mir in ihrer Gefährlichkeit und Dynamik sichtbar wurde, und als sie gar offenkundig zur Macht gelangte, war es freilich mit meinem Behagen zu Ende. Es kam mit den Reden Hitlers und seiner Minister, mit ihren Zeitungen und Broschüren etwas wie Giftgas aufgestiegen, eine Welle von Gemeinheit, Verlogenheit, hemmungsloser Streberei, eine Luft, die nicht zu atmen war. Es bedurfte der erst um Jahre später bekannt werdenden massiven Greuel nicht, es genügte dies Giftgas, diese Entheiligung der Sprache und Entthronung der Wahrheit, um mich wieder, wie während der Kriegsjahre, vor den Abgrund zu stellen. Die Luft war wieder giftig, das Leben war wieder in Frage gestellt. Dies war nun der Augenblick, in dem ich alle rettenden Kräfte in mir aufrufen und alles, was ich an Glauben besaß, nachprüfen und festigen mußte. Es war etwas heraufgekommen, weit schlimmer als einst der eitle Kaiser mit seinen halbgötterhaften Generälen, und würde vermutlich zu Schlimmerem führen als zu jener Art von Krieg, die wir kennengelernt hatten. Inmitten dieser Drohungen und Gefahren für die physische und geistige Existenz*

* Eine Art Gebrauchsanweisung für die ›Nacht der langen Messer‹.

lagen wird durch Bomben zerstört. Nach der Kapitulation und nach seiner teilweisen Genesung bewirbt sich Suhrkamp sofort bei den Alliierten in Berlin um eine Verlagslizenz. Am 17. Oktober 1945 erhält er als erster Verleger eine britische Lizenz. Schon bei der Beantwortung der Fragen für die Bewerbung um die Lizenz weist Suhrkamp auf die dringliche Herausgabe des *Glasperlenspiels* in Deutschland hin. – Hesse erhält am 28. 8. 1946 den Goethe-Preis der Stadt Frankfurt. Anfang November 1946 wird ihm der Nobelpreis für Literatur zugesprochen.
Im Dezember 1946 erscheint im Suhrkamp Verlag, Berlin, mit dem Copyright 1943 bei Fretz & Wasmuth, Zürich, und unter der Lizenznummer der Besatzungsmächte ICB 481 die erste deutsche Ausgabe des *Glasperlenspiels* in zwei Bänden im Rahmen der Gesammelten Werke. 11.-20. Tausend 1947, 21.-35. Tausend 1949. Einbändige Ausgabe, jetzt in Garamond gesetzt, während die früheren Suhrkamp-Ausgaben in Unger-Fraktur gesetzt waren. 36.-46. Tausend, 1951 Suhrkamp Verlag Berlin und Frankfurt. 156. Tausend 1962. Fischer Taschenbuch und suhrkamp taschenbuch 79. 1972 bis 1984: 489. Tsd. Gesamtauflage 1942 bis 1977: 1,1 Millionen. GS VI, WA 9.
Die Entstehungs- und Wirkungsgeschichte des *Glasperlenspiels* ist ausführlich dokumentiert in zwei Materialienbänden zum *Glasperlenspiel*, herausgegeben von Volker Michels.

»Hesses *Glasperlenspiel* ist ein faszinierendes Alterswerk, versponnen, listig, groß und wunderlich – exemplarisch deutsch mit einem Wort. Ich bewundere es sehr.« Thomas Mann
Brief an Robert Faesi vom 15. 11. 1945

eines Dichters deutscher Sprache griff ich zum Rettungsmittel aller Künstler, zur Produktion, und nahm den schon alten Plan wieder auf, der sich aber sofort unter dem Druck des Augenblicks stark verwandelte. Es galt für mich zweierlei: einen geistigen Raum aufzubauen, in dem ich atmen und leben könnte aller Vergiftung der Welt zum Trotz, eine Zuflucht und Burg, und zweitens den Widerstand des Geistes gegen die barbarischen Mächte zum Ausdruck zu bringen und womöglich meine Freunde drüben in Deutschland im Widerstand und Ausharren zu stärken.

Um den Raum zu schaffen, in dem ich Zuflucht, Stärkung und Lebensmut finden könnte, genügte es nicht, irgend eine Vergan-

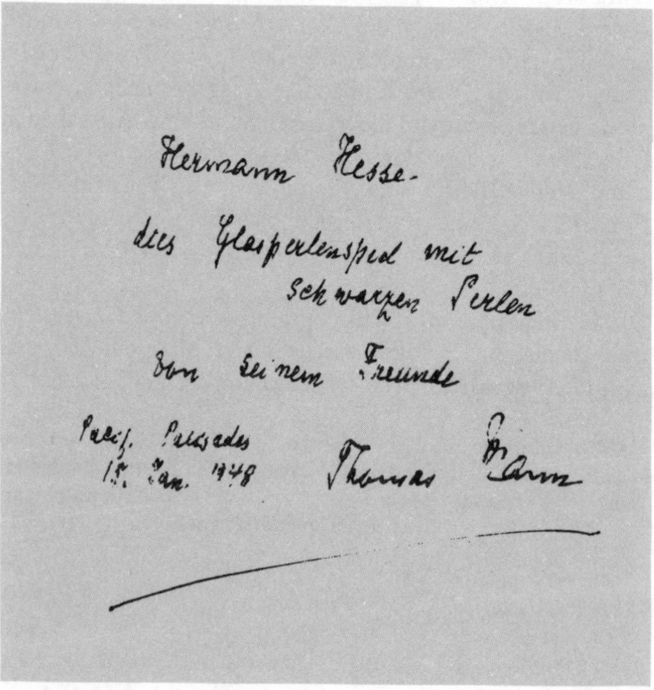
Hermann Hesse
dies Glasperlenspiel mit
schwarzen Perlen
von seinem Freunde
Pacif. Palisades
15. Jan. 1948
Thomas Mann

Thomas Manns Widmung des »Doktor Faustus« an Hesse.

»Dies keusche, kühne, verträumte und dabei doch hochintellektuelle Werk ist voller Überlieferung, Verbundenheit, Erinnerung, Heimlichkeit – ohne im mindesten epigonenhaft zu sein. Es hebt das Trauliche auf eine neue, geistige, ja revolutionäre Stufe – revolutionär in keinem direkten politischen oder sozialen, aber in einem seelischen, dichterischen Sinn: auf echte und treue Art ist es zukunftssichtig, zukunftsempfindlich.« Thomas Mann
a. a. O.

»Ich empfinde, bei allen Unterschieden, den Faustus und das *Glasperlenspiel* durchaus als Bruderwerke. Viel gibt es heute nicht, außer ihnen, was, meinetwegen ohne endgültig groß zu sein, doch eine gewisse Affinität zur Größe hat.« Thomas Mann
Brief an Robert Faesi vom 19. 4. 1948

»Es gehört zu dem wenigen Wagemutigen und eigensinnig-groß Konzipierten, was unsere verprügelte, verhagelte Zeit zu bieten hat.« Thomas Mann
Brief an Erich Kahler vom Dezember 1947

»Die *Morgenlandfahrt* bedeutet im Gesamtwerk Hesses den Aufbruch zu dem Gipfel im *Glasperlenspiel.* 1925 hat Hesse in einem ›Kurzgefaßten Lebenslauf‹ für sein ferneres Leben den Vorsatz geäußert, statt in der Gegenwart nur noch in einer ferneren Zukunft leben zu wollen. Das *Glasperlenspiel* ist in einer solchen angesiedelt, ohne deshalb eine Utopie zu sein. In diesem Werk geht es um die Bewahrung des Geistigen vor der drohenden Vermanschung und Verfälschung im Zeitalter des Feuilletonismus, wie unsere Zeit in der Einleitung genannt ist. Es zeigt innerhalb der bürgerlichen Welt eine Welt des reinen Geistes in Gestalt eines Ordens; eine Welt ›nicht von dieser Welt‹, die vom Dichter als existent in der Welt der bürgerlichen Staaten dargestellt wird. Der besondere Gegenstand ist das Ausdrucksmittel für geistige Vorgänge. Unsere Sprache aus Wörtern ist als Ausdrucks- und Darstellungsmittel entartet. Das Wort ist eine subjektive und bürgerliche Form, es kann nicht mehr als reines Abbild von geistigen Erscheinungen angesehen werden, wie etwa die alten chinesischen Schriftzeichen reine Bilder rationaler und irrationaler Erscheinungen waren. Die Kastalier bildeten für ihre Studien ein anderes Instrument aus, dessen Zeichen so fern von jedem täglichen Gebrauch sind wie die Notenschrift in einem Musikstück. Die reinste und abstrakteste Gestalt, die Kugel, wurde als Zeichen gewählt. Sie wird, als Glasperle, in Kombinationen

genheit zu beschwören und liebevoll auszumalen, wie es etwa meinem früheren Plan entsprochen hätte. Ich mußte, der grinsenden Gegenwart zum Trotz, das Reich des Geistes und der Seele als existent und unüberwindlich sichtbar machen, so wurde meine Dichtung zur Utopie, das Bild wurde in die Zukunft projiziert, die üble Gegenwart in eine überstandene Vergangenheit gebannt. Und zu meiner eigenen Überraschung entstand die kastalische Welt wie von selbst. Sie brauchte nicht erdacht und konstruiert zu werden. Sie war, ohne daß ich es gewußt hatte, längst in mir präformiert. Und damit war der gesunde Atemraum für mich gefunden.

Ich tat damals auch meinem Bedürfnis nach Protest gegen die Barbarei Genüge. In meinem ersten Manuskript gab es einige Abschnitte, namentlich in der Vorgeschichte, die mit Leidenschaft gegen die Diktatoren und die Vergewaltigung des Lebens und Geistes Stellung nahmen; diese in der endgültigen Fassung größerenteils gestrichenen Kampfansagen wurden in meinem deutschen Freundeskreis heimlich abgeschrieben und verbreitet. Die Dichtung erschien noch während des Krieges in der Schweiz. Sie wurde von meinem deutschen Verleger in einer Abschrift, in der die krassesten antihitlerischen Stellen weggelassen waren, den deutschen Zensoren zwecks Erlangung der Druckerlaubnis vorgelegt, wurde von diesen aber natürlich abgelehnt. Später hatte die kämpferisch-protestierende Funktion meines Buches für mich keine Bedeutung mehr.«

Brief an Rudolf Pannwitz vom Januar 1955. Briefe, Erw. Ausg. 1964 bzw. Ausgewählte Briefe S. 436ff. bzw. MatGlas. a. a. O. S. 294ff.

»Aus Leserbriefen und Rezensionen war mir der Widerstand gegen das wirkliche Lesen, Verstehen und Geltenlassen des Schlusses meiner Erzählung natürlich bekannt. Ich habe das hingenommen wie andre Mißverständnisse, ich bin so oft bald mit Schmutz beworfen, bald mit Berühmtheit überfüttert worden, daß beides keinen Geschmack mehr für mich hat, nicht einmal einen bitteren. Aber wenn mir die »öffentliche Meinung« gleichgültig geworden ist, so spricht doch jedes aufrichtige Verstehenwollen einzelner Leser mich herzlich an. Dieser »einzelne Leser« ist meistens wortärmer, aber viel gescheiter als jene öffentliche Meinung, die von einer Schicht substanzloser Intellektualität gebildet wird und zum Glück nicht so mächtig ist, wie sie zu sein glaubt«.

Brief an Georg Erhart vom Ende Juli 1955. GBriefe 4.

verwandt, wie sie in musikalischen Kompositionen vorgebildet sind. Die Darstellung eines geistigen Vorgangs geschieht in einer Partitur aus Glasperlen, und diese Partitur wird, in der Art eines Musikstückes auf einer Glasperlenorgel, für die Mitglieder des Ordens verständlich, zur Aufführung gebracht. Die zwei Bände des *Glasperlenspiels* geben den Lebensgang eines Meisters in dieser höchsten ›literarischen‹ Kunst; die Geschicke des Josef Knecht sind aus Werken und Äußerungen von ihm ergänzt. Es geht in diesem Werk allein noch um diese letzte und höchste Form der Erziehung, der Religion und der Gemeinschaft in der Menschenwelt, und das in Form einer Prosa, die so kühl, so rein und klar und so transparent ist wie eine Musik von Bach.« Peter Suhrkamp, 1946
a. a. O.

»*Das Glasperlenspiel* ist ein eminent wichtiger Beitrag zum Thema Geist und Politik. Wer dawider protestieren wollte, daß hier eine Dichtung zum Diskussionsstoff erniedrigt werde, hätte nur recht, wenn wir nicht auf der Ebene des Werkes selbst und in seinen Kategorien diskutierten. Hesse selbst hat die chronikalische Lebensbeschreibung Josef Knechts in einer gewissen wohltemperierten stilistischen Trockenheit, Luzidität und ›kastalischen‹ Schlichtheit aufgeschrieben und dem Werk bruchlos theoretische Abschnitte eingefügt. Vor allem der vorangestellte Traktat über das *Glasperlenspiel*, der den Untertitel ›Versuch einer gemeinverständlichen Einführung in seine Geschichte‹ trägt, dürfte Zweifel in unser Unternehmen beheben. Die Lebensbeschreibung des Magister Josef Knecht ist insofern der Gattung Utopie zuzuzählen, als unsere gegenwärtige Epoche darin als bereits vergangen erscheint. Der Rückblick auf unser Zeitalter, dem Hesse die Signatur ›feuilletonistisch‹ gibt, ist von hoher geistesgeschichtlicher Bedeutung. Eine üble, echt und unecht nicht mehr unterscheidende Promiskuität der Kultursachgebiete und ein dazugehöriger geschmäcklerischer Massenkonsum, eine gewisse Fahrigkeit des wahllosen Genießens, eine Süchtigkeit nach den Reizen der Kultur, die zu Reizmitteln degradiert werden, ein Überwiegen der Dynamik und des schwülstigen Bombastes – kurzum, die spätbürgerliche Götterdämmerung der Kultur sind unmittelbar der Epoche der großen Massenglaubenskriege, der Zerstörung und der Barbarei vorangegangen. Dann kam die große Ermattung und der Friede aus Ermattung. In kleinen Zirkeln gleichgesinnter Geister, die sich in ›büßerisch-fanatischer Hingabe an den Geist‹ zusammen fanden, kam eine ›heroisch-asketische Gegenbewegung‹ auf. So entstand die neue pädagogische

Stufen

Wie jede Blüte welkt und jede Jugend
Dem Alter weicht, blüht jede Lebensstufe,
Blüht jede Weisheit auch und jede Tugend
Zu ihrer Zeit und darf nicht ewig dauern.
Es muß das Herz bei jedem Lebensrufe
Bereit zum Abschied sein und Neubeginne,
Um sich in Tapferkeit und ohne Trauern
In andre, neue Bindungen zu geben.
Und jedem Anfang wohnt ein Zauber inne,
Der uns beschützt und der uns hilft, zu leben.
Wir sollen heiter Raum um Raum durchschreiten,
An keinem wie an einer Heimat hängen,
Der Weltgeist will nicht fesseln uns und engen,
Er will uns Stuf' um Stufe heben, weiten.
Kaum sind wir heimisch einem Lebenskreise
Und traulich eingewohnt, so droht Erschlaffen,
Nur wer bereit zu Aufbruch ist und Reise,
Mag lähmender Gewöhnung sich entraffen.

Es wird vielleicht auch noch die Todesstunde
Uns neuen Räumen jung entgegensenden,
Des Lebens Ruf an uns wird niemals enden ...
Wohlan denn, Herz, nimm Abschied und gesunde!

Provinz Kastalien, ein Staat der Geistigen im Staate der andern, der Bezirk eines Ordens der Jünger des Geistes, wo es keine sozialen Unterschiede und ökonomischen Machtkämpfe, wohl aber eine strenge Hierarchie der geistigen Ränge und entsprechend ein verzweigtes System von Schulen und dazugehörige Grade der Einweihung gibt. In ihren Ursprüngen war die Provinz einer legitimen politischen Idee entsprungen. Wer die äußere Tatsache der Absonderung vom Leben der Vielen als Rückzug der Intellektuellen in den elfenbeinernen Turm deuten wollte, erwiese sich als oberflächlicher und flacher Banause. Der Orden hat es sich zur Aufgabe gesetzt, den strengen methodischen Geist zu pflegen. Die kulturelle Erneuerung, die von Kastalien ausstrahlt, bedeutet eine Erneuerung des Lebens überhaupt ...

Man sollte nach den zitierten und anderen Stellen annehmen, daß Kastalien, das sich den höchsten Erziehungsauftrag anmaßt, eine Idee der Macht habe, die Idee der Macht des Geistes. Alle Erziehung ist Ausübung von Macht. Auch Erziehung zwingt und muß bezwingen, es sei denn, sie gäbe sich selber auf und verfiele in Skepsis und Nihilismus oder in snobistischen Betrieb, was einem partiellen Rückfall in das feuilletonistische Zeitalter gleichkäme.« Karl Korn

»Verspielte Perlen« in »Berliner Heft für geistiges Leben«, 1947

Vgl. MatGlas., Bd. 2

»Mag die Organisation des Glasperlenspielordens in der Überlieferung der Kulturwerte das Ihre leisten, die echte Überlieferung oder Tradition geschieht von Seele zu Seele, von Geist zu Geist. Ihr kehrt Hesse sich im zweiten Teil mit innigerer Wärme, mit gesteigerter Beschwörungskraft zu. Er läßt sich nicht ein auf Heilsbotschaften, die einem Volk oder der Menschheit nun endlich und endgültig Segen bringen sollen; er gibt sich, bei allem Geltenlassen der politisch-gesellschaftlichen Sphäre als zum Stufenbau der Welt gehörend, nicht als Politiker, da es ihm weit bedrängender um das Heil der Seele geht. Er führt seine Leser ins Offene, über ihre selbstgewählten Grenzen, über sich hinaus, und wer sich von ihm berühren und verwandeln läßt, wird sich über eine Stufe des Daseins und Leidens gehoben finden in jenes Reich, wo sich das Wahre und das Gute nur durch das Schöne offenbaren.«

Max Rychner

»Das Glasperlenspiel« in »Zeitgenössische Literatur«, Zürich 1947

Vgl. MatGlas., Bd. 2

Schluß:

Das große Gespräch über Geist u. Politik zwischen Knecht und em Führer der Diktatur, der ihn dafür gewinnen will, das Gl. Spiel in den Dienst des neuen Staates zu stellen, andernfalls muß seine Partei gegen die Glspieler ebenso rigoros vorgehen wie gegen alles ihr reaktionär scheinende, die Bünde auflösen, das Spiel verbieten und zerstören, seine paar Führer und Wissenden töten.

Der Versucher spricht recht klug und beinah geistig, Knecht gibt höflich und bescheiden Auskunft, macht keinerlei Versuch sich zu retten. Er weigert sich, auf den Vorschlag einzugehen, d.h. sein Institut dem Staat zu unterstellen und die ihm vom Staat überwiesenen jungen Leute im Spiel auszubilden, damit so der Geist mit der Politik und Aktion verbunden werde. Er sagt: es wäre auch ganz wertlos, wenn er aus irgend w. Gründen sich bereit erklären würde Ja zu sagen: denn wer sich gewissenhaft und nach allen Regeln jahrelang dem Erlernen des Spiels widme, und dabei etwas erreiche, der sei für immer verdorben und verloren für jedes Ausüben von Macht, für jedes materielle Streben. Es würden also, selbst wenn er den Versuch machen wollte, doch nur jene Schüler, die zum Spiel untauglich sind, nach der Ausbildung zum Staatsdienst zurückkehren.

Also: er sagt Nein, und willigt in den Untergang. Doch erbittet er Erlaubnis und Frist zu einem letzten Spiel. Das bereitet er sorgfältig vor und endet mit ihm sein Tun und Leben, es ist sein Abschied. Thema dieses letzten Spieles ist: Kampf der unreinen, streberischen Mächte gegen den reinen Geist, scheinbare Fortschritte der Macht, Politik etc, die sich aber langsam als lauter Auflösungen erweisen, und zuletzt, wo das ursprüngliche Geist-Thema sich zum Machtthema umgekehrt hat, erweist sich Alles als vom Geist verwands und durchsetzt.

Aus Hesses Entwürfen zum »Glasperlenspiel«.

»... wenn hier ein großer Freund des Menschen und der menschlichen Kulturleistungen unermüdlich fragt, welchen Weg es geben könne, das Los des Menschen zu bessern und den Bestand der kulturellen Erbschaft vor der Vernichtung zu bewahren, wenn Hesse unablässig das Thema umkreist und zu deuten sucht, das von den Möglichkeiten der Kunst in unserer Wirklichkeit handelt, so dürfen wir mit Fug, trotz allen romantischen Arabesken, von einer *echt realistischen* Fragestellung eines großen Humanisten sprechen.«

Hans Mayer
»Hermann Hesse und das ›Feuilletonistische Zeitalter‹«,
in »Studien zur deutschen Literaturgeschichte«, Berlin 1964.
Vgl. MatGlas., Bd. 2

»Als *Das Glasperlenspiel* in russischer Übersetzung erschien (*Igra w bisser*, Moskau, 1969, 75. Tsd.), löste es bei der sowjetischen Literaturkritik ein lebhaftes Echo aus ...
Allein in den Jahren 1969-1971 sind in der Sowjetunion zwei Dissertationen über Hesse verfaßt worden; über ein Dutzend wissenschaftlicher Abhandlungen sind im Druck erschienen, elf davon über das *Glasperlenspiel*.«
Reso Karalaschwili, »Josef Knechts Tod«, Originalbeitrag des sowjetischen Kritikers für MatGlas., Bd. 2.

»Hermann Hesses *Glasperlenspiel* ist kein Roman im gewöhnlichen Sinn des Wortes ... Es ist eine philosophische Utopie, in welche Elemente des Gleichnisses, der Allegorie einbezogen werden, ein ›intellektueller‹ Roman, in dem die Schicksale der gegenwärtigen Kultur in die ferne Zukunft transponiert und eingehend erforscht werden ... Der Reiz des Romans liegt vor allem in seiner poetischen Aussage, im humanistischen Gehalt und in der tiefen Besorgnis des Autors um die Zukunft des kulturellen Erbes der frühbürgerlichen Epoche. Die Kultur vor dem Verfall zu retten, sie von der Geistlosigkeit des ›Feuilletonistischen Zeitalters‹ zu befreien, ihr das Verantwortungsgefühl zu wecken nicht nur für sich selbst, sondern für alles, was in der Welt geschieht – von diesem Gedanken, dieser Intention ist *Das Glasperlenspiel* sowie das gesamte Werk Hermann Hesses durchtränkt. Hierin liegt die hohe humanistische Bedeutung des Romans, seine zeitlose Zeitgemäßheit und Anziehungskraft.«
W. Sedelnik, Mitglied des Moskauer Instituts für Weltliteratur. »Spiel und Leben. Eine Betrachtung über Josef Knechts Leben und Tod«. Originalbeitrag für die MatGlas., Bd. 2

Foto: Martin Hesse.

»In der Einleitung erkennen wir, von einem freieren zukünftigen Zeitpunkt aus rückblickend auf unsere eigene Zivilisation, all ihre grellen Widersprüchlichkeiten. Gleichzeitig sehen wir nach vorn in das Kastalien der Zukunft, wo die Probleme unserer Zeit in einer realistischen Abstraktion vor uns ausgebreitet werden, so daß wir sie rational und ohne Leidenschaft überdenken können. Kastalien hat mehr als nur ein paar Gemeinsamkeiten mit den intellektuellen und kulturellen Institutionen der sechziger Jahre. Das zeigt das Ausmaß, in welchem diese zu autonomen Herrschaftsbereichen geworden sind und – abgeschnitten von den sozialen Bedürfnissen der Menschheit – ihr eigenes *Glasperlenspiel* in herrlicher Isolierung pflegen. Und Knechts Überzeugung, daß ein Staat ohne den mildernden Einfluß der Kultur zu Dummheit und Rohheit verurteilt ist, trifft genau auf eine heute weit verbreitete Besorgnis zu: unsere von Computern gesteuerte Gesellschaft ist derart bürokratisch und unpersönlich geworden, daß sie nicht mehr ausreichend von Kräften gelenkt werden kann, die im wahrsten Sinn menschlich sind. Je länger wir Hesses Roman überdenken, desto klarer erkennen wir, daß er kein auf die imaginäre Zukunft gerichtetes Teleskop ist, sondern ein Spiegel, der mit beunruhigender Schärfe ein Musterbeispiel unserer heutigen Wirklichkeit zurückwirft.«

Theodore Ziolkowski

»Zur Aktualität des Glasperlenspiels«. Einleitung zur neuen amerikanischen Übertragung des Glasperlenspiels, New York 1969. Vgl. MatGlas., Bd. 2

»Den ganzen Tag blieb der Literat mit seinem Traum beschäftigt, und je tiefer er in ihn eindrang, desto schöner schien er ihm, desto mehr schien er ihm alle Dichtungen der besten Dichter zu übertreffen. Lange Zeit, manche Tage lang hing er dem Wunsche und Plane nach, diesen Traum so aufzuschreiben, daß er nicht nur für den Träumer selbst, sondern auch für andere diese unnennbare Schönheit, Tiefe und Innigkeit habe. Spät erst gab er diese Wünsche und Versuche auf, und sah, daß er sich damit begnügen müsse, in seiner Seele ein echter Dichter zu sein, ein Träumer, ein Seher, daß sein Handwerk aber das eines bloßen Literaten bleiben müsse.«

Schluß der Aufzeichnung »Traumfährte«, WA 6, S. 356f.

TRAUMFÄHRTE

»Neue Erzählungen und Märchen«. 1945 bei Fretz & Wasmuth erschienen. Ernst Morgenthaler gewidmet. Enthält: »Traumfährte« (1926), »Tragisch« (1922), »Kindheit des Zauberers« (1923), ein autobiographisches Fragment in märchenhafter, humoristischer Form. »Kurzgefaßter Lebenslauf« (1925, Konjekturalbiographie). »Die Stadt« (1910). »Märchen vom Korbstuhl« (1918). »Der Europäer« (Frühjahr 1918). »Edmund« (1930). »Schwäbische Parodie« (1928). »Vom Steppenwolf« (1928). »König Yu« (1929). »Vogel« (1932). 1959 in den GW erschienen. GS IV, WA 6 und *Die Erzählungen* bzw. die Geschenkausgabe *Gesammelte Erzählungen,* sowie in den Einzelbänden der Gesammelten Erzählungen. *Der Europäer* und *Innen und Aussen,* suhrkamp taschenbücher 384 und 413.

»Die vorliegende Sammlung enthält zwölf dichterische Prosastücke, von denen seit ihrer Erstveröffentlichung nur wenige bekanntgeworden sind. – Der Band kann mit seinem handwerklich sauberen, kraftvollen, klaren und ganz uneitlen Stil jedem um seine sprachliche Selbstbildung bemühten Leser als Vorbild, und bei der Beurteilung anderer Prosa als Maßstab dienen.«

Erwin Ackerknecht, 1956

»Dieses Buch voller Scherz, Satire, verwöhnter Koketterie und tieferer Bedeutung ist in seinen spätesten Stücken in dem Jahrzehnt von 1922-1932 entstanden ... Es sind lauter Parerga und Paralipomena zu Hesses großen Hauptwerken über den Untergang der neuzeitlichen Kultur.«

Nino Erné
in »Welt und Wort«, Tübingen, 1949

»Es ist viel, sehr viel, was hier in zwölf Geschichten auf knapp zweihundert Seiten geboten wird, es ist im kleinen der ganze Hesse, scheinbar wirr, doch wenn man näher hinsieht, glasklar, fragil und doch von stolzer Festigkeit. Und das Beste daran ist, daß es all dies noch nicht einmal sein will.«

»Süddeutsche Zeitung«, München vom 16. 4. 1960

»Das Zusammenstellen dieses Buches war für den Autor keine freundliche Arbeit, keine, welche angenehme Erinnerungen aufruft und geliebte Bilder beschwört. Im Gegenteil, jeder einzelne Aufsatz erinnerte mich brennend an Zeiten des Leidens, Kampfes, der Vereinsamung, der Anfeindung und Unverstandenheit, der bitteren Loslösung von angenehmen Idealen und angenehmen Gewohnheiten. Darum habe ich, um diesen Schatten, die heute häßlicher und aktueller sind als je, etwas Schönes und Lichtes entgegenzustellen, in der Widmung dieses Buches eine edle, geliebte Freundesgestalt und mit ihr das einzige Schöne und Bleibende beschworen, was jene Kämpfe und Plagen mir einst eingetragen haben. Ich vergaß vieles aus den beklemmenden Tagen des Jahres 1914, in denen der früheste dieser Aufsätze entstanden ist, nicht aber jenen Tag, an dem ein Briefchen von Romain Rolland als einzige sympathische Reaktion auf diesen Aufsatz mich erreichte, zugleich mit der Ankündigung seines Buches. Ich hatte einen Weggenossen, einen Gleichgesinnten, einen, der gleich mir gegen den blutigen Unsinn des Krieges und der Kriegspsychose empfindlich gewesen und dagegen aufgestanden war, und es war nicht ein beliebiger, es war ein Mann, den ich als Dichter der ersten Bände des Jean Christopher (mehr kannte ich damals von ihm noch nicht) hochschätzte, und der mir an politischer Schulung und Bewußtsein weit überlegen war ...
Mein Verhalten, meine moralische Reaktion jedem großen politischen Ereignis gegenüber hat seit jenem ersten Erwachen vor dreißig Jahren sich stets instinktiv und völlig ungesucht eingestellt, meine Urteile haben nie geschwankt. Da ich nun ein ganz unpolitischer Mensch bin, war mir selber diese Zuverlässigkeit des Reagierens erstaunlich, und ich habe des öfteren über die Quellen nachgedacht, aus denen dieser moralische Instinkt herkam, über die Erzieher und Lehrer, die mich, ohne daß ich mich je systematisch um Politik gekümmert hätte, so geprägt hatten, daß ich stets meines Urteils sicher war und eine mehr als durchschnittliche Widerstandsfähigkeit gegen Massenpsychosen und geistige Ansteckungen jeder Art besaß. Man soll sich zu dem bekennen, was einen erzogen, geprägt und gebildet hat, und so muß ich nach häufiger Überprüfung der Frage sagen: es waren drei starke und lebenslänglich nachwirkende Einflüsse, die diese Erziehung an mir vollbracht haben. Es war der christliche und nahezu völlig unnationalistische Geist meines Elternhauses, es

KRIEG UND FRIEDEN

»Betrachtungen zu Krieg und Politik seit dem Jahre 1914.« 1946 bei Fretz & Wasmuth erschienen. »Dem Andenken meines lieben Romain Rolland gewidmet.«

Die Sammlung beginnt mit dem im September 1914 geschriebenen Aufsatz »O Freunde, nicht diese Töne!« und schließt mit dem »Brief nach Deutschland« von 1946. Sie enthält die »Worte zum Bankett anläßlich der Nobel-Feier«; 14 Aufsätze dieses Bandes sind den *Betrachtungen* entnommen.

Hesse hat in diesem Band bewußt nur eine knappe Auswahl seiner »politischen« Publizistik gegeben. Es gibt Jahre, in denen er keine »politischen« Betrachtungen geschrieben hat. »Man ziehe daraus jedoch nicht den Schluß, ich habe zwischenrein wieder geschlafen und die Weltgeschichte Weltgeschichte sein lassen. Das war mir, zu meinem eigenen großen Bedauern, seit dem ersten grausigen Erwachen im Ersten Weltkrieg nicht mehr gegönnt. Und wer sich mit dem Ganzen meiner Lebensarbeit befaßt, der wird bald merken, daß auch in den Jahren, aus denen keine aktuellen Aufsätze vorhanden sind, der Gedanke an die unter unseren Füßen glimmende Hölle, das Gefühl der Bedrohtheit durch nahe Katastrophen und Kriege mich nie verlassen hat. Vom *Steppenwolf*, der unter anderem ein angstvoller Warnruf vor dem morgigen Kriege war, und der entsprechend geschulmeistert oder belächelt wurde, bis in die scheinbar so zeit- und wirklichkeitsferne Bilderwelt des *Glasperlenspiels* hinein wird der Leser immer wieder darauf stoßen«.

Deutsche Ausgabe 1948 in den GW, um acht Stücke vermehrt. Seit 1948 sind mit diesem Buch die deutschen Ausgaben der Werke Hesses wieder im Suhrkamp Verlag vormals S. Fischer, Berlin, erschienen; von 1951 an im Suhrkamp Verlag Berlin und Frankfurt.

Fast alle Texte der Sammlung »Krieg und Frieden« sind

war die Lektüre der großen Chinesen, und es war, nicht zuletzt, der Einfluß des einzigen Historikers, dem ich je mit Vertrauen, Ehrfurcht und dankbarer Jüngerschaft zugetan war: Jacob Burckhardt.«

Aus dem Geleitwort zur Schweizer Ausgabe von »Krieg und Frieden«, 1946, WA 10, S. 544ff.

heute in der auf Vollständigkeit angelegten thematischen Edition »Politik des Gewissens« (1977) greifbar.

»Was an allen diesen Versuchen, den alten und den jungen, gleich wohltuend berührt, ist ihr Realismus, ihre vornehme Nüchternheit, die gleich weit entfernt von Dichter-Verträumtheit wie von intellektueller Überheblichkeit, wohl zur Erkenntnis beitragen will, nie aber in Versuchung gerät zu glauben, die Mächtigen dieser Welt seien durch ›geistige Scheinaktion‹, durch ›Mahnen, Bitten, Predigen oder gar Drohen‹ zu beeinflussen. Günter Blöcker
»Tagesspiegel«, Berlin, vom 18. Juli 1949

»Vor allem gibt es ein Buch, das mit unbeirrbarer leiser Stimme und in neunundzwanzig kurzen Sermonen seit dreißig Jahren das gleiche sagt, ohne daß sein Verfasser gehört, geschweige verstanden wäre. Ein Buch der Weisheit, schlicht und gewaltig, das in deutscher Sprache den deutschen Menschen von jenseits der Grenze her anspricht: ein Buch des Weisen von Montagnola, dem Andenken Romain Rollands gewidmet, der ein Friedenskämpfer wie Hermann Hesse und über die Bindung an seine Nation ein Mensch und ein Mitmensch war. Es beginnt mit Aufsätzen, die ihren Ursprung im ersten Weltkrieg haben, und endet mit einigen Briefen aus dem vergangenen Jahr – aber trotzdem sind erstaunlicherweise die ersten Aufsätze nicht veraltet, und die letzten erschließen ihre Bedeutung durch den bestürzenden Grad der Hellsicht, den die ersten bewiesen haben. Das Thema der Menschlichkeit wird variiert; es wird in Gleichnissen abgewandelt, in bezaubernden Märchen wie das von dem ›Europäer‹, in Träumen, Visionen, Ermahnungen, Briefen, von überall angegangen. In schlichtester und kristallklarer Sprache entfaltet sich das Thema der Güte, der Herzenseinfalt, der Demut, der Bereitschaft zu dem eigenen Schicksal und also der höchsten und eigentlichen, der tiefsten Tapferkeit. Kein falscher Ton in dem ›Brief nach Deutschland‹, keine Schulmeisterei in der Abwehr kindischer Ambitionen; aber überall jene Vox humana erworbener und erkämpfter und in dem Feuer der Realität erprobter Lebensweisheit. Vielleicht sind die Aufsätze *Krieg und Frieden* gerade heute zurecht gekommen; vielleicht, fast möchte ich glauben, in allerletzter Minute; in dem Augenblick, wo die Geschichte sich zwischen gestern und morgen still in der Schwebe hält; wo es möglich ist, alles zum Guten zu wenden, wenn das eigene Herz es will.«
Elisabeth Langgässer
»Deutsche Zeitung« vom 8. Oktober 1949

»Es scheint als müsse ich in meinen späten Tagen nicht nur, wie alle alten Leute, mich wieder den Erinnerungen aus den Kinderjahren zuwenden, sondern als müsse ich auch, zur Strafe gewissermaßen, die fragwürdige Kunst des Erzählens noch einmal mit umgekehrten Vorzeichen ausüben und abbüßen. Das Erzählen setzt Zuhörer voraus und fordert vom Erzähler eine Courage, welche er nur aufbringt, wenn ihn und seine Zuhörer ein gemeinsamer Raum, eine gemeinsame Gesellschaft, Sitte, Sprache und Denkart umschließt. Die Vorbilder, die ich in meiner Jugend verehrte (und heut noch verehre und liebe), vor allem der Erzähler der Seldwyler Geschichten, haben mich damals lange Zeit in dem frommen Glauben unterstützt, daß auch mir diese Zugehörigkeit und Gemeinsamkeit angeboren und überkommen sei, daß auch ich, wenn ich Geschichten erzählte, mit meinen Lesern eine gemeinsame Heimat bewohne, daß ich für sie auf einem Instrumente und nach einem Notensystem musizierte, das ihnen wie mir vollkommen vertraut und selbstverständlich sei. Da waren Hell und Dunkel, Freude und Trauer, Gut und Böse, Tat und Leiden, Frömmigkeit und Gottlosigkeit zwar nicht ganz so kategorisch und grell voneinander getrennt und abgehoben wie in den moralischen Erzählungen der Schul- und Kinderbücher, es gab Nuancen, es gab Psychologie, es gab namentlich auch Humor, aber es gab nicht den grundsätzlichen Zweifel, weder am Verständnis der Zuhörer noch an der Erzählbarkeit meiner Geschichten, welche denn auch meist ganz artig abliefen mit Vorbereitung, Spannung, Lösung, mit einem festen Gerüste von Handlung, und mir und meinen Lesern beinah ebensoviel Vergnügen machten wie das Erzählen einst dem großen Meister von Seldwyla und das Zuhören seinen Lesern gemacht hatte. Und nur sehr langsam und widerwillig kam ich mit den Jahren zur Einsicht, daß meine Art zu leben und meine Art zu erzählen einander nicht entsprachen, daß ich dem guten Erzählen zuliebe die Mehrzahl meiner Erlebnisse und Erfahrungen mehr oder weniger vergewaltigt hatte, und daß ich entweder auf das Erzählen verzichten oder mich entschließen müsse, statt eines guten ein schlechter Erzähler zu werden. Die Versuche dazu, etwa von ›Demian‹ bis zur ›Morgenlandfahrt‹, führten mich denn auch immer mehr aus der guten und schönen Tradition des Erzählens hinaus. Und wenn ich heute irgendein noch so kleines, noch so gut isoliertes Erlebnis aufzuzeichnen versuche, dann rinnt mir alle

SPÄTE PROSA

Erzählungen aus den Jahren 1944 bis 1950, 1951 erschienen. »Den Freunden H.C. Bodmer und Frau Elsy gewidmet.« Unter den »Elf Meisterwerken der kleinen Form« sind enthalten: »Der gestohlene Koffer« (1944), »Der Pfirsichbaum« (1945), »Rigi-Tagebuch« (1945), »Traumgeschenk« (1946), »Beschreibung einer Landschaft« (1946), »Der Bettler« (1948), »Unterbrochene Schulstunde« (1948), »Glück« (1949), »Schulkamerad Martin« (1949), »Aufzeichnungen von einer Kur in Baden« (1949), »Weihnacht mit zwei Kindergeschichten« (1950).
Die betrachtenden Texte sind in den Band *Glück* der Bibliothek Suhrkamp, die erzählenden Texte in *Die Erzählungen* bzw. *Gesammelte Erzählungen* aufgenommen. GS IV, WA 8.

»Die Gestaltung erinnert an die vielsagende Einfachheit und den kühlverhaltenen Glanz des Chinesischen, am deutlichsten in der »Beschreibung einer Landschaft«. Hier vor allem gelingt es Hesse, die Dinge seiner Schilderung nicht in die Welt hineinzustellen, sondern die Welt in sie hereinzuholen. Gerade das sowohl in Gehalt wie in Gestalt Unzeitgemäße dieser stillen, aus innerer Erregung heraus lebenden Prosa macht sie unserer Zeit wertvoll und notwendig.« Josef Mühlberger
»Neue Württembergische Zeitung« vom 25. April 1951

»Es ist fesselnd, Hesses Art zu erzählen zu verfolgen. Denn er läßt ja Hand in Hand mit der Erzählung den Vorgang des Erzählens selbst Profil gewinnen. Am Anfang steht die Einbildungskraft, die sich eines versunkenen Bildes, eines Dinges oder Erlebnisses bemächtigt und nun dessen Gegenstand hin- und herwendet, ihn mitführt in ihrem Fluß und sich an ihm mit einem Wort Rilkes ›produktiv versucht‹. Es ist, so möchte man sagen, letztlich die Erfahrung der inneren Paradoxie seiner Aufgabe, welche dem Dichter die dialektische Erzählform aufnötigt. Denn indem er zweierlei Bewegung gegeneinander absetzt und miteinander fortführt, Erzählung und Erzählen in dauernder Beziehung hält, tritt

Kunst unter den Händen weg, und das Erlebte wird auf eine beinah gespenstische Weise vielstimmig, vieldeutig, kompliziert und undurchsichtig. Ich muß mich darein ergeben, es sind in den letzten Jahrzehnten größere und ältere Werte und Kostbarkeiten als nur die Erzählkunst zweifelhaft geworden.«

Beginn der Erzählung »Unterbrochene Schulstunde« WA 8, S. 461f.

»In einer Reihe von Briefen . . . fand ich eine gewisse Bestätigung und Rechtfertigung dafür, daß ich im Alter, statt Erzählungen zu erfinden (worin ich freilich nie stark war), fast nichts anderes mehr schreibe als Erinnerungen oder Beschwörungen, möglichst genaue Rekonstruktionen von Vergangenem, Erlebtem. Es ist eine Art Kampf gegen Tod und Vergessen, ein Dienst am Gedächtnis der Vorangegangenen.«

Brief an Theodor Heuss vom März 1961. Unveröffentlicht.

das Paraodox selbst in Erscheinung und erhöht damit die innere Mannigfaltigkeit.«

Anni Carlsson
»Die Neue Zeitung«, vom 9. September 1951

»Die Stücke dieses Bandes gewähren noch einmal, wie aus großer Höhe, einen Blick auf Hesses Wesenslandschaft ... Nirgends ein Stillstand, nirgends ein Beharren, sondern immer noch der Pendelschlag zwischen statisch und dynamisch.«

Karl August Horst im »Merkur«, Baden-Baden
vom November 1952

»So viel Dringliches, Lautes, scheinbar Wichtiges gibt es zu lesen, und dann kommt von Zeit zu Zeit einer dieser blauen Hesse-Bände, die wie das Einbringen einer Ernte sind. Man hat auf einmal Zeit, zu lesen; man ertappt sich dabei, daß man die Seiten behutsamer umblättert als bei anderen ›heutigeren‹ Büchern – ja, dieses Buch ist gar nicht weniger heutig, als jene anderen, es ist es nur auf unauffälligere Weise. ... Der Leser vergißt Unrast und Eilfertigkeit und hat am Ende das tief beglückende Gefühl eines Leseerlebnisses, das zu der vom Autor behaupteten Vergeblichkeit seines Bemühens im umgekehrten Verhältnis steht. – Diese ›Späte Prosa‹ von Hesse ist ein besonders kostbares Buch.«

»Der Tagesspiegel«, Berlin 1951

Hesse über die Verlagstrennung

»... Bei uns war das Hauptereignis der letzten Zeit vor 8 Tagen eine halbtägige mühsame und peinliche Sitzung mit den Erben meines alten Verlegers S. Fischer: Dr. Bermann und seiner Frau (Fischers Tochter). Da diese Sachen auch in den Zeitungen, oft entstellt, weiter berichtet werden, will ich dir die Geschichte kurz erzählen.

Mein Freund Suhrkamp war kurz vor dem Beginn der Hitlerzeit, noch zu Lebzeiten des lieben Papa S. Fischer, in den Verlag eingetreten, zunächst als Redakteur der »Neuen Rundschau«, dann mehr und mehr überhaupt als Mitglied der Verlagsleitung. Vater Fischer starb bald nach Hitlers Auftreten, sein Schwiegersohn übernahm den Verlag, dessen Besitzerin seine Frau jetzt war. Das ging aber nur wenige Jahre, dann mußten die Bermanns als Juden emigrieren. Suhrkamp übernahm den Verlag als Direktor, um ihn weiterzuführen, womöglich bis zu der Zeit, wo vielleicht die Hitlerei einmal ein Ende nähme. Von da an also führte Suhrkamp den Verlag, während die Besitzer erst in Wien, dann in Stockholm, dann in Amerika lebten. Sie druckten einen Teil der Bücher, die in Hitler-Deutschland verboten waren, im Ausland wieder, namentlich Thomas Mann, doch gedieh dieser Auslandsverlag nie recht. Etwa im Jahr 38 wurde nun Suhrkamp in Berlin genötigt, den Verlag zu kaufen, weil die Nazi ein so großes Unternehmen mit jüdischen Besitzern nicht mehr duldeten. Er setzte sich mit Bermanns in Verbindung, diese forderten einen normalen Preis für den Verlag, und da niemand unter den damaligen Umständen ihn so teuer kaufen wollte, suchte Suhrkamp, der selbst kein Vermögen besaß, 2 oder 3 reiche Geldgeber, die es riskieren wollten, fand sie auch, und der Verlag wurde regelrecht an diese verkauft und von ihnen bezahlt, während Suhrkamp ihn als Direktor leitete. Im Jahr 39 wurde Suhrkamp gezwungen, den Namen S. Fischer als Verlagsfirma zu streichen, der Verlag hieß von da an Suhrkamp Verlag vormals S. Fischer. Suhrkamp, der an den alten Fischer sehr anhänglich war und die Nazi grimmig haßte, hat von da an ununterbrochen darum gekämpft, den Verlag vor dem Zugriff der Nazi zu retten, stets mit der Absicht, ihn nach dem Sturz Hitlers der Familie Fischer zurückzugeben. Dies gelang ihm auch, aber unter den grausamsten Opfern: Gefängnis, Konzentrationslager mit schwerer Miß-

DIE VERLAGSTRENNUNG

Während alle Ausgaben Hesses von 1947 bis 1950 den Verlagsvermerk trugen »Suhrkamp Verlag vorm. S. Fischer Berlin«, trägt die am 15. März 1951 ausgelieferte *Späte Prosa* (und die im selben Jahr erschienenen *Briefe*) den Vermerk »Suhrkamp Verlag«; dieser Vermerk bleibt von nun an, jeweils mit wechselnden Zusätzen Berlin und Frankfurt, später nur noch Frankfurt. – In diesen Verlagsvermerken spiegelt sich die Auflösung des »Suhrkamp Verlags vorm. S. Fischer, Berlin«.

Peter Suhrkamp war am 1. 1. 1933 als Redakteur und Lektor in die S. Fischer AG Berlin eingetreten; vom 1. 1. 1936 an war er alleiniger Leiter des Verlages. Am 13. 12. 1936 fand ein Kauf der S. Fischer AG durch eine neu gegründete S. Fischer Verlags-KG statt, Peter Suhrkamp war ab 1. 1. 1937 persönlich haftender Gesellschafter dieser KG. Am 1. 7. 1942 mußte der S. Fischer Verlag zwangsweise in »Suhrkamp Verlag vorm. S. Fischer« umbenannt werden. Nach Gefängnis und KZ-Aufenthalt Suhrkamps erhält er als erster Verleger in Berlin eine (englische) Lizenz für die Verlagsfirma »Suhrkamp Verlag vorm. S. Fischer Frankfurt«.

Am 6. 9. 1949 forderte Gottfried Bermann Fischer von Suhrkamp die Rückgabe der Verlage (Berlin und Frankfurt) bis Ende 1949. In den Verhandlungen konnten sich die beiden nicht einigen; vieles von dem, was Gottfried Bermann Fischer forderte, erschien Suhrkamp als Zumutung; er selber sollte als (jederzeit kündbarer) Verlagsberater fungieren. Am 8. 2. 1950 kündigte Gottfried Bermann Fischer das angebliche Treuhandverhältnis, verbot Suhrkamp das Betreten der Verlagsräume und reichte in Frankfurt eine Klage vor der Wiedergutmachungskammer ein. Schließlich fand am 26. 4. 1950 ein Vergleich vor dem Landgericht Frankfurt statt. 48 Autoren konnten votieren, ob sie im S. Fischer Verlag verbleiben oder in einem neu gegründeten Suhrkamp Verlag veröffentlicht werden wollten; – nicht votieren konnten Autoren, die von Gottfried Bermann Fischer im Ausland veröffentlicht wurden, so z.B. Thomas Mann. – 33 entschieden sich für Suhrkamp. Das Votum Hesses für Suhrkamp war die wesentliche Entscheidung. Am 1. 7. 1950 gründete Suhrkamp in Frankfurt als Einzelfirma den neuen »Suhrkamp Verlag«.

In dieser Werkgeschichte bräuchten die Motive, die zu diesen Ereignissen führten, nicht erwähnt zu werden. Sie müssen es jedoch, weil das Grundmotiv aller Entscheidungen bei Hesse lag. Gottfried Bermann Fischer hat in seinem Erinnerungsbuch »Bedroht – Bewahrt«, Frankfurt 1967, eine einseitige Darstellung gegeben; er schließt das

handlung, Verurteilung zum Tod (die bloß durch Zufall nicht vollstreckt wurde). Und als nun Hitler fort war und Bermanns sich wieder meldeten, zeigte es sich, daß sie diese ganzen Jahre weiter auf großem Fuß gelebt hatten und weiter lebten, und als sie sich mit Suhrkamp auf die Dauer nicht vertrugen, versuchten sie ihn unter Bedingungen loszuwerden, die ich nicht als anständig gelten lassen konnte. Man beschloß also, die beiden Verlage zu trennen: Bermann nennt seinen Verlag wieder »S. Fischer Verlag« und Suhrkamp muß nach seinem Austritt seinen eigenen Verlag neu anfangen. In Bermanns Verlag waren von den alten und berühmten Autoren vor allem Thomas Mann, Werfel, Stefan Zweig etc. geblieben, Suhrkamp behält jene Autoren, die er selber dem Verlag zugeführt hat. Dann waren aber einige Autoren da, die schon beim alten Fischer zum Verlag gehört, nachher aber viele Jahre nur noch mit Suhrkamp gearbeitet hatten, zu denen gehörte ich, und Bermanns kämpfen nun darum, daß ich in ihren Fischer-Verlag zurückkehre. Ich fand aber diesen ganzen zähen Kampf, in dem Suhrkamp sich mehr als anständig und ritterlich zeigte, unwürdig und erklärte, daß ich künftig mit Suhrkamp weiter mache, nicht mit Bermann-Fischer. Das ist die Lage. Die Entscheidung ist gefallen, das Ganze hat uns seit 6 Monaten sehr viel Sorge und Plage gebracht. Und natürlich hat Suhrkamp, der kein Geld hat, es heute bei der überaus kritischen Lage des ganzen deutschen Buchhandels sehr schwer.«

Brief an Bruno Hesse vom Mai 1950. GBriefe 4.

»Lieber Freund,
Ich war es dir schuldig, deine Darstellung des Konfliktes zwischen dir und Suhrkamp aufmerksam anzuhören und mir die ganze Sachlage nochmals klar zu machen. Doch hat dadurch mein Entschluß, ohne Rücksicht auf materielle Vor- und Nachteile und persönliche Bequemlichkeit, Suhrkamp die Treue zu halten, nicht geändert werden können. Er ist, nachdem er Unsägliches im Widerstand gegen die Nazi und im Dienst an Eurer Sache geleistet und erduldet hat, nun durch Eure ›freundschaftliche‹ Vereinbarung in eine für einen Mann seines Alters und seiner Gesundheit grausame oder mindestens heikle Lage gekommen, und ihn darin im Stich zu lassen, ist mir nicht möglich.«

Brief an Gottfried Bermann-Fischer vom 8. Mai 1950. GBriefe 4.

betreffende Kapitel mit dem Satz: »Einen Schlüssel zu Suhrkamps Verhalten habe ich nicht.« Dieser Schlüssel heißt Hermann Hesse. Als der resignierte und enttäuschte Suhrkamp, der nur schwerkrank in die Verhandlungen mit Gottfried Bermann Fischer gehen konnte, nahe daran war, alles aufzugeben, telegraphierte ihm Ninon Hesse am 6. 2. 1950: »Denken Sie an Hermann Hesse, der sich schwere Sorgen macht. Geben Sie die Verlage nicht zurück.« Suhrkamp dachte an Hesse, so kam es zum Vergleich und so entstand der neue Suhrkamp Verlag (vergleiche die ausführliche Dokumentation im *Briefwechsel Hesse – Suhrkamp*).

Antwort auf Bittbriefe 1947

»Die Bittbriefe kommen zu so vielen hunderten zu mir, daß ich, ohnehin nicht mehr sehr arbeitsfähig und beständig schwer überbürdet, mich zur Beantwortung dieser gedruckten Zeilen bedienen muß.

Garnicht berücksichtigt werden können die zahllosen Bitten von Unbekannten um Eßwaren und ähnliche Gaben. Ich habe alle Mühe, die in dieser Hinsicht schon übernommenen Verpflichtungen dauernd zu erfüllen, indem ich seit zwei Jahren eine Anzahl mir teurer Menschen in Deutschland durch regelmäßige Sendungen unterstütze. Es müssen, um diese Unterstützungen aufrecht zu erhalten, jeden Monat einige hundert Franken aufgewendet werden, und eine Erweiterung dieses Kreises ist mir unmöglich.

Von allen diesen vielen Bittstellern denkt keiner daran, daß ich als Verfasser von Büchern in deutscher Sprache an dem großen Bankrott Deutschlands voll beteiligt bin. Ich habe mein gesamtes Lebenswerk Deutschland anvertraut, und bin darum gebracht worden. Seit vielen Jahren habe ich von meinen deutschen Verlegern keinen Pfennig mehr erhalten, noch habe ich Aussicht, daß sich dies ändere, solange ich noch lebe.

In der Zeit des deutschen Größenwahns wurden meine Bücher teils verboten, teils auf andre Weise unterdrückt. Was davon noch übrig geblieben war, ist samt allen Vorräten, den stehenden Schriftsätzen usw. zusammen mit dem Verlag Fischer-Suhrkamp restlos durch Bomben vernichtet worden.

In den letzten Jahren nun habe ich zwar eine Reihe meiner Bücher in Schweizer Neuausgaben herausgebracht. Aber die kleine Schweiz ist ein winziges Absatzgebiet, es sind hier nur kleine Auflagen möglich, und diese Bücher können weder nach Deutschland noch nach Österreich exportiert werden.

In Berlin gibt mein treuer Verleger, P. Suhrkamp, sich alle Mühe, wieder einige meiner Bücher herauszubringen. So viel nur möglich, bin ich ihm dabei behilflich, diese Bücher wirklich ernsthaften Lesern zuzuführen, da sie sonst zum Spekulationsobjekt von Aufkäufern würden.«

Hermann Hesse 1947. Privatdruck »Antwort auf Bittbriefe« von 1947.

BRIEFE

1951 erschienen. »Für Freund Suhrkamp zum 60. Geburtstag«. Enthält 200 Briefe aus den Jahren 1927 bis 1951. Der erste Brief vom 9. 3. 1927 an Oskar Loerke, der letzte zum 28. 3. 1951 an Peter Suhrkamp. Im Januar 1952 berichtete Hesse vom Zustandekommen der Auswahl: »Ich habe sehr viele Tausende von Briefen geschrieben, ohne je daran zu denken, Abschriften zurückzubehalten. Erst seit dem Zusammenleben mit meiner Frau, von 1927 an, haben wir gelegentlich Briefe aufbewahrt, deren Thema uns charakteristisch schien oder in denen wir ein Problem von allgemeinem Interesse besonders genau formuliert fanden. Manchmal schrieb meine Frau sich einen Brief ganz oder teilweise ab, manchmal tat ich es selber, um ihr mit einem Zuwachs zu ihrer Sammlung eine Freude zu machen. So entstand allmählich eine Briefsammlung, sehr viel größer als der Inhalt dieses Briefbuches. Als die Frage der Publikation ernstlicher erwogen wurde, hat meine Frau die Sammlung durchgesehen und mir die, die ihr zu einer Publikation geeignet schienen, vorgelesen; dabei haben wir gemeinsam die Texte redigiert, ohne Änderungen natürlich, aber durch Kürzungen auf das Wesentliche reduzierend. Bei der Auswahl herrschte das Bestreben vor, das Private möglichst auszuschalten und da, wo ein Thema mehrmals besprochen wurde, möglichst die knappste und schärfste Formulierung herauszufinden.«

Ein Teilvorabdruck, »Briefmosaik«, erschien erstmals 1950 in zwei Heften der »Neuen Schweizer Rundschau«; und 1951 in der Zeitschrift »Universitas«.

Zweite, um 94 Briefe erweiterte Auflage 1959. Die 1964 von Ninon Hesse um 137 Briefe erweiterte Sonderausgabe erschien in den »Büchern der Neunzehn«. 1974 als suhrkamp taschenbuch 211, u. d. T. »Ausgewählte Briefe«. 24. Tsd. 1981.

»Die Lage ist die: ich habe seit gut 2 Jahren eine tägliche Briefpost, deren bloßes einmaliges Lesen, noch ohne Beantwortung, einen jungen und gesunden Mann erschöpfen würde, es sind jeden Tag zwischen 100 und 500 Briefseiten, je nachdem, ein ununterbrochener Strom, der Tag für Tag meine Zimmer, meine Augen, meinen Kopf, mein Herz unter sein trübes und oft ätzendes Wasser setzt, der mir eine Welt von Elend, Klage und Ratlosigkeit, aber auch von Dummheit und Gemeinheit vorführt und mit allen Mitteln, von der einfachen Bitte bis zur Bedrohung mich zum Helfen, Stellungnehmen, Geben, Raterteilen auffordert. Daneben habe ich in Deutschland etwa 2 Dutzend Menschen durchzufüttern, d.h. durch Nebenarbeit mehrere hundert Franken im Monat aufzubringen.«

Brief an Salome Wilhelm vom 11. 1. 1948. GBriefe 3, S. 456.

»Unserer Verabredung gemäß habe ich hier ein Mosaik aus Briefen zusammengestellt, aus Briefen der letzten paar Monate. Sinn und Absicht dieses Versuches wären: erstens meinen Freunden und Korrespondenten eine Teilnahme an dem einzuräumen, was seit einigen Jahren den Hauptteil meines täglichen Arbeitspensums ausmacht, so daß also jeder der mit mir im Briefwechsel Stehenden auch eine Ahnung von den vielen anderen, ihm bisher unbekannten Briefschreibern und Briefwechseln bekommt. Und zweitens hat es vielleicht auch einen Sinn, den neutralen und mit mir nicht direkt in Verbindung stehenden Leser einen Einblick in die Tagesarbeit eines Literaten tun zu lassen, dem aus mancherlei Kreisen und Schichten der lesenden Zeitgenossen Briefe zuströmen. Der Durchschnittsleser denkt sich den Autor in einer Art edler Zurückgezogenheit und halben Müßigganges damit beschäftigt, seine Bücher zu schreiben, in denen er sein vor der Außenwelt durch Antiphone geschütztes Innenleben verarbeitet, und ahnt wenig von der soziologischen und moralischen, anstrengenden und wenig gesicherten Situation des modernen Autors der ›Gesellschaft‹ gegenüber, welche schon kaum mehr existiert, seit unsre Menschheit entweder zur uniformierten Masse ohne Gesicht geworden oder aber in Millionen einzelner, durch nichts als durch Angst und Sehnsucht untereinander verbundener Individuen zerfallen ist.«

Vorbemerkung zum Teilvorabdruck »Briefmosaik« in »Neue Schweizer Rundschau«, 1950.

Gesamtauflage aller deutschsprachigen Ausgaben bis 1971: 89 Tsd. GS VII (Briefe bis 1951).

»Wenn es in diesen *Briefen* Hesses etwas Hartnäckiges gibt, dann dies: die Behauptung der individuellen Verantwortung für das einem zugemessene Leben.« Werner Weber
»Neue Zürcher Zeitung« vom 16. Juni 1951

»Was für eine vorzügliche, wahrhaft gewinnende Lektüre sind Ihre *Briefe!* Gleich nach unserer Wiederankunft habe ich den Band unter fünfzig anderen, die sich hier angesammelt, hervorgezogen und in den letzten Tagen meine Lesestunden fast ausschließlich damit verbracht. Es ist merkwürdig, wie das Buch einen hält ... Es ist alles so wohltuend – rührend in seiner Mischung aus Abwehr und gütigem Eingehen, lauter im Sprachlichen wie im Geistigen (aber das ist wohl dasselbe), voll von linder und doch männlicher, beharrender Weisheit, die Glaube ist im Unglauben, Vertrauen in der skeptischen Verzweiflung.« Thomas Mann
an Hesse, am 14. Oktober 1951

»Ein Schattenspiel von Briefschreibern gleitet am Leser vorüber, bewegt von heutigen und von uralten Ängsten, Sorgen, Neugierden. Und ihnen antwortet ein Mann – doch nicht er allein. Er erreicht, wo es die Konstellation ergibt, eine Sphäre überlieferter Weisheit, auf die er Weisungsuchende hinlenkt: ›Diese Gedanken sind nicht von mir, sie sind uralt, und sie sind etwas vom Besten, was Menschen je über sich selber und ihre Aufgabe gedacht haben.‹ So wird der einsame Sucher, der sich an Hesse wendet, vor die Gemeinschaft der Weisen geführt, auf dem persönlichsten Weg zu allgemeinen Wahrheiten.« Max Rychner
»Hermann Hesse, Briefe«. In »Sphären der Bücherwelt«, Zürich 1952

»Hesse war einer unserer gewissenhaftesten, penibelsten Briefschreiber. In der deutschen Briefliteratur unseres Jahrhunderts ist die Feder Hermann Hesses ohne Zweifel eine der am wenigsten pretiösen. Er gibt sich von einer immer wieder in Erstaunen setzenden menschlichen Nähe und Eindringlichkeit, einer unermüdbar scheinenden Lebhaftigkeit der Anteilnahme.« Karl Krolow
»Darmstädter Echo« vom 8. Dezember 1964

»Lieber Freund,
heut früh brachte die Post, die mich jetzt schon fast jeden Tag an den Geburtstag erinnert, deine Prospekte zur Gesamtausgabe und zu den Briefen.
Ehe ich an die Tagesarbeit gehe, möchte ich dir dafür danken. Diese beiden Werbeblätter, als solche für mich nicht begrüßenswert, da ich mich ja nicht nach Vergrößerung der Lawine sehne, die mich mitreißt, sind so liebevoll, so bedacht und hübsch redigiert und ausgestattet, daß ich die Liebe und Sorgfalt ordentlich im Herzen spürte, darum sage ich dir Dank, lieber Freund, und bewundere dich dafür, daß du im Gehetze deines unruhigen Lebens so ausgetragene, erfreuliche und schöne Früchte zu zeitigen vermagst.«

Brief an Peter Suhrkamp von Ende Juni 1952. Briefwechsel Hesse-Suhrkamp, a. a. O., S. 218.

»Schön ist aber die Gesamtausgabe geworden, von der das erste Voraus-Exemplar vorgestern eintraf. Untadelig und vollkommen, es konnte nicht besser gemacht werden. Ich gratuliere. Nur im Traum wäre mir etwas noch Hübscheres ersinnbar: ein winziges Taschenbüchlein von kaum 100 Gramm Gewicht, das durch Zauber bei jedem Aufschlagen immer gerade das enthielte, was der Besitzer zu lesen wünscht (oder was ihm zu lesen nötig wäre).«

Brief an Peter Suhrkamp von Ende Juni 1952. Briefwechsel Hesse-Suhrkamp a. a. O., S. 200.

GESAMMELTE DICHTUNGEN / GESAMMELTE SCHRIFTEN

Zum 75. Geburtstag am 2. Juli 1952 veröffentlichte der Suhrkamp Verlag zwei »Festgaben«: eine Sonderausgabe der »Zwei Idyllen« mit den beiden Hexameterdichtungen *Stunden im Garten* und *Der lahme Knabe* und die Gesamtausgabe *Gesammelte Dichtungen.* 6 Bände. 1952 erschienen. Die Ausgabe wurde von Siegfried Unseld betreut, der am 1. 1. 1952 in den Suhrkamp Verlag eingetreten war.

Peter Suhrkamp schrieb zu dieser Ausgabe: »An den blauen Leinenbänden haftet die erste Begegnung mit Hesses Dichtungen. Als geheimnisvolle Individuen erschienen sie in den Abständen der schöpferischen Folge unter ihren Bücherkollegen, erschlossen dem Leser eine beseelte bewegte Welt, deren Eigenart mit der Eigenart des optischen Erlebnisses, mit dem Blau, der Fraktur, mit der Art des Papiers und der bildhaften Erinnerung gewisser Zeilen untrennbar verschmolz.

In der Geschichte des Werkes setzt diese Ausgabe einen Meilenstein. Denn sie verdichtet zum ersten Male eine Gesamtheit, die als Gestalt bisher nicht repräsentiert und nur dem Bewußtsein Einzelner sichtbar war, eben die Gestalt der Werkeinheit, die aus keinem Nacheinander oder Nebeneinander der Einzelwerke sich addieren läßt, sondern ein höheres Gebilde sui generis darstellt, das schöne Ganze eines poetischen Organismus, wie er lebend sich entwickelt hat.

Dem entspricht die Ausstattung. Wie das Äußere eines Menschen sollte auch das Äußere eines Buches stets »ein in Geheimnisstand erhobenes Inneres« sein. Das warme Rot des Leinenbandes und die klare Antiqua der Dünndruckausgabe verbinden sich mit der Empfindung des Betrachters zu einem durchscheinenden Leuchten, das selbst schon geistiger Natur ist.«

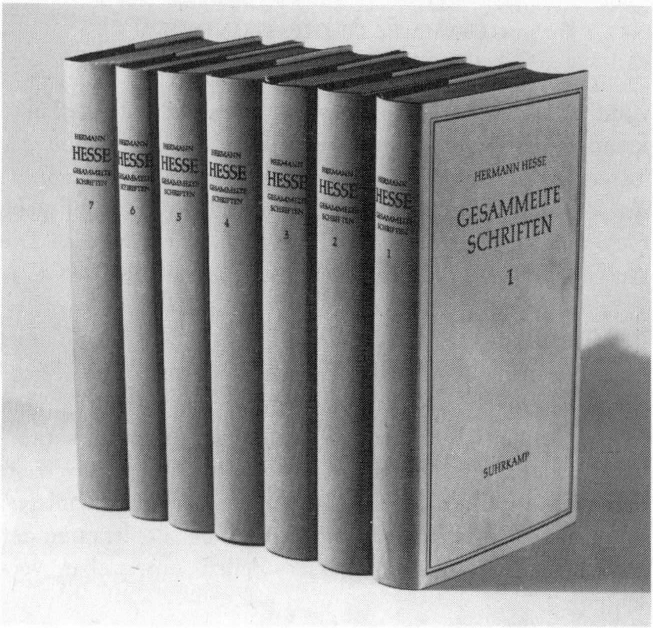

Die 1957, zu Hesses 80. Geburtstag, erschienene Ausgabe seiner »Gesammelten Schriften«.

»Es möchte schwerfallen, in der geistigen Welt dieser sechs Bände die Hauptstraße zu bezeichnen, so viele Möglichkeiten eröffnen sich dem Wanderer, und im Grunde ist jeder Weg eine Hauptstraße, auch die kleinen verästelten, fast noch unbegangenen Seitenwege. Überraschend führen sie auf einen Gipfel, überraschend tut sich dem Blick die Weite auf. Die Anordnung der Dichtungen in der Reihenfolge ihrer Entstehung und die Nebeneinanderstellung wesensverwandter Werke innerhalb der chronologischen Folge markiert aus der Vogelperspektive die wichtigsten Einschnitte und Gruppen.
Als eine abendländische Summa poetica stuft sich Hermann Hesses Gesamtwerk in seiner Zeit. Aus morgenländischen Anfängen bildet sich die Weltwerdung eines Individuums und die Individuation einer Welt, die heute ein Grundpfeiler unseres geistigen Lebens ist.«

Anni Carlsson, 1952

Zum 80. Geburtstag am 2. Juli 1957 erschien eine neue Auflage der sechsbändigen *Gesammelten Dichtungen*, jedoch wurde der Ausgabe ein siebenter Band zugefügt: »Betrachtungen und Briefe«. Von nun an lautete der Titel dieser Ausgabe: *Gesammelte Schriften.*
Gesamtauflage der *Gesammelten Schriften* bis 1983: 28000 Exemplare.

»Der siebte Band der *Gesammelten Schriften*, mit dem der Suhrkamp Verlag die sechsbändige Ausgabe *Gesammelte Dichtungen* erweitert und abschließt, übermittelt dem Liebhaber, Kenner und Kritiker des Dichters alle Schlüssel, die Welt seines Werkes und seiner Biographie zu öffnen.
In seinen literarischen Aufsätzen zu Goethe, Jean Paul, Brentano, Balzac, Dostojewskij u. a. finden sich immer wieder Fingerzeige, die sich auf sein eigenes Werk richten lassen. Auch verdeckt sein Erfolg nicht ganz die Mißverständnisse, die daneben treffenden Deutungen, die dem Schöpfer selber unbehaglichen Interpretationen – oft gerade seiner begeisterten Leser: Du stehst ›jedem Dichter und Denker beschränkt gegenüber, nimmst für das Ganze, was ein kleiner Teil ist, glaubst an Deutungen, die kaum der Oberfläche gerecht werden.‹ Heute sagen viele: ›In meiner Jugend mochte ich Hesse ganz gern – aber jetzt?‹ Das wertmindernde *aber jetzt* stellt dem Sprecher ein negatives Zeugnis aus: er verwirft das Erlebnis seiner Jugend, er ist zu kraftlos, das Erlebnis wiederholen zu wollen, es

Hermann Hesse 1955 in seiner Bibliothek.

später, heute zu überprüfen; und das *aber jetzt* steht wahrscheinlich dafür, daß der Sprecher allzu rasch und haltlos in den schnellfließenden Wassern unserer Tage schwimmt.
Das Werk eröffnet die Prosaskizze *Eine Stunde hinter Mitternacht;* 1899 war sie – Rilke hatte sie gefallen – bei Diederichs erschienen. Am Ende des sechsten Bandes steht *Das Glasperlenspiel*, die Zentralsonne, zu der sich Werk um Werk hinaufsteigerte. Werke, die jeden Lebensabschnitt ihres Schöpfers dokumentieren, die trotz dem frühen Verzicht auf Welt, trotz den nervösen Fühlern nach vielen Richtungen zu Hesses Lebensaufgabe zielen: Stellvertreter, Rufer und Wahrer, Bewahrer des Gewissens zu sein ... Hesse ist Individualist, einsamer Gegenpol zum Kollektivmenschen östlicher *und* westlicher Prägung.« Hans Bender

»Deutsche Zeitung« vom 14. August 1957

»Zum 75. Geburtstag Hermann Hesses hatte der Suhrkamp Verlag eine sechsbändige Ausgabe der Werke des Dichters vorgelegt; sie wurde nun zum 80. Geburtstag durch einen Band ergänzt und vermehrt. Er enthält an die 100 Prosastücke, Betrachtungen, Briefe und Tagebuchblätter aus einem halben Jahrhundert.
Fünfzig Jahre der Mühe um Leben, Welt, Zeit und Wort überschauen wir in diesem Bande. Dabei wird uns deutlich, wie sehr hier alles nicht Entwicklung, sondern Entfaltung ist. Früh schon ist die Frucht als Keim und Knospe da, der gar gewordene Wein in der Blüte des Rebstockes. Das macht die Prosa Hesses dem ungeschichtlichen Pflanzlichen verwandt.«

Josef Mühlberger in »Neue Württembergische Zeitung« vom 4. 9. 1957

»Das Märchen, größtenteils aus den Bilderphantasien heraus entstanden, ist eine westöstliche Phantasie, für Wissende eine ernste Paraphrase über das Geheimnis des Lebens, für Kindliche ein heiteres Märchen.«

Brief vom Okt./Nov. 1922 an Anny Bodmer. Unveröffentlicht.

»Dieses Märchen, das manche Leser beim ersten Lesen nicht gleich ganz begreifen, muß beim erstenmal laut *gelesen, also gesprochen werden, dann zeigt es erst seine Farben.«*

Brief vom 14. 12. 1923 an einen Leser. Unveröffentlicht.

»Das Piktor-Märchen wurde vor mehr als dreißig Jahren, ich glaube es war im Jahr 1922, für eine geliebte Frau geschrieben und gezeichnet. Bis heute war es nur als Handschrift käuflich, ich habe es in früheren Jahren manche Male abgeschrieben und Bildchen dazu gemalt, jedesmal etwas anders. Zusammen mit den ›Zwölf Gedichten‹, die ich noch heute gelegentlich mit der Hand schreibe und mit kleinen Landschaften schmücke, hat es mir viele Jahre lang ermöglicht, Freunden in der Not zu helfen, hat aber gelegentlich in Zeiten eigener Bedrängnis auch mir selbst als eine kleine Erwerbsquelle dienen müssen. Übrigens ist es auch einmal gedruckt worden, aber ohne Bilder und nur in einmaliger ganz kleiner Auflage (Chemnitz, Gesellschaft der Bücherfreunde, 1925). Jetzt, wo ich den Piktor nicht mit eigener Hand mehr schreiben und illustrieren kann, habe ich nichts mehr dagegen, ihn vervielfältigt zu sehen. Als Vorlage für diese Ausgabe wählte ich das Exemplar, das ich einst für meine Frau hergestellt habe.«

Nachwort, Juli 1954.

PIKTORS VERWANDLUNGEN

Ein Märchen. Faksimile-Ausgabe, 1954 erschienen. Das Märchen wurde 1922 »für eine geliebte Frau geschrieben und gezeichnet«. »Dies Liebesmärchen ist aus den Bildern heraus entstanden, welche daher notwendig dazugehören.« (Hermann Hesse in einem Prospekt über den Piktor). Bis 1954 wurde es nur als Handschrift und jedesmal mit etwas anderen, vom Dichter gemalten Bildern verkauft und verschenkt. Eine gedruckte Ausgabe ohne Bilder in kleiner Auflage erschien 1925 für die »Gesellschaft der Bücherfreunde« in Chemnitz. Der Märchentext ist auch in der Neuausgabe der »Märchen« (1955) und im Auswahlband »Iris« (Bibliothek Suhrkamp Bd. 369) GW enthalten.
Illustrierte Urfassung (für Ruth Wenger) 1975 als insel taschenbuch 122, 1985 im 113. Tsd. und 1980 im Originalformat in einmaliger Auflage von 1200 Expl., 200 davon in Leder.

»Die Zeit der Entstehung des Piktor fällt in die vielleicht interessanteste und folgenreichste Entwicklungsepoche des Dichters Hermann Hesse. Der *Demian* ist da, *Klingsor* ist geschrieben, *Siddhartha* erscheint, der *Kurgast* entsteht, und vor der Türe lauert schon der *Steppenwolf*. Man darf das *Piktor*-Märchen als eine Huldigung an Mozarts »Zauberflöte« ansprechen, die Hesse so liebt – worüber der bereits in Bildung begriffene *Steppenwolf* ergreifende und ungewöhnliche Auskunft gibt. Die Metamorphose, die *Piktor* durchzumachen hat, ist ganz und gar nicht ungefährlich. Es spielen dabei eigenwillige, seelen- und menschenbildende Kräfte mit, die reines dichterisches Schöpfungsgut sind. Das beweist auch der Stil dieses zum Gleichnis verdichteten Liebesmärchens, seine musikoffene Form, seine übermütige, in besonders glücklichen Momenten sich in wirkliche Reimpaare überschlagende Sprache, und das beweisen die vielen kühnen mythologischen Anspielungen und Offenbarungen in Bild und entzückender Figur. Wer weiß: Vielleicht fällt es einmal einem begabten Musiker ein, diesen Märchentext als Unterlage für eine Oper zu verwenden. Er ginge ohne die geringste Veränderung – diese wäre auch unerlaubt – wundervoll in Musik und Bühnenbild ein.«

Otto Basler
»Neue Schweizer Rundschau«, Januar 1955

»Wenn ich meinen Rundbrief mit der Anrede ›Liebe Freunde‹ beginne, so muß ich der Mehrzahl der Empfänger sagen, daß nicht sie in erster Linie gemeint sind. Vielmehr gelten meine kleinen Berichte vor allem jenem Kreise von Zeit- und Altersgenossen, mit denen ich die lebendigsten und wertvollsten Erinnerungen teile, die der Kindheit und Jugend. Und von diesen Freunden sind sehr wenige mehr da, ich spreche in meinen Rundbriefen schon mehr zu Toten als zu Lebenden, es sind schon mehr Beschwörungen als bloße Anreden, wenn ich ›Liebe Freunde‹ sage. Es mag ein jüngerer Freund mir noch so lieb sein, so fehlt im Gespräch mit ihm doch eine Dimension, und wenn ich die Wahl hätte, ob ich mich mit dem klügsten oder edelsten Mann unsrer Zeit unterhalten wolle, oder aber mit einem, der noch den Stadtmusikus Speidel in Calw, den Rektor Bauer in Göppingen oder den Ephorus Palm in Maulbronn gekannt und mit meinem Großvater gesprochen hat, dann fiele diese Wahl mir leicht ...
Wir alle, so denke ich es mir, kehren aus den Irrwegen und Irrtümern unsres Lebens in jene Form von Unsterblichkeit zurück, die für uns Menschen und unsre Menschendinge mir denkbar, ja gewiß ist, eine problematische und von keinem Dogma verbürgte Unsterblichkeit, die aber in manchen Fällen ziemlich haltbar sein kann, wenn nämlich Überlieferung, Sage, Dichtung menschlichen Gestalten oder Taten oder Erlebnissen jene Dauer über den Tod hinaus verleiht, die ein Menschenalter, ein Jahrhundert oder auch Jahrtausende währen kann. So haben nicht nur der ehrwürdige Buddha samt Ananda und Kaundynia, nicht nur Alkibiades oder der Apostel Paulus samt ihren Meistern die Unsterblichkeit oder Zeitlosigkeit erlangt, sondern auch Myrtill und Chloe, Eupalinos und Telemachos, das arme Mädchen Ophelia oder Villons dicke Margot, denn es gehören der problematischen und doch unleugbaren Unsterblichkeit die (vielleicht) erfundenen Gestalten der Dichtung nicht minder an als die historischen.«

Beginn des Rundbriefes »Beschwörungen« von 1954. WA 10, S. 357ff.

BESCHWÖRUNGEN

Späte Prosa – Neue Folge. Erschienen 1955 in den GW aus Anlaß der Verleihung des »Friedenspreises des Deutschen Buchhandels« an Hermann Hesse. Enthält seit 1951 entstandene Erzählungen, Rundbriefe an Freunde und Tagebuchblätter. Ein schmerzhaftes Augenleiden hatte es dem Dichter immer schwerer gemacht, Briefe zu schreiben, an Freunde wurden deshalb als Privatdrucke regelmäßig, ein- oder zweimal im Jahr, Rundbriefe versandt. GS VII, WA 8 und 10 (ohne »Tagebuchblätter«). Die erzählenden Texte wurden später in *Die Erzählungen* bzw. *Gesammelte Erzählungen* aufgenommen, die Rundbriefe in den Band *Briefe an Freunde*, Rundbriefe 1946-1962, suhrkamp taschenbuch 380, Frankfurt a.M. 1977. 23. Tsd. 1982

»Sie haben mir das neue Buch von Hermann Hesse *Beschwörungen* zugesandt. Ich danke Ihnen umsomehr dafür, als ich mit Entzücken darin lese. An ihrer kleinen Prosa erkennt man die großen Meister. Welche Grazie und welche Weisheit, wieviel humanes Gefühl.«

Hermann Kesten
Brief an Peter Suhrkamp vom 23. November 1955.
Unveröffentlicht.

»Die Bilder stehen wie Kristalle, gestaffelt, sich vor- und rückwärtsschiebend auf der Bühne des Gedächtnisses. Sie bilden den Hintergrund, vor dem sich die Aktualität abspielt. Und so wird diese durchschaubar bis in große Tiefen hinein.
Nichts spiegelt das, was wir hier sagen wollen, vollkommener als Hesses Altersstil. Es ist ein geronnener, kristalliner Stil. Er ist ohne Weisheit, aber voller Wissen. Nehmen wir es nur genau: das Wissen betrifft die Übereinstimmung von Sprache und Gedanken, von Empfindung und Ausdruck, von Wort und Sinn. Die Stunden des Schreibens mögen seltener sein. Aber wenn sie kommen, dann bringen sie die Fülle der Erfahrungen mit sich, die sich während eines langen Lebens zur Verfügbarkeit von Worten und Wendungen, von Klängen und Rhythmen, von Akzenten und Lichtern verdichtet haben.«

Siegfried Melchinger
»Wort und Wahrheit«, 1956

»Jeder Mensch aber ist nicht nur er selber, er ist auch der einmalige, ganz besondere, in jedem Fall wichtige und merkwürdige Punkt, wo die Erscheinungen der Welt sich kreuzen, nur einmal so und nie wieder. Darum ist jede Menschengeschichte wichtig, ewig, göttlich, darum ist jeder Mensch, so lange er irgend lebt und den Willen der Natur erfüllt, wunderbar und jeder Aufmerksamkeit würdig. In jedem ist der Geist Gestalt geworden, in jedem leidet die Kreatur, in jedem wird ein Erlöser gekreuzigt.«

Diese Sätze aus dem »Demian« sind das Motto zur »Chronik in Bildern«.

»An Ihrem neuen Bildband habe ich große Freude. Die Reproduktionen sind mustergültig. Vier von den Bildern waren mir unbekannt. Der Spaziergang durch das liebe Buch bedeutet für mich jedesmal eine Heimkehr in eine geistige Heimat.«

Brief an Bernhard Zeller vom Februar 1960. Unveröffentlicht.

EINE CHRONIK IN BILDERN

Bearbeitet und mit einer Einführung versehen von Bernhard Zeller, das erste von Willy Fleckhaus gestaltete Buch des Suhrkamp Verlages. 1-8. Tsd. 1960. 2. erw. Aufl. 1977: 9.-15. Tsd. Hermann Hesses umfangreiches Werk ist von den Stationen seines Lebens nicht zu trennen. Seine Bücher sind in ihren besten Teilen autobiographischer Natur, und Hesse hat selbst wiederholt das Persönliche und Private seines Schaffens betont. So darf man auch die von Bernhard Zeller betreute *Chronik in Bildern* zu diesem Werk zählen, die uns in 344 Abbildungen den Lebensweg des Dichters, seinen Freundeskreis und sein Schaffen vorstellt: die Calwer Heimat, die Wohnungen in Basel, Gaienhofen, Bern, Montagnola, Bilder von der Indienreise, Handschriftenproben aus fünfzig Jahren, farbige Wiedergaben von Aquarellen Hesses, die Schauplätze seiner Bücher – zum Beispiel die Casa Camuzzi in Montagnola (*Klingsors letzter Sommer*), der Verenahof in Baden (*Kurgast*), das Schloß in Bremgarten (*Morgenlandfahrt*) –, dann seine Begegnungen mit den Freunden und Kollegen, Thomas Mann, Othmar Schoeck, Hugo Ball, Romain Rolland, Martin Buber, André Gide, R. A. Schröder, Theodor Heuss, Peter Suhrkamp – Namen über Namen, die dieses Bilderbuch zugleich zu einem Stück Chronik dieses Jahrhunderts werden lassen.

»Hätte ich einen Freund, der bislang mit dem schriftstellerischen und dichterischen Werk Hermann Hesses nicht viel anzufangen wußte, so würde ich ihm diese Bilderchronik schenken, die – mit einem einfühlsamen, intelligenten Text von Bernhard Zeller rühmlich ausgestattet – dieses eigenartige und eigenwillige Leben bis ins letzte Jahr begleitet ... Hier ist – allein schon die schönen Portraitaufnahmen, deren es genug durch die Jahrzehnte hin gibt, belegen es – ein ganz unalltäglicher schlichter Mensch, der den Mut gehabt hat, den Eigensinn, ganz er selber zu werden und zu bleiben.«

Erich Pfeiffer-Belli
»Die Welt« vom 22. März 1963

»Zu ›Stufen‹ wäre zu sagen: das Gedicht gehört zum ›Glasperlenspiel‹, einem Buch, in dem unter andrem die Religionen und Philosophien Indiens und Chinas eine Rolle spielen. Dort ist die Vorstellung der Wiedergeburt aller Wesen dominierend, nicht im Sinn eines christlichen Jenseits mit Paradies, Fegefeuer und Hölle. Diese Vorstellung ist mir durchaus geläufig und sie ist es auch dem fiktiven Verfasser jenes Gedichtes, Josef Knecht. Ich habe also tatsächlich an Fortleben oder Neubeginn nach dem Tode gedacht, wenn ich auch keineswegs kraß und materiell an Reincarnationen glaube. Die Religionen und Mythologien sind, ebenso wie die Dichtung, ein Versuch der Menschheit, eben jene Unsagbarkeiten in Bildern auszudrücken, die Ihr vergeblich ins flach Rationale zu übersetzen versucht.«

Brief an einen Leser vom 30./31. 1. 1957. MatGlas., a. a. O., S. 300

»Doch gibt es auch jetzt noch gute Erlebnisse und Momente. Dazu gehört das Erscheinen dieses Buches. Seit Jahrzehnten habe ich bedauert, daß es, seit der »Trost der Nacht« vergriffen ist, keine erfreuliche Ausgabe meiner Gedichte mehr gab. Der dicke Band mit sämtlichen Gedichten ist eine philologische Angelegenheit und hat mir auf die Dauer keine Freude gemacht. Endlich habe ich es jetzt geschafft. Die Auswahl in diesem Band hat außer mir noch meine Frau, mein Verleger und einer seiner Lektoren besorgt.«

Brief an Hermann Hubacher vom Juni 1961. Unveröffentlicht.

»Der neue Gedichtband ›Stufen‹ macht mir Freude, ich habe mir seit vielen Jahren so etwas gewünscht, ein handliches Mittelding zwischen dem Band mit allen Gedichten und dem kleinen ›Blütenzweig‹. Nun haben wir es endlich geschafft, die Auswahl wurde von mir und meiner Frau gemacht, auch Dr. Unseld und einer seiner Autoren haben mitgearbeitet.«*

Brief an Ernst Köpfli vom 11. 6. 1961. Unveröffentlicht.

* Hans Magnus Enzensberger.

STUFEN

Alte und neue Gedichte in Auswahl. Erschienen 1961 in den GW. Hesse hat immer wieder zu besonderen Anlässen seine Gedichte gesichtet, ausgewählt und sie zusammen mit neuen Gedichten ediert. Der letzte Band ausgewählte Gedichte war der Band »Blütenzweig«, 1945, Zürich.

Die Auswahl *Stufen* wurde auf Wunsch des Suhrkamp Verlages von Hesse selbst vorgenommen; es sollte die Auswahl sein, die anstatt des vergriffenen und für den Gebrauch zu umfangreichen Bandes *Die Gedichte* treten sollte. Diese Auswahl ist nach Angaben, die Hesse dem Verleger machte, letztgültig. Die Auswahl umfaßt etwa ein Fünftel des gesamten lyrischen Œuvres. Enthalten in WA 1; 1972 als Band 342 der Bibliothek Suhrkamp. 1983 im 60. Tsd.

»Hesse blieb nicht der letzte Ritter der Romantik, der er bestimmt einst gewesen war und mit welchem Signum man ihn dauernd kennzeichnen zu können glaubte. Er überwand die Stufen und damit sich selbst. Der autobiographische, selbstbildnerische Charakter, das schmerzliche Vordringen durch Natur und Welt zur eigenen geistigen Mitte hin tritt in der Gedichtauswahl besonders klar zutage und damit auch der stufenartige Weg vom Sein zum Bewußtsein, vom Wissen zur Weisheit.« Werner Weber

»Neue Zürcher Zeitung« vom 30. Juli 1961

»Das Unauffällige hat immer in Hesses Natur gelegen. Er hat niemals posiert, ist niemals auf der ersten Seite einer großen Illustrierten erschienen. Die Stille, die Hesse um sich zu verbreiten weiß und die zugleich innerster Bestandteil seiner Dichtung ausmacht, war niemals eitle Gebärde, niemals Koketterie eines ›großen Deutschen‹, obwohl er gerade diesen in ganz besonderem Maße zuzurechnen ist ... man sträubt sich, ihn ›neuromantisch‹ zu nennen, dazu sind seine Töne und Bilder zu elementar. Daß Hesses Lyrik autobiographischer Natur ist und trotzdem ins Allgemeine trifft, absichtslos und doch sicher, ein lyrischer Bogenschütze des Zen, das ist gewiß.«

Erich Pfeiffer-Belli

»Süddeutsche Zeitung« vom 29./30. Juli 1961

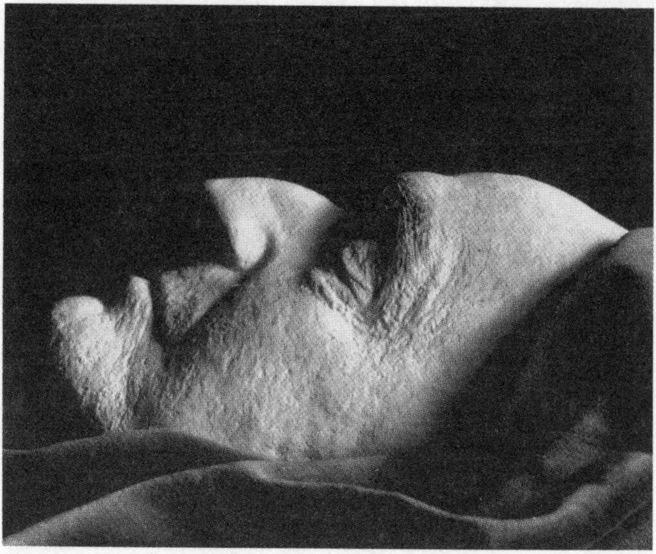

Die Totenmaske. Erstmals abgebildet in »Hermann Hesse zum Gedächtnis«.

Knarren eines geknickten Astes

(Erste Fassung)

Geknickter Ast, an Splittersträngen
Noch schaukelnd, ohne Laub noch Rinde,
Ich seh ihn Jahr um Jahr so hängen,
Sein Knarren klagt bei jedem Winde.

So knarrt und klagt es in den Knochen
Von Menschen, die zu lang gelebt,
Man ist geknickt, noch nicht gebrochen,
Man knarrt, sobald ein Windhauch bebt.

Ich lausche deinem Liede lange,
Dem fasrig trocknen, alter Ast,
Verdrossen klingts und etwas bange,
Was du gleich mir zu knarren hast.

Hermann Hesse starb am 9. 8. 1962 an einer Gehirnblutung im Schlaf. In seinem an Ninon Hesse gerichteten Beileidstelegramm schreibt Theodor Heuss:
»Mit Ihnen trauert das ganze deutsche Volk, das Ihrem Gatten Unschätzbares zu verdanken hat. Mit Hermann Hesse verliert die Literatur und Dichtung des deutschen Sprachbereiches eine ihrer lautersten Stimmen. Durch sein Werk hat er in einer Zeit, in der wie nie zuvor die einzelnen Lebensbereiche in ungehemmter Eigengesetzlichkeit auseinanderbrachen, die Möglichkeiten eines Einklangs von Mensch, Welt und Natur sichtbar und glaubwürdig gemacht. Abendländischer Geist und östliche Meditation berühren sich in einer höheren Einheit, einer Verkündigung, die zu den großen Hoffnungen unserer Tage gehört.«

HERMANN HESSE ZUM GEDÄCHTNIS

Privatdruck, herausgegeben von Siegfried Unseld, in 1600 Exemplaren gedruckt und zum Jahresende 1962 an die Freunde des Verlages versandt.
Dieser nicht in den Handel gelangte bibliophile Band enthält die letzten Gedichte Hermann Hesses »Lej Nair«, »Louis Soutter«, »Einst vor tausend Jahren«, »Nachts im April notiert«, »Kleiner Gesang« sowie die drei Fassungen von Hesses letztem Gedicht »Knarren eines geknickten Astes« mit einer farbig reproduzierten eigenhändigen Titelvignette Hesses zu diesem Gedicht. Es folgt ein Brief Ninon Hesses an den Verleger über die letzten Lebensmonate des Dichters, außerdem Berichte über das Begräbnis, verfaßt von Werner Weber und Charlotte von Dach, illustriert mit vier Photos vom Begräbnis und einer Portraitaufnahme Hesses während seines 85. Geburtstages am 2. 7. 1962.

Knarren eines geknickten Astes

(Dritte Fassung)

Splittrig geknickter Ast,
Hangend schon Jahr um Jahr,
Trocken knarrt er im Wind sein Lied,
Ohne Laub, ohne Rinde,
Kahl, fahl, zu langen Lebens,
Zu langen Sterbens müd.
Hart klingt und zäh sein Gesang,
Klingt trotzig, klingt heimlich bang
Noch einen Sommer,
Noch einen Winter lang.

DIE SPÄTEN GEDICHTE

Erschienen 1963, Insel-Bücherei Band 803. Der Band sammelt die Gedichte aus den Jahren 1944 bis 1962. 1983 im 32. Tausend. Der größere Teil der Gedichte erschien in *Die Gedichte* (1953) und *Stufen* (1961). Dem Band »Hermann Hesse zum Gedächtnis« (Privatdruck Frankfurt am Main 1962) wurden sechs Gedichte entnommen; sechs Gedichte wurden hier zum ersten Mal veröffentlicht. Diese Gedichte sind vollständig enthalten in WA 1 und in der Neuausgabe von *Stufen* 1972, Bibliothek Suhrkamp Band 342, 1983 im 60. Tausend. »Knarren eines geknickten Astes« ist das letzte von Hermann Hesse geschriebene Gedicht. Die erste Niederschrift entstand am 1. August 1962, die zweite Fassung am Tag danach; die dritte und letzte Fassung trägt das Datum vom 8. August. In der folgenden Nacht, am 9. August 1962, starb Hermann Hesse.

»... Jetzt heißt es: ›Hart klingt und zäh sein Gesang, / Klingt trotzig, klingt heimlich bang‹. Damit ist das Erlebnis, zu welchem die Sprache von der ersten bis zu dieser letzten Fassung unterwegs war, genau benannt – es wird benannt, was das Gedicht selber durch seinen Sprachleib, jenseits des Wortsinnes, wirklich macht: zähen Gesang. Jetzt frei von ›Ich‹ und ›Man‹; keine datierte Gelegenheit mehr, sondern freigesetztes Gebild. Es lag verborgen unter den Wortvorläufigkeiten des ersten Entwurfs. Was dort nur schwächlich durchschien: hier liegt es rein zutag; heraufgeholt, eingeholt in das Wort als Erfüllung«.

Werner Weber über die dritte Fassung
von Hesses letztem Gedicht.
in »Neue Zürcher Zeitung« vom 2. März 1963

»Wenn ich versuche, über ein Stück meines Lebens Rechenschaft zu geben, so tue ich es nicht in der Meinung, ich könne damit lehren, ich könne Formeln finden und eine Weisheit destillieren. Obwohl ich mein Leben lang, seit den Jünglingsjahren, den Zug zur Philosophie empfand und eine Bibliothek von Denkern gelesen habe, ist mir doch der Glaube an meine Fähigkeit vergangen, mein Weltbild mittelbar zu formulieren. Ich bin kein Denker, und will auch keiner sein. Ich habe das Denken viele Jahre lang überschätzt, ich habe ihm viel Blut geopfert, ich habe dabei verloren und dabei gewonnen, je nachdem. Aber ich hätte ebensowohl dies alles nicht tun können, und wäre heut bei dem selben Ergebnis. Nicht aus dem Denken habe ich gelernt, am wenigsten aus dem Denken der vielen andern, deren Werke ich studiert habe ... Eine Philosophie von überwiegendem Wert gibt es nur für den schöpferischen Philosophen, nicht für seinen Schüler, nicht für seinen Leser, nicht für seinen Kritiker. In seiner Weltschöpfung erlebt der Philosph das, was jedes Wesen in seinen Augenblicken der Reife und Erfüllung empfindet, die Frau beim Gebären, der Künstler beim Schaffen, der Baum bei den Stationen der Jahreszeit und Lebensalter. Daß der Denker dies Erlebnis bewußt erlebe, die andern Wesen ›nur‹ unbewußt, ist ein alter Glaubenssatz, an dem ich schweigend zweifle. Mag er selbst richtig sein (er ist es nicht, denn der Denker erliegt im Erleben seines Werkes hundert Illusionen, und wie oft hängt sich seine Liebe und Eitelkeit gerade an die zweifelhaftesten seiner Funde!) – so bestreitet doch meine Erfahrung diesen überragenden Wert des Bewußtseins. Daß ich den mir wichtigen Kreis der Dinge dauernd im Blickfeld meines Bewußtseins habe, ist nicht entscheidend für den Wert und die Steigerung meines Ich, sondern nur das, daß ich zwischen dem Bezirk des Bewußtseins und dem Unbewußten gute, leichte, flüssige Beziehungen habe. Wir sind nicht Denkmaschinen, sondern Organismen.

... Stelle dir dein Wesen als einen tiefen See mit kleiner Oberfläche vor. Die Oberfläche ist das Bewußtsein. Dort ist es hell, dort geht das vor sich, was wir denken heißen. Der Teil des Sees aber, der diese Oberfläche bildet, ist ein unendlich kleiner. Er mag der schönste, der interessanteste Teil sein, denn in der Berührung mit Luft und Licht erneuert, verändert bereichert sich das Wasser. Aber die Wasserteile selbst, die an der Oberfläche sind, wechseln unaufhörlich. Immer steigt es von unten, sinkt von oben, immer

PROSA AUS DEM NACHLASS

1965 erschienen. GW. Herausgegeben von Ninon Hesse. Dieser erste Band aus dem Nachlaß enthält Prosaarbeiten größern Umfangs, beginnend vom »Julius Abdereggs erste und zweite Kindheit« (1901/2) und den Vorstufen zu *Knulp* mit dem Titel »Geschichten um Quorm« (1902/4) (siehe dort) bis zu den beiden Fassungen des *Vierten Lebenslaufes* des *Glasperlenspiels* aus dem Jahre 1934. Ein Teil der Stücke wurde hier zum ersten Mal veröffentlicht, die meisten waren noch nie in Buchform erschienen; die beiden Fassungen des *Vierten Lebenslaufes* waren unpubliziert.
Thema der frühen Arbeiten ist die Berufung zur Poesie, gleichzeitig aber auch der Drang der Hauptfiguren zu einem selbständigen, individuell gelebten Leben.

»Mit dem Willen zur Klarheit und Schönheit, der diese Stücke überall durchzieht, ist wahrhaftig ein großer Bogen abgemessen; nichts, was Hesse geschrieben hat, kann gleichgültig lassen.«

Hans Bütow
in »Sonntagsblatt« vom 29. August 1965

»Dieser Nachlaßband erweist sich als ein wichtiges, notwendiges Buch. Über die vielen einzelnen Schönheiten, Wahrheiten und Einsichten hinaus, an denen er den Leser teilhaben läßt, führt er ihn – zusammen mit Hesses ganzem Lebenswerk – ein gutes Stück weit über die Epoche der starr verteidigten Gruppeninteressen und Weltkriege hinaus, jener west-östlichen Epoche der Menschheitsgeschichte entgegen, von der noch niemand weiß, ob sie zustandekommt, von deren Gelingen oder Mißlingen aber – auf längere Sicht – das Schicksal der Menschheit abhängt.« Gerhard Kirchhoff
in »Badische Neueste Nachrichten« vom 3. Dezember 1965

»Es hat etwas Ergreifendes, in den Prosaaufzeichnungen den Tonfall der aufeinanderfolgenden Jahrzehnte in ihrer zeitlichen und aromatischen Verbundenheit von Blüte, Reife und Frucht zu erkennen und dabei auch die einmalige Sprach- und Seelenmelodie, die zu Hermann Hesse gehörte und sein Wesen ausmachte. Letzter abschiednehmender Glanz des späten Bürgertums glänzt aus diesen *geschehen Strömungen, Ausgleichungen, Verschiebungen, jeder Teil Wassers will auch einmal oben sein. – Wie nun der See aus Wasser, so besteht unser Ich, oder unsre Seele (es ist nichts an den Worten gelegen), aus tausend und Millionen Teilen, aus einem stets wachsenden, stets wechselnden Gut von Besitz, von Erinnerungen, von Eindrücken. Was unser Bewußtsein davon sieht, ist die kleine Oberfläche. Den unendlich größeren Teil ihres Inhalts sieht die Seele nicht: Reich und gesund nun und zum Glück fähig scheint mir die Seele, in der aus dem großen Dunkel nach dem kleinen Lichtfelde hin ein beständiger, frischer Zuzug und Austausch vor sich geht. Die allermeisten Menschen hegen tausend und tausend Dinge in sich, welche niemals an die helle Oberfläche kommen, welche unten faulen und sich quälen. Darum, weil sie faulen, und Qual machen, werden diese Dinge vom Bewußtsein immer und immer wieder zurückgewiesen, sie stehen unter Verdacht und werden gefürchtet. Dies ist der Sinn jeder Moral – was als schädlich erkannt ist, darf nicht nach oben kommen! Es ist aber nichts schädlich und nichts nützlich, alles ist gut, oder alles ist indifferent. Jeder einzelne trägt Dinge in sich, die ihm angehören, die ihm gut und zu eigen sind, die aber nicht nach oben kommen dürfen. Kämen sie nach oben, sagt die Moral, so gäbe es ein Unglück. Es gäbe aber vielleicht gerade ein Glück! Darum soll alles nach oben kommen, und der Mensch, der sich einer Moral unterwirft, verarmt«.*

Aus »Einkehr« (1918) in »Prosa aus dem Nachlaß«, a.a.O., S. 425ff.

Bruchstücken auf. Aber auch das Kommende scheint hier auf, mit den Verdunklungen und Heimsuchungen der Zeit, mit den Spaltungen der inneren und äußeren Existenz. So gehören alle diese Prosastücke aus seinem Nachlaß zusammen und geben ein geschlossenes Bild seiner dichterischen Persönlichkeit. Ein notwendiges Buch, denn es sichert das Weiterleben Hermann Hesses.«

Oskar Maurus Fontana
in »Salzburger Nachrichten« vom 12. März 1966

»Was für ein schönes, reiches, rührendes und faszinierendes Buch. Wie schon in den frühesten Dingen der ganze H. H. vorgeprägt scheint, wie man ihn kennt und wiedererkennt in seiner zeitlosen Gültigkeit, dem Hang zum Autobiographischen, der Mischung aus reiner Dichtung und höchstentwickelter Psychologie, der Komik, der leidenden Klugheit und mitleidenden Menschenfreundlichkeit. Nicht selten lache ich laut bei der Lektüre, wie etwa darüber, daß er »Zeugnisse darüber vorlegen« könne, daß er nie studiert habe. Und dann ist es doch seltsam, wie Vorgänge und Milieux, die längst historisch geworden, so eigentümlich modern wirken auf Grund der Unvergänglichkeit ihrer Figuren. Ich denke da etwa an »Freunde«. – Als besonders erregend habe ich es empfunden, den Anfängen von Josef Knecht nachzuspüren und einerseits zu sehen, wie viel da anno 1934 schon spukte und wie unendlich viel, andererseits, dem Dichter dann zuwuchs.«

Aus einem Brief von Erika Mann an Ninon Hesse vom 25. 11. 1965

»Ich lese seit einiger Zeit in den winzigen Rationen, die mir noch möglich sind ... einige alte Calwer Schmöker, namentlich die Beschreibungen vom Leben frommer Schwaben: Bengel, Oetinger etc. Dabei entdecke ich, daß einige von ihnen, wie Oetinger, mich schon in der Jugend angezogen, daß ich aber damals von ihrem biblisch-pietistischen Jargon so angewidert war, von dieser Missionszöglings-Sprache und dem Gesäusel, das dazu gehört, daß ich noch nichts damit anfangen konnte. Die Pietistensprache schmeckt mir auch heut noch nicht, aber sie regt mich auch nicht mehr auf, und ich entdecke hinter diesen Schmökern allerlei, was mich freut, einige Typen, wie Bengel, sind echte Weise und Verwandelte gewesen. Dabei ist es mir eine gewisse Freude zu sehen, wie diese dickköpfigen Schwabenchristen damals aller Glätte und Vernünftigkeit der Aufklärungszeit widerstanden haben, sie sind die einzigen Theologen jener Zeit, die man noch lesen kann.«

Brief an Fanny Schiler, Januar 1934. MatGlas., a. a. O. S. 78f.

»Wunderlich ist es mir, wieder einmal zu sehen, wie sehr anders eine vergangene Zeit aussieht, wenn man genötigt ist, sich wirklich in sie zu versetzen! So von weitem her wäre das Deutschland um 1730 ja einfach das Land von Sebastian Bach etc. etc. In Wirklichkeit haben 99 Prozent der damaligen Leute keineswegs in der Luft von Bach etc. gelebt, sondern waren geistig und kulturell um ein bis zwei Generationen früher beheimatet. Alte Geschichte, fällt einem aber jedesmal wieder auf.«

Brief an Carlo Isenberg, Frühjahr 1934. MatGlas., a. a. O. S. 85.

»Mit dem Stück aus dem 18. Jahrhundert bin ich vorerst gescheitert, teils weil es mir nicht eben gut geht und ich dies Jahr noch mehr als je mit Besuchen etc. etc. belastet war, hauptsächlich aber weil ich diesmal mich überstudiert hatte. Ich hatte mich auf Pietismus, Zinzendorf, Bengel, Oetinger, sowie auf andere Stücke Kulturgeschichte des 18. Jahrhunderts zu umfänglich und detailliert eingelassen, größtenteils einfach weil die Lektüre mich als Revision unseres religiösen Erbes mit fortzog und ich von einem ins andere kam, bis auf das Durchstöbern damaliger Gesangbücher etc., etc. Darüber ging die Dichtung flöten (wird

DER VIERTE LEBENSLAUF JOSEF KNECHTS

Zwei Fassungen, 1965 erschienen, Bibliothek Suhrkamp Band 181, herausgegeben von Ninon Hesse. Hesses Glasperlenspiel, das drei historische und einen kastalischen Lebenslauf Josef Knechts enthält, sollte ursprünglich noch einen weiteren historischen, ins 18. Jahrhundert verlegten Lebenslauf umfassen. Mit den Studien dazu begann Hesse im Mai 1934. Es entstanden zwei Fassungen, die erste in der dritten Person erzählt, die zweite in der Ich-Form. Im Oktober 1934 hatte Hesse den »Vierten Lebenslauf« als »vorerst gescheitert« betrachtet und an diesem Manuskript nicht weiter gearbeitet. Wie ein handschriftliches Notizblatt besagt, wäre dieser Lebenslauf auf den »Beichtvater« gefolgt und also der dritte gewesen.

Hesse hat diesem ins 18. Jahrhundert verlegten Lebenslauf mehr Studien gewidmet als allen anderen Biographien Knechts. An seine Schwester Adele schrieb er 1934: »Eine der späteren Existenzen wird die eines schwäbischen Theologen aus der Zeit Bengels und Oetingers sein, daran bin ich seit Monaten, d.h. erst an Vorbereitungen, zur Zeit habe ich aus einer Züricher Bibliothek sämtliche Bände von Spangenbergs ›Leben des Grafen Zinzendorf‹ bei mir und viele andre solche Sachen, auch ein württembergisches Gesangbuch vom Jahre 1700 mit dem Titel ›Geistliche Seelen-Harpffe‹.« Schließlich »entzog sich die allzu bekannte und allzu reich dokumentierte Welt jenes Jahrhunderts dem Einbau in die mehr legendären Räume der übrigen Leben Knechts.« (an Rudolf Pannwitz 1955). 6. Aufl. 1978: 22. Tsd.

»Wer das *Glasperlenspiel* Hesses kennt, weiß, daß es darin drei historische und einen kastalischen Lebenslauf des Meisters Josef Knecht gibt. Ursprünglich sollte nun ein weiterer, ins 18. Jahrhundert verlegter Lebenslauf Knechts eingefügt werden. Hesse hat lange und sorgsam, wie ein Gelehrter, gearbeitet, als er sich dieser Aufgabe zuwandte. Er hat dann die zwei Fragmente zustande gebracht, aus deren jedem für sich mancher Autor heute (und schon früher)

aber wohl doch noch einmal gemacht, sie soll Knecht als Menschen und Schwaben des 18. Jahrh. zeigen).«

Brief an Wilhelm Gundert, 17. 10. 1934. MatGlas., a. a. O. S. 98

Ausser Oetinger, dem Zinzendorf etc. las ich für meine Arbeit auch wieder die Autobiographie Schubarts und die musikalische Reise von Burney, der so 1770 den Schubart in Ludwigsburg besucht hat, daß er, da sonst keine Sprache da war, sich fließend auf Latein ausdrücken konnte.

Aus einem Brief vom April 1934 an Otto Hartmann.

Die Vorarbeiten stehen zur Arbeit selbst im Mißverhältnis – dafür habe ich zum Regenmacher gar keine Bibliotheksstudien gebraucht!

Aus einem Brief vom Ende April 1934 an Otto Hartmann.

Von der Lektüre über Bengel, der ich Wochen gewidmet habe, bleiben in meiner Erzählung höchstens zwei Seiten übrig, ebenso steht es mit Zinzendorf, Oetinger etc.

Aus einem Brief vom Anfang Mai 1934 an Otto Hartmann.

Novellen-, sogar Romankapital geschlagen hätte. Hier liegt nichts Geringeres als ›große Erzählung‹ vor, wie sie nur von jemandem, der im ursprünglichen Sinn des Wortes ein alter Meister ist, geleistet zu werden vermag. Es liegt nicht am Werk, sondern an uns, an jedem einzelnen Leser, wenn hier kein Kontakt, keine unmittelbare Beziehung zustande kommen sollte. Wer vielleicht gedacht hat, daß unter den großen Erzählern der Generation von Thomas Mann bis Robert Musil und Hermann Broch, die noch mit Welt und Geschichte umgehen, Hesse an Geisteskraft und durchdringender Intelligenz, auch an sprachlicher Geschmeidigkeit und Differenzierung nicht mithalten könne, kann sich bei der Lektüre dieser Fragmente eines Besseren belehren«.

Joachim Günther
in »Neue Deutsche Hefte«, Sept./Okt. 1965

»Knecht wird Student und gerät in Denkendorf und Tübingen in den Bannkreis des damals erwachenden Pietismus, vertreten durch die Schwabenväter Bengel und Oetinger. Der herrnhutische Graf Zinzendorf taucht als Besuch auf, und im Hintergrund der antiorthodoxen Bewegung steht die Gestalt des großen Jakob Böhme.
Hesse macht diese Figuren lebendig. Hinter der leichten Schilderung spürt man den Nachhall intensiver Studien. Die Medaillons der Seelsorger, Gelehrten und Prediger sind von unnachahmlichem Zauber. Nur ein tief und lange Beteiligter kann so etwas schreiben: es ist Hesses Auseinandersetzung mit dem Elternhaus und dem schwäbischen Schwärmertum. Er sieht die Wirkung dieser Gestalten auf das religiöse und geistige Leben Südwestdeutschlands, aber er sieht auch die Grenze dieser Wirkung. Sie liegt darin, daß den Schwabenvätern die Sprache fehlte, daß ihre Wirkung indirekt, über Schüler und Bücher, erreicht werden mußte. Die eigentliche ›Sprache‹ der Epoche sei die Musik gewesen. Der junge Knecht spielt mit dem Gedanken, Musiker zu werden – aber hier bricht das Fragment leider ab ...
Man braucht gar nicht anzunehmen, Hesse habe mit seiner Lösung eines spezifisch deutschen Problems (später von Th. Mann im ›Doktor Faustus‹ durchgeführt) einen kulturkritischen oder autobiographischen Beitrag geben wollen. Das Stück ist in seiner einzigartigen Verbindung von Schilderung und Essay sprachliches Kunstwerk und deshalb von vornherein glaubwürdig. Die achtzig Seiten gehören zum Besten, was Hesse gelungen ist. Er ist über seinen Schatten gesprungen. Vielleicht blieb es deshalb Fragment und ungedruckt.«

Curt Hohoff
in »Eckhart-Jahrbuch« 1965/66

»Ehe ich meinen ersten Bericht über deutsche Bücher an dieser Stelle beginne, erlaube man mir, die Grundsätze kurz darzulegen, die mich bei dieser Arbeit leiten. Es braucht kaum eigens gesagt zu werden, daß das deutsche Geistesleben, und damit die deutsche Literatur, zur Zeit in gewaltigen Krisen und Kämpfen liegt. Diese Kämpfe hier mitzukämpfen oder auch nur genauer zu verfolgen, wäre im Rahmen meiner kurzen Literaturberichte gar nicht möglich; außerdem fehlt es zur Zeit an einem neutralen Podium, von welchem aus sie zu betrachten wären. Ich soll und will hier nicht von den Programmen, Idealen und Forderungen sprechen, von denen die deutsche Literatur im Augenblick so sehr erfüllt scheint – es soll hier nicht von Programmen die Rede sein, sondern von Leistungen. Es soll hier jeweils eine Anzahl besonders guter oder interessanter Bücher besprochen werden, und zwar durchaus im Sinn einer positiven Kritik, einer Kritik aus Liebe also. Und ich glaube und hoffe, es werde sich dabei zeigen, daß es auch heute, inmitten der Kämpfe und Programme, eine deutsche Literatur gibt, welche unsres Interesses und unsrer Liebe würdig ist. Es wird in unsern Berichten selbstverständlich die Literatur des deutschen Reichs vorherrschen, aber wir wollen nicht vergessen, daß es ohne Rücksicht auf die nationalen und politischen Grenzen eine Einheit der deutschen Sprache, der deutschen Geistestradition und der deutschen Dichtung gibt. An dieser Einheit haben alle in deutscher Sprache denkenden und schreibenden Autoren teil, also außer den Reichsdeutschen auch die Österreicher, die Deutschböhmen, die Deutsch-Schweizer, die Deutsch-Elsässer usw., und es haben an dieser Einheit auch teil die emigrierten deutschen Autoren; diese letzte Gruppe freilich ist zu jung und ist im Moment allzusehr teils durch Polemik, teils auch einfach durch die primitive Lebensnot in Anspruch genommen, als daß wir von ihr allzuviel verlangen und erwarten dürften. Die Polemik wird uns hier nicht interessieren, dichterische Leistungen aber werden uns stets zur Anerkennung willig finden, einerlei von welcher Gruppe sie kommen.

Über dem augenblicklichen Durcheinander der deutschen Literatur, über den Kämpfen und den Programmen besitzt die deutsche Literatur, wie jede andre, eine stillschweigende, aber mächtige Führung und Lichtquelle: die Tradition, das Erbe der Dichter und Denker von den Ahnen her bis gestern. Auch an der Schwelle der so sehr problematisch gewordenen deutschen Litera-

NEUE DEUTSCHE BÜCHER

Literaturberichte für »Bonniers Litterära Magasin« 1935-1936, herausgegeben und mit einem Nachwort versehen von Bernhard Zeller, Marbach 1965. Turmhahn-Bücherei.

Über dreieinhalb Jahrzehnte seines Lebens hat Hesse mit mehr als 3000 Rezensionen (siehe *Schriften zur Literatur*) in mehr als 50 verschiedenen deutschsprachigen Zeitungen und Zeitschriften das literarische Leben begleitet und kommentiert. Während des Nationalsozialismus war es in Deutschland schließlich nur noch die »Neue Rundschau«, die gelegentlich Texte von ihm veröffentlichte. Im März 1935 – angefeindet sowohl von der nationalsozialistischen als auch von der Emigrantenpresse – begann Hesse seine Literaturberichte in der bekannten schwedischen Literaturzeitschrift. Hesses Besprechungen und Berichte erschienen in schwedischer Übertragung; die deutschen originalen Fassungen erscheinen erstmals in dieser Ausgabe. Hesse verzichtete in seinen Literaturberichten auf Polemik und negative Kritik; durch die Auswahl der von ihm besprochenen Bücher versuchte er zu zeigen, daß es »inmitten der Kämpfe und Programme« noch eine Literatur gibt, die sich auf die große Tradition und die Einheit der deutschen Sprache gründet. Hesses Rezensionstätigkeit stieß bald auf erhebliche Kritik. Will Vesper kritisierte Hesse in seiner Zeitschrift »Die neue Literatur« (1935), daß er in seinen Rezensionen Thomas Mann erwähne, daß er den S. Fischer Verlag noch immer für den vornehmsten Verlag der deutschen Bücherwelt hielte und daß er »den Prager jüdischen Dichter Kafka, den Juden Alfred Polgar, die Katholikin Gertrud le Fort« lobe. »Dann finden wir den kommunistischen Juden Ernst Bloch, zu dem Hesse sich freimütig bekennt: ›wiewohl ich nicht Marxist bin und es auch nie war, schätze ich diesen Schriftsteller sehr hoch ein‹.« Will Vesper folgerte, es sei belegt, »daß Hesse in der oberflächlichsten und gewissenlosesten Weise ein irreführendes

tur von heute stehen einige große Tote, deren Namen vor kurzem noch die von Lebenden waren, und deren Werk und Vorbild wirksam ist, und zwar, wie ich glaube, wirksamer und befruchtender als alle Programme.«

Vorbemerkung zum ersten »Literaturbrief« Hesses in »Bonniers Litterära Magasin«, März 1935. In »Neue deutsche Bücher«, Marbach 1965 u. MatGlas., a. a. O. S. 104f.

»Diese Bücherberichte für Schweden sind, von mir aus gesehen, der Ast, auf den ich meine Tätigkeit retten werde, wenn die Rundschau uns früher oder später weggenommen wird. Allerdings sind sie vielleicht auch das Pulver, das mich einmal in die Luft sprengen wird; da ich dort je und je auch antideutsche Bücher oder Bücher verbotener und exilierter Autoren anzeige und lobe, ist es wohl möglich, daß das dazu führt, mich auf die schwarze Liste zu bringen. Ich habe dabei den Grundsatz, mich weder zu exponieren noch zu schonen, d. h. den Standpunkt einer neutralen Gerechtigkeit, so fiktiv er sein mag, einzuhalten, und weder vor dem Teutonischen Kotau zu machen noch dem Vergnügen eines gelegentlichen Wutausbruchs nachzugeben.«

Brief an Thomas Mann vom 10. 5. 1935. Briefwechsel a. a. O. S. 84

und verfälschtes Bild gebe, die wichtigsten deutschen Dichter verschwieg, sie in Bausch und Bogen der Kulturmache beschuldigte und dafür Juden und Judengenossen in liebevollster Besorgtheit anpries ... er verrät die deutsche Dichtung der Gegenwart an die Feinde Deutschlands und an das Judentum. Der deutsche Dichter Hermann Hesse übernimmt die volksverräterische Rolle der jüdischen Kritik von gestern.« Doch auch die Presse der Emigranten glaubte Hesse attackieren zu müssen. Sie warf ihm vor, immer noch im alten S. Fischer Verlag seine Werke zur Veröffentlichung freizugeben. Hesse wehrte sich gegen Verleumdungen von beiden Seiten, aber da er es ablehnte, Angriffe mit Gegenangriffen zu beantworten, beschloß er, seine Literaturberichte für Bonniers Magasin wie für die »Neue Rundschau« einzustellen. Im September 1936 erschienen sowohl in Stockholm als auch in Berlin die letzten Berichte.

»Die Persönlichkeit dieses Morgenlandfahrers ist geprägt von einer Gelassenheit und Bescheidenheit, ihrer selbst sicher und zugleich ganz frei von sich selbst, wie man sie im landläufigen Kulturbetrieb selten genug antrifft und die ihn zu einem erstaunlich objektiven Urteil befähigt. Der erstaunliche Horizont des Lesers Hesse dokumentiert sich darin, was alles er, vom Handbuch der geographischen Wissenschaften über die Werke der Historiker bis hin zu religionsgeschichtlichen und parapsychologischen Studien, der Anzeige für wert hält. Und vielleicht wird mancher, der Hesse im Grunde seines Herzens für naiv hielt, ihm Abbitte tun, wenn er gewahr wird, daß dieser eine Intelligenz wie Ernst Bloch nicht nur schätzt, sondern auch auf eine kongeniale Weise durchschaut.
Der kleine Band schenkt das seltene Glück der Begegnung mit einem noblen, unabhängigen Geist«.

Helmut Haug
»Stuttgarter Zeitung« vom 28. April 1966

Brief an den Vater aus der Nervenheilanstalt Stetten, vom 14. 9. 1892

Sehr geehrter Herr!
Da Sie sich so auffällig opferwillig zeigen, darf ich Sie vielleicht um 7 M[ark] oder gleich um den Revolver bitten. Nachdem Sie mich zur Verzweiflung gebracht, sind Sie doch wohl bereit, mich dieser und sich meiner rasch zu entledigen. Eigentlich hätte ich ja schon im Juni krepieren sollen.
Sie schreiben: Wir machen Dir keine »schrecklichen Vorwürfe«, weil ich über St(etten) schimpfe. Dies wäre auch mir durchaus unverständlich, denn das Recht zu schimpfen darf man einem Pessimisten nicht nehmen, weil es sein einziges und letztes ist.
»Vater« ist doch ein seltsames Wort, ich scheine es nicht zu verstehen. Es muß jemand bezeichnen, den man lieben kann und liebt, so recht von Herzen. Wie gern hätte ich eine solche Person! Könnten Sie mir nicht einen Rat geben ...
Ihre Verhältnisse zu mir scheinen sich immer gespannter zu gestalten, ich glaube, wenn ich Pietist und nicht Mensch wäre, wenn ich jede Eigenschaft und Neigung in mir ins Gegenteil verkehrte, könnte ich mit Ihnen harmonisieren. Aber so kann und will ich nimmer leben und wenn ich ein Verbrechen begehe, sind nächst mir Sie schuld, Herr Hesse, der Sie mir die Freude am Leben nahmen. Aus dem »lieben Hermann« ist ein andrer geworden, ein Welthasser, eine Waise, deren »Eltern« leben. Schreiben Sie nimmer »Lieber H.« etc., es ist eine gemeine Lüge. Der Inspektor traf mich heute zweimal, während ich seinen Befehlen nicht nachkam. Ich hoffe, daß die Katastrophe nimmer lang auf sich warten läßt. Wären nur Anarchisten da!

H. Hesse, Gefangener
im Zuchthaus zu Stetten,

wo er »nicht zur Strafe« ist. Ich beginne mir Gedanken zu machen, w e r in dieser Affaire schwachsinnig ist.
Übrigens wäre es mir erwünscht, wenn Sie gelegentlich mal herkämen.

KINDHEIT UND JUGEND VOR NEUNZEHNHUNDERT
Erster Band

Hermann Hesse in Briefen und Lebenszeugnissen, 1877-1895, ausgewählt und herausgegeben von Ninon Hesse, erschienen 1966. Zweite Auflage 1973, 7.-9. Tsd. 1984 als suhrkamp taschenbuch 1002. Erste Auflage 12 Tsd.
Im Schlaf- und Sterbezimmer von Hermann Hesse fand der Chronist, in Bündeln verschnürt, Korrespondenzen und Dokumente merkwürdigster Art: Jugendbriefe Hesses an seine Eltern, Großeltern, Schwestern und Freunde. Aber nicht nur die Briefe von Hesse, auch Briefe an ihn fanden sich vor, und nicht allein die Korrespondenz, sondern auch Berichte und Mitteilungen von Verwandten, Erziehern, Kostherren, Lehrern, Pfarrern und Ärzten, die ihn, seine Erziehung und Entwicklung betreffen. Diese Dokumente ermöglichen eine lückenlose Erschließung der inneren und äußeren Biographie Hermann Hesses. Unmittelbar belegt werden die ersten Kinderjahre, die Schulzeit, das Maulbronner Seminar, sein Ausbruch aus diesem Seminar, die beginnende Nervenkrise, die Versuche der Heilung, Probleme der Berufssuche und immer neue Schwierigkeiten der Anpassung. Das »Ausbrechen aus der Gemeinschaft« ist ein zentrales Thema der Werke Hesses von »Unterm Rad« bis zum »Glasperlenspiel«. Das biographische Korrelat bieten nun diese Briefe, die die konkreten Fakten von Unterliegen und Flucht, von Anpassung und Rebellion enthalten und den Weg der Individuation klarmachen, den der Mensch und Schriftsteller gegangen ist.
Auf Anregung des Chronisten hat Ninon Hesse aus den Tausenden von Briefen, aus den biographischen Aufzeichnungen der Großväter, aus den Notiz- und Tagebüchern der Eltern eine Auswahl getroffen. Das Buch ist die ungewöhnlichste Fundgrube einer süddeutschen Kultur- und Familiengeschichte vor 1900.

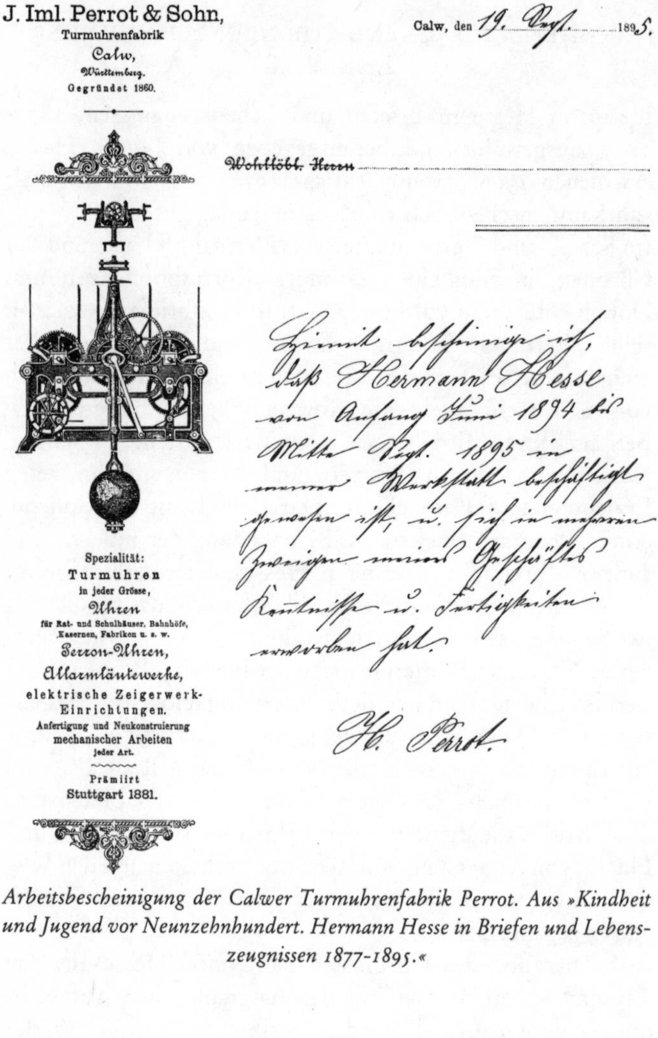

J. Iml. Perrot & Sohn,
Turmuhrenfabrik
Calw,
Württemberg.
Gegründet 1860.

Calw, den 19. Sept. 1895.

~~Wohllöbl. Herrn~~

Spezialität:
Turmuhren
in jeder Grösse,
Uhren
für Rat- und Schulhäuser, Bahnhöfe, Kasernen, Fabriken u. s. w.
Perron-Uhren,
Allarmläutewerke,
elektrische Zeigerwerk-Einrichtungen.
Anfertigung und Neukonstruierung mechanischer Arbeiten jeder Art.
Prämiirt
Stuttgart 1881.

Hiemit bescheinige ich, daß Hermann Hesse von Anfang Juni 1894 bis Mitte Sept. 1895 in meiner Werkstatt beschäftigt gewesen ist, u. sich in mehreren Zweigen meines Geschäftes Kenntnisse u. Fertigkeiten erworben hat.

H. Perrot.

Arbeitsbescheinigung der Calwer Turmuhrenfabrik Perrot. Aus »Kindheit und Jugend vor Neunzehnhundert. Hermann Hesse in Briefen und Lebenszeugnissen 1877-1895.«

»Man sagt heute, auf dem Büchermarkt wenigstens, bald zu jedem Kinkerlitzchen, es sei ein ›Ereignis‹. Und so glaubt es halt niemand mehr, auch in den seltenen Fällen nicht, wo man es glauben dürfte. Ein solch seltener Fall ist jetzt zu melden ... Man wird von nun an, da dieses Buch zu haben ist, anders über Hermann Hesses Jugend und Kindheit reden, begründeter, verläßlicher; und weil Jugend und Kindheit im Schaffen Hermann Hesses bis zuletzt den Grund bildeten, aus dem die Werke leben, wird man nicht nur über Hesses Kindheit und Jugend, sondern von seinem Dasein überhaupt besser reden.« Werner Weber

in »Neue Zürcher Zeitung« vom 20. November 1966

»Eine einzigartige Quelle für das Verständnis dieses deutschen Dichters. Sie zeigt die Welt, in der er aufwuchs und mit der er sich sein Leben lang mit zahllosen Variationen in seinem Werk befaßte, die schwäbisch-protestantische Welt, an der er sich wundstieß und die ihn doch – durch seine Auseinandersetzung mit ihr – zum Dichter werden ließ.« Klaus Mehnert

in »Christ und Welt« vom 25. November 1966

»Die Briefe, die ein geistig gesunder Bursche von fünfzehn Jahren im Sommer 1892 aus einer Anstalt für Geisteskranke nach Hause geschrieben hat, zählen zum Ungeheuerlichsten, was die Geschichte der Erziehung in Deutschland zu bieten hat. Hesses Briefe, klar und kalt, überlegen und scharfsichtig, nehmen Abschied von der Kindheit, kündigen das traditionelle Kindschaftsverhältnis im deutschen Elternhaus auf und sagen den Formen routinierter Frömmigkeit im christlichen Heim ade. Diese Briefe ›einer Waisen, deren ‚Eltern‘ leben‹, wie Hermann formuliert, sind unvergleichliche Zeugnisse der deutschen Geistesgeschichte am Ausgang des bürgerlichen Jahrhunderts.

Die bisher unveröffentlichten Anklagen eines zornigen jungen Mannes von gestern, die in ihrem unbeirrbaren Wahrheitsdrang ein Schmuck unserer Schullesebücher wären, haben Folgen aber auch für unser Verständnis vom Leben und Werk des Dichters. Mit der Publikation dieser Schriftstücke stößt Hesse selbst den Denkmalssockel um, auf den ihn viele Interpreten, Freunde und Liebhaber stellen. Der Respekt vor dem Menschen Hesse, seinem ›Hauptkontrast‹ zwischen Flucht und Wiederkehr, wird mit diesem einzigartigen Buch nur wachsen.« Rolf Michaelis

in »Frankfurter Allgemeine Zeitung« vom 28. Februar 1967

Lieber Thomas Mann,
erlauben Sie mir einen kurzen Besuch an Ihrem Krankenlager. Von Ihrer Erkrankung erfuhren wir, die wir hier oben ohnehin uns oft an Sie erinnert fanden, mit rechtem Schrecken, und waren sehr froh, als Ihre Frau so freundlich war, uns genauere und beruhigende Auskunft zu geben. Ich wünsche Ihnen raschen Fortschritt der Genesung und nachher eine Periode jenes Wohlgefühls, das einen die überstandene Attacke kaum bereuen läßt.
Wir standen die letzten Tage im Schatten einer Todesnachricht. Ich war mit Georg Reinhart in Winterthur gut befreundet und habe ihn ganz besonders geliebt und geschätzt, denn ich kannte ihn nicht nur als großen Herrn und Weltmann von prächtiger Haltung, sondern kannte ihn auf der Höhe seines Lebens auch intim in seinem privaten und häuslichen Leben, und da war er ein Mann von ganz ungewöhnlichen Begabungen, Neigungen und Gewohnheiten.
Meine bisherige Silser Ferienlektüre waren Lessings Briefe, ich hatte sie seit Jahrzehnten nicht mehr in Händen gehabt. Was war das für ein Kopf, und was für ein hartes und armes Leben! Noch zwei Jahre vor seinem Tod, nach dem Erscheinen des Nathan, schreibt er: »Es kann wohl sein, daß mein Nathan im Ganzen wenig Wirkung tun würde, wenn er auf das Theater käme, welches wohl nie geschehen wird. Genug, wenn er sich mit Interesse nur lieset, und unter tausend Lesern nur Einer daraus an der Evidenz seiner Religion zweifeln lernt.«
Daneben schämt man sich seiner Verwöhntheit, und hat doch nicht das Gefühl, in einer besseren Zeit zu leben.

Herzlich grüßt Sie und denkt Ihrer Ihr *H. Hesse*

Neu aufgefundener letzter Brief Hesses an Thomas Mann vom 2. 8. 1955.

BRIEFWECHSEL HERMANN HESSE–THOMAS MANN

Herausgegeben und mit einem Nachwort versehen von Anni Carlsson. 1968, 2. Aufl. 1972, 3. erweiterte Auflage, ergänzt von Volker Michels und mit einem Vorwort von Theodore Ziolkowski aus Anlaß des 100. Geburtstags von Thomas Mann 1975 in der Bibliothek Suhrkamp als Band 441. 1982 im 13. Tausend. Gesamtauflage 1968 bis 1975: 16 Tsd.
Der Briefwechsel der beiden Repräsentanten deutscher Dichtung spiegelt die Zeit und gleichzeitig den Weg ihrer Freundschaft; er beginnt mit einem Brief Thomas Manns an Hermann Hesse aus dem Jahre 1910 und endet mit einem Abschiedsgruß, den Hermann Hesse 1955 für Thomas Mann schrieb. 78 Briefe Thomas Manns und 40 Briefe von Hesse sind erhalten und in diesem Band mit ausführlichen Erläuterungen wiedergegeben. Leben und Arbeiten zweier Literaten werden in den Briefen lebendig. Sie nahmen großen Anteil am Schaffen des anderen, begleiteten es mit Briefen, Rezensionen, mit Einleitungen und gegenseitigen Laudationen.

»Diese Briefsammlung ist reich an wohlüberlegten, uneitlen Formulierungen, an Zitaten, an überwundenem Werk-Egoismus und an zivilisierter Humanität. Fast unglaublich, daß ein solches Gespräch zwischen zwei ihrer Heimat müden deutschen Schriftstellern im 20. Jahrhundert geführt werden konnte.« Joachim Kaiser
in »Süddeutsche Zeitung« vom 6./7. April 1968

»Dieses erstaunliche Buch verbirgt unter all seinen spätbürgerlich-großmeisterlichen Floskeln einen noch zu hebenden Schatz an politischer Klarsicht, an demokratischer Klugheit, an staatsbürgerlicher Moral. Dieser Briefband ist kein Literaturarchiv zwischen zwei Buchdeckeln, sondern ein Lesebuch, ein Lehrbuch, ein Denkbuch. In 118 Kartengrüßen, Episteln, Glückwunschadressen findet, halb verschwiegen, oft für Jahre unterbrochen, doch immer aufs neue in offenen Meinungsstreit ausbrechend, eine der bedeutendsten geistigen und politischen Auseinandersetzungen über das in die Diktatur, den Krieg und die Barbarei treibende Deutschland statt. Was sich mit dem Band unveröffentlichter Briefe und Dokumente Hesses

Hermann Hesse mit Thomas Mann auf der Chantarella bei St. Moritz, 1932.

Ein Abschiedsgruß

[für Thomas Mann]

Sils Maria den 13. August 1955

In tiefer Trauer nehme ich von Thomas Mann Abschied, dem lieben Freund und großen Kollegen, dem Meister deutscher Prosa, dem trotz allen Ehrungen und Erfolgen viel Verkannten. Was hinter seiner Ironie und seiner Virtuosität an Herz, an Treue, Verantwortlichkeit und Liebesfähigkeit stand, jahrzehntelang völlig unbegriffen vom großen deutschen Publikum, das wird sein Werk und Andenken weit über unsere verworrenen Zeiten hinaus lebendig erhalten.

›Kindheit und Jugend vor Neunzehnhundert‹ angekündigt hat, bestätigt die neue Korrespondenzsammlung: unser Bild von Hermann Hesse stimmt nicht mehr. Die zeit- und gesellschaftspolitische Komponente seines Werkes, die politische Aktualität seiner Erkenntnisse wurden und werden in Deutschland kaum wahr-, geschweige denn ernst genommen.« Rolf Michaelis
»Frankfurter Allgemeine Zeitung« vom 3. August 1968

»Daß Hermann Hesse, der als Neuromantiker und naiv etikettierte Dichter des ›Steppenwolfs‹ und des ›Glasperlenspiels‹ im politischen Dialog mit Thomas Mann nicht schlecht abschneidet, ist die Überraschung, die der von den Verlagen der beiden deutschen Nobelpreisträger gemeinsam herausgebrachte Briefwechsel zu bieten hat.«
»Der Spiegel« vom 20. Mai 1968

»Hesse galt und gilt vielfach heute noch als unpolitischer Idylliker, der sich schon beim Ersten Weltkrieg ein für allemal in die Schweiz abgesetzt hatte. Der Schlußstrich ist aber, wie aus diesem Briefwechsel deutlich wird, mit mehr politischer Energie gezogen, als es den Anschein hat. Ein Mann, der nur seine Ruhe wollte, war Hesse nicht ... Ein schöner, ein liebenswerter und kostbarer Briefwechsel, den man nicht entbehren möchte unter den Dokumenten der ersten Jahrhunderthälfte ebenso wie unter denen, die das literarische Tun und Lassen, die menschliche Bewährung der beiden nicht gar so ungleich großen Brüder des Geistes bezeugen.« Joachim Günther
in »Neue deutsche Hefte« 1968

Peter Suhrkamp und Hermann Hesse.

BRIEFWECHSEL HERMANN HESSE–PETER SUHRKAMP

Herausgegeben und mit einem Nachwort versehen von Siegfried Unseld. Erschienen 1969.
Der Briefwechsel Hermann Hesse – Peter Suhrkamp wurde veröffentlicht aus Anlaß des 10. Todestages von Peter Suhrkamp am 31. März 1969.
Der Briefwechsel umfaßt die Briefe der Jahre 1945 bis 1959. Er beginnt mit einem Bericht an Hermann Hesse über Suhrkamps Befinden nach seiner Entlassung aus dem Konzentrationslager und endet mit dem Brief, den Hesse an Siegfried Unseld schrieb, als er die Nachricht vom Tode Peter Suhrkamps erhalten hatte. Die Briefe dokumentieren die Beziehung eines Autors zu seinem Verleger und gleichzeitig das Wachsen einer Freundschaft. Die Briefe zeigen vor allem ein Stück bewegter Verlagsgeschichte; in Anmerkungen und in einem ausführlichen Nachwort versucht der Herausgeber, die Geschichte und Vorgeschichte der Beziehung zwischen Hermann Hesse und Peter Suhrkamp zu erläutern und jenes Stück der Verlagsgeschichte, die Trennung Peter Suhrkamps vom S. Fischer Verlag, neu zu beleuchten, das vordem allzu einseitig dargestellt wurde.

»Die Hesse-Leser, unter denen die Hesse-Vergolder nicht selten sind, können ein nicht so östlich-weises, ein weniger geläutert-mildes Antlitz kennenlernen; sie können eine Sprache hören, welche nicht aus stifterscher Reinigung und melodiöser hardenbergischer Blaublumenschönheit herkommt – sondern trocken ist, grätig, voll rassigen Ärgers, terre-à-terre und gar nicht wählerisch. Auch der Stolz und Hesses Selbstbewußtsein reden sich da ohne Umschweif frei. Am Anfang stehen Dokumente, in welchen Ungeduld, Mißverständnis, Spuren von Befremden, ja Entfremdung zu sehen sind. Bei geringeren Charakteren hätte das Gespräch stocken und ins Verstummen übergehen können. Die beiden aber hielten die Schwierigkeiten aus; sie verstanden, oder sie ahnten doch, daß man zusammengehörte zum eigenen Wohlsein und zum Nutzen öffentlicher Moral. Je länger sie miteinander reden und rechten, desto freier

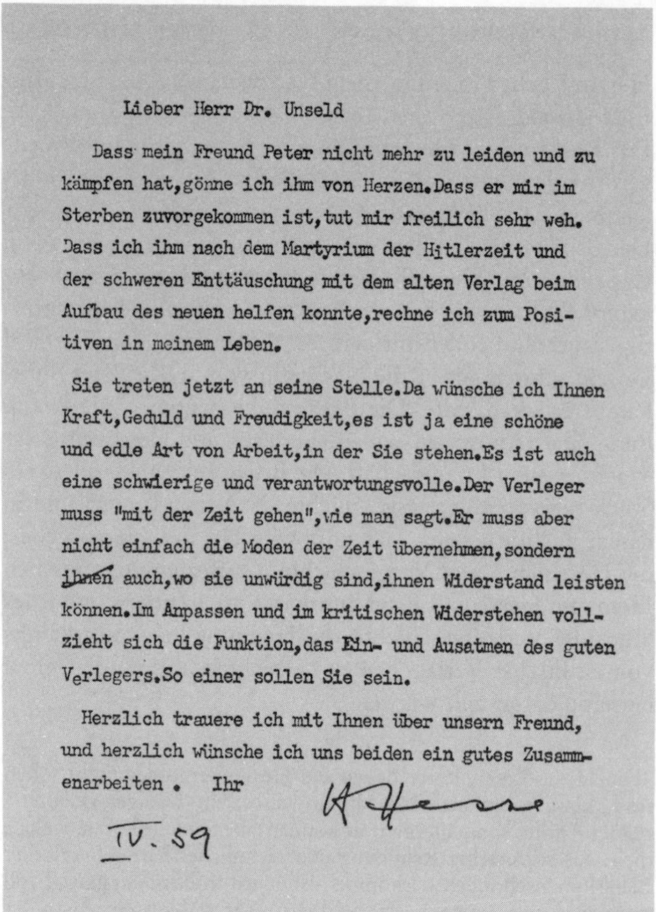

Lieber Herr Dr. Unseld

Dass mein Freund Peter nicht mehr zu leiden und zu kämpfen hat, gönne ich ihm von Herzen. Dass er mir im Sterben zuvorgekommen ist, tut mir freilich sehr weh. Dass ich ihm nach dem Martyrium der Hitlerzeit und der schweren Enttäuschung mit dem alten Verlag beim Aufbau des neuen helfen konnte, rechne ich zum Positiven in meinem Leben.

Sie treten jetzt an seine Stelle. Da wünsche ich Ihnen Kraft, Geduld und Freudigkeit, es ist ja eine schöne und edle Art von Arbeit, in der Sie stehen. Es ist auch eine schwierige und verantwortungsvolle. Der Verleger muss "mit der Zeit gehen", wie man sagt. Er muss aber nicht einfach die Moden der Zeit übernehmen, sondern ~~ihnen~~ auch, wo sie unwürdig sind, ihnen Widerstand leisten können. Im Anpassen und im kritischen Widerstehen vollzieht sich die Funktion, das Ein- und Ausatmen des guten Verlegers. So einer sollen Sie sein.

Herzlich trauere ich mit Ihnen über unsern Freund, und herzlich wünsche ich uns beiden ein gutes Zusammenarbeiten. Ihr

H Hesse

IV. 59

Brief zum Tode Peter Suhrkamps am 31. 3. 1959 an Siegfried Unseld.

werden sie. Und zuletzt geben sie ein Beispiel dafür, wie aus gemeinsamer Pflicht, aus einer gemeinsamen Sorge jene Achtung und jene Liebe hervorgeht, welche sich nicht mit vielen Worten bekennen und immer wieder selber bestärken muß – Liebe, die dann ganz da ist in einem knappen »Na ja ...«. So ist denn auch in diesem Briefwechsel nirgends Geschwätzigkeit, nirgends Médisance, nirgends Unterhaltung; dieser Briefwechsel ist Sachbericht. Die Schreiber schweigen, wo andere wohl mit Genuß ins Breite hätten gehen mögen; sie schielten in der Unterhaltung keinen Augenblick über ihren Ort hinaus auf Öffentlichkeit, auf Publikum.« Werner Weber

in »Neue Zürcher Zeitung« vom 6. April 1969

»Die Basis für diesen Briefwechsel, der bestimmende Hauptpart, war die verlegerische Arbeit, nicht in großen Umrissen, sondern im Detail. Der Leser lernt die Pflichten des Verlegers und die Rechte des Autors kennen. Mit der Veröffentlichung dieses Briefgespräches zwischen Verleger und Autor ist eine Dokumentation geschaffen worden, wie sie selten auf den Büchermarkt kommt. Der Reiz, die Spannung resultieren aus dem Dialog, dem Ja oder Nein, dem angebrachten Aber, aus zu klärenden Mißverständnissen, aus zu verwirklichenden und verwirklichten Plänen. Im Hintergrund steht immer der neue, junge Verlag, Kapitalsuche, Rückschläge, schließlich Erfolge: Hesse, Proust und dann Brecht. Der Einfall Unselds, durch Peter Suhrkamp wieder an Peter Suhrkamp und damit auch an Hermann Hesse zu erinnern, hat sich gelohnt und ist in jeder Hinsicht zu begrüßen.« Herbert Ahl

in »Diplomatischer Kurier« vom 30. April 1969

»Ein Buch, das unterstreicht, daß Verlagsgeschichte und Autorenkorrespondenzen ein Stück Geistesgeschichte sein können.«

in »Epoca« vom 7. Juli 1969

»Eine kleine Schrift ›Verrat am Deutschtum‹ von Wilhelm Michel gibt Anlaß, auch einmal ein Wort über eine der häßlichsten und törichtsten Formen jungdeutschen Nationalismus zu sagen, über die blödsinnige, pathologische Judenfresserei der Hakenkreuzbarden und ihrer zahlreichen namentlich studentischen Anhänger. Es gab früher einen Antisemitismus, er war bieder und dumm, wie solche Antibewegungen eben zu sein pflegen, und schadete nicht viel. Heute gibt es eine Art von Judenfresserei unter der deutschen, übel mißleiteten Jugend, welche sehr viel schadet, weil sie diese Jugend hindert, die Welt zu sehen wie sie ist, und weil sie den Hang, für alle Mißstände einen Teufel zu finden, der dran schuld sein muß, verhängnisvoll unterstützt. Man mag die Juden lieben oder nicht, sie sind Menschen, häufig unendlich viel klügere, tatkräftigere und bessere Menschen als ihre fanatischen Gegner. Man mag sie, wo man sie als schädlich empfindet, auch bekämpfen, wie man gelegentlich gegen Übel kämpft, die man als notwendig kennt, die aber dennoch je und je zu erneutem Anlauf reizen. Daß man aber eine Menschenklasse schlechthin für das Übel in der Welt, und für die tausend schlimmen Sünden und Bequemheiten des eigenen, deutschen Volkes als Sündenbock aufstellt, ist eine Entartung so schlimmer Art, daß ihr Schade allen Schaden, der je durch Juden geschehen sein mag, zehnfach aufwiegt.«

»Zum Antisemitismus I«, Rezension Hesses von 1922, Aus »Politische Betrachtungen«, S. 85f., WA 10.

»Ihr Brief meldet mir nichts Neues. Was Sie da an politischen Gefahren entdecken, ist dasselbe, was ich vor 50 Jahren zwar nicht entdeckt, aber ahnungs- und gefühlsweise gespürt habe, als ich Deutschland verließ, um nie mehr dorthin zurückzukehren. Es ist die politische Unfähigkeit und Unzuverlässigkeit des Volkes. Während des Krieges von 1914 wurde mir das vollends klar, wurde durch das Schicksal der ›Republik‹ Deutschland, dann durch Hitler, dann durch die servile Gelehrigkeit des Volkes, mit der es sich amerikanisieren ließ, und durch vieles andre bestätigt.

Das deutsche Volk, trotz seiner vielen guten Begabungen, eignet sich wie kaum ein andres zur Diktatur, ist ihr von Bismarck bis Adenauer stets offengestanden. Sie sind jung und die Entdeckung

POLITISCHE BETRACHTUNGEN

Ausgewählt und mit einer Nachbemerkung versehen von Siegfried Unseld. Erschienen 1970. Bibliothek Suhrkamp Band 244. 1981 im 20. Tausend. Aufgenommen in die Hesse-Werkausgabe von 1970.

Diese neue, chronologisch angeordnete Auswahl sammelt die Stellungnahme Hesses zu Politik und Problemen der Gesellschaft. Sie enthält die wichtigsten Beiträge aus *Krieg und Frieden*, in Zeitschriften zerstreutes, schwer zugängliches Material und einige bisher unveröffentlichte Texte aus dem Nachlaß. In zwei Zeitabschnitten, in denen Hesse keine politischen Abhandlungen geschrieben hatte, wird seine politische Haltung durch ein Briefmosaik der Jahre 1930-1944 und 1945-1961 dargestellt. »Wenn ich meine Aufsätze ›politisch‹ nenne, so tue ich es stets in Anführungszeichen, denn politisch ist an ihnen nichts als die Atmosphäre, in der sie jeweils entstanden. Im übrigen sind sie das Gegenteil von politisch, denn jede dieser Betrachtungen sucht den Leser nicht vor das Welttheater und seine politischen Probleme zu führen, sondern in sein eigenes Inneres, vor sein ganz persönliches Gewissen.« In wichtigen politischen Fragen, Fragen des Sozialismus, Kommunismus, Pazifismus, Weltverbesserung durch Gewalt, weiß Hesse entschiedene Antworten. Er besticht durch Unbestechlichkeit und durch eine Unwandelbarkeit seiner politischen Integrität über Jahrzehnte hinweg. (Vgl. Siegfried Unseld, Hermann Hesses Vorstellung vom Frieden. In »Der Friede und die Unruhestifter. Herausforderungen deutschsprachiger Schriftsteller im 20. Jahrhundert.« suhrkamp taschenbuch Band 143. Frankfurt 1973). Eine ausführliche Dokumentation sämtlicher politischer Schriften in der Edition »Politik des Gewissens«, 1977.

»Der Nationalismus, Fieber seiner Zeit, ist für Hesses Leben und Denken nie zum Problem geworden, die Verpflichtung zu humanem, der Toleranz verbundenem Weltbürgertum hingegen eine *dieser Dinge ist Ihnen neu und erschreckt Sie, aber die Dinge sind alt und zwar betrübend, aber nicht in dem Maß wie Sie sie jetzt sehen. Deutschland ist ein kleiner Teil der Welt und seine Bedeutung für die Welt ist heute viel kleiner als je seit 1870. Mir geht die Amerikanisierung Japans, die Militarisierung Chinas, der Untergang Tibets etc. etc. weit näher als die deutschen Ereignisse.«*

19. März 1960

»Einen Rückfall in die faschistische Massensuggestion, wenn auch nur für kurze Perioden, halte ich in mehreren Ländern, nicht nur Europas, für möglich. Je mehr die individuelle Persönlichkeit und die Familie in den modernen Staaten an Wertschätzung und Wirkungsmöglichkeit verliert und durch Kollektiv und Gleichschaltung ersetzt wird, desto größer die Gefahr.

Die Schriftsteller, oder doch die Dichter, sollten sich an Umfragen so selten wie möglich beteiligen, und sollten zu ihren Lesern sprechen wie Mensch zu Mensch, nicht wie ein Lehrer zur Schulklasse oder ein Wahlredner zur Menge spricht.«

4. oder 6. Mai 1961
Die beiden letzten Texte aus den »Politischen Betrachtungen«
S. 163, WA 10.

Selbstverständlichkeit. Damit mag zusammenhängen, daß es für Hesse leichter war als für andere, eine Position außerhalb des ideologischen Streits zu finden und zu behaupten. Nicht, daß er das politische Tagesgeschäft elitär verachtet hätte, aber es konnte nicht die ihm gemäße Art der Auseinandersetzung mit der Welt sein. (›Mir liegt alles Politische nicht, sonst wäre ich längst Revolutionär.‹) Hesse hat den Krieg von 1914 schon als Katastrophe empfunden, als die meisten europäischen Intellektuellen ihn noch wie eine Wiedergeburt begrüßten. Er hat die deutsche Revolution von 1918 bejaht, als sich die meisten Deutschen ihrer schämen zu müssen glaubten. Er hat die Hitlerdiktatur und ihren zielstrebigen Weg zum Krieg vorausgesehen, als andere noch an die Stabilität der Republik glaubten. Und er hat schließlich den Kalten Krieg nach 1945 und seine Hintermänner durchschaut, als der Höhepunkt der ideologischen Offensive noch nicht erreicht war.« Eckart Kleßmann

Aus dem Begleittext zur Hermann Hesse-Sprechplatte der »Deutschen Grammophon Gesellschaft«, 1973

Die neue, 1970 erschienene Hesse-Werkausgabe.

WERKAUSGABE

12 Bände. Werkausgabe edition suhrkamp. 1970 »zum 20. Verlagsjubiläum am 1. Juli« erschienen. Leinenkaschiert. Gesamtumfang 6100 Seiten. Die Werkausgaben der edition suhrkamp sind Gesamtausgaben, die durch die Anlage, ihre Geschlossenheit und auch durch ihren niedrigen Ladenpreis in erster Linie zum Studiengebrauch bestimmt sind.
Diese Ausgabe folgt im wesentlichen der siebenbändigen Dünndruckausgabe der *Gesammelten Schriften* von 1957. Sie bringt alle Romane, Erzählungen, Novellen und Geschichten, eine umfassende Auswahl aus den betrachtenden Schriften und die Gedichte in Hesses eigener, letztgültiger Auswahl; sie verzichtet auf Briefe, die der späteren dreibändigen Edition *Gesammelte Briefe* vorbehalten bleiben. Neben den *Politischen Betrachtungen* enthält sie, erstmals mit viel unbekanntem Material, zwei Bände *Schriften zur Literatur* (siehe dort).
1972. 2. Auflage, 25. Tausend, 1973. 3. Auflage, 36. Tausend. 5. Aufl. 1976: 57. Tsd. 6. Aufl. 1982: 63. Tsd.

»Ich habe die Bücher mit großem Staunen und immer mehr Neugier gelesen. Dieser Hermann Hesse ist nicht nur eine romantische Idee der Amerikaner, sondern ganz gewiß ein vernünftiger, überprüfbarer, großer Schriftsteller.« Peter Handke

»In Wirklichkeit ist Hermann Hesse ein exakter und bedachter Schriftsteller gewesen. Daß man ihn heute aus den selben Gründen begeistert wiederentdeckt, aus denen man ihn vor 10 Jahren glaubte auf den Kehrichthaufen einer überwundenen Romantik werfen zu können, ist nur ein deprimierender Beweis für die noch immer naive und nicht historische Rezeption seines Werkes. Nicht sein vatermordendes Pathos, nicht seine wilden Beschwörungen sexueller Promiskuität weisen Hesse als modernen Schriftsteller aus, sondern seine Fähigkeit, den demokratischen Alltag als eine Angelegenheit des Kompromisses und der kleinen Schritte zu begreifen. Dafür liefert das beste Beispiel der Briefwechsel mit Thomas Mann. In ihm

Inhalt der Werkausgabe

hat sich Hermann Hesse als der im Grunde weitsichtigere und reifere Kopf ausgewiesen.« Gottfried Just

am 20. August 1970 im Hessischen Rundfunk über die Hesse-Werkausgabe

»Die Gesammelten Schriften zum 75. Geburtstag des Dichters erschienen 1952 in sieben Dünndruckbänden. Es zeugt von der Lebens- und Verjüngungskraft eines Werks, das ständig im Aufbruch zu neuen Stufen begriffen war, wenn ihm der Sprung aus dem Bücherschrank auf den Arbeitstisch gelingt, wo es sich heute in zwölf handlichen Bänden präsentiert. Anordnung und Aufteilung wirken in vielem sinnvoller als in der früheren Ausgabe. So bilden den Auftakt die Gedichte (Stufen und Späte Gedichte), die man früher im fünften Band suchen mußte. Die größte Bereicherung stellen jedoch die zwei letzten Bände (11 und 12) dar, in denen Hesses Äußerungen zur Literatur, zu seinen eigenen Schriften und zur Weltliteratur, zusammengetragen sind. Aus diesem Material läßt sich das Porträt Hesses im Maßstab einer *Mappa mundi litteraria* herauslesen. Band 10 enthält unter anderem die Politischen Betrachtungen, die in das Bild des »Außenseiters« aktive Züge eintragen und das Gesicht seines Werks für uns verändern.
Das blaue Leinen, die Farbe, in der die Älteren Hesses Bücher zuerst kennenlernten, ist wiedergekehrt, aber man denkt bei ihr nicht mehr so sehr an die blaue Blume der Romantik als an die Weite des Horizonts.« Karl August Horst

1970 im Prospekt der Bücher der Neunzehn.

HESSE COMPANION

Für den Vertrieb der Werkausgabe in den USA, wo die neue Hesse-Rezeption seit 1969 einem Höhepunkt zueilt, erscheint ein zusätzlicher 13. Band »Hesse Companion. Edited by Anna Otten«, Suhrkamp Verlag, Frankfurt 1970. Mit zahlreichen Aufsätzen amerikanischer Germanisten über Leben und Werke Hesses. Im Anhang: Critical Comments. Vocabulary and Glossary. Articles in Periodicals and Newspapers. Selected Bibliography. List of Dissertations.

»Nach wochenlangen Vorarbeiten der Maler und Graphiker war alles zu dem Fest bereit, welches das Volk der Künstler sich selber gab. Ich hatte Hermann Hesse überreden können, einmal mit mir einen dieser Maskenbälle im Hotel Baur au Lac zu besuchen. Hesse mit etwas sauersüßer Miene schaute sich den Rummel eher skeptisch an, bis eine reizende Pierrette ihn erkannte und sich mit Schwung auf seine Knie setzte. Und siehe da, unser Freund war ›parti pour la gloire‹. In ziemlich später Stunde erschien Schoeck im Getümmel, kaum konnte er sich der Masken erwehren, und wie es im Römischen Carneval heißt, genau so ging eine auf ihn zu: »Mit zwei Gesichtern steckt einer im Gedränge: man weiß nicht, welches sein Vorderteil, welches sein Hinterteil ist, ob er kommt, ob er geht.« Gelächter rundherum ... Der große Tanzsaal war verdunkelt, und in seiner Mitte schwebte und drehte sich eine große angeleuchtete, mit Hunderten von kleinen Spiegeln besetzte Kugel über uns und warf ihre Lichter wie kleine Blitze auf die tanzenden Paare. Die Orchester spielten die letzten Schlager, alles summte mit, und ab und zu erspähte man bekannte Gesichter im Dämmerlicht, es war ein tolles Treiben. Papierschlangen zischten durch die Luft und sandten ihre farbigen Signale von Tisch zu Tisch, von Paar zu Paar. Aber wo ist Hesse? Ist er uns davongelaufen? Es ging schon gegen Morgen, als wir alle müde bei unserem Tisch in die Sessel sanken, und Bacchus allein hatte das Wort. Da siehe, kommt in aufgeräumtester Laune unser Hesse wieder, frischer als wir alle springt er auf den Tisch und tanzt uns einen »Wonnestep« vor, daß die Gläser klirren. Dann schreibt er Haller und mir einen Vers auf die nicht mehr steife Hemdenbrust, und Schoeck setzt die Noten dazu ...
Das Fest klang aus, wie es begonnen hatte, der alte Freundeskreis war wieder beisammen und wanderte zu einer Mehlsuppe in die Kronenhalle. Am folgenden Tag erhielt ich von Hesse ein Dankbriefchen mit dem melancholischen Schluß: »Was habe ich auch für Freunde, daß sie mich jahrzehntelang so herumlaufen lassen, ohne daß ich wußte, was ein Maskenball ist.«

Hermann Hubacher, »Mit Hermann Hesse am Künstlermaskenball«, aus MatStep. S. 65 f.

Parallel zur *Werkausgabe* Hesse plant der Suhrkamp Verlag Materialienbände zu den Hauptwerken. Bisher liegen u.a. vor:

MATERIALIEN ZUM STEPPENWOLF

Erschienen 1972. suhrkamp taschenbuch 53. Herausgegeben von Volker Michels. 1985 im 95. Tausend.

»Ein falsches Hesse-Bild wird korrigiert.
Lange Zeit schwankte Hermann Hesses Bild zwischen der Feindseligkeit vieler Tageskritiker, der Kälte vieler Interpreten, der Liebe seiner Freunde zur Idylle und Romantik, der Begeisterung junger Leser – eine verwischte Zeichnung mit Schatten und Lichtern. Es fehlte das Band zwischen den verwirrenden Widersprüchen, die Hesse im Steppenwolf-Roman als das Vieldeutige, Unfaßliche des Charakters, als die Neurose des geistigen Menschen, als die Krankheit unserer Übergangszeit dargestellt hat. Heute, mit der Herausgabe eines umfangreichen Briefwerks, mit der Sammlung vieler verstreuter Hesse-Texte kündigt sich eine Korrektur des Bildes dieses weltweit berühmten Schriftstellers an. Volker Michels, der Herausgeber der ›Materialien‹, hat auf die lange unterschätzte zeitkritische und politische Bedeutung Hermann Hesses hingewiesen; die Revision war lange fällig.
Die ›Materialien‹ weisen den großen Roman als unmittelbares Lebenszeugnis aus. Orte und Tage sind bis ins Detail nachgezeichnet. Chronik und mannigfache Quellennachweise umrahmen die Sammlung der Selbstzeugnisse, der Texte Hesses zum *Steppenwolf* und zum ganzen Umkreis des Romans, der Freundeszeugnisse.«

Helmut Gumtau
»Der Tagesspiegel«, Berlin, vom 14. Januar 1973

»Mehr als man bisher wußte, kommt heraus: Die Erlebnisse des Protagonisten Harry Haller hat Hesse selber ausprobiert. Er lernte die modischen Tänze der zwanziger Jahre, er besuchte Maskenbälle in Zürich, er hat Leute seiner Umgebung zu Figuren des Buches stilisiert. Timothy Leary hätte zu gern nachgewiesen, daß Hesse, »der Meisterführer zum psychedelischen Erlebnis«, auch selber Meskalin oder andere Drogen genommen hat. Er muß den Beweis schuldig bleiben.«

Hans Bender
in »Die Weltwoche« Zürich vom 1. 11. 1972

Knecht erklärt u. a.:

»Spielen« hat mehrere Bedeutungen, vor allem aber bedeutet es etwas, was der damit Beschäftigte ganz besonders wichtig und ernst nimmt. Das Spiel des Kindes wird mit größtem Ernst gespielt. Das Spiel der Musiker wird wie Gottesdienst zelebriert. Jedes Karten- oder Gesellschaftsspiel noch zeichnet sich dadurch aus, daß man es zwar als minder ernsthaft vom »Leben« unterscheidet, daß es aber ganz feste Regeln hat, und daß jeder Spieler diese Regeln viel genauer einhält und sich ihrem Sinn viel mehr unterwirft als die meisten Menschen im »wirklichen« Leben es mit den Regeln der Vernunft, der Hygiene, der Sozialität etc. tun ... Grade die, die das Spiel ohne Einsatz, ohne Gewinnenwollen spielen, halten die Regeln am besten. Und grade die, die auch im Leben handeln als sei es Spiel, dienen dem Leben am besten.
Zu diesem Spielsinn nun steht der Ernst der politischen Überzeugungen, Bestrebungen etc. im Gegensatz. Es fehlt hier die Demut des Wissens, daß man eben doch nur spielt und ein Kind ist, und Gott über sich hat. Statt dessen handelt, denkt, spricht man mit einem übersteigerten, blinden, andre vergewaltigenden Ernst. Und darum ist die Spielschule keine Vorbereitung für Politik, solang Politik im heutigen Geist betrieben wird.

Die Verschleierten

Aus seinem gelehrten Klosterbezirk geht Knecht einigemal im Jahr in eine Stadt, um mit einer Frau zu schlafen. Er wählt sie aus den »Verschleierten«, die mit verhülltem Gesicht gehen. Jede Frau kann, wenn sie will, so gehen. Dann darf jeder Mann sie ansprechen und mitnehmen. Er kennt sie nicht und riskiert, daß sie im Gesicht häßlich ist. Immer geht ein kleiner Teil der Frauen und Mädchen verschleiert,
1. *die, die keinen Mann fanden,*
2. *die zeitweise aus Bindung und Kultur ins Chaos der Triebe zurück müssen.*

Sie tun es zuweilen mit Wissen ihrer Männer.

Aus den Vorstudien Hesses zum »Glasperlenspiel« MatGlas. S. 315 bzw. 319.

MATERIALIEN ZUM GLASPERLENSPIEL

Erster Band. Texte von Hermann Hesse. Erschienen 1973. suhrkamp taschenbuch 80. Herausgegeben von Volker Michels. 1981 im 34. Tausend.

»Äußerst reizvoll ist es, anhand der ›Briefe (meist Briefe von, aber auch solche an Hermann Hesse), Selbstzeugnisse und Dokumente‹ den Dichter über die Zeit von fast zwölf Jahren hinweg an der Arbeit zu beobachten.
Was der nur genießende Leser bei der Lektüre des aller Erdenschwere enthobenen Romans nicht ahnt, wird hier belegt: *Das Glasperlenspiel* ist in steter Auseinandersetzung mit der unmenschlichen Entwicklung im Dritten Reich entstanden. Viele Stellen dokumentieren Hesses Absicht, vor dem drohenden Untergang der deutschen Kultur in seine Provinz Kastalien hinüberzuretten, was zu retten ist. Dabei erreichen seine Aussagen nicht selten die Hellsichtigkeit prophetischer Visionen.« Adolf Baumann
»Tages-Anzeiger«, Zürich, vom 7. September 1973

Zweiter Band. Texte über *Das Glasperlenspiel*. Sekundärliteratur. Erschienen 1974. suhrkamp taschenbuch 108. Herausgegeben von Volker Michels. 1982 im 22. Tausend.
Dieser Band dokumentiert mit einer Auswahl und Bibliographie der wichtigsten Sekundärliteratur die Wirkungsgeschichte von Hesses Alterswerk. Er enthält Beiträge von: Martin Buber, E. R. Curtius, Theodor Heuss, Joachim Kaiser, Karl Korn, Hermann Lenz, Joachim Maass, Hans Mayer, Peter Suhrkamp, Theodore Ziolkowski u. a.

Plattenhülle mit einem Aquarell Hermann Hesses (»Maskenball« 1926) von Rolf Staudt.

SPRECHPLATTE

Hermann Hesse – Sprechplatte, 33 cm/60 Min. Spieldauer; zusammengestellt von Volker Michels. Erste Auflage 1971. 1982 im 8. Tausend.
Seite A:
Hermann Hesse liest »Über das Glück« und die Gedichte »Im Nebel«, »Vergänglichkeit«, »Stufen«, »Mittag im September«, »Alle Tode«, »In Sand geschrieben«, »Regen im Herbst«.
Seite B:
Gert Westphal liest »Aus einem Brief des 15jährigen Hesse an seine Eltern«, Prosa aus »Klingsors letzter Sommer« und Gedichte aus »Krisis«.
Überraschend fanden sich Tondokumente von Hermann Hesse, die lange Zeit für verloren galten. In den 1949, 1953 und 1954 auf Band gesprochenen Aufnahmen liest der über Siebzigjährige einige seiner schönsten und volkstümlichsten Gedichte, und, als charakteristische Probe seiner Altersprosa, eine konzentrierte Fassung seiner Betrachtung »Glück«. So wird es dem Leser möglich, auch akustisch Hesses Spannung »zwischen dem Bewahrenden und dem Verwegenen« – wie es Th. W. Adorno einmal formuliert hat – zu erleben.

»Hesses Welt ist vielschichtig und vieldeutig, zum Bersten voll von Spannung und Antagonismus, symbolisch verschlüsselt und ein Aufruf zum wirklichen Leben. Die Schallplatte, für die man dem Suhrkamp Verlag nicht genug danken kann, repräsentiert zwei verschiedene Phasen in seiner Entwicklung ... Die meditative, etwas abgeklärte, etwas spröde und immer unverkennbar schwäbisch akzentuierte Stimme vermittelt die Existenzbotschaft der ›Zeitvermähltheit und Dauerlosigkeit‹ aller Dinge, des ewigen Bereitseins zum Aufbruch.«

in »Aufbau«, New York vom 17. 12. 1971

In Band 2 der »Schriften zur Literatur« schreibt Hermann Hesse über:

Gilgamesch
Indisches
  Hinduismus, Brahmanas und Upanischaden,
  Die Reden Buddhas,
  Bhagavadgita
Chinesisches
  Laotse, Konfuzius, Chinesische Volksmärchen, Chinesische Lyrik,
  Lü Bu We, I Ging,
  Bi-Yän-Lu, *Kin Ping Meh,*
  Chinesische Geistergeschichten
Ausblick nach dem Fernen Osten
Fabeln und Märchen
  Fabeln, Die Märchen der Weltliteratur, Morgenländische Märchen, *Das Papageienbuch,* Indische Märchen, *Die Sagen der Juden, Born Judas,* Arabische Märchen
Keltische und walisische Dichtungen
  Plutarch
  Cäsarius von Heisterbach
  Thomas von Aquin
  Summe wider die Heiden,
  Summe der Theologie
Meister Eckhart
Heinrich Seuse (Suso)
Johannes Tauler, *Predigten*
Boccaccio, Einiges über Giovanni Boccaccio als Dichter des Dekameron
Die Gesta Romanorum
Nikolaus Cusanus, *Vom Wissen des Nichtwissens*
Deutsche Mystikerbriefe des Mittelalters
Büchlein vom vollkommenen Leben
Michelangelo, *Gedichte*
Martin Luther, *Predigten*
Thomas Müntzer
Rabelais, *Gargantua und Pantagruel*
Johannes Kepler
  Kosmische Harmonie
Jakob Böhme
Grimmelshausen
  Simplizius Simplizissimus
Angelus Silesius
Defoe
Swift, *Gullivers Reisen*
Lesage, *Gil Blas*
Voltaire
Fielding, *Tom Jones*
Diderot
Sterne, *Die empfindsame Reise Yoricks*
Casanova
Lessing
Salomon Geßners Dichtungen
Wieland
Musäus
  Volksmärchen der Deutschen
C. F. D. Schubart
James Boswell
  Londoner Tagebuch 1762-1763
M. Claudius
  Der Wandsbecker Bote
Heinrich Stilling
Lichtenberg
Herder
Heinse
Goethe
  Dank an Goethe, Über Goethes Gedichte, *Erste Fassung von Wilhelm Meisters theatralischer Sendung, Wilhelm Meisters Lehrjahre, Goethes Briefe, Goethes Ehe in Briefen, Briefwechsel zwischen Goethe und Zelter,* Goethe und Bettina, Goethe und das Nationale, *Die Briefe der Frau Rath Goethe*
Lenz

SCHRIFTEN ZUR LITERATUR

Zwei Bände. 1971 erschienen. Sonderausgabe der Bände 11 und 12 der Werkausgabe von 1970. Herausgegeben von Volker Michels.

Der erste Band sammelt neben Materialien und Stellungnahmen Hesses zum eigenen Werk die großen Aufsätze und Betrachtungen zu literarischen Themen, die Darstellungen seiner Verleger, Einführungen zu Sammelrezensionen und seine berühmte Anleitung zur Zusammenstellung einer *Bibliothek der Weltliteratur*.

Der zweite Band gibt »eine Literaturgeschichte in Rezensionen und Aufsätzen«. Er enthält eine erste, für die Werkausgabe getroffene Auswahl aus den über 3000 bisher erfaßten Besprechungen Hermann Hesses. Die Auswahl beginnt mit Rezensionen des Gilgamesch, der Reden Buddhas und chinesischer Philosophie und führt in die Gegenwart mit Rezensionen von Werken Walter Benjamins, Anna Seghers, Arno Schmidts, Max Frischs, J. D. Salingers und Peter Weiss'. »Hesses Schriften zur Literatur sind Führer zur Literatur«, schrieb Werner Weber; und ein anderer Kritiker urteilte: »Hier sind die Schlüsselworte für Hesses heutige Renaissance zu finden, hier kann wirkliches Verständnis für das literarische Werk gefunden werden, hier ist Zeitgeschichte anzutreffen.« Die Auswahl enthält etwa den zehnten Teil aller Buchbesprechungen Hesses. 1975 als suhrkamp taschenbuch 252, 1982 im 17. Tausend.

»Noch in der geringsten Rezension ist die Fühl- und Denkkraft, welche den *Camenzind* zum Leben brachte, die Morgenlandfahrer auf den Weg führte, den *Steppenwolf* bildete, den *Narziß* gegen den *Goldmund* stellte und dem *Glasperlenspiel* die Sinnlichkeit verlieh.

Er kann wohl den Könner, den Kunstfex, vom Schöpferischen unterscheiden; er weiß, was überraschende, interessante Wörter und was gewachsene, durch Menschheitserfahrungen getragene

Klinger, *Faust*
Schiller
Gedichte
Hebel
Biblische Erzählungen, Kalendergeschichten
Salis-Seewis, Gedichte
Jean Paul
Über Jean Paul, *Siebenkäs*
Baader, *Grundzüge der Sozietätsphilosophie*
Mme. de Staël
Friedrich von Schlegel
Hölderlin, Über Hölderlin
Novalis
Nachwort zu »Novalis. Dokumente seines Lebens und Sterbens«
Wackenroder
Herzensergießungen eines kunstliebenden Klosterbruders
E. T. A. Hoffmann
Lebensansichten des Katers Murr, Tagebücher
Achim von Arnim,
Clemens Brentano,
Des Knaben Wunderhorn
Clemens Brentano
Brentanos Werke
F. G. Wetzel, *Die Nachtwachen des Bonaventura*
Stendhal
Italienische Novellen und Chroniken
Bettina von Arnim
Die Günderode
Eichendorff
Schopenhauer
Gespräche
Gustav Schwab, *Sagen des klassischen Altertums*
Droste-Hülshoff
Gotthelf
Balzac, Zu seinem fünfundsiebzigsten Todestag
Puschkin
Grabbe
Alexandre Dumas
Stille und bunte Welt
Victor Hugo,
Der lachende Mann
Lenau
Mérimée
Mörike
Andersen, *Andersens Märchen*
Stifter, *Bunte Steine, Witiko*
Poe
Thackeray
Kierkegaard
Der Begriff des Auserwählten
Theodor Storm-
Gottfried Keller,
Briefwechsel
Jacob Burckhardt, *Kultur der Renaissance*
Marx, *Das Kapital*
Gottfried Keller
Gedanken über Gottfried Keller, Beim Lesen des »Grünen Heinrich«
Whitman, *Grashalme*
Dostojewski
Gedanken über Dostojewskis »Idiot«, *Der Jüngling*, Die Brüder Karamasow oder Der Untergang Europas, *Dostojewski, geschildert von seiner Tochter*
Flaubert
Die Schule der Empfindsamkeit, Briefwechsel mit George Sand
C. F. Meyer
Victor von Scheffel
Charles de Coster
Tyll Ulenspiegel
Ibsen
Tolstoi
Kindheit, Knabenalter, Jünglingsjahre, Tagebuch, Tolstoi und Rußland
Brehm, *Brehms Tierleben*
Raabe
Wilhelm Busch
Bildergeschichten für Kinder

Wörter sind – aber auch das nimmt ihm nicht die Freiheit, extreme Spiele als solche zu billigen und ihnen den Sinn zu lassen, der ihnen aus bestimmter Zeit, aus bestimmten Nöten zukommt.
Gelten lassen. Damit haben wir ein Schlüsselwort zur Eigenart von Hesses Literaturkritik. Radikale Ablehnung oder gar Haß trieben ihn selten an; Liebe und aus ihr das Vermögen, etwas gelten zu lassen, bestimmten viel mehr seine Äußerungen. Gelten lassen heißt auch, etwas bleiben lassen können; nur vornehmen, annehmen, was einen betrifft. Hesse antwortete auf Literatur, wie er auf die Welt geantwortet hat: aus dem meditativ-musikalischen Kern seiner Natur. Seine Urteile über denselben Gegenstand zu verschiedener Zeit sind meist so konstant wie jener Wesenskern. Es möchte manchmal scheinen, als habe er ›seine‹ *Bibliothek der Weltliteratur* von allem Anfang an besessen, eben nach dem Gesetz geheimer Bezüglichkeit.
Hesses *Schriften zur Literatur* sind Führer zur Literatur (es gibt in ihnen Charakteristiken von unvergeßlicher Genauigkeit) – doch mindestens so wichtig sind diese Schriften als Auskünfte über Hesse selbst.«

Werner Weber
»Neue Zürcher Zeitung« vom 26. Juli 1970

»Was diese Sammlung von Literarkritiken und Rezensionen vor ähnlichen Unternehmungen auszeichnet, ist die Tatsache, daß hier niemals ein ausschließlich distanzierendes, intellektuelles Verhältnis zu den Autoren besteht. Ein Dichter spricht über seinesgleichen; damit werden Pforten geöffnet, Auskünfte erteilt, poetische Sympathien geweckt, auf die der landläufige Kritiker verzichten muß. Oft genügen aus dieser tiefen Kenntnis (und Erkenntnis) heraus nur wenige Sätze, um einen Autor zu charakterisieren, seine Bedeutung, gelegentlich auch seine Schwäche zu erfassen. Die Intuition allein, verbunden mit einer außergewöhnlichen Einfühlung, liefert den Schlüssel zu den dichterischen Werken, der wissenschaftliche Eifer als solcher fördert keine nennenswerten Ergebnisse zutage. So erklärt sich die lebhafte, weithin begründete Abneigung, welche Hesse gegen Wissenschaft, Philosophie, Germanistik, Universitäten empfand. Vokabeln wie professoral, Professor erscheinen nur abschätzig, müssen zwischen Häkchen gesetzt werden. Der Wissenschaft bleibt das eigentliche Geheimnis, die Tiefe der Dichtung, verschlossen. Sie hat kein Verhältnis zum Zauber des Wortes, zu Magie und Märchen, zur Welt der Mythen und Bilder. Unter dem Zugriff der Ratio verkrustet, versteinert das blühende Leben.
Wer diese Texte aufmerksam liest, im Sinne Hesses meditiert, macht

Karl May
Anatole France
Die Götter dürsten
Verlaine
Strindberg
In memoriam Strindberg
Stevenson
Rimbaud
Eduard von Keyserling,
Bunte Herzen
Freud
Einführung in die Psychoanalyse,
Über Psychoanalyse
Sudermann, Das hohe Lied
Hermann Bang
Sommerfreuden
Josef Conrad
Mit den Augen des Westens
Lagerlöf
Altenberg
Bergson
Hamsun, *Kinder ihrer Zeit*
Maeterlinck
Arno Holz
Ricarda Huch,
Michael Bakunin und die Anarchie
Hugo Ball
Rolland
Das Leben Tolstois,
Johann Christof
Emil Strauß
Stefan George
Gorki
Gide
Corydon
Heinrich Mann
Die Armen,
Jugend Heinrichs des Vierten
Morgenstern
Palmström, Alle Galgenlieder
Proust, *Im Schatten der jungen Mädchen*
Hofmannsthal
Briefe 1890-1901
Karl Kraus
Sprüche und Widersprüche

C.G. Jung
Wirklichkeit der Seele
Annette Kolb, *Die Schaukel*
Thomas Mann
Tristan, Königliche Hoheit,
Leiden und Größe der Meister
Polgar, *In der Zwischenzeit*
Rilke
Briefe aus den Jahren 1907-1914
Albert Schweitzer
Aus meinem Leben und Denken
Buber
Die Erzählungen der Chassidim
Carossa
Geheimnisse des reifen Lebens
Friedell
Kulturgeschichte der Neuzeit
Robert Walser
Poetenleben, Der Gehülfe, Große kleine Welt
Hermann von Keyserling
Reisetagebuch eines Philosophen
Musil, *Der Mann ohne Eigenschaften*
Oswald Spengler, *Der Untergang des Abendlandes*
Leopold Ziegler, *Überlieferung*
Stefan Zweig
Die Liebe der Erika Ewald,
Triumph und Tragik des Erasmus von Rotterdam
Kafka
Der Prozeß, Amerika,
Das Schloß, Der Hungerkünstler,
Vor dem Gesetz, Tagebücher und Briefe, Kafka-Deutungen
Ortega y Gasset
Der Aufstand der Massen
Ringelnatz
Die Weißen Blätter
Max Brod
Das große Wagnis
Franz Kafka, eine Biographie
Oskar Loerke
Prinz und Tiger
Tagebücher 1903-1939

nicht nur eine Fülle von literarischen Entdeckungen. Er gewinnt, darüber hinaus, einen völlig neuen Zugang zur Dichtung überhaupt.«

Hans Jürgen Baden
»Stuttgarter Zeitung« vom 9. Juni 1973

»Die Arbeiten sind nicht aus dem inneren Bedürfnis heraus, sich als Dichter über einen anderen Dichter zu äußern, entstanden, sondern als einfache Lektüreberatung für den Zeitungsleser. Dementsprechend steht bei Hesses Rezensionen nicht das künstlerische, sondern das pädagogische Moment im Mittelpunkt: der Wille, einem guten Buch möglichst viele Leser zuzuführen. Dieses Ziel läßt sich durch das ganze Leben Hesses verfolgen: etwa wenn er im Krieg für Tausende Soldaten die geeignete Lektüre auswählt oder wenn er seine Reiselektüre in den Hotelzimmern zurückläßt, in der Hoffnung, ein kleiner Angestellter könnte sie finden und lesen. Aus dieser Absicht heraus sind auch die vorliegenden Rezensionen geschrieben: den Leser an die Lektüre wertvoller Bücher heranzuführen. Entsprechend einfach ist ihre Sprache, leicht verständlich der Inhalt.«

»Wort und Wahrheit«, 6, 1972

»Hesses literarische Kritiken und Essays: Wie einsichtig und abgeklärt war doch dieser große Schwabe. Sein Lesehunger reichte bis Arno Schmidt, dem Autor des dicksten deutschen Wälzers dieses Jahrhunderts. Kritik an Spengler und Keyserling ergänzt sich mit reifem Verständnis für zwei Bücher Guardinis, dessen Toleranz und Einfühlung Hesse dankbar aufnimmt. Aber Hesses Quellbrunnen entspringen im verkannten Deutschland des 18. Jahrhunderts, dann in Indien und China, die durch ihn vergeistigt, veredelt wirken. Doch sind auch Peter Weiss, Max Frisch schon seine Gesprächspartner. Hesse ist und bleibt Modell moderner Kritik: nobel – klar – mutig.«

»Deutsche Tagespost« vom 18./19. 8. 1972

»Rund acht Jahre hat er zuerst in Tübingen, dann in Basel hinter dem Ladentisch von Buchhandlungen gestanden, und schon ein paar Jahre darauf hat er begonnen, seinen Überblick über die Literatur ständig mit allgemeinen Aufsätzen und Rezensionen bis zu einem Stand zu erweitern, daß er sich 1929 an einen Entwurf zu einer *Bibliothek der Weltliteratur* wagen konnte, die selbst das Entzücken eines gewiß nicht anspruchslosen Geistes wie Kurt Tucholsky erregte.

Es ist kaum vorstellbar, wie Hermann Hesse, der gewiß kein ober-

Guardini
Der Mensch und der Glaube, Christliches Bewußtsein, Versuche über Pascal
D. H. Lawrence
Der Hengst St. Mawr
Benn
Ausgewählte Briefe
Hermann Broch
Die Schlafwandler
Hans Arp, *Der Pyramidenrock*
Georg Heym
Trakl
Katherine Mansfield
Das Gartenfest
Max Picard, *Die Flucht vor Gott*
Klabund, *Gedichte*
Werfel
Der Gerichtstag, Der Spiegelmensch
Walter Benjamin, *Einbahnstraße*
Ernst Penzoldt
Kleiner Erdenwurm
Hans Fallada
Kleiner Mann, was nun?, *Wer einmal aus dem Blechnapf frißt*
Harry Frank,
Als Vagabund um die Erde
Huxley
Nach dem Feuerwerk, Welt wohin?
Charles Morgan, *Das Bildnis*
Joseph Roth, *Tarabas*
Faulkner, *Licht im August*
Ernst Jünger, *An der Zeitmauer*
Lampedusa, *Der Leopard*
Manfred Hausmann
Salut gen Himmel
Hemingway, *In unserer Zeit*
Erich Kästner, *Fabian*
Anna Seghers
Auf dem Wege zur amerikanischen Botschaft
Julien Green, *Der Geisterseher*
Saint-Exupéry, *Nachtflug*
Thomas Wolfe
Schau heimwärts, Engel! Von Zeit und Strom
Joachim Maass
Die unwiederbringliche Zeit
Arno Schmidt, *Leviathan*
Max Frisch, *Stiller*
J. D. Salinger
Der Mann im Roggen
Peter Weiss
Abschied von den Eltern[*]

[*] Bei kursiv gesetzten Überschriften handelt es sich um die Titel der besprochenen Bücher, während aufrecht gesetzte Überschriften die Originaltitel von Hesse kennzeichnen.

flächlicher Diagonalleser war, neben seinem umfangreichen dichterischen Werk eine so gewaltige Lektüre hat bewältigen können.
›Hesses Buchbesprechungen sind‹, wie der Herausgeber richtig bemerkt, ›keine streitbaren Auseinandersetzungen mit den Autoren. Sie sind Information, Anregung und Orientierung für den Leser. Ablehnende Rezensionen sind rar. Die Geste des schlagfertigen Besserwissers war ihm unmöglich‹ ...
Die beiden Bände, wenn sie zum überwiegenden Teil auch der heutigen Problematik unserer Literatur und dem erbitterten Kampf der Ismen fern zu stehen scheinen, sind eine Fundgrube für alle Leser. Es ist reizvoll, den Gang der Weltliteratur und nicht zuletzt den Aufbruch der Moderne seit der Jahrhundertwende durch den Spiegel eines Dichters zu sehen, der selber ein gut Stück zu ihr beigetragen hat.«

Georg Böse
»Saarbrücker Zeitung« vom 4. 5. 1972

Gedanken aus »Lektüre für Minuten«:

Wir müssen nicht hinten beginnen bei den Regierungsformen und politischen Methoden, sondern wir müssen vorn anfangen beim Bau der Persönlichkeit, wenn wir wieder Geister und Männer haben wollen, die uns Zukunft verbürgen.

Die Welt ist außerhalb der Irrenhäuser nicht minder drollig als drinnen.

Genie ist Liebeskraft, ist Sehnsucht nach Hingabe.

Das Amt des Dichters ist nicht das Zeigen der Wege, sondern vor allem das Wecken der Sehnsucht.

Gegen den Tod brauche ich keine Waffe, weil es keinen Tod gibt. Es gibt aber eines: Angst vor dem Tode. Die kann man heilen.

Wenn wir uns heute, den heutigen Nöten und Forderungen gegenüber, einigermaßen menschlich und anständig halten, wird auch die Zukunft menschlich sein können.

Damit das Mögliche entsteht, muß immer wieder das Unmögliche versucht werden.

Was in der Welt an Geistigem erreicht und geleistet wurde, wurde es immer nur dadurch, daß Ideale und Hoffnungen aufgestellt wurden, die weit über das momentan Mögliche hinausgingen.

LEKTÜRE FÜR MINUTEN

Gedanken aus Büchern und Briefen. Erschienen 1971. suhrkamp taschenbuch 7. Ausgewählt und zusammengestellt, mit Quellenangaben und einer editorischen Notiz versehen von Volker Michels. 1985 im 374. Tausend.
Im Jahre 1952 versandte Hesse einen Privatdruck *Lektüre für Minuten*. Ein paar Gedanken aus meinen Büchern und Briefen mit dem Vermerk »Die Vielen, deren Briefe und Glückwünsche anders zu erwidern mir nicht möglich ist, bitte ich, diesen Privatdruck als Zeichen meines Dankes anzunehmen. H. H.« Der schmale Band enthielt eine Sammlung von 39 Gedanken, die sich ein Leser aus Hesses Büchern notiert hatte. Die vorliegende Sammlung wurde von der Idee dieses Privatdrucks ermutigt; sie enthält 550 aphoristische Zitate, die nach Themen geordnet sind: Politisches. Gesellschaft und Individuum. Aufgaben des Einzelnen. Bildung, Schule, Erziehung. Religion und Kirche. Wissen und Bewußtsein. Lesen und Bücher. Wirklichkeit und Imagination. Kunst und Künstler. Humor. Glück. Liebe. Tod. Jugend und Alter. Die Texte wurden etwa zur Hälfte veröffentlichtem, zur anderen Hälfte unveröffentlichtem Material entnommen. »Der Aphorismus«, schrieb Hesse, »ist so etwas wie ein Edelstein, der durch Seltenheit an Wert gewinnt und nur in winzigen Dosen ein Genuß ist.«
Lektüre für Minuten. Neue Folge, herausgegeben von Volker Michels. Erschien 1975 als suhrkamp taschenbuch 240. 1983 im 174. Tausend.
Zum 100. Geburtstag Hesses erschien 1977 eine geringfügig erweiterte Zusammenfassung beider Bände als Jubiläums-Sonderausgabe, Auflage 1977-1984: 365. Tsd.
»Ein wacher, mutiger, prophetischer Geist blitzt und funkelt aus jedem dieser Sätze.«

»Welt der Arbeit« vom 30. Juni 1972

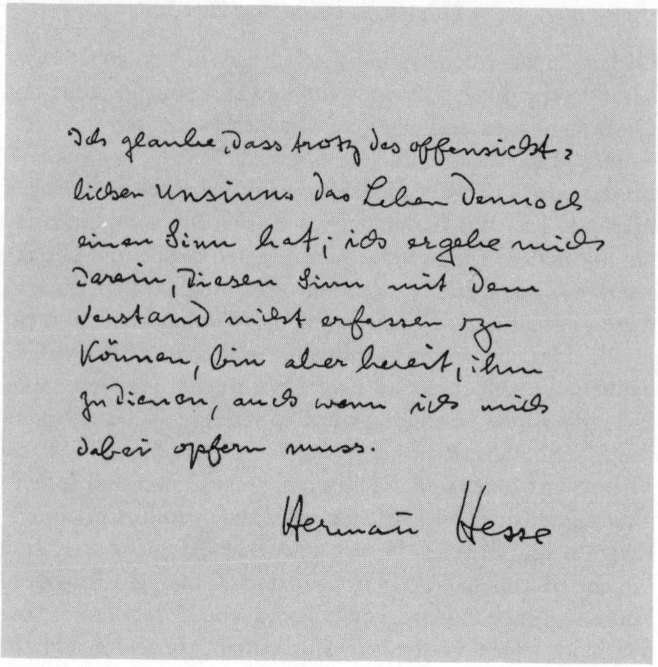

Ich glaube, dass trotz des offensichtlichen Unsinns das Leben dennoch
einen Sinn hat; ich ergebe mich
darein, diesen Sinn mit dem
Verstand nicht erfassen zu
können, bin aber bereit, ihm
zu dienen, auch wenn ich mich
dabei opfern muss.

Hermann Hesse

»So steht mein ganzes Leben im Zeichen eines Versuchs zur Bindung und Hingabe, zu Religion. Ich bilde mir nicht ein, für mich oder gar für andere so etwas wie eine neue Religion, eine neue Formulierung und Bindungsmöglichkeit finden zu können, aber auf meinem Posten zu bleiben und, auch wenn ich an meiner Zeit und an mir selbst verzweifeln muß, dennoch die Ehrfurcht vor dem Leben und vor der Möglichkeit seines Sinnes nicht wegzuwerfen, auch wenn ich damit alleinstehen sollte, auch wenn ich damit sehr lächerlich werde – daran halte ich fest. Ich tue es nicht aus irgend einer Hoffnung, daß damit für die Welt oder für mich irgend etwas besser würde, ich tue es einfach, weil ich ohne irgend eine Ehrfurcht, ohne Hingabe an einen Gott nicht leben mag.«

Brief an eine Studentin vom 15. Juli 1930, in »Mein Glaube«, S. 97

MEIN GLAUBE

Eine Dokumentation. Erschienen 1971. Bibliothek Suhrkamp Band 300. Auswahl und Nachwort von Siegfried Unseld.

Der Band will Hesses Glaubensvorstellungen dokumentieren. Ein erster Teil enthält Texte aus den zwanziger Jahren, u.a. jene Betrachtungen, die dem »Fernen Osten« gelten. Ein zweiter Teil umfaßt jene Beiträge aus den Jahren 1931-1935, in denen Hesse sich mit großer Intensität Glaubensfragen zugewandt hat, hauptsächlich die beiden Abhandlungen »Mein Glaube« (1931) und »Ein Stückchen Theologie« (1932); der dritte Teil gibt ein aphoristisches Mosaik aus Briefen und Betrachtungen von 1910 bis 1960 und den Prosatext »Geheimnisse« von 1947.

Hermann Hesse geht es nie um Lehrmeinungen oder fixierte Glaubensinhalte. Er möchte den Leser gegenüber Dogmen jeder Art verunsichern. »Man muß an die Stelle der Zeitgötzen einen Glauben setzen können.« ... »Ich glaube an den Menschen ... Ich glaube an die Gesetze des Menschentums, die tausendjährig sind ... Ich glaube, daß trotz des offensichtlichen Unsinns das Leben dennoch einen Sinn hat, ich ergebe mich darein, diesen letzten Sinn mit dem Verstand nicht erfassen zu können, bin aber bereit, ihm zu dienen, auch wenn ich mich dabei opfern muß«. 1984 im 46. Tausend.

»Es sind mutige Stellungnahmen zur Frage nach dem Lebenssinn, ohne Bindung an irgendwelche Konfession, ohne Sentimentalität, ohne Theologie ...

Er bewegt sich als innerlich freier Mensch zwischen den Weltreligionen und zwischen den Konfessionen ...

In *Mein Glaube* besitzen wir nun eine musterhafte Zusammenfassung von dem, was Hesse außerhalb seiner großen Dichtungen noch an religiös Bekenntnishaftem dem Papier anvertraut hat, ›religiös‹ im weitesten Sinne verstanden.«

»Aargauer Tagblatt« vom 27. Dezember 1971

Lebenslauf

»Ich wurde geboren in Calw im Schwarzwald (Württemberg) am 2. Juli 1877. Mein Vater war Balte und stammte aus Esthland, die Mutter war die Tochter eines Schwaben und einer französischen Schweizerin. Des Vaters Vater war Arzt, der Vater der Mutter Missionar und Indologe, auch mein Vater war kurze Zeit in Indien Missionar gewesen, und meine Mutter hatte dort schon in früher Jugend manche Jahre gelebt und Missionsarbeit getan.

Meine Calwer Kindheit wurde unterbrochen durch einen Aufenthalt in Basel von 1880 bis 86. War schon die Familie aus mehreren Nationalitäten gemischt, so kam für mich das Aufwachsen in zwei verschiedenen Völkern, Ländern und Mundarten hinzu.

Den größten Teil der Schuljahre war ich auf württembergischen Lateinschulen und eine Weile im theolog. Seminar in Maulbronn. Ich lernte leicht und war ein guter Lateiner und mittelmäßiger Grieche, war aber nicht leicht erziehbar und habe der pietistischen Erziehung, die ein Unterdrücken und Brechen der Individualität anstrebte, viele Schwierigkeiten bereitet. Seit dem 12. Jahr war es mein Wunsch und Ziel, ein Dichter zu werden, und da es einen normalen, offiziellen Weg dazu nicht gab, hatte ich mit der Berufswahl viele Not. Vom Seminar und Gymnasium siedelte ich als Volontär in eine mechanische Werkstätte über, und mit 19 Jahren wurde ich Buchhändler und Antiquar in Tübingen und Basel. Ende 1898 erschien von mir ein winziges Heft Gedichte im Druck, dem in den nächsten Jahren andre kleine Publikationen folgten, die aber alle unbeachtet blieben, bis im Jahr 1904 der in Basel entstandene, in der Schweiz spielende Roman ›Peter Camenzind‹ einen raschen Erfolg hatte. Ich verließ den Buchhandel, heiratete eine Baslerin, die Mutter meiner Söhne, und zog aufs Land. Damals war ein primitives, nicht städtisches und nicht civilisatorisches Leben mein Ziel, und ich habe seither stets auf dem Lande gelebt, zuerst bis 1912 in Gaienhofen am Bodensee, dann in der Nähe von Bern, dann in Montagnola bei Lugano, wo ich noch heute wohne.

Bald nachdem ich 1912 in die Schweiz übersiedelt war, brachte der Krieg von 1914 mich von Jahr zu Jahr mehr in Konflikt mit dem deutschen Nationalismus, und seit meinen ersten schüchternen Protesten gegen Massensuggestion und Gewaltpolitik bis heute bin ich gewohnt, aus Deutschland immer wieder angegrif-

EIGENSINN

Autobiographische Schriften. Erschienen 1972. Bibliothek Suhrkamp Band 353. Auswahl und Nachwort von Siegfried Unseld. 1981 im 26. Tausend.

Als Korrelat zu den Bänden *Politische Betrachtungen* und *Mein Glaube* werden hier die wichtigsten, teilweise bisher nicht veröffentlichten autobiographischen Schriften gesammelt. Die drei Bände wollen die Einheit von Leben und Werk, von Denken und Handeln belegen.

Die Auswahl beginnt mit vier Lebensläufen; drei davon aus den Jahren 1903, 1907 und 1923 fanden sich im Nachlaß und werden hier zum ersten Mal veröffentlicht. Sie sind mit der »Kindheit des Zauberers« von 1923 die unmittelbar autobiographischen Zeugnisse; zwei Briefkomplexe beleuchten Kindheit und Jugend; ebenso unveröffentlicht sind zwei Auszüge aus Tagebüchern von 1920/21 und von 1933. Berichte von Reisen und Begegnungen, Beschreibung des Alltags und Erinnerungen. Die »Dankadresse anläßlich der Verleihung des Friedenspreises« von 1955 beschließt die Auswahl. Über die Titelbetrachtung schrieb André Gide: »... wenn es nicht jene wundersame Tugend gäbe, die von ihm ausführlich gepriesen, über alles geliebt und hoch über alle anderen Tugenden gestellt wird, eine Tugend, die, wie er sagt, unter Deutschen so beklagenswert selten sei: er nennt sie Eigensinn – mit einem Worte, das die Qualitäten des Selbstvertrauens und des Selbstbewußtseins in sich vereinigt. Daß, wer eine so beschaffene Tugend ausübt, einsam werden muß, ist selbstverständlich. Es liegt auf der Hand, daß sie ihn in Gegensatz bringen muß zur Masse, daß sie ihn dem Zorn der Gewalthaber und der Herdenführer ausliefert. Hesses gesamtes Werk ist ein dichterischer Freiwerdungsversuch, ein Streben, sich dem Willkürlichen, dem Erkünstelten, Erzwungenen zu entziehen und den gefährdeten Eigenwert immer aufs neue zu behaupten. Sie sind sehr selten, jene Deutschen, die sich nicht

fen und mit Fluten von Schmähbriefen bedacht zu werden. Als Ersatz für meine Verfehmung beim offiziellen Deutschland, die unter Hitler ihren Höhepunkt erreichte, gewann ich die Anhängerschaft der damaligen internationalistisch und pazifistisch denkenden Jugend, die bis zum Tode dauernde Freundschaft Romain Rollands, in manchen Ländern bis Indien und Japan die Sympathie der Gleichgesinnten. In Deutschland bin ich seit dem Sturz Hitlers wieder anerkannt, doch sind meine Werke, die teils durch den Nationalsozialismus unterdrückt, teils durch den Krieg vernichtet wurden, dort noch immer nicht wieder neu erschienen.

Im Jahr 1923 erwarb ich die Schweizerische Nationalität und verzichtete auf die deutsche. Nach der Trennung meiner ersten Ehe habe ich lange Jahre allein gelebt, dann wieder geheiratet, treue Freunde haben mir in Montagnola ein Haus zur Verfügung gestellt.

Bis zum Jahre 1914 liebte ich das Reisen, war häufig in Italien und einmal einige Monate in Indien. Seither habe ich auf Reisen ganz verzichtet und die Schweiz seit mehr als zehn Jahren nie mehr verlassen.

Die Jahre der Hitlerzeit und des Zweiten Weltkrieges habe ich überstanden mit Hilfe der elfjährigen Arbeit am ›Glasperlenspiel‹, einem zweibändigen Buch. Seit der Vollendung dieser vieljährigen Arbeit haben ein Augenleiden und andre zunehmende Altersbeschwerden mir keine größere Arbeit mehr erlaubt. Die abendländischen Denker, die auf mich am stärksten gewirkt haben, waren Plato, Spinoza, Schopenhauer und Nietzsche, sowie der Historiker Jakob Burckhardt. Stärker als alle diese Einflüsse aber war der der indischen und später der chinesischen Lehren. Mein Verhältnis zur bildenden Kunst war stets ein intimes und freundliches, noch inniger aber und fruchtbarer war meine Liebe zur Musik. Man findet sie in den meisten meiner Schriften wieder.

Für die am meisten charakteristischen meiner Bücher halte ich die Gedichte, die Erzählungen ›Knulp‹, ›Demian‹, ›Siddhartha‹, ›Steppenwolf‹, ›Narziß und Goldmund‹, ›Die Morgenlandfahrt‹ und ›Das Glasperlenspiel‹. Manches Autobiographische steht in dem Band ›Gedenkblätter‹. Meine auf aktuelle und politische Themata bezüglichen Aufsätze habe ich kürzlich unter dem Titel ›Krieg und Frieden‹ in Zürich herausgegeben.«

1948 für das Nobel-Komitee geschrieben. Neuaufgefunden.

haben beugen lassen, die sich selbst treu zu bleiben gewußt haben. Das sind die Geister, mit denen wir uns verständigen könnten. Mit ihnen müssen wir ins Gespräch kommen.«

»Der Band bringt neben Altbekanntem – wie den Texten aus *Kindheit und Jugend vor Neunzehnhundert* – auch Entlegenes und sogar einige Erstdrucke, wie die drei nachgelassenen Lebensläufe von 1903, 1907 und 1923. Als Zusammenstellung von nicht-dichterischen Texten bildet er eine willkommene Ergänzung zu dem, was wir als Lebensgeschichte aus den Werken des Dichters herauslesen können.«

Martin Kraft

»Der Landbote« vom 21. Februar 1973

An Louis Moilliet

*Klingsor schreibt an Louis, den Schakal der Wüste:**

Montagnola, 11. 1. 1920

Caro Signor Luigi!
Ihre Karte erreichte mich um Neujahr, und ich nehme an, Sie seien jetzt irgendwo am Äquator oder an den Quellen des Nil, um die unverbrauchte Luft unerforschter Wüstenländer zu atmen und es ein wenig warm zu haben. Gern wäre ich dabei, bin aber mit Studien in der Magie allzusehr beschäftigt, als daß ich so äußerliche Dinge wie Erdteile, Breitengrade etc. auf die Dauer ernst nehmen könnte. Ich vertausche innerlich den hier vorhandenen Breitengrad einfach mit einem, der die Zahl 1 oder 2 oder 3 trägt, und sogleich umfächelt mich der Duft der Bananen und Datteln, und edle Araber laden Kisten mit Juwelen, Gewürzen und indischen Seidengeweben von ihren Kamelen, als Gaben, die mir der Beherrscher des Erdkreises, Luigi der Listige, zuschickt. [...] Es ist Sonntagmorgen und sonnig, und über dem Salvatore schnurrt schon wieder ein Aviatiker. All diese Leute mit ihrem Geschnurr und Gedampf scheinen gar nicht zu wissen, daß die Technik nur ein mühseliger und überaus kindischer Umweg zu dem ist, was Magie uns ohne alle Umwege bietet. Armes Volk! Den Wunsch meiner Frau, ich möchte mir das Leben nehmen, habe ich bis heute nicht erfüllt, ich war allzu beschäftigt, bin aber, sobald ich etwas Zeit finde, natürlich gern dazu bereit. Ich plage mich zur Zeit mit dem Versuch, kleine Aquarelle auf Goldpapier zu malen, aber, hol es der Teufel, die Farbe läuft trotz Leim und andrer Versuche auf dem Goldgrund herum wie Öl auf Wasser, es geht nicht.
Gedichtet wurde seit dem ›Klingsor‹ nichts mehr, leider, aber einen größeren Aufsatz schrieb ich mit dem Titel: ›Die Brüder Karamasoff oder der Untergang Europas‹.
Caro amico, bringen Sie mir aus Ihrem angenehmen Erdteil eine Dattel und einen Negerknaben mit, nicht über zehn Jahre alt, gut gezogen, fertig frisiert und kastriert, im Nationalkostüm. Und kommen Sie im Frühling wieder, und vergessen Sie die Gegend von Laguno nicht!«

Aus GBriefe 1, a. a. O., S. 438f.

* Der Maler Louis Moilliet (›Louis der Grausame‹ in *Klingsors letzter Sommer*) begleitete Paul Klee und August Macke 1914 nach Tunesien. Auch 1920, als dieser Brief geschrieben wurde, war er wieder in Nordafrika.

GESAMMELTE BRIEFE

Erster Band 1895-1921. 1973 erschienen. In Zusammenarbeit mit Heiner Hesse, herausgegeben von Ursula Michels und Volker Michels. Mit ausführlichen Anmerkungen. Verzeichnis der Briefempfänger. Namensregister. Werk- und Sachregister. Bibliographie der von 1899-1921 erschienenen Publikationen Hesses. Nachwort von Volker Michels.

Dieser erste Band enthält 392 Briefe. Der erste Brief (an Karl Isenberg vom 10. 12. 1895) schließt unmittelbar an die Dokumente des Bandes *Kindheit und Jugend vor Neunzehnhundert* an, der letzte Brief (an Alfred Schlenker vom 21. 12. 1921) gibt einen Bericht seiner Reise nach Deutschland. So umfangreich das hier gebotene Briefmaterial dieser 25 Jahre ist, der Band enthält mutmaßlich nicht einmal den dreißigsten Teil jener Briefe, die Hesse in diesen Jahren geschrieben hat. Insgesamt hat Hesse ca. 35 000 der an ihn gerichteten Briefe für aufbewahrenswert gehalten. Da Hesse ein pünktlicher Beantworter war und gewiß auf jeden der aufbewahrten Briefe geantwortet hat, läßt sich das Ausmaß seiner Korrespondenz erkennen.

Hermann Hesses Briefe sind ein Bestandteil seines Werkes. Über das individuelle Zeugnis hinaus sind sie eine zeit- und kulturgeschichtliche Dokumentation von bleibendem Wert. Sie zeigen, wie wenig der »Einsiedler von Montagnola« in einem elfenbeinernen Turme saß, wie sehr er vielmehr im Dialog mit seiner Zeit war, mit seiner Zeit verbunden und ihr in ihrer Entwicklung voraus. Die Briefe geben authentische Kommentare zu seinem Werk bis zum *Siddhartha* und dokumentieren die schwierigen politischen Umstände der Zeit um und nach dem Ersten Weltkrieg. Sie bewahren das Unmittelbare einer Existenz, deren politische und moralische Haltung immer mehr und immer deutlicher zum Vorbild wird.

2. Auflage 1978: 5.-6. Tsd.

»Die jungen Leute finden in meinen Schriften eine Stärkung des Individuellen, während die Lehrer gerade das Gegenteil anstreben, möglichste Normalität und Uniformierung, was ganz in Ordnung und begreiflich ist. Daß beide Funktionen, meine zum Individualismus verführende und die normalisierende der Schule, notwendig sind und einander ergänzen müssen, daß sie zusammengehören wie Ein- und Ausatmen und wie alle bipolaren Vorgänge; dies einzusehen und sich mit dem Gegner in Liebe Eins wissen, auch wo man ihm Widerstand leisten muß, dazu gehört ein wenig Ehrfurcht und Frömmigkeit, und das sind Eigenschaften, die man heute beim Lehrer so wenig voraussetzen darf wie bei anderen Leuten. Die Welt ist, vielleicht noch auf lange Zeit, in den Händen der grands simplificateurs, und eine Erholung davon wird vermutlich erst nach einer Katastrophe möglich sein, von der wir seit 1914 erst die Anfänge gesehen haben.«

Aus GBriefe 1, a. a. O., S. 596

»Das Buch ist eine Fundgrube freien Denkens. Hesse ging es immer um die Freiheit des Menschen. Es gibt noch heute Menschen, die nicht begreifen, was damit gemeint ist. Daß sie mehr und mehr zu lächerlichen Popanzen werden, gemessen am Freiheitsbegriff Hesses, könnte sie jede Hesse-Zeile lehren. Auch jede Zeile seiner Briefe.«
Edwin Kuntz
in »Rhein-Neckar-Zeitung« vom 5. Juni 1973

»Ich lege das Buch allen Eltern von heranwachsenden Kindern ans Herz, allen denen, die die Rätsel nicht lösen können, die ihnen ihre Siebzehn- und Achtzehnjährigen aufgeben.
Albrecht Goes
in »Stuttgarter Zeitung« vom 11. August 1973

»Ein bedeutendes und erregendes Buch. In keinem vergleichbaren Korrespondenzband führt eine nach außen so anspruchslose, nach innen so anspruchsvolle Redlichkeit das Wort.«
»Frankfurter Neue Presse« vom 3. August 1973

»Diese *Briefe* geben ein Bild des Weges Hermann Hesses, besser als es jede Biographie vermöchte. Den Herausgebern ist es meisterhaft gelungen, aus fünffacher Materialfülle die wesentlichen, gehaltvollen Briefe so aneinanderzureihen, daß nicht nur die innere und äußere Biographie Hesses, sondern zugleich auch ein Stück Zeitgeschichte bei der Lektüre wie ein Film nahtlos ablaufen, und es zu einer störenden Unterbrechung führen würde, wenn auch nur ein Brief fehlte. Das große Lesevergnügen macht diesen Band zu einem einzigartigen Buch.«
Gerhart Mahr
in »Die Weltwoche« vom 1. August 1973

»Wer diese *Briefe* zur Hand hat, wird rasch entdecken, daß es bei Hermann Hesse noch viel zu entdecken gibt. Es hat keinen Politiker Hermann Hesse gegeben, aber durchaus einen politischen Hesse, der in Essays sein Wort hören ließ, aber auch in Briefen: ›Ich halte es für das Recht, ja die Pflicht des Dichters, dem Weltlauf zu trotzen und Forderungen zu stellen, die über das zeitlich und praktisch Mögliche hinausgehen. Was in der Welt an Geistigem erreicht und geleistet wurde, wurde es immer nur dadurch, daß Ideale und Hoffnungen aufgestellt wurden, die weit über das momentan Mögliche hinausgingen.‹«
Herbert Ahl
in »Diplomatischer Kurier« vom 28. August 1973

»Das Erzählen hat ursprünglich natürlich keine andere Absicht, als eine erlebte, gehörte, geträumte Begebenheit möglichst richtig wiederzugeben. Zuweilen kommt hoch ausgebildete, ja raffinierte Kunst wieder zu dieser Art vollkommen sachlichen Erzählens zurück, obwohl selten, und dann liegt in der bewußten Unterdrückung alles Subjektiven, aller Parteinahme, ein hochgezüchteter künstlerischer Wille. Zumeist jedoch entsteht Kunsterzählung gerade durch ein Vordrängen des Subjektiven, zunächst in der Wahl der Stoffe, und schließlich gedeiht, zumal in der deutschen Dichtung, diese Subjektivität so weit, daß für den nicht mehr naiven Leser die Geschichte selbst zur Nebensache, zum bloßen Mittel des Autors wird, seine persönliche Stellung zur Welt, sein persönlich gefärbtes Lebensgefühl und Temperament auszudrücken. Hier zweigen tausend Wege zu Variationen, zu Originalitäten ab, und es wird klar, daß es ganz an der Person des Dichters, an seiner Geistigkeit, seinem Talent, an der Färbung seiner Seele liegt, welche Gestalt seine Geschichte annimmt. Wir erkennen nun auch schon, daß es eine völlig freie ›Wahl der Stoffe‹ überhaupt nicht gibt, daß der individuell Erzählende bis zu einem hohen Grade sich den Objekten gegenüber leidend verhält. Unmöglich, daß Kleist den ›Stoff‹ einer Stifterschen Erzählung je ›gewählt‹ hätte. Undenkbar, daß Mörike den ›Michael Kohlhaas‹ zu erzählen unternähme.

Wonach werten wir nun? Nach welchem Maßstab, welchem Gesetz, welchem Gefühl finden wir einen Roman, eine Novelle wertvoller als andere? Da ergeben sich alsbald die beiden einzigen Möglichkeiten der naiv-menschlichen und der ästhetisch-formalen Wertung ... Unter leidlich gesunden Menschen, denen der Zweifel an sich selber fremd ist, wird der Leidenschaftliche am Dichter die Leidenschaftlichkeit, der Gescheite die Gescheitheit, der Gütige die Güte lieben; unter schlechter balancierten Lesern wird sehr häufig das Gegenteil eintreten, daß der stark Geistige nach naiver Sinnlichkeit, der Unbeherrschte nach beherrschter Kühle hungert. Und bei den Dichtern finden wir ebenso, daß ihre Figuren bald Spiegelungen und Bestätigungen des Autors, bald gegensätzlich organisierte Typen seiner Sehnsucht sind. Indessen steht über diesen individuellen Standpunkten unbewußt bei jedem das Überindividuelle, vom Stammes- und Familiencharakter bis zum international Menschlichen.

DIE ERZÄHLUNGEN

Zwei Bände. Erschienen 1973. Zusammengestellt und mit bibliographischen Nachweisen versehen von Volker Michels. Die wichtigsten Erzählungen von Hesse sind hier zum ersten Mal zusammengefaßt und um zwölf unbekannte Erzählungen aus dem Nachlaß ergänzt und in chronologischer Folge geordnet. Die ersten dieser in fünf Jahrzehnten entstandenen Erzählungen stammen aus dem Jahre 1903, die letzte wurde 1953 geschrieben.
Die erste Gesamtausgabe der Erzählungen erscheint 1977 vierbändig in den suhrkamp taschenbüchern. Bd. 1 *Aus Kinderzeiten*, 1982 im 70. Tausend, Bd. 2 *Die Verlobung*, 1982 im 70. Tausend, Bd. 3 *Der Europäer*, 1984 im 56. Tausend, Bd. 4 *Innen und Außen*, 1982 im 20. Tausend, 1. Aufl. je 20 Tsd. (suhrkamp taschenbücher Nr. 347, 368, 384, 419) 1982 *Gesammelte Erzählungen* Geschenkkassette mit 6 Bänden zu Hesses 20. Todestag. 1983 im 40. Tausend.

»Die Sammlung dieser *Erzählungen*, zusammen mit den Briefen, macht einen unentbehrlichen Teil einer großangelegten Autobiographie aus, wie sie ein zweites Mal schwerlich zu finden wäre.«

Gerhard Mahr
»Die Weltwoche« vom 1. August 1973

»Diese Ausgabe ist bedeutend, nicht nur weil sie zum erstenmal Hermann Hesses wichtigste Erzählungen vereinigt, sondern weil sie erstmals auch eine chronologische Übersicht ermöglicht. Es ist nicht zuletzt die parabolische Form dieser Erzählungen, welche die Leser in aller Welt anspricht, da sie es ermöglicht, die Aussage auch auf andere Zeiten und Orte zu übertragen.«

»The Times«, Literary Supplement vom 31. August 1973

»Der einfache ruhige Gang von Hesses Prosa täuscht jene Leser, die nicht ahnen, in welch vielfältig bewegten Hintergründen er anhebt. Diese Einfachheit des Ausdrucks zu erreichen, ist nicht einfach. Sie überzeugt auf eine musikalische Weise, ihr Andante übt eine nur ihr eigene Bezauberung aus. Ihre Ordnung und Gehaltenheit haben

Am höchsten werden uns denn immer jene Werke stehen, von welchen wir uns ebenso menschlich bestärkt wie ästhetisch befriedigt fühlen. Und der ideale Autor wäre der, bei welchem sowohl Talent wie Charakter ein Maximum darstellte. Nun ist es niemandem gegeben, seine eigene Natur wesentlich zu steigern. Der einzige Weg zu einer solchen Steigerung liegt für den Künstler eben im Ringen nach einer möglichsten Angleichung von Talent und Charakter. Der Könner, dem wir zutrauen, er hätte von allen seinen Sachen ebensowohl das Gegenteil machen können, ist uns verdächtig und wird uns bald zuwider. Und stets siegt am Ende das menschliche Urteil über das ästhetische. Denn wir verzeihen dem Talent nicht leicht, das sich mißbraucht, wohl aber verzeihen wir dem menschlich wertvollen Werke manchen offenkundigen Formfehler. Wir rechnen der groß gewollten Dichtung ein formales Scheitern (wozu das Nichtfertigwerden vieler großer Werke gehört), wir rechnen dem aufrichtigen Gefühl eine unbeholfene Gebärde nicht unerbittlich an; hingegen verzeihen wir es dem Könner niemals, wenn er etwa versucht, seelisch und gedanklich mehr zu geben als er hat.
Jenen Einklang von Talent und Charakter kann man einfacher als Treue zum eigenen Wesen bezeichnen. Wo wir sie finden, haben wir Vertrauen. Wir sehen nur mit Mißbehagen zu, wenn ein biederer Erzähler ohne Not witzig zu sein versucht. Aber wir lieben und bewundern an einem starken Dichter den Aufstieg zum Humor, und der Schwächere, intellektuell Überlastete bleibt uns lieb und wert, wenn wir ihn den Notausgang in die Ironie gewinnen sehen.«

Aus »Deutsche Erzähler«, 1915. Schrift. z. Lit. Bd. 1, S. 164f., WA 11.

klassizistisches Gepräge.‹ Ergänzend sagt Walter Benjamin: ›Er kann sehr viel. Sein Schauen hält eine eigene Mitte zwischen der Kontemplation eines Mystikers und dem Scharfblick eines Amerikaners.«
Max Rychner
im Nachwort zu H. Hesse, »Drei Erzählungen«, 1961

In den beiden Erzählungsbänden von zusammen über 1000 Seiten findet die treffende Aussage der beiden großen Literaturkritiker ihre Bestätigung. Es handelt sich dabei um Erzählungen, die zwischen 1903 und 1953 entstanden und den Entwicklungsgang des Dichters auf einmalige Art widerspiegeln. Es befinden sich wahre Perlen darunter, bekannte und geliebte, aber auch solche, denen selbst der geübte Hesse-Leser hier erstmals begegnet.«
Otto Basler
»Der Bund« vom 2. September 1973

»Hesse besitzt alle Eigenschaften, die ich in der Kunst stets aufs Höchste schätzte: jene seltene und kostbare Verbindung von Eleganz und Tiefe, von künstlerischer Disziplin und schöpferischer Kraft. Er besitzt außerdem einen ausgesprochenen Sinn für Humor, was für einen deutschen Schriftsteller eine Ausnahme darstellt. Er ist fähig, über sich selbst zu lachen, doch ohne Bitterkeit oder Zynismus, sondern mit heiter-ironischer Distanz.«
André Gide
Aus »Über Hermann Hesse« Bd. 1, 1976

»Hesse weiß viel über die Zeit der Kindheit, der Jugend, der Pubertät. Das ist mir bei einem Autor dieser Qualität noch nicht begegnet. Er hat eine Einsicht in die Vorgänge der Kindheit, die ungewöhnlich ist. Hesse beschreibt die Zeit der Jugend, der Pubertät, in der die Weichen gestellt werden, entweder zu einem Leben der Anpassung, der Duckmäuserei, der Fremdbestimmung durch andere – oder zu einem eigenen Leben. Die Lektüre seiner Werke ist eine Übung und Schulung sich zu verändern, tödlich gewordene Verhältnisse zu verlassen.«
Karin Struck
Aus »Über Hermann Hesse«, Bd. 2, 1977

»Es liegt mir fern, dem die Persönlichkeiten fressenden Betrieb unserer Industrie und unserer Wissenschaft irgend einen Rat geben zu wollen. Wenn Industrie und Wissenschaft keine Persönlichkeit mehr brauchen, so sollen sie auch keine haben. Wir Künstler aber, die wir inmitten des großen Kulturbankrotts eine Insel mit noch leidlich erträglichen Lebensmöglichkeiten bewohnen, müssen nach wie vor anderen Gesetzen folgen. Für uns ist Persönlichkeit kein Luxus, sondern Existenzbedingung, Lebensluft, unentbehrliches Kapital. Dabei verstehe ich unter Künstlern alle die, denen es Bedürfnis und Notwendigkeit ist, sich selber lebend und wachsend zu fühlen, sich der Grundlage ihrer Kräfte bewußt zu sein und auf ihr nach eingeborenen Gesetzen sich aufzubauen, also keine untergeordnete Tätigkeit und Lebensäußerung zu tun, deren Wesen und Wirkung nicht zum Fundament in demselben klaren und sinnvollen Verhältnis stünde, wie in einem guten Bau das Gewölbe zur Mauer, das Dach zum Pfeiler.
Aber Künstler haben von jeher des zeitweiligen Müßigganges bedurft, teils um neu Erworbenes sich klären und unbewußt Arbeitendes reif werden zu lassen, teils um in absichtsloser Hingabe sich immer wieder dem Natürlichen zu nähern, wieder Kind zu werden, sich wieder als Freund und Bruder der Erde, der Pflanze, des Felsens und der Wolke zu fühlen. Einerlei ob einer Bilder oder Verse dichtet oder nur sich selber bauen, dichten und schaffend genießen will, für jeden sind immer wieder die unvermeidlichen Pausen da.«

Aus der Titelbetrachtung »Kunst des Müßiggangs« (1904), KdM. a. a. O., S. 9f.

DIE KUNST DES MÜSSIGGANGS

Kurze Prosa aus dem Nachlaß. Erschienen 1973. suhrkamp taschenbuch 100. Herausgegeben und mit einem Nachwort von Volker Michels. 1984 im 152. Tausend. Dieser zweite Band Prosa aus dem Nachlaß enthält »Kurze Prosa.« Sämtliche Texte, jetzt bei der Bearbeitung des Nachlasses gesammelt, sind nicht in der Werkausgabe enthalten. Ein größerer Teil dieser kürzeren Prosatexte, Betrachtungen, Erinnerungen, Studien, Parodien und Erzählungen war verstreut in Zeitungen und Zeitschriften veröffentlicht, in Privatdrucken wiedergegeben oder in nicht wieder aufgelegten Büchern erschienen. Ein Teil waren unveröffentlichte Manuskripte des Nachlasses. Die Titelbetrachtung *Die Kunst des Müßiggangs*. Ein Kapitel künstlerischer Hygiene ist der älteste Text, er erschien in der »Zeit«, Wien, vom 30. 4. 1904.

»Die Themen Hesses sind in einem überraschenden Ausmaß bereits vorweggenommen in der Titelbetrachtung von 1904. Da Industrie und Technologie ein Zeitalter kulturellen Bankrotts hervorgebracht haben, das einen unbarmherzigen Druck zur Konformität ausübt, fordert Hesse die Freiheit des Einzelnen und die Ausbildung der Persönlichkeit als oberstes menschliches Ziel ... In den sich anschließenden Beiträgen variiert Hesse dieses grundlegende Thema anhand unterschiedlicher Anlässe: seiner Indien- und Italienreisen, seiner frühen Flüge im Zeppelin und in Flugzeugen, seiner Beobachtungen an Bäumen und Wolken, seiner Gedanken über Bücher und Teppiche. »Müßiggang«, das heißt für ihn Absage an eine Gesellschaft, welche mit Wasser- und Luftverschmutzung, verstopften Straßen, der Entmenschlichung des Individuums Krieg und Nationalismus hervorgebracht hat. Einbezogen in seinen Begriff des Müßiggangs ist die Muße, sich der Kultur und Natur zu widmen, Zeit zu finden, um Musik oder seine Mitmenschen anzuhören und die Geduld, um die durchscheinende Klarheit wahrnehmen zu können, welche Prosa wie seine eigene charakterisiert. Diese gelegentlichen Stücke, von denen die Hälfte vor über fünfzig Jahren geschrieben wurden, enthalten einen Katalog all der Probleme und Ziele, die die jungen Unzufriedenen der siebziger Jahre bewegen.«

»Times Literary Supplement«, New York, August 1973

Sätze über das Glück:

»Unter den Wörtern gibt es ... festliche, die man, so sehr man sie lieben möge, nur mit Bedacht und Schonung, mit der dem Festlichen zukommenden Seltenheit und Auserwähltheit sagt und schreibt. Zu ihnen gehört für mich das Wort Glück.

Unter Glück verstehe ich heute etwas ganz Objektives, nämlich die Ganzheit selbst, das zeitlose Sein, die ewige Musik der Welt, das, was andere etwa die Harmonie der Sphären oder das Lächeln Gottes genannt haben.

Zum Erleben des Glückes bedarf es vor allen Dingen der Unabhängigkeit von der Zeit und damit von der Furcht sowohl wie von der Hoffnung, und diese Fähigkeit kommt den meisten Menschen mit den Jahren abhanden.

Mein Glück bestand aus dem gleichen Geheimnis wie das Glück der Träume, es bestand aus der Freiheit, alles irgend Erdenkliche gleichzeitig zu erleben, Außen und Innen spielend zu vertauschen, Zeit und Raum wie Kulissen zu verschieben.

Glück ist Liebe, nichts anderes. Wer lieben kann, ist glücklich.

Den Sinn erhält das Leben einzig durch die Liebe. Das heißt: je mehr wir zu lieben und uns hinzugeben fähig sind, desto sinnvoller wird unser Leben.«

Aus der Titelbetrachtung »Glück« a. a. O., S. 42ff.

GLÜCK

Ausgewählte Erzählungen und Betrachtungen. Erschienen 1973. Bibliothek Suhrkamp Band 344. 1982 im 40. Tausend.
Dieser Band zieht eine Summe. Die Erzählungen und Betrachtungen beginnen mit den großen Texten »Beschreibung einer Landschaft«, »Geheimnisse« und »Glück« der späten vierziger Jahre und enden bei den Texten der letzten Jahre »Über das Wort Brot«, »Chinesische Legende« und dem letzten Prosatext Hesses »Schreiben und Schriften« aus dem Jahre 1961. In Buchform unveröffentlicht sind bisher die Betrachtungen »Literarischer Alltag«, »Das gestrichene Wort«, »Zwei August-Erlebnisse« und »Chinesische Legende«. Hier entfaltet sich das, was man die Summe seiner Erfahrung, seiner Weisheit nennen möchte. Ein Dichter fragt vor allem nach dem ästhetischen Wert seiner Arbeit, nach ihrem Gehalt an objektiver Schönheit; er weiß, daß man »aus Bau und Rhythmus eines Prosasatzes von Goethe oder Brentano, von Lessing oder E. T. A. Hoffmann über das Charakteristische, über die leibliche und seelische Veranlagung des Dichters oft weit mehr schließen kann als aus dem, was dieser Prosasatz aussagt«. Hesse berichtet hier, warum das Beantworten von Briefen für ihn integraler Bestandteil seiner Arbeit und Aufgabe ist, in manchem Brief schlüge ihm eine »glühend eisige Welle von Wirklichkeit« entgegen, der er sich stellen müsse. Er sucht die Frage zu beantworten, was Glück sei: »Zum Erleben des Glücks bedarf es vor allem der Unabhängigkeit von der Zeit, und damit von der Furcht sowohl wie von der Hoffnung ... Unter Glück verstehe ich heute etwas ganz Objektives, nämlich die Ganzheit selbst, das zeitlose Sein, die ewige Musik der Welt.«
»In diesem Stil ist die Reinheit von Beethovens letzten Quartetten«, schrieb Siegfried Melchinger.

Chinesische Legende

Von Meng Hsiä wird berichtet: Als ihm zu Ohren kam, daß neuerdings die jungen Künstler sich darin übten, auf dem Kopfe zu stehen, um eine neue Weise des Sehens zu erproben, unterzog Meng Hsiä sich sofort ebenfalls dieser Übung, und nachdem er es eine Weile damit probiert hatte, sagte er zu seinen Schülern: »Neu und schöner blickt die Welt mir ins Auge, wenn ich mich auf den Kopf stelle.«

Dies sprach sich herum, und die Neuerer unter den jungen Künstlern rühmten sich dieser Bestätigung ihrer Versuche durch den alten Meister nicht wenig.

Da dieser als recht wortkarg bekannt war und seine Jünger mehr durch sein bloßes Dasein und Beispiel erzog als durch Lehren, wurde jeder seiner Aussprüche beachtet und weiter verbreitet.

Und nun wurde, bald nachdem jene Worte die Neuerer entzückt, viele Alte aber befremdet, ja erzürnt hatten, schon wieder ein Ausspruch von ihm bekannt. Er habe, so erzählte man, sich neuestens so geäußert:

»Wie gut, daß der Mensch zwei Beine hat! Das Stehen auf dem Kopf ist der Gesundheit nicht zuträglich, und wenn der auf dem Kopf Stehende sich wieder aufrichtet, dann blickt ihm, dem auf den Füßen Stehenden, die Welt doppelt so schön ins Auge.«

An diesen Worten des Meisters nahmen sowohl die jungen Kopfsteher, die sich von ihm verraten oder verspottet fühlten, wie auch die Mandarine großen Anstoß.

»Heute«, so sagten die Mandarine, »behauptet Meng Hsiä dies, und morgen das Gegenteil. Es kann aber doch unmöglich zwei Wahrheiten geben. Wer mag den unklug gewordenen Alten da noch ernst nehmen?«

Dem Meister wurde hinterbracht, wie die Neuerer und wie die Mandarine über ihn redeten. Er lachte nur. Und da die Seinen ihn um eine Erklärung baten, sagte er:

»Es gibt die Wirklichkeit, ihr Knaben, und an der ist nicht zu rütteln. Wahrheiten aber, nämlich in Worten ausgedrückte Meinungen über das Wirkliche, gibt es unzählige, und jede ist ebenso richtig wie sie falsch ist.«

Zu weiteren Erklärungen konnten ihn die Schüler, so sehr sie sich bemühten, nicht bewegen.

(1959)

LEGENDEN

Zusammengestellt von Volker Michels. Bibliothek Suhrkamp 472. Erste Auflage 1975. 1981 im 15. Tausend.
1983 als suhrkamp taschenbuch 909 *Die Legenden* um die neu aufgefundenen Texte »Marguerite von Schottland« und »Chinesische Parabel« erweitert, 1983 im 22. Tausend.

Dieser Band versammelt erstmals die wichtigsten Legenden Hermann Hesses, solche, die thematisch zurückgreifen in die Zeit der Antike, des Mittelalters, der Renaissance, und solche, die Themen der Gegenwart variieren. Mit diesen Legenden setzt Hesse eine der ältesten, von Goethe, Heine, Keller, Flaubert, Hofmannsthal und Stefan Zweig wiederaufgegriffenen Erzähltraditionen fort und erneuert sie für unsere Zeit. Ihr Reiz, wie der aller Erzählkunst Hermann Hesses, liegt in seinem Talent, sich so stark mit dem Gegenstand des Erzählten zu identifizieren, daß er mit den Gestalten, die er beschreibt, eins wird, gleichzeitig aber diesen Vorgang wahrzunehmen und zu objektivieren in der Lage ist. Selbst historisch weit Zurückliegendes vermag er auf diese Weise so zu vergegenwärtigen, daß die zeitliche Distanz aufgehoben zu sein scheint. Der Band enthält auch eine Anzahl unbekannter Texte, die, in verschiedenen Zeitungen und Zeitschriften verstreut, hier erstmals gemeinsam mit den Legenden aus Hesses »Fabulierbuch« zusammengefaßt werden.

»Hier herrscht nicht nur die Lust am Fabulieren, sonden zugleich der hohe Ernst und das Verantwortungsbewußtsein dessen, der in anmutiger Form eine Lehre geben will. Darin ist Hesse etwa dem Matthias Claudius und den Verfassern alter echter Kalendergeschichten verwandt ... Es mutet an wie ein weltliches Brevier, in dem man lesend sich selbst gewinnen wird.« Friedrich Michael

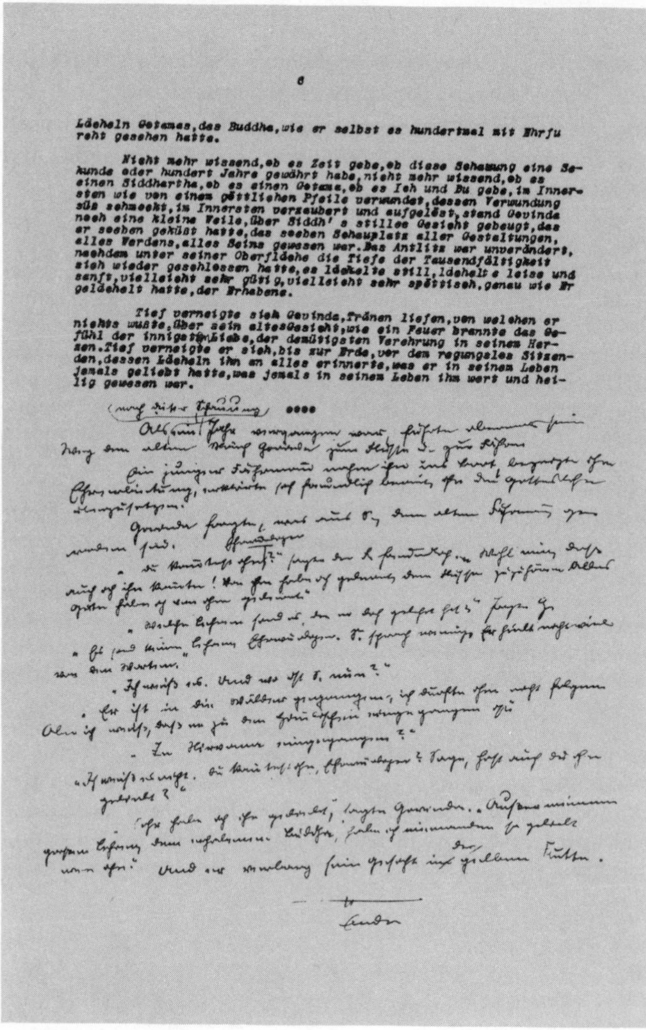

6

Lächeln Gotamas, des Buddha, wie er selbst es hundertmal mit Ehrfurcht gesehen hatte.

Nicht mehr wissend, ob es Zeit gebe, ob diese Schauung eine Sekunde oder hundert Jahre gewährt habe, nicht mehr wissend, ob es einen Siddhartha, ob es einen Gotama, ob es Ich und Du gebe, im Innersten wie von einem göttlichen Pfeile verwundet, dessen Verwundung süß schmeckt, im Innersten verzaubert und aufgelöst, stand Govinda noch eine kleine Weile, über Siddh's stilles Gesicht gebeugt, das er soeben geküßt hatte, das soeben Schauplatz aller Gestaltungen, alles Werdens, alles Seins gewesen war. Das Antlitz war unverändert, nachdem unter seiner Oberfläche die Tiefe der Tausendfältigkeit sich wieder geschlossen hatte, es lächelte still, lächelte leise und sanft, vielleicht sehr gütig, vielleicht sehr spöttisch, genau wie Er gelächelt hatte, der Erhabene.

Tief verneigte sich Govinda, Tränen liefen, von welchen er nichts wußte, über sein altes Gesicht, wie ein Feuer brannte das Gefühl der innigsten Liebe, der demütigsten Verehrung in seinem Herzen. Tief verneigte er sich, bis zur Erde, vor dem regungslos Sitzenden, dessen Lächeln ihn an alles erinnerte, was er in seinem Leben jemals geliebt hatte, was jemals in seinem Leben ihm wert und heilig gewesen war.

****

Seite aus dem »Siddhartha«-Manuskript.

MATERIALIEN ZUM SIDDHARTHA

Erster Band. Texte von Hermann Hesse. Herausgegeben von Volker Michels. Erschienen 1975. 1983 im 30. Tausend.
Mit meist noch unpublizierten Selbstzeugnissen dokumentiert dieser Band die Entstehungsgeschichte des Buches, in dem Hesse den Versuch unternommen hat, das Werk seiner christlichen, in der indischen »Heidenmission« tätigen Vorfahren in umgekehrter Richtung fortzusetzen. Nicht, daß er den Westen zu östlichem Denken und asiatischer Lebenshaltung hätte »bekehren« wollen, vielmehr ist es ihm mit seinem »Siddhartha« wie keinem anderen europäischen Autor gelungen, das scheinbar Gegensätzliche der Kulturen nicht als unvereinbar, sondern als Polarität eines Ganzen sichtbar zu machen und zwischen Ost und West tragfähige Brücken zu schlagen. Wie authentisch in dieser »Indischen Legende« buddhistisches und taoistisches Gedankengut assimiliert ist, beweisen nicht nur die Millionenauflagen, mit welchen Siddhartha in Indien und Japan verbreitet ist, sondern auch die Tatsache, daß das Buch am Ort der Handlung, in Indien, in zwölf verschiedene indische Sprachen übersetzt wurde.

Zweiter Band. Texte über »Siddhartha«. Herausgegeben von Volker Michels. Erschienen 1976. 1981 im 22. Tausend.
Mit einer Auswahl aus etwa 200 Arbeiten über den Siddhartha und einer detaillierten Bibliographie der Sekundärliteratur versucht dieser Band die Wirkungsgeschichte von Hesses indischer Legende zu dokumentieren und in den neuesten Stand der Forschung einzuführen. Beiträge u.a. von Julius Bab, Hugo Ball, Martin Buber, E. R. Curtius, Ralph Freedman, Adrian Hsia, Felix Lützkendorf, Lavinia Mazzuchetti, Volker Michels, Henry Miller, Philipp Witkop, Theodore Ziolkowski, Stefan Zweig.

Ein Satz über die Kadenz

Wenn, wie es in jenem musikalischen Dialoge, Wettstreit oder Liebesverhältnis zwischen dem Orchester und einem Solo-Instrumente, das seit zweieinhalb Jahrhunderten als »Konzert« zu bezeichnen die Fachsprache der Musiker sich angewöhnt hat, immer wieder manche Takte lang geschieht, daß eben jenes Solo-Instrument, der Auseinandersetzung mit dem gewaltigen Gesprächspartner sowohl wie der Rolle des bloßen Gehilfen bei der Entwicklung, Wandlung und Fortführung eines musikalischen Themas für eine Atempause lang enthoben, sich gewissermaßen aus der Verstrickung in eine beinah allzu komplizierte Welt von Funktionen, Ansprüchen, Aufgaben, Verantwortungen und Verführungen, aus einer ungemein differenzierten, vielfach abhängigen, vielen Mitspielern verpflichteten Existenz entlassen und in seine eigene, heimatliche, individuelle Welt zurückgekehrt findet, scheint diese befristete Heimkehr in sein ihm allein gehöriges Reich, in die Unschuld, Freiheit und Eigengesetzlichkeit seines eigenen Wesens ihm einen ganz neuen Antrieb und Atem, eine zuvor durch die Rücksicht auf den Partner gebundene und eingeschränkte Beschwingtheit, eine beinahe berauschte Freude an sich selbst und seinen Möglichkeiten zu verleihen, scheint es zum Genuß seiner wiedererlangten Freiheit, zum Schwelgen in der ihm allein eigenen Atmosphäre einzuladen und zu ermuntern, daß es gleich einem der Gefangenschaft entronnenen Vogel erst in langen Folgen von Trillern seiner Kräfte jubelnd wieder bewußt wird, um alsdann in bald wiegenden, bald triumphal emporsteigenden, bald bacchantisch baßwärts abstürzenden Passagen, Schwüngen und Flügen das scheinbar Unüberbietbare, ja Unmögliche an virtuoser Ekstase zu erleben.

(1947)

»Wie Sie sehen«, schrieb Hesse 1948 an den Komponisten Will Eisenmann, »ist dieser Satz weniger ein Versuch, das Phänomen der Kadenz zu erklären, als ein spaßhafter Versuch, dies Phänomen in einem einzigen Satz Prosa gewissermaßen nachzuahmen.«

MUSIK

Betrachtungen, Gedichte, Rezensionen und Briefe. Mit einem Essay von Hermann Kasack. Herausgegeben von Volker Michels. Bibliothek Suhrkamp 483. Zweite Auflage 1977.

Es gibt in unserem Jahrhundert einige Schriftsteller, die ein vergleichbar unmittelbares Verhältnis zur Musik hatten wie Hermann Hesse, bei kaum einem aber hat sie den sprachlichen Duktus des literarischen Werkes in ähnlichem Ausmaß bestimmt. In Büchern wie »Gertrud«, »Der Steppenwolf« und »Das Glasperlenspiel« wird die Musik sogar Bestandteil der Thematik, und in zahlreichen Betrachtungen, Gedichten, Rezensionen und Briefen hat Hesse in immer neuen Perspektiven und Brechungen Wichtiges und Zeitloses über die Funktion der Musik, über Komponisten (mit einigen verband ihn lebenslängliche Freundschaft) und Interpreten ausgesagt. Diese verstreuten, noch nie zusammenhängend vorgelegten Arbeiten versammelt der Band »Musik«, der nach einer 1913 publizierten Betrachtung Hesses betitelt ist.

Musik ist für Hesse »Steigerung und Erhebung der Lebensgefühle und der geistigen Antriebe«, niemals aber »Betäubung und Aufpeitschung«. Instinktiv lehnt er sich auf gegen jede Musik, die »allzu süß, allzu gezuckert oder gepfeffert ist«. So gilt seine Sympathie insbesondere Komponisten wie Corelli, Bach, Händel, Gluck, Haydn, Boccherini, Beethoven, Schubert, Schumann, Chopin, Hugo Wolf, Ravel, Bartók, Busoni, Schoeck, Stravinski und Berg, die er mit liebevollem Scharfblick charakterisiert, doch werden auch Antipoden wie Brahms, Wagner und Richard Strauss keineswegs ausgeschlossen.

»Hermann Hesse-Leser und Musikfreunde werden diese systematische, vernünftige und auch liebevoll gemachte Auswahl begrüßen.«
»Frankfurter Allgemeine Zeitung« vom 5. 8. 1976

Aus einem Brief Hesses an R. J. Humm

Mitte März 1933

Lieber Herr Humm

Die Änderung Ihres Standpunktes und Denkens kann ich verstehen. Ich kenne den Ruf, der uns zur Masse und zum aktuellen Mitkämpfen ruft, sehr gut, und bin mehrmals nahe daran gewesen, ihm zu folgen. Bei der deutschen Revolution war ich ohne Vorbehalt auf seiten der Revolution, und meine drei Söhne sind, soweit ich dazu beitragen konnte, über die Zustände in der Welt durchaus im sozialistischen Sinn aufgeklärt. Außerdem habe ich Freunde überall in der Linken, und nahe Freunde gerade bei der deutschen Linken. Die Betten sind auch bei mir gerüstet, und ich erwarte morgen den ersten aus Deutschland entkommenen Gast.

Etwas anderes aber ist meine Einsicht in die Ungerechtigkeit der Zustände und meine Auffassung über die Änderung derselben. Ich habe den Krieg 1914-1918 so intensiv und bis zur Vernichtung erlebt, daß ich seither über eines vollkommen und unerschütterlich im klaren bin: daß ich, für meine Person, jede Änderung der Welt durch Gewalt ablehne und nicht unterstütze, auch nicht die sozialistische, auch nicht die scheinbar erwünschte und gerechte. Es werden immer die Falschen totgeschlagen, und auch wenn es die Rechten wären: an die bessernde und entsühnende Kraft des Totschlagens glaube ich nun einmal nicht und sehe in der Zuspitzung der Parteikämpfe zum Bürgerkrieg zwar wohl die Kraft des Entschlusses, die moralische Spannung des »Entweder-Oder«, aber ich lehne die Gewalt ab. Die Welt ist krank an Ungerechtigkeit, ja. Sie ist noch viel mehr krank aus Mangel an Liebe, an Menschentum, an Brudergefühl. Das Brudergefühl, das dadurch genährt wird, daß man zu Tausenden marschiert und Waffen trägt, ist mir sowohl in der militärischen wie revolutionären Form nicht annehmbar.

Das gilt für mich, für meine Person. Ich lasse jedem andern seinen Entschluß, ich erwarte nur, falls er mich kennt, daß er meine Haltung als für mich notwendig, oder doch als von mir wohl begründet und verantwortlich anerkenne. Wunderlich war mir z. B. in dem, was Sie damals über mich gesagt haben sollen, die Zusammenstellung mit Thomas Mann. Th. Mann ist mit mir befreundet, und die wenigen Male, wo er mit mir auf Soziales zu sprechen kam, stand er, bei aller intellektuellen Billigung des Sozialismus, mit dem Herzen so unendlich viel weiter rechts als ich, war in seinem gepflegten feinen Wesen so unangegriffen vom

HERMANN HESSE – R. J. HUMM

Briefwechsel. Herausgegeben von Ursula und Volker Michels. Erste Auflage 1977.

Der Briefwechsel mit dem Schweizer Schriftsteller, Dramatiker und Essayisten Rudolf Jakob Humm, den Hesse zu den besten (wenn auch sprödesten) Prosaisten deutscher Sprache zählte, gehört zu seinen spannungsreichsten und interessantesten regelmäßigen Korrespondenzen. Der besondere Reiz dieses Zwiegesprächs liegt in der geradezu polaren Verschiedenheit der beiden Partner. Der um 22 Jahre jüngere, kämpferisch-extrovertierte Schweizer (1895-1977), der ein Lebenswerk von fünfzehn Romanen, drei Essaybänden, mehreren Dramen, Hörspielen, Puppenspielen und Sammlungen mit Märchen und Erzählungen geschaffen hat, spielte eine zentrale Rolle im Zürich der dreißiger Jahre. Seine Wohnung im alten »Haus zum Raben« am Limmatquai war ein beliebter Treffpunkt der vertriebenen deutschen Autoren und ihrer schweizerischen Kollegen, die dort zu regelmäßigen literarischen Abenden und Diskussionen zusammentrafen. In seinem autobiographischen Bericht »Bei uns im Rabenhaus. Aus dem Zürich der Dreißiger Jahre« hat R. J. Humm – einem immer wieder geäußerten Wunsch seiner jüngeren Kollegen folgend – rückblickend seine Begegnungen und Erinnerungen an Autoren wie Brecht, J. R. Becher, Ludwig Hohl, Arthur Koestler, Else Lasker-Schüler, Ferdinand Lion, Klaus Mann, Robert Musil, Anna Seghers und viele andere prominente und weniger bekannt gewordene Kollegen berichtet. Die Briefe an Hesse spiegeln viele dieser Eindrücke unmittelbar nach ihrem Erleben und sind daher nicht nur wichtige, sondern zudem höchst originelle Dokumente zur Zeit- und Geistesgeschichte jener Jahre.

Der Dialog setzt ein im Januar 1929 mit einem Dankschreiben des damals 34jährigen ehemaligen Studenten der theoretischen Physik für Hesses Besprechung seines ersten Romans

klaffenden Riß in der Welt, daß es mich schauderte, denn ich habe ihn aus andern Gründen sehr gern.
Ich habe auch meinen Weg und meine Wandlungen hinter mir. Es ist vielleicht der Weg eines Don Quichote, jedenfalls ist es der eines Leidens und Sichverantwortlichwissens, er hat mir ein sehr empfindliches Gewissen gegeben, das begann (vorher war es harmlos) im Jahr 1914, und wenn ich heute bewußter als je der Alleinstehende und »Träumer« bin, so bin ich es bewußt, und sehe nicht bloß einen Fluch, sondern auch ein Amt darin. Ich habe freilich auch meine Art von Gemeinschaft und von Sozialität. Ich bekomme im Jahr viele tausend Briefe, alle von jungen Menschen, die meisten unter 25, und sehr viele suchen mich auch selber auf. Es sind fast ohne Ausnahme begabte oder schwierige Junge, bestimmt zu einem überdurchschnittlichen Maß von Individuation, verwirrt durch die Etikettierungen der normierten Welt. Manche sind pathologisch, manche so prachtvoll, daß auf ihnen mein ganzer Glaube an den Fortbestand eines deutschen Geistes beruht.
Für diese Minorität von zum Teil gefährdeten, aber lebendigen jungen Geistern bin ich weder Seelsorger noch Arzt, es fehlt mir jede Autorität, und auch jeder Anspruch dazu, aber ich stärke, soweit meine Einfühlung reicht, jeden einzelnen in dem, was ihn von den Normen trennt, suche ihm den Sinn davon zu zeigen. Ich rate keinem ab, sich einer Partei anzuschließen, sage aber jedem, daß, wenn er es zu jung tut, er Gefahr läuft, nicht bloß das eigene Urteil zu verkaufen gegen die Annehmlichkeit, von Genossen umgeben zu sein, ... sondern ich weise jeden, auch meine Söhne, vor allem darauf hin, daß Zugehörigkeit zu Programm und Partei kein Spiel sein darf, sondern volle Gültigkeit haben muß, daß also, wer sich auf Revolution einläßt, nicht bloß selber mit Leib und Leben seiner Sache zur Verfügung stehen, sondern auch zum Töten, zum Schießen, zum Maschinengewehr und Gas entschlossen und fähig sein muß. Ich gebe jungen Menschen, zumal meinen Söhnen, oft die Literatur der revolutionären Linken zu lesen, aber wenn darüber gesprochen wird, und das übliche verantwortungslose Schimpfen auf den Bürger, den Staat und den Faschismus losgeht (die ich natürlich alle zum Teufel wünsche), dann erinnere ich an die Gewissensfrage: daß man bereit zum Töten sein muß, und nicht bloß zum Töten von solchen, die man als Verbrecher kennt und haßt, sondern zum Blindlings-Töten, zum Schießen in Massen. Meinerseits bin ich dazu nicht bereit, unter keinen Umständen.

»Das Linsengericht«, die wenige Tage zuvor in der National-Zeitung, Basel, erschienen war, und erstreckt sich über die nächsten 17 Jahre (bis Januar 1946) als ein konzentrierter Meinungsaustausch nicht nur über die eigene literarische Arbeit, sondern vor allem über die Genese des Faschismus und gibt ein anschauliches Bild über die Rolle der Schweiz für die deutschen Emigranten.
An diesem Briefpartner lernt der Leser aber auch einen weithin noch immer unbekannten Hesse kennen, einen sowohl für das Aktuelle wie für das Zwischenmenschliche hochsensiblen Autor, den sein jüngerer Kollege zu einigen seiner politisch brisantesten Stellungnahmen herausgefordert hat.

In dem Briefwechsel, in welchem Humm als die durch Fragen und Anregungen aktive Kraft hervortritt, bildet das Kolorit der Epoche den Hintergrund: Die Bedrohung durch das nationalsozialistische Deutschland, Notrufe aus eben diesem Land, Emigranten, die sich im Hause der beiden Schriftsteller einfanden, die durch Eduard Korrodis Artikel ausgelöste Kontroverse über die deutsche Emigrantenliteratur, die Stimmung im Zürich der ersten Kriegstage zeigen das politisch-soziale Klima an, in welchem die Korrespondenz sich abspielte.

»Neue Zürcher Zeitung« vom 2. 7. 1977

Der Briefwechsel Hermann Hesse – R. J. Humm, ein Zeitdokument von hohem Rang. Der herzensfreundliche Dialog zweier ungleicher Zeitgenossen führt durch drei düstere Jahrzehnte von 1929 bis 1959. Es war eine im Grunde problematische Freundschaft, was sich da zwischen dem fast zwanzig Jahre älteren Hesse und dem zuweilen feuerköpfigen, der Polemik nicht abgeneigten Humm entwickelte, und über Temperamentsdifferenzen kam es schließlich auch zum Eklat. Aber in den drei Jahrzehnten, über die sich der Briefwechsel erstreckt, hatten sich die beiden Partner viel zu sagen.

»Schweizer Monatshefte« vom März 1977

Unter diesen Freuden stehen diejenigen obenan, welche uns die tägliche Berührung mit der Natur erschließt. Unsere Augen vor allem, die viel mißbrauchten, überanstrengten Augen des modernen Menschen, sind, wenn man nur will, von einer ganz unerschöpflichen Genußfähigkeit. Wenn ich morgens zu meiner Arbeit gehe, eilen mit mir und mir entgegen täglich zahlreiche andere Arbeiter, eben aus dem Schlaf und Bett gekrochen, schnell und fröstelnd über die Straßen. Die meisten gehen rasch und halten die Augen auf den Weg oder höchstens auf die Kleider und Gesichter der Vorübergehenden gerichtet. Kopf hoch, liebe Freunde! Versucht es einmal – ein Baum oder mindestens ein gutes Stück Himmel ist überall zu sehen. Es muß durchaus kein blauer Himmel sein, in irgendeiner Weise läßt sich das Licht der Sonne immer fühlen. Gewöhnt euch daran, jeden Morgen einen Augenblick nach dem Himmel zu sehen, und plötzlich werdet ihr die Luft um euch her spüren, den Hauch der Morgenfrische, der euch zwischen Schlaf und Arbeit gegönnt ist. Ihr werdet finden, daß jeder Tag und jeder Dachgiebel sein eigenes Aussehen, seine besondere Beleuchtung hat. Achtet ein wenig darauf, und ihr werdet für den ganzen Tag einen Rest von Wohlgefallen und ein kleines Stück Zusammenleben mit der Natur haben. Allmählich erzieht sich das Auge ohne Mühe selber zum Vermittler vieler kleiner Reize, zum Betrachten der Natur, der Straßen, zum Erfassen der unerschöpflichen Komik des kleinen Lebens. Von da bis zum künstlerisch erzogenen Blick ist die kleinere Hälfte des Weges, die Hauptsache ist der Anfang, das Augenaufmachen.

(1899)

Aus der Titelbetrachtung

KLEINE FREUDEN

Kurze Prosa aus dem Nachlaß. Erschienen 1977 als suhrkamp taschenbuch 360. Herausgegeben und mit einem Nachwort von Volker Michels. 1983 im 66. Tausend.
Unter dem Titel »Die Kunst des Müßiggangs« erschien 1973 eine erste Sammlung mit unbekannter Kurzprosa Hermann Hesses, die in den bisherigen Ausgaben seiner Gesammelten Schriften und somit auch in der Hesse-Werkausgabe von 1970 fehlt. Wie bereits »Die Kunst des Müßiggangs« wurde auch dieser Fortsetzungsband chronologisch angelegt. Von der 1899 entstandenen Titelbetrachtung bis zum Rückblick »Vierzig Jahre Montagnola« (1960) gibt er einen Querschnitt durch die Biographie Hermann Hesses. Er enthält mehr als 40, in zahlreichen Zeitungen und Zeitschriften veröffentlichte Stücke, die zuvor in Buchform noch nie zusammengefaßt worden sind, und mehr als 20 in thematischen Sammelbänden verstreute Arbeiten, die sämtlich noch nicht in die Hesse-Werkausgabe aufgenommen werden konnten. Die Sammelbände »Kunst des Müßiggangs« und »Kleine Freuden« ergänzen somit die Ausgabe um über 150 bisher kaum bekannte Kurzprosastücke Hermann Hesses.

»Hesses Qualität besteht im Anteil Nehmen und Anteilnahme Vermitteln, im geduldigen Abtasten eines Gedankens, seiner ruhigen Entwicklung und Darstellung in einem einfachen, vollendeten Deutsch. Kaum bei irgend jemandem anderen in der deutschen Literatur entsteht der Eindruck des Dabeiseins und des Miterlebens mit größter Unmittelbarkeit und Nachvollziehbarkeit wie bei Hermann Hesse.
Das Wesentliche an Hesses tagebuchartigen Prosastücken ist, daß in allen Beobachtungen und Gedanken, allen Sätzen und Nebensätzen, im Kleinen wie im Großen immer der eigensinnige Hesse sichtbar wird.«

Gerhard Roth
in »Kleine Zeitung«, Graz, vom 17. 4. 1977

Tuschzeichnung von Gunter Böhmer.

HERMANN HESSE ALS MALER

Bildband mit vierundvierzig farbigen, im Format 24 × 33 cm reproduzierten Aquarellen. Ausgewählt von Bruno Hesse und Sandor Kuthy. Mit Texten von Hermann Hesse. 1. Auflage 1977, 1984 im 8. Tausend. Zugleich erschien eine Schmuckkassette mit denselben Aquarellen im Originalformat (31 × 40 cm) in einer limitierten Auflage von 500 Exemplaren.

Mitten im Ersten Weltkrieg und als Selbsthilfe während der gefährlichsten Krise seines Lebens im Alter von fast vierzig Jahren hat Hesse zu malen begonnen. Zunächst illustrierte er Handschriften eigener Gedichte und verkaufte sie als bibliophile Kuriositäten an Liebhaber, um Geld für die Kriegsgefangenenfürsorge zu erschließen, nach dem Krieg aber schon bald, um davon seinen eigenen Lebensunterhalt zu bestreiten. »Jetzt, wo die Geldverhältnisse mich als Dichter fast brotlos machen, beginne ich von der Malerei zu leben« (in einem Brief aus dem Jahre 1920). Darüber hinaus war das Malen für Hesse »eine Art von Ausruhen, eine Befreiung von der verfluchten Willenswelt und ein Mittel, um Distanz von der Literatur zu gewinnen«. »Nicht, daß ich mich für einen Maler hielte«, schrieb er 1925 in seinem »Kurzgefaßten Lebenslauf«, »aber das Malen ist wunderschön. Man hat nachher nicht, wie beim Schreiben, schwarze Finger, sondern rote und blaue.«

Nach durchaus autodidaktischen Anfängen mit gedämpften Temperatönen hat Hesses Aquarellpalette seit seiner Übersiedelung in die südlich-farbenfrohe Landschaft des Tessin sich die leuchtende Skala des Expressionismus erobert. Gemeinsam mit Hesses Betrachtungen über das Malen belegt dieser Band, was Hesse 1920 notierte: »Sie werden sehen, daß zwischen meiner Malerei und Dichtung keine Diskrepanz herrscht, daß ich auch hier nicht der naturalistischen, sondern der poetischen Wahrheit nachgehe.«

Aus »Geburtstag«
Ein Rundbrief

Juli 1952

Liebe Freunde!
Noch nie war ein Rundbrief nötiger als jetzt, er soll einen großen Teil der etwa 1200 Briefe beantworten, die der 75. Geburtstag mir gebracht hat. Und nie habe ich solche Mühe gehabt, mich zum Schreiben aufzuraffen. Es mag das Alter sein, und die unheimliche Hitze, und das Übermaß an Sehen, Empfangen, Aufnehmen in diesen Tagen – jedenfalls dürft ihr von diesem Brief nicht viel erwarten, er soll nur ein Dank und ein kurzer Bericht sein.
»Was man in der Jugend wünscht, hat man im Alter die Fülle«, heißt es bei Goethe, so geht es auch mir. Nicht alle, aber einige meiner heftigsten Knaben- und Jünglingswünsche sind in Erfüllung gegangen, und manche in solcher »Fülle«, daß eine Verlegenheit und Not daraus wurde. Es sind mir aber auch Geschenke und Ehrungen zuteil geworden, an die ich auch in den frechsten Bubenträumen nicht gedacht hätte: in meinem lieben Heimatstädtchen beflaggter Marktplatz mit Stadtmusik, Festrede, Enthüllung einer Tafel am Geburtshaus (es wird oft mit jenem andern Kindheitshause jenseits der Nagoldbrücke verwechselt, von dem oft in vielen meiner Erzählungen die Rede ist) und weiter: Gratulationen von Oberbürgermeistern vieler Städte, darunter solche, die einer ihrer Straßen meinen Namen geben, Gratulationen von Schulklassen in der Schweiz und in Deutschland, Verleihung von Ehrentiteln, Feiern mit und ohne Musik in Theatern, in Rathäusern, in Schulen, Reden von Bundespräsidenten, berühmten Dichtern, Professoren. Das alles hatte ich mir nicht so gedacht und gewünscht, und in Augenblicken guter Laune dachte ich etwa: »So, jetzt noch ein zwei Meter hoher Steinsockel und ein Leiterchen, dann kann ich hinaufsteigen und die neue Existenzform als Denkmal antreten.« …

BRIEFE AN FREUNDE

Rundbriefe 1940-1962. Zusammengestellt von Volker Michels. suhrkamp taschenbuch 380. Erste Auflage 1977. 1982 im 23. Tausend.

Kein anderer deutschsprachiger Schriftsteller des 20. Jahrhunderts ist so sehr mit Leserbriefen überschüttet worden wie Hermann Hesse, und kein anderer hat diese oft genug lästige Herausforderung so ernst genommen wie er. Seine Bücher hatten diese Briefe provoziert, also fühlte er sich auch verpflichtet, den Fragen nicht auszuweichen, die in mehr als fünfunddreißigtausend Briefen an ihn gerichtet wurden. Er hat sich ihnen gestellt, individuell und ohne jede Hilfskraft. Denn »einen Kanzleiapparat aufzubauen gegen den täglichen Ansturm«, das wäre, wie er sagte, für ihn, »der zeitlebens die Routine gehaßt und ihr in seinem Leben keinen Platz eingeräumt hat, geradezu Kapitulation und Verrat«. Doch seit 1946, seit der Verleihung des Nobelpreises, nahm der tägliche Posteingang solche Dimensionen an, daß er einen Ausweg finden mußte, der es ihm ermöglichte, diesem seinem Grundsatz treu zu bleiben, ohne ihm doch die schriftstellerische Produktivität zu opfern. So half er sich von 1946 bis zu seinem Lebensende mit einer neuen literarischen Gattung, seinen »Rundbriefen«, die es ihm erlaubten, sowohl auf die am häufigsten wiederkehrenden Leserfragen zu reagieren, zeitgenössische Bücher zu empfehlen als auch seine neuen Erlebnisse und Erfahrungen festzuhalten und zu gestalten. Diese Rundbriefe erschienen zunächst als Privatdrucke, die Hesse seinen notgedrungen immer knapperen Antworten auf Leserbriefe beilegte. Einige davon wurden einer größeren Öffentlichkeit 1955 in der Sammlung *Beschwörungen* vorgelegt, einem Fortsetzungsband seiner *Späten Prosa*. Unsere Ausgabe vereinigt diese ebenso autobiographisch wie zeitgeschichtlich bedeutsamen Rundbriefe erstmals vollständig.

Aus der Betrachtung »Ferienlektüre«

Nach meiner Erfahrung gibt es für Ferienzeiten gar keinen schöneren Vorsatz als den, keine Zeile zu lesen, und nachher nichts Hübscheres, als bei guter Gelegenheit dem guten Vorsatze mit einem wirklich schönen Buche untreu zu werden.
Die Herrschaften, die mit Kindern, Frauen und Dienstboten ins Bad oder in die Berge reisen, pflegen es sich wohl zu überlegen, was mitzunehmen sei. Es kommt kaum vor, daß eine Dame erst in Ostende bemerkt, es fehle ihr an einem neuen Abendkleid, und vom Lederkoffer bis zum Zahnpulver bedenkt man das Unentbehrliche genau ...
Alle diese Sorgfalt in Ehren! Dieselbe Dame jedoch, die vom Hut bis zum Stiefelchen nichts Unüberlegtes an sich trägt, die in der Wahl ihrer Freunde so vorsichtig ist und sich durchaus kein Zimmer mit Nordfenstern gefallen läßt, dieselbe Dame bringt ihre Regentage gähnend mit schlechten Büchern hin, denn sie hat natürlich keine Bücher mitgenommen und ist nun auf das angewiesen, was ihr der Kurbuchhändler vorlegt. Der Kurbuchhändler aber setzt sich der Hetze seiner Saisonarbeit keineswegs in erzieherischen Absichten aus und kann ohnehin kein allzu großes Lager führen. Sein Interesse ist es, von einigen wenigen gangbaren Büchern möglichst große Partien abzusetzen. So kauft der Bankier und die Gouvernante, der Amtsrichter und der Chauffeur sich dieselben Memoiren einer flüchtig gegangenen Prinzessin, dieselbe Mordgeschichte und dieselbe Kasernensatire, weil eben das die »Bücher der Saison« sind. Dieselben Leute, die zu Hause den ganzen Goethe ungelesen stehen haben, nehmen niemals einen Band oder zwei davon auf die Sommerreise mit, sondern kaufen jedes Jahr eben wieder die Bücher der Saison, die mit wenigen Ausnahmen im Grunde immer genau dieselben sind und nur Titel und Umschläge wechseln ... So will ich es versuchen und von einigen neueren Büchern guter Art berichten, in der stillen Hoffnung, den prinzeßlichen Memoiren und dem Räuberroman etwa einige Kunden zu entreißen. Vorher aber rate ich jedem Sommerfrischler von Herzen zu jenem guten Vorsatz: diesmal gar nichts zu lesen! Denn die Feinde der guten Bücher und des guten Geschmacks überhaupt sind nicht die Bücherverächter oder Analphabeten, sondern die Vielleser.

(1910)

DIE WELT DER BÜCHER

Betrachtungen und Aufsätze zur Literatur. Zusammengestellt von Volker Michels. suhrkamp taschenbuch. 1977

Kaum ein anderer Schriftsteller des 20. Jahrhunderts hat so viel gelesen wie Hermann Hesse und zugleich den zeitgenössischen wie auch den Büchern der Weltliteratur so viele Leser geworben und zugeführt. Zeugnis davon geben, neben den mehr als dreitausend Buchbesprechungen dieses Autors, auch zahlreiche grundsätzliche Essays, Betrachtungen und Aufsätze über sinnvolle und unsinnige Bildung, über das Buch als Schlüssel zum Verständnis, zur Bereicherung und Intensivierung des eigenen Lebens und Erlebens. Dieser Band versammelt erstmals sämtliche grundsätzlicheren Schriften Hesses zur Literatur, ergänzt um zahlreiche Stücke, die er selbst nicht in die Ausgabe seiner *Gesammelten Schriften* von 1957 aufgenommen hat und die folglich größtenteils auch in der Hesse-Werkausgabe von 1970 fehlen. In einem seiner zahlreichen Betrachtungen über das Lesen schrieb Hesse:

»Die Bücher sind nicht dazu da, lebensunfähigen Menschen ein wohlfeiles Trug- und Ersatzleben zu liefern. Im Gegenteil, Bücher haben nur einen Wert, wenn sie zum Leben führen und dem Leben dienen und nützen, und jede Lesestunde ist vergeudet, aus der nicht ein Funke von Kraft, eine Ahnung von Verjüngung, ein Hauch neuer Frische sich für den Leser ergibt.«

Aus dem Aufruf »Den Pazifisten«

Nirgends sah ich die Friedensfreunde ihr Ideal aufs Heute anwenden, nirgends sah ich andere Arbeit von ihnen als Reden und Schriften, als Anklagen wider die Welt und Verweisungen auf später. Herrgott, und dabei ging die halbe Welt unter, dabei floß Menschenblut in Bächen, dabei lagen Länder verwüstet und Städte zu Dutzenden in Trümmern! »Das alles wird später nicht mehr sein, wenn ihr unsere Lehre annehmet«, so predigen die Friedensleute. Ja, meinetwegen. Aber wie könnt ihr stehen und predigen, wenn es so auf der Erde steht? Wie könnt ihr an die Zukunft der Menschheit denken, wenn ihre Gegenwart aus tausend Wunden um Hilfe schreit? Wie könnt ihr, wenn ihr Menschenfreunde sein wollt, jetzt überhaupt etwas anderes tun als wir alle, die heute noch nicht Soldaten sind, als helfen, sammeln, geben, verbinden, trösten, aufbauen! Es gibt Millionen von Verwundeten auf der Welt, Millionen von Gefangenen, Millionen von Darbenden, Hunderttausende von Obdachlosen, es gibt Hilfsarbeiten und Organisationen jeder Art zur Abhilfe, es gibt Rote Kreuze, gibt Soldatenheime, gibt Invalidenstiftungen, gibt Lazarette, gibt Vereine für Gefangenenfürsorge, Vereine für die Hilfe bei Deutschen, bei Belgiern, bei Polen!

Ihr Friedensfreunde, die ihr Zeit und Geld habt, alle eure ethischen Blätter und Broschüren zu schreiben und zu drucken, Säle zu mieten und Vorträge zu halten – bei welchen von jenen Arbeiten tut ihr mit? Wohin gebt ihr euer Geld? Auf welchem Bureau, in welchem Spital beschäftigen sich eure Frauen, eure Männer? Wieviel Geld, wieviel Arbeit und wieviel Betätigung im Dienste der Leidenden leistet ihr im Verhältnis zu dem, was ihr redet, was ihr schreibt, was ihr an Drucksachen verschickt? Seid ihr nicht Menschen, die sich von der Pflicht des Heute drücken, weil sie eine schönere und bequemere Pflicht für übermorgen vor sich sehen?

Eure Lehre in Ehren, sie soll weiterbestehen. Niemand zweifelt an der Echtheit eurer Gesinnung. Aber es ist jetzt gerade so eine Zeit in der Welt, wo Gesinnungen zu Taten werden, wo Gläubige sich opfern, wo Helden sich betätigen können. Wollt ihr das nicht auch tun, ihr Internationalen, ihr Menschenfreunde? Ich zweifle nicht daran, daß viele einzelne von euch es auch hiermit ernst meinen, daß manche eurer Frauen in Spitälern stehen, daß man-

POLITIK DES GEWISSENS

Die politischen Schriften. Herausgegeben von Volker Michels. Mit einem Vorwort von Robert Jungk. 2 Bände im Schuber. 1977, 960 Seiten. Band 1, 1914-1932, Band 2, 1933-1962. 1981 als suhrkamp taschenbuch 656.

Die beiden Bände bringen zum ersten Mal in dieser Vollständigkeit neben den von Hesse selbst in »Krieg und Frieden« überlieferten Aufsätzen auch alles, was sonst an politischen Stellungnahmen von ihm bisher aufgefunden werden konnte. Der größere Teil der Äußerungen Hesses zur Politik ist Briefen und Tagebüchern entnommen, die bisher unbekannt und unveröffentlicht sind. Ein Teil der im engeren Sinn politischen Aufsätze lag bisher nur verstreut in heute schwer greifbaren Zeitschriften und Tageszeitungen vor. Alle öffentlichen und privaten Stellungnahmen sind hier in ihren chronologischen Kontext gestellt.

Die große Wirkung Hesses ging bisher ausschließlich von den Erzählungen und Romanen aus, Hesses kritische und politische Schriften waren weitgehend unbekannt. Hesses »Politik des Gewissens« ist der zeitgeschichtliche Hintergrund seines erzählerischen Werkes, sie fundiert die Wirkung dieses Werks und belegt, daß diese Wirkung kein Zufall war.

»Die Dokumentensammlung ›Politik des Gewissens‹ ist ein einziger Anlaß, Hesse abzubitten. Eine aufregende Lektüre, weil zwei inkommensurable Größen zusammenstoßen: die gewaltsamen Widersprüche einer ideologisch bis zum Krieg mobilisierten Zeit und der Eigensinn einer oft gegen ihren Willen radikalisierten Individualität. Hesse wollte nicht recht behalten gegen die Not der Zeit, er wollte ihr im Gegenteil bis an die Grenze seiner Kräfte gerecht werden. Unbrauchbar zu bleiben für den Anspruch der Macht ist auch ein Engagement, Abstand von dem, was andre für Politik ausgeben, ist auch eine politische Haltung . . . Seine Haltung ist kompromißlos.«

Adolf Muschg
im »Südwestfunk«, 15. Oktober 1977

che von euch einmal einen Taler oder mehr fürs Rote Kreuz gegeben haben. Aber als Ganzes seid ihr heute die unfruchtbarste, die sterilste Organisation der Welt. Ihr opfert das Leben dem Ideal, ihr werft die Wirklichkeit für Zukunftsträume weg. Ich klage euch an, daß ihr redet, wo so viel zu tun wäre, daß ihr Versammlungen besucht und Vorträge anhört, statt da und dort tätig zu sein, statt Liebesgaben zu sammeln oder zu packen, statt eure Säle den Kranken, euer Geld den Armen, euren Idealismus den Leidenden zur Verfügung zu stellen. Wer heute einen Taler für die Lazarette gibt, wer ein Buch für die Gefangenen schenkt, wer Adressen für Pakete an Gefangene schreibt oder Nägel in Kisten schlägt, die Kleider und Schuhe zu frierenden Menschen bringen sollen, der tut unendlich viel mehr als ihr mit allen Reden, mit allen Broschüren, mit allen Vorträgen. Laßt einmal die Zukunft der Menschheit ein Jahr lang auf sich beruhen und verbindet Wunden, speist Hungrige, tröstet Trostlose, schenkt Bedürftigen, dann glauben wir erst wieder an eure Worte und Lehren.

(Erstdruck in »Die Zeit«, Wien, vom 7. 11. 1915)

Sie erwarten von mir, ich als Dichter möge nun endlich auch einmal ein Minimum an Heroismus zeigen und Farbe bekennen. Aber lieber Kollege: dies habe ich seit dem Jahre 1914, wo mein erster Aufsatz zur Kriegspsychologie mir die Freundschaft Romain Rollands eingebracht hat, ununterbrochen getan. Ich habe nun seit 1914 fast ununterbrochen die Mächte gegen mich gehabt, die ein religiöses und ethisches (statt politisches) Verhalten zu den Zeitfragen nicht erlauben wollen, ich habe Hunderte von Zeitungsangriffen und Tausende von erbitterten Haßbriefen seit meinem Erwachen in der Kriegszeit zu schlucken bekommen, und ich habe sie geschluckt, habe mein Leben davon verbittern, meine Arbeit erschweren und komplizieren, mein Privatleben flötengehen lassen, und immer war ich nicht etwa, wie es üblich ist, von einer Front her bekämpft, um dafür von der anderen beschützt zu werden, sondern immer haben beide Fronten mich, den zu keiner Partei Gehörenden, gern zum Objekt ihrer Entladungen gewählt, es war ja nichts dabei zu riskieren. Und ich bin der Meinung, das Stehen auf diesem Posten des Outsiders und Parteilosen, wo man von beiden Fronten, von rechts und links beschossen oder bespöttelt wird, sei mein Platz, wo ich mein bißchen Menschentum und Christentum zu zeigen habe.

Sie erwarten, so scheint es beinah, von mir, daß ich mich zu Ihrem

»Daß die politischen Schriften Hesses erst heute gesammelt herauskommen und nicht schon vor zwanzig oder dreißig Jahren erschienen, ist für die Leser, aber auch für den Autor ein Glück ... Mehr noch als für die verhaltenen und anarchisch-empfindsamen Prosawerke Hesses mußte für seine politischen Schriften und Überzeugungen die Zeit erst reif werden. Von seiner völligen Immunität gegenüber Moden, gegenüber aufgeblasenen, politischen, zeitkritischen und journalistischen Dummheiten – bleibt beängstigend viel zu lernen.«

Joachim Kaiser
in »Süddeutsche Zeitung« vom 25. März 1978

»Ein grandioses Zeugnis der Zeitgeschichte!«

»Der Tagesspiegel«, Berlin vom 25. Dezember 1977

Die Frage, ob Gewalt zur Durchsetzung eines höheren und allgemeinen Rechtes erlaubt, ja nötig sei und worin dieses bestehe, haben die deutschen Terroristen nach Herbert Marcuse, nicht nach Hermann Hesse beantwortet. Hier scheiden sich die Geister auch in Zukunft. Wie diese Unterscheidung in öffentlicher, politischer oder fiktionaler Sprache verlautet werden kann, dafür gibt es auf den tausend Seiten der »Politik des Gewissens« zahlreiche und beeindruckende Beispiele ... Erstaunlich auch die klare Sprache, die in allen Tönen sachbezogen bleibt, ohne an Leidenschaft zu verlieren. Es dürfte wenige deutschsprachige Autoren des 20. Jahrhunderts geben, die die Zeichen der Zeit so sicher erkannt und so deutlich ausgesprochen hätten.

Bernhard Gajek
in »Schweizerische Monatshefte« vom Mai 1978

»Viele Leser haben Hesses Werke ratlos zur Seite gelegt. Nach der Lektüre dieser beiden Bände wird dieser Fall nicht mehr so leicht eintreten.«

»Neue Zeit«, Graz vom 7. Oktober 1977

Liest man allein die politischen Schriften, so bleibt die Frage, wie dieser engagierte Autor zur Galionsfigur der deutschen Innerlichkeit hatte werden können.«

»Hannoversche Allgemeine Zeitung« vom 11. März 1978

»Manche, ja wohl sogar die Mehrheit der marktbeherrschenden Kritiker in der Bundesrepublik haben Hesses Bücher und Briefe für naiv und gänzlich unzeitgemäß gehalten und ihm nach seinem Tode ein rasches Vergessenwerden prophezeit. Es ist wahr: Hesse kam

Standpunkt, zu einem schweizerischen Antisemitismus und Antisozialismus bekenne. Nun, Sozialist bin ich nie gewesen, ich bin ja auch gleich Ihnen nicht zum erstenmal Zielscheibe von Dreckwürfen aus jenem Lager. Dagegen bin ich ebensowenig Anhänger des Kapitalismus und Befürworter der besitzenden Klasse – auch dies ist ein Stück Politik, und meine Stellung ist bis zum Fanatismus a-politisch. Und was die Juden betrifft, so bin ich nie Antisemit gewesen, obwohl auch ich gegen manches »Jüdische« gelegentlich Ariergefühle habe. Ich halte es nicht für die Aufgabe des Geistes, dem Blut den Vorrang zu lassen, und wenn Juden wie Schwarzschild oder G. Bernhard widerliche Kerle sind, so sind es Arier und Germanen wie Julius Streicher oder Herr Will Vesper und hundert andere genauso. Ich bin hier nicht zu belehren; dem Antisemitismus bin ich seit frühen Tagen begegnet, und den rassebegründeten Imperiumsansprüchen auch. ... Geht es den Juden gut, so kann ich recht wohl einen Witz über sie ertragen. Geht es ihnen schlecht – und den jüdischen Emigranten geht es, ebenso wie den Juden im Dritten Reich, zum Teil höllisch schlecht –, dann ist für mich die Frage, wer meiner eher bedürfe, die Opfer oder die Verfolger, sofort entschieden. Dies ist der Grund, warum ich meine schwedischen Berichte über deutsche Literatur schrieb, die ich jetzt so teuer bezahle.

Nein, ich bin weder für Antisemitismus noch für eine politische Partei zu gewinnen, ich wäre auch keine wertvolle Akquisition. Das hindert nicht, daß ich Schweizer und Republikaner bin mit all meinen Sympathien. Wenn ich unsre Demokratie recht verstehe, so verlangt sie nicht, daß die Parteien sich totschlagen, sondern daß sie sich zur Beratung und Verständigung treffen. Das tun weder die Sozis noch tun es die Besitzenden. Ich lasse sie streiten, aber das sind Fronten, in denen ich nichts zu suchen habe. Wenn ich in den 24 Jahren, die ich in der Schweiz lebe, fast nie von meinem Schweizertum gesprochen habe, so braucht Sie das nicht zu wundern. Von meinen Vorfahren war nur eine Seite schweizerisch, und mein eigenes Bürgerrecht ist gekauft. Nun, Sie wissen, wie gern man im Lande die Eingekauften hat, die jeden Satz mit »Wir Schweizer« beginnen.

Aus Eduard Korrodi, »Neue Zürcher Zeitung« am 12. 2. 1936

weder geistig noch sprachlich auf Stelzen daher, er war kein ›Highbrow‹ und paßte sich nicht an. Er trat auch nicht hervor, liebte keine Repräsentation ... Jede Art von Literaturbetrieb stieß ihn ab. Er wollte mit keiner der Gruppen und Bünde, Vereine und Akademien etwas zu tun haben, weder im Osten noch im Westen. Sein Interesse galt immer nur dem einzelnen ... Wie unnachgiebig Hesse dem Nationalsozialismus gegenüberstand, weiß man. Er hätte im Lande nicht überlebt. Seine Schweizer Staatsbürgerschaft schützte ihn vor dem Äußersten. Er brauchte nicht mehr zu emigrieren, er konnte sich verbitten, ›Ariernachweise‹ auszufüllen.«

Alfred Kantorowicz
in »Deutsches Allgemeines Sonntagsblatt« vom 16. 10. 1977

Umschlagmotiv.

DER VERBANNTE EHEMANN

oder Anton Schievelbeyns ohnfreywillige Reisse nacher Ost-Indien. Handgeschrieben und illustriert von Peter Weiss. Erschienen 1977, als insel taschenbuch 260.
Anton Schievelbeyn's ohnfreywillige Reisse nacher Ost-Indien ist eine unbekannt gebliebene kleine Erzählung aus dem Jahre 1905, die Hesse dreißig Jahre später erstmals in seinen Sammelband *Fabulierbuch* aufgenommen hat. Sie spielt im holländisch besetzten Südafrika des 17. Jahrhunderts und handelt von den unfreiwilligen Abenteuern eines deutschen Siedlers, der zur Zeit des Kolonialismus so wohlhabend und träge geworden ist, daß seine Frau ihn bei Nacht und Nebel auf ein Schiff nach Indien verfrachten läßt, damit er wieder nüchtern werde und arbeiten lerne. Diese Posse wird erzählt im Deutsch jener Jahre, in der saftigen und anschaulichen Sprache eines Abraham a Santa Clara. 1910, kurz vor seiner eigenen Indienreise, hat Hesse diesen Stoff nochmals aufgegriffen, als Vorlage zu einer komischen Oper, einer musikalischen Posse in fünf Akten *Der verbannte Ehemann*. Das Libretto dieser Komödie fand sich in Hesses Nachlaß und wurde in dieser Ausgabe erstmals veröffentlicht.
1938 gab Hesse dem damals 22jährigen emigrierten, staaten- und mittellosen Peter Weiss, um ihm finanziell über die Monate seiner schweizerischen Aufenthaltsbewilligung hinwegzuhelfen, den Auftrag, neben dem Märchen *Kindheit des Zauberers* auch diese Geschichte zu illustrieren. Das Manuskript ist erhalten geblieben und wird in unserer Ausgabe farbig und in Originalgröße faksimiliert.

»Eine bibliophile und zugleich literarhistorische Rarität: Die 1905 entstandene, dem barocken Sprachduktus nachempfundene Erzählung ›Anton Schievelbeyn's ohnfreywillige Reisse nach Ost-Indien‹, eine possenhafte Story über einen alkoholsüchtigen deutschen Siedler in Südafrika, den seine Ehefrau mit drastischen Mitteln zur

Erster Akt

Vorbau eines reichen Gutshofes in Südafrika. Die Rückwand bildet die Hausfassade mit der Haustür und einem breiten Fenster, das Dach des Raumes ist die große Veranda. Diese Halle, außer der Rückwand nur auf wenigen Holzsäulen ruhend, ist nach drei Seiten offen, auf einer davon leicht mit Schlingpflanzen bewachsen, in die ein Tor geschnitten ist. Man sieht Maisfelder und Gehölz, im Hintergrund den Tafelberg. Es ist anfangs ein sonniger Abend, der später in Dämmerung und dann in Nacht übergeht. In dem hallenartigen Vorbau ein großer Tisch, eine Anzahl verschiedenartiger Rohrstühle, am Fenster eine Bank etc. Das Ganze trägt, wie auch Kostüme und Figuren, etwa den Charakter alter holländischer Bauernbilder im Stil D. Teniers.

FRAU ANNA *hinten unter der offnen Haustür:*
Länger halt ichs nicht aus!
Schievelbein ist ein Lump;
Gott weiß, wo er wieder steckt.
– He! Alter! – He! Schievelbein!
Sie horcht, alles bleibt still.
Drüben in der Ebne
Haben sie die Rinderpest;
Siebenhundert Rinder
Weiden dorthin, und mein Mann
Lacht und trinkt Palmwein, das Scheusal!
He! Schievelbein!
MARY *durchs Fenster neben der Türe hereinsehend:*
Er ist nicht da.

Räson bringt, wurde 1938, im Auftrag des Autors, von dem emigrierten jungen Autor Peter Weiss illustriert und der Text von ihm handschriftlich übertragen. Diese Auftragsarbeit war eine Unterstützungsaktion für den mittellosen Emigranten Weiss.«

»Kölner Stadtanzeiger« vom 4. 6. 1977

»Als ich mich im Januar 1937, als Zwanzigjähriger, an Hesse wandte, und ihm einige meiner Manuskripte und Zeichnungen schickte, mit der Bitte um Beurteilung, lebte ich in Warnsdorf, in Böhmen, in der totalen Isolierung der Emigration. Seine baldige Antwort, das Zeichen seiner Wertschätzung, gab mir Mut zur Weiterarbeit. Er war der erste Mensch, der mich in meiner Tätigkeit ernst nahm und auf meine Problematik einging. Ich verdanke es ihm, daß ich die Kraft aufbrachte, nach Prag zu fahren und der Kunstakademie meine Malereien vorzulegen. Ich wurde dort als Schüler aufgenommen.

Im Sommer 1937 besuchte ich Hesse in Montagnola, wohnte in seiner unmittelbaren Nähe, in der Casa Camuzzi, in der er selbst viele Jahre lang gehaust hatte ...

Am 29. September, dem Tag der Münchner Kapitulation, war ich bei Hesse oben in Montagnola gewesen, voller Schrecken über den Verbleib meiner Familie, die aus Warnsdorf geflüchtet war. In meiner Unruhe saß ich dann über den beiden Erzählungen ›Kindheit des Zauberers‹ und ›Anton Schievelbeyn‹, die Hesse mir gegeben hatte. Von mir ausgestattet, sollten die Manuskripte als Geschenk für Hesses Freunde verwendet werden. Als Honorar waren mir je 100 Franken zugesagt – für mich damals ein hoher Betrag. Im Januar 1939 verließ ich, nachdem ich auch die Abschrift des Schievelbeyn beendet hatte, Carabietta, und reiste nach Schweden, wo meine Eltern inzwischen ansässig geworden waren.

Der Gegensatz aber zwischen Hesses sublimierter Dichtung und den Notzeiten, die sie umgaben, hat sich inzwischen ausgeglichen, alles ist eingegangen in eine unteilbare innre Realität.

Hermann Hesse wird für mich immer lebendig sein, so wie mir seine Bücher immer lebendig und gegenwärtig sind.« Peter Weiss, 1973

An seine Eltern

Tübingen, 26. 10. 1895

Samstagabend! Es liegt ein Zauber in dem Wort. Ich bin schrecklich müde und habe mancherlei Sorge, aber morgen ist Sonntag, also keine Angst! Vielleicht werde ich in die Kirche gehen, gewiß weiß ich's noch nicht. Ich spiele gern einen Choral und lese gern, besonders Sonntag morgens, ein Kapitel der Bibel, am liebsten in I Mose, Jeremias, Prediger oder Psalmen; aber es kostet mich viel Überwindung, in die Kirche zu gehen. Der Gottesdienst macht mir immer den etwas peinlichen Eindruck eines Erzwungenen, Berechneten, dem ich ein stilles, einfaches Nachdenken weit vorziehe, besonders da das musikalische und liturgische Stückwerk mehr zerstreut, als zusammenhält. In dieser Beziehung haben mich einige katholische Gottesdienste wohltuender berührt, weil alles einheitlich, ja fast künstlerisch komponiert war, alles als müßte es so sein. Doch davon nicht mehr; ich vermag eben etwas Festes, Einheitliches, eine Kirche, in der protestantischen »Kirche« nicht zu finden und bin noch zu sehr Kunstenthusiast, um nicht zu bedauern, daß die Protestanten sich wie vom Papst, so auch von Raphael getrennt haben; Luther wollte, wenn ich nicht irre, alles Äußere über Bord werfen, und später wurde die Kirche aus den verschiedenen, entgegengesetzten Elementen zusammengefügt, ist nicht Geist und nicht Körper. Aber ich bin zu müde und habe zu wenig Zeit, darüber deutlich zu reden; mir liegt nur daran, Euch einen Begriff von meinem Zustand zu geben, und wenn Ihr erlaubt, will ich ein andermal mehr und klarer darüber schreiben. Soweit wenigstens haben sich meine Ansichten geändert, daß ich die Bibel wieder verehre und liebe und lese, daß ich staunend und ehrfurchtsvoll diese großen, schlichten Worte anschaue wie ein altes, unwandelbares Urgebirg, und mir daneben unsäglich winzig und ärmlich vorkomme. Die poetischen Stellen freilich schätze ich am höchsten und lese wieder und wieder Kapitel wie das letzte im Prediger: – »Wenn der Mandelbaum blühet und alle Lust vergehet – denn der Mensch fähret dahin und die Klageleute gehen umher auf der Gasse.« Nichts hat mir jemals so ans Herz gegriffen wie diese Worte. Dieses Ewige, Ergreifende finde ich in den Evangelien wieder, nur verjüngt und verklärt, wie mit Sonnenlicht übergos-

KINDHEIT UND JUGEND VOR NEUNZEHNHUNDERT
Zweiter Band

Hermann Hesse in Briefen und Lebenszeugnissen 1895-1900. Herausgegeben von Ninon Hesse. Fortgesetzt und erweitert von Gerhard Kirchhoff. Erschienen 1978.

Zu den großen Überraschungen, die sich 1975 bei der Sichtung des Nachlasses von Ninon Hesse ergaben, gehörte der Fund eines umfangreichen Manuskriptkonvolutes mit Vorarbeiten zu einem Fortsetzungsband dieser Edition, deren erster Teil Hermann Hesses Witwe 1966, noch kurz vor ihrem Tod, in Satz gegeben hat.

Illustrierte der erste Teil dieses Zeitgemäldes aus Briefen, Gegenbriefen und Lebenszeugnissen die Kindheit Hermann Hesses und seine dramatischen Versuche zur Selbstbehauptung während der Pubertät bis zu seinem 18. Lebensjahr (1895), so reicht dieses Fortsetzungsmanuskript bis zum 31. Dezember des Jahres 1900 und gibt – reichhaltiger als es im ersten Band der *Gesammelten Briefe* aus Umfangsgründen möglich war – ein detailliertes Bild seiner Jahre als junger Buchhändler in Tübingen und Basel. Es erlaubt genaue Einblicke in seine außerordentlich vielseitige Lektüre und begleitet die Entstehung von Hesses ersten drei Buchpublikationen *Romantische Lieder, Eine Stunde hinter Mitternacht* und *Hermann Lauscher*. Wie der erste noch von Ninon Hesse besorgte Band enthält auch diese Fortsetzung nicht nur alle uns erhaltenen wichtigen Briefe von Hesse selbst, sondern zugleich die Antwortschreiben seiner Eltern, Geschwister und Lehrer und spiegelt überdies in Berichten der Betroffenen an Verwandte, Freunde und Vertraute das in seinen Wertbegriffen wie in seinen Vorurteilen ungemein lebendige Milieu seiner missionarisch internationalen Herkunft und einer schwäbischen Kleinstadt an der Schwelle unseres Jahrhunderts.

sen; aber schon in der Apostelgeschichte verklingt mir allmählich der unbeschreibliche, mahnende Ton, und in den Paulusbriefen finde ich nichts mehr, was mich so faßt und erschüttert; auch die wenigen schwungvollen Stellen wie das Liebe-Kapitel im Korintherbrief erinnern mich, so gern ich sie lese, weniger ans alte Gotteswort, als vielmehr an die Rhetorik klassischer Redner, bei denen Paulus gelernt hat.

An Dr. Ernst Kapff

Tübingen, 7. 2. 1896

Ob man nicht in sehr später Zeit unsre Epoche als das sagenhafte Zeitalter der Maschinentitanen kennen, sie noch später mit der Legende vom Turmbau zu Babel verwechseln wird – ob unsre Zeit nicht für die Geschichts- und Menschenkunde dieser späten Jahrhunderte nur von pathologischem Interesse sein wird?

Sie sehen, wie mir Zeit und Stimmung fehlt, meine Gedanken logisch darzustellen und zu entwickeln, Sie sehen aber auch, daß ich eines Lebens in unsren Verhältnissen müde bin und mit rauschendem Flügelschlag nach Besserem, nach Sonne und Bergluft strebe, hinaus aus den Tälern der Vereinsabende, der Fabriken, der Agrariernot, der Zola-Romane, der Enzyklopädien, der Reimlexika, der Kleinheit und Gemeinheit. Die Pläne, Gedanken, Perspektiven sind immer weiter und größer, die Menschen selber immer kleiner geworden, sie sind überfüttert mit Emanzipationsidealen, Populärphilosophien, mit Caviar- und Reclamliteratur, man ist gewöhnt, mit den Sternen zu spielen, große und größte Gedanken als Dessert zu genießen, alles ist entwertet, die Kunst, das Wissen, die Leistung, nicht zum mindesten auch die Sprache, was immer ein Symptom der Fäulnis ist. Worte wie »schön«, »gut« »licht«, »rein«, »schlecht«, »böse«, »häßlich« etc. gibt es kaum noch, kaum genügen die verschwenderischen Feuilletonphrasen noch dem verwöhnten Geschmack der Masse, da muß alles »dämonisch«, »phänomenal«, »frappant«, »hochgenial«, »wildschön«, »wahnsinnig verliebt«, »zauberschön«, »scheußlich«, »feenhaft«, »entzückend«, »wildschmerzlich« etc. sein. Da werden massenhaft die wunderbarsten Tragelaphen von neuen Wortbildungen ersonnen, die entkeuschte Sprache von einem Brautbett ins andere gequält, und was bei Gaudy und Heine noch frappant und originell ist, wird bei Voss, Jensen und den zahllosen Epigönchen absurd und albern. Wie schlicht und naiv ursprünglich klingen daneben die lächelnden Bildungen Meister Goethes.

»Man muß kein Hesse-Fan sein, um diesen Band mit großer Anteilnahme zu lesen. Da stellt ein junger Mensch sich selbst dar, in seinem Zorn, in seinen Nöten, in seinem Bildungs-, Lebens- und Liebeshunger, und daß er ein Dichter ist, das macht seine Briefe und Schilderungen anschaulich, aber natürlich auch einmalig. So begabt, so klug, so fleißig und so verzweifelt waren nicht alle jungen Leute damals, aber nur einer, der sie so hoch überragt in allem und jedem, konnte ihrer aller Schicksal darstellen in seinen Büchern, die bald dafür berühmt wurden, daß in ihnen die Jugend ihrer Zeit anzutreffen war, und jetzt noch einmal in diesen Briefen und Lebenszeugnissen, die eine vergangene Zeit wiedererstehen lassen. Wer dem Zeugnis solcher Blicke in die Vergangenheit verfallen ist, wird sich nicht sattlesen können an diesem zweiten Band und auch den vor Jahren erschienenen ersten besitzen und verschlingen wollen.«

»Arbeiter-Zeitung«, Wien vom 10. 6. 1978

»Der nun vorliegende zweite Band *Kindheit und Jugend vor Neunzehnhundert* ... sammelt an die 500 Briefe und Lebenszeugnisse des jungen Hesse, sowie an ihn gerichtete Briefe und Karten. Die ausführlichen, sorgfältig abgefaßten Briefe gestatten genaue Einblicke in die Lektüre des angehenden Schriftstellers und begleiten seine ersten Buchpublikationen ... Mit den Anmerkungen, den editorischen Notizen, der detaillierten Chronik dieser Jahre und einem umfassenden Personen- und Sachregister gehört dieser prächtige Band zu den unentbehrlichen Instrumenten der Hesse-Forschung ... Der hochgezüchtete Ästhetizismus in Hesses Jugendschriften – der ihm später, in der Identitätskrise nach dem Ersten Weltkrieg noch einmal schwer zu schaffen macht – ist eine Folge seiner verpfuschten Seminar- und Gymnasialjahre: Als gebranntes Kind baut er sich ein *Reich des Schönen* auf, in das er flüchtet, sich zurückzieht, in völliger Introversion, berauscht vom Wohlklang der Sprache und der Musik. Er sucht ein Äquivalent für die religiösen Werte des Elternhauses und kommt zum Schluß, *daß die Moral für den Künstler durch die Aesthetik ersetzt wird.* Diese extreme Abgrenzung ist notwendig, weil im Elternhaus gelehrt wurde, die Kunst sei bestenfalls ein Mittel zum Zweck, ein Werkzeug zur Lobpreisung Gottes. Hesse sagt: Eine Statue ist nicht dazu da, daß man einen Hut an ihr aufhängen kann. Er kämpft für die Autonomie der Poesie. Es ist wichtig, diese Bewußtheit zu betonen, weil man immer wieder behauptet, Hesse habe sich, als ›letzter Ritter der Romantik‹, völlig unreflektiert dieser ›Schule‹ angeschlossen. Dem ist nicht so.«

Hermann Burger
im »Aargauer Tagblatt« vom 26. 5. 1979

Du sollst nicht töten.

Von Hermann Hesse.

Die Zähmung des Menschen, seine Entwicklung vom Gorilla zum Kulturwesen, geht einen langen, langsamen Weg. Die praktischen, in Sitte und Gesetz festgelegten Errungenschaften sind zweifelhaft, jede Gelegenheit fördert zähnefletschende Atavismen zu Tage und macht alles scheinbar für immer Erreichte wieder hinfällig. Wenn wir das vorläufige Ziel der Menschwerdung in der Erfüllung der geistigen Forderungen suchen, welche seit Zoroaster und Lao Tse von den geistigen Führern der Menschheit aufgestellt worden sind, dann müssen wir sagen, daß die heutige Menschheit noch unendlich viel näher beim Gorilla als beim Menschen steht. Wir sind noch nicht Menschen, wir sind nur auf dem Wege zum Menschentum.

Vor einigen tausend Jahren hat das religiöse Gesetz eines hochstehenden Volkes den grundlegenden Satz aufgestellt: „Du sollst nicht töten". — Im Frühjahr 1919 wurde es als fortschrittlich und wertvoll empfunden, als Baron Wrangel in Bern vor einer internationalen kleinen Gesellschaft von Idealisten die Forderung formulierte, es dürfe in Zukunft kein Mensch mehr dazu gezwungen werden, andere Menschen zu töten, „auch nicht im Dienste des Vaterlandes". So weit sind wir. Das Gesetz, das Moses am Sinai formuliert hat, wird manche tausend Jahre später von einer kleinen Gesellschaft wohlgesinnter Menschen mit Einschränkungen und in vorsichtig schüchterner Fassung wieder aufgestellt. Kein einziges Kulturvolk der Welt hat das Verbot des Menschentötens uneingeschränkt in sein Gesetz aufgenommen. Das Einfachste, menschlich Richtigste ist heute noch überall Gegenstand von ängstlichen Diskussionen. Jeder Schüler Lao Tses, jeder Jünger Jesu, jeder Nachfolger des Franz von Assisi war vor vielen Jahrhunderten weiter, unendlich viel weiter, als Gesetz und Vernunft der Kulturwelt heute sind.

Dies scheint gegen den Wert jener hohen Forderungen zu sprechen und den Fortschritt, die Fortschrittsmöglichkeit der Menschheit einfach zu verneinen. Hundert andere Beispiele könnten demselben Beweise dienen. Indessen wird tatsächlich der Wert jener menschheitlichen Forderungen und Erkenntnisse durch diese traurigen Erfahrungen garnicht berührt. Der Satz „Du sollst nicht töten" ist seit Tausenden von Jahren von Tausenden von Menschen treu in Ehren gehalten und befolgt worden. Dem alten Testament ist ein neues gefolgt,

Jeder Schuß — ein Ruß!
Jeder Stoß — ein Franzos!
Jeder Tritt — ein Britt!

220 Einer der zahlreichen politischen Aufsätze, die von 1914-1919 in der ›Neuen Zürcher Zeitung‹ erschienen
Neben Karl Kraus, Heinrich Mann und Stefan Zweig gehörte Hesse bereits 1914 zu der verschwindend kleinen Zahl deutscher Intellektueller, welche nicht in die allgemeine Kriegspsychose einstimmten. ›O Freunde, nicht diese Töne!‹ (am 3.11.1914) war der erste von zahlreichen, während der Kriegsjahre publizierten Mahnrufe Hesses.

Illustrationsseite.

HERMANN HESSE – SEIN LEBEN IN BILDERN UND TEXTEN

Herausgegeben von Volker Michels mit einem Vorwort von Hans Mayer, gestaltet von Willy Fleckhaus, erschienen 1979.

Leben, Werk und Wirkungsgeschichte Hermann Hesses überliefert dieser dritte Band aus einer neuen Reihe von Großbildbänden, die – begonnen mit Lebensbildern von Sigmund Freud und Bertolt Brecht – den einflußreichsten Repräsentanten deutscher Kulturgeschichte des 20. Jahrhunderts gewidmet sind.

Die beiden großen Ausstellungen, die 1977 anläßlich Hermann Hesses hundertstem Geburtstag (vom Deutschen Literaturarchiv Marbach und von der Stadt Zürich in Verbindung mit den Söhnen Hermann Hesses und dem Herausgeber dieses Bandes) veranstaltet wurden, haben erstmals die kulturhistorische Spannweite und Reichhaltigkeit von Hesses literarischem Nachlaß vor Augen geführt. Mit mehr als 300000 Besuchern gehörten sie zu den erfolgreichsten literarischen Sonderausstellungen, die je in Deutschland und im europäischen Ausland zu sehen waren. Nachdem die Objekte dieser Ausstellungen wieder in die verschiedensten Archive und Privatsammlungen zurückgekehrt sind, wurden nicht nur die wesentlichsten Dokumente daraus in diesem Bildband vorgestellt, sondern zugleich mit den Forschungsergebnissen des Nachlaßherausgebers Volker Michels und seines Editionsarchivs verbunden. Dabei entstand durch die Gegenüberstellung des Bildmaterials mit kommentierenden Selbstzeugnissen aus Hesses Schriften und zahlreichen noch unbekannten Briefen eine illustrierte Autobiographie, welche die Zusammenhänge von Lebens- und Werkgeschichte so vollständig wie möglich anschaulich macht.

Erstmals konnten für diesen Band auch die privaten Photoalben Hesses ausgewertet werden, mit unkonventionellen

383 Hitler

Die Kunst gehört zu den Funktionen der Menschheit, die dafür sorgen, daß Menschlichkeit und Wahrheit fortbestehen, daß nicht die ganze Welt und das ganze Menschenleben in Haß und Partei, in lauter Hitlers und Stalins zerfällt ... Die paar erfolgreichen Dichter des heutigen Rußland sind »Kommunisten«, bücken sich vor Stalin und dem Regime und haben die Einnahmen von Fabrikanten ... ich möchte mir nicht durch den Verlust meines eigenen Gewissens und meiner eigenen Freiheit auch nicht das Zehnfache [dieser] Erfolge und Gelder erwerben.
Aus einem Brief von Anfang März 1937 an seinen Sohn Heiner

384 Stalin

Wir dürfen Hitler und Stalin, oder vielmehr ... Faschismus und Kommunismus nicht in einen Topf werfen. Der faschistische Versuch ist ein rückläufiger, unnützer, törichter und gemeiner Versuch, der kommunistische Versuch aber ist einer, den die Menschheit machen mußte und der trotz seinem traurigen Steckenbleiben im Unmenschlichen wieder und wieder wird gemacht werden müssen, um zwar nicht die dumme »Diktatur des Proletariats«, aber doch etwas die Gerechtigkeit und Brüderlichkeit zwischen Bürgertum und Proletariat zu verwirklichen. Man vergißt das leicht bei der Ähnlichkeit der Methoden, mit der Faschismus und Kommunismus arbeiten.
Aus einem Brief vom 3.2.1950 an einen Leser

385 Typoskript des Gedichtes ›Absage‹,
entstanden nach der Ernennung Hitlers zum Reichskanzler am 30.1.1933

Das Tier und der Dämon im Menschen kehrt immer wieder zum Töten und Quälen zurück und findet dann natürlich auch immer eine »orthodoxe« Ideologie dazu, so wie Hitler und Stalin mit entgegengesetzten Orthodoxien denselben Mächten dienen.
Aus einem Brief vom Oktober 1930 an Kuno Fiedler

Illustrationsseite.

Momentaufnahmen von Hesses Frau Mia, einer der ersten Berufsphotographinnen der Schweiz. Wiedergaben aufschlußreicher Manuskript- und Typoskriptseiten sowie von Dokumenten über Hesses wechselnde Staatsbürgerschaft und seine politische Entwicklung seit dem Ersten Weltkrieg geben dem Band eine zeitgeschichtliche Dimension, die über das Rekapitulieren und Aufarbeiten der deutschen Vergangenheit hinaus auch Alternativen zur Bewältigung aktueller und zukünftiger politischer Herausforderungen aufzeigt. Zugleich illustriert diese Edition die weltweiten Wirkungen von Hesses Werken nach seinem Tode.

»Wenn das Wort nicht so mißverständlich wäre, man könnte es ein echtes Volksbuch heißen. Dem Laien öffnet es Hesses widersprüchlichen Kosmos zwischen ›vita activa‹ und ›vita contemplativa‹, erklärt ihm das Phänomen Amerika, wo Hesse in den vergangenen Jahren zum Idol von einigen Millionen Jugendlichen wurde; den Fachmann überrascht es mit Briefen und Zeugnissen, von denen man bislang nicht einmal etwas ahnte.
Und es ist auch ein ehrliches Buch. Hier wird nichts beschönigt oder fromm umschrieben. Hesse zwischen dem theologischen Seminar in Maulbronn und der Nervenheilanstalt; Hesse zwischen dem NS-Regime und der Emigrantenpresse; Hesse zwischen DDR und Bundesrepublik. Der Hesse, der sich sein langes Leben lang jeder Ideologie – welcher auch immer und wie auch immer – entzog, sich gleichwohl ernsthaft bemühte, Brücken zu schlagen.
Mit diesem Buch geht es einem wie mit einem guten Lexikon. Man sucht etwas Bestimmtes, findet es, blättert, blättert weiter, liest sich fest. Was besseres kann man ja wohl über ein Buch nicht sagen.«

»Lit«, Nr. 4 vom Juli 1979

»Was ist ein Bildband? Etwas süffisant gesagt: eine Reihe guter Fotografien mit oft banalen oder nicht ausreichenden Texten. Der Band von Michels jedoch ist die Aufzeichnung des künstlerischen und menschlichen Lebensweges Hermann Hesses von der Wiedergabe der standesamtlichen Eintragung seiner Geburt bis zu der Zeichnung, die ihn auf dem Totenbett zeigt ... Um diesen Lebensweg in dieser Weise zu deuten, ohne in einen Magazinstil zu verfallen, bedarf es sowohl eines umfassenden Quellenstudiums, verbunden mit der Fähigkeit zur Auswahl als auch der Fähigkeit – zur

522 Amerikanische Ausgabe des ›Steppenwolf‹; in der revidierten Übersetzung von 1963
Als mir einmal ein ganz junger Amerikaner schrieb, er habe den »Steppenwolf« gelesen und sei von ihm begeistert, gab ich ihm in meiner Antwort zu bedenken, daß es für sein Land und Volk vermutlich bekömmlicher sein würde, wenn erst eine spätere Generation an solchen Büchern Geschmack gewinne.
Aus ›Allerlei Post‹, 1952

Komisch ist es mit dem »Steppenwolf« und überhaupt mit der Art, wie die verschiedenen Sprachen und Völker meine Bücher aufnehmen. Am meisten ihrer selbst sicher und also ablehnend gegen Fremdes sind die alten europäischen Kultursprachen: England, Frankreich, Italien. Am gierigsten schluckt Japan meine Sachen, die dortige Kultur ist in voller Auflösung. In Deutschland sieht die literarische Jugend in mir einen komischen alten Romantiker, in Amerika schwärmt seit einigen Jahren die avantgardistische Jugend für »Steppenwolf« und »Demian«.
Aus einem Brief vom März 1962 an eine Leserin

Während der Ausweitung des Vietnam-Kriegs (1965-1975), die auf heftigen Widerstand namentlich der jungen Generation Amerikas stieß und den »American Way of Life« erstmals von Grund auf erschütterte, entdeckte die Jugend Amerikas Hermann Hesse als ihren Autor. Innerhalb kürzester Zeit erreichten Bücher wie »Der Steppenwolf«, »Siddhartha« und »Demian« Millionen Leser vor allem der Hippie-Bewegung, die den Krieg und das technokratische Establishment der USA durch gewaltlose Verweigerung zu unterwandern versuchte.

523 Invasion in Süd-Vietnam, 1975

524 Hippies in Kalifornien, Mai 1971

525 Timothy Leary (geb. 1920)
1963 publizierte T. Leary, Dozent für Psychologie an der Harvard Universität, in der Zeitschrift »Psychedelic Review« gemeinsam mit Ralph Metzner seinen Aufsatz »Hermann Hesse. Poet of the Interior Journey«. Nicht wie Hesse seinen »Weg nach Innen« verstanden wissen wollte: als einen nonkonformistischen Prozeß der Selbstverwirklichung und als Chance zur Humanisierung der Gesellschaft durch Veränderung möglichst vieler Einzelner, interpretierte Leary die »interior journey« der Hauptgestalten in Hesses Büchern, sondern als vermutliches Ergebnis von Drogenerfahrungen, eines »chemischen Pfades der Erleuchtung«, wie ihn Leary propagierte. Dieses folgenschwere Mißverständnis blieb nicht ohne Einfluß auf die erste Phase der amerikanischen Hesse-Rezeption.

Ihre Frage, ob ich im »Steppenwolf« es mit irgend etwas ernst meine, oder einfach ein angenehmes Einduseln in Opiumräusche vorschlage, war für mich nicht nur eine persönliche, sondern auch eine prinzipielle Enttäuschung.
Aus einem Brief Hesses vom Januar 1933 an M. K.

Wer je eine der psychedelischen Drogen genommen hat, kann in Govindas Vision [»Siddhartha«] eine klassische LSD-Szene erkennen. ... Eindrucksvoller jedoch ist der Netzhaut-Report. Es

Illustrationsseite.

kürzesten Komposition des Gedankens. ... Hesse fand über seine vielfältigen geistesgeschichtlichen Studien den Weg zu seiner Identität. Mit seinen Werken wollte er seinen Lesern helfen, die ihrige zu finden, nicht aber durch die seine, die der anderen zu beeinflussen oder gar zu prägen.«

»Der Nordschleswiger«, Flensburg vom 3. November 1979

»Auch Zitieren ist eine Kunst! Mit einer Treffsicherheit, die auf schier allumfassender Kenntnis der Aussagen von und über Hesse beruht, setzt Michels immer genau die Worte zu den Bildern, die überzeugen, und braucht sie deshalb nur mit sehr sparsamen Überleitungen zu verbinden ... Wie harmonisch halten die Zitate, mit denen der Textteil eröffnet wird und schließt, das Ganze zusammen! Und noch höher möchte ich das Raffinement bewerten, mit dem der Herausgeber es zuweilen erreicht, daß die Bilder ihre völlig eigene, autonome Sprache sprechen. Ich denke etwa an das Foto von der Wiederbegegnung der beiden Hesse-Verleger 1950 in Berlin, das die so gegensätzlichen Persönlichkeiten von Peter Suhrkamp und Gottfried Bermann-Fischer geradezu schlagend charakterisiert ... Das wundervolle Buch ist wirklich, wie der Maler Klingsor es in seinem letzten Sommer an der Staffelei versucht hat, ein aus hundert Gesichtern zusammengesetztes Porträt, aus dem der ganze Mensch, der ganze Hermann Hesse uns ansieht.« Nino Erné

in »Die Welt« vom 8. 3. 1980

»Schriftstücke und Abbildungen stellen unter Beweis, von wem auch immer Hesse sich nicht vereinnahmen ließ – weder vom theologischen Seminar noch von ärztlicher Aufsicht im Nervensanatorium, weder von Kulturströmungen noch von der gescheiterten Novemberrevolution, ebensowenig von der Weimarer Republik wie von den Blut-und-Boden-Ideologen, die den empfindsamen Schwaben gern zu einem der Ihren gemacht hätten. Aber auch den Emigranten, den Re-Demokratisierern und schon gar den sozialistischen Bürokraten, entschieden ebenso den marktwirtschaftlichen Wirtschaftswunderpropheten zeigte er, hartnäckig an seiner schriftstellerischen Unabhängigkeit festhaltend, die kalte Schulter ... Eine Art Handbuch zu wichtigen Kapiteln des deutschen Geisteslebens in unserem Jahrhundert ... und ein nicht zu unterschätzender Begleiter für diejenigen, die sich konkret vor Augen halten möchten, welche verschlungenen und oftmals katastrophal absurden Wege die Zeitgeschichte im deutschsprachigen Raum genommen hat.«

»Mannheimer Morgen« vom 28. 2. 1981

An Theodor Schnittkin

Montagnola, 3. 6. 1928

Lieber Herr Dr. Schnittkin!

Danke für Ihren Brief! Ich bin nach sieben Monaten Abwesenheit endlich wieder zu Hause.

Mit der Psychoanalyse ist es so eine Sache. Als Methode, theoretisch, ist sie ausgezeichnet, sowohl die Vereinfachungen, in denen Freud die seelischen Mechanismen darstellt, sind im Prinzip sehr dienlich, um Seelisches erkennen zu lernen, als auch die Jung'schen Mythologien und Typen-Einteilungen. In der Praxis jedoch ist es ganz anders. Ich habe unter einigen Dutzend Psychoanalytikern, die ich kennenlernte, keinen einzigen gefunden, der z. B. fähig wäre, das Positive und Wertvolle an mir, oder sagen wir etwa an einem Dichter wie Rilke, zu sehen, wenn es sich nicht in Form von öffentlicher Anerkennung ausdrückte! Angenommen, ein guter heutiger Psychoanalytiker würde mich zu begutachten haben, er würde alles Material meines Lebens kennen, er würde auch alle meine Werke kennen, aber er wüßte nicht, daß diese Werke zufällig vielgelesen sind, daß sie Geld und Ruhm einbringen – so würde er mich für einen zwar gewiß begabten, aber ziemlich hoffnungslosen Neurotiker einschätzen. Denn die Produktivität an sich, das Schöpferische, ist ein Wert, den heutige Durchschnittsmenschen (und sie geben ja für den Arzt das Maß der Normalität) überhaupt nicht zu erkennen und einzuschätzen verstehen. Für sie wären Novalis, Hölderlin, Lenau, Beethoven, Nietzsche sämtlich nichts als schwer pathologische Erscheinungen, denn die absolut bürgerlich-moderne, flache Einstellung der Psychoanalyse (Freud nicht ausgenommen) erlaubt ihr das Erkennen und Bewerten des Schöpferischen nicht. Darum auch hat die gesamte, riesige Literatur der Psychoanalytiker über Dichter keine einzige wirklich bedeutsame Leistung gebracht. Sie haben gefunden, daß Schiller an verdrängten Mordwünschen gegen den Vater litt, und daß Goethe gewisse Komplexe hatte, weiter nichts. Daß diese Männer aus ihren Komplexen eine Welt geschaffen haben, würde die Analyse gar nicht merken, wenn sie die Werke dieser Dichter ohne Kenntnis ihrer Namen und ihres Ruhmes läse. Auch dafür, daß jede *kulturelle Leistung aus Komplexen kommt, daß Kultur überhaupt nichts andres ist als ein Einschalten von Widerständen und Reibungsgelegenheiten zwi-*

GESAMMELTE BRIEFE
Zweiter Band

1922-1935. In Zusammenarbeit mit Heiner Hesse herausgegeben von Ursula und Volker Michels. Erschienen 1979.
Die Briefe dieses zweiten Bandes vergegenwärtigen die Jahre 1922 bis 1935, den Alltag des 45- bis 58jährigen Hesse, die Schaffensperiode also, in welcher seine wichtigsten und einflußreichsten Bücher entstanden sind. *Siddhartha* (1922) wird abgeschlossen, ihm folgen *Kurgast* (1924) – inzwischen geht Hesse eine kurze glücklose zweite Ehe ein – *Steppenwolf* (1927), *Die Nürnberger Reise* (1927), *Narziß und Goldmund* (1930) – er heiratet Ninon Dolbin, die von nun an seine Lebensgefährtin bleibt –, *Die Morgenlandfahrt* (1932) und die Vorarbeiten zum *Glasperlenspiel*, seinem Gegenentwurf zu den Parolen Hitlerdeutschlands, das zwölf Jahre lang parallel zum nationalsozialistischen Niedergang Deutschlands entstehen wird.
Nach seinen kulturpolitischen Erfahrungen im Ersten Weltkrieg verfolgt Hesse, der 1924 seine Schweizer Staatsbürgerschaft wiedererworben hatte, mit reizbarer Teilnahme und untrügbarem Vorausblick den Verfall der Weimarer Republik. Seinen Austritt aus der Preußischen Akademie (1931) begründet er: »Ich habe das Gefühl, beim nächsten Krieg wird diese Akademie viel zur Schar jener 90 oder 100 Prominenten beitragen, welche das Volk wieder, wie anno 1914, im Staatsauftrag über alle wichtigen Fragen belügen werden.« So sind die Zwanziger Jahre für Hesse eine Zeit permanenter Krisis. Die Briefe zeigen, wie erlebt die exponierte Position des Steppenwolfes ist. Sie zeigen aber auch, für wieviele Menschen dieser Autor ein Orientierungspunkt war, auf dessen ideelle und praktische Hilfsbereitschaft man zählen konnte. Diese Teilnahme machte keine Unterschiede. Sie wandte sich unbekannten Briefschreibern nicht weniger zu als namhaften Kollegen wie Hugo Ball, Walter Benjamin,

schen Trieb und Geist, und daß Leistungen nicht dort entstehen, wo Komplexe »geheilt« werden, sondern wo ihre Hochspannungen sich schöpferisch erfüllen, von alledem weiß die Analyse so wenig wie die moderne Wissenschaft überhaupt. Wie sollte sie auch. Der Zweck der Medizin, inklusive Analyse, ist ja nicht die Erkenntnis des Genies und der Tragik des Geistes, sondern ihr Zweck ist zu bewirken, daß die Patientin Meyer womöglich ihr Asthma oder ihre nervösen Magengeschichten verliert. Der Geist läuft wahrlich auf anderen Pfaden, nicht auf diesen.

Genug, ich darf mir nur selten so plauderhafte Briefe gestatten. Seien Sie herzlich gegrüßt von Ihrem

An Christoph Schrempf

Zürich, im April 1931

Lieber, verehrter Herr Schrempf!

[...] Ich möchte um des Lebens allein willen nicht leben, ich möchte um der Frau allein willen nicht lieben, ich bedarf des Umweges über die Kunst, ich bedarf des einsamen und versponnenen Vergnügens des Künstlers, um mit dem Leben zufrieden sein, ja um es ertragen zu können.

Daß das eine gebrechliche, keineswegs ideale, keineswegs vorbildliche Lebens- und Menschenart bedeutet, ist mir wohl bewußt. Aber es ist meine *Art, es ist die Art, die ich einzig verstehe, die ich einzig darzustellen, aus der heraus ich einzig das Leben zu deuten versuchen kann.*

Wenn Goldmund, ohne etwas hinzuzulernen, ohne seine Erlebnisse konsequent zu durchdenken, immer wieder zu den Frauen läuft, so ist das für mich etwa so, wie wenn eine Biene immer und immer wieder zu den Blumen fliegt, immer wieder der gleichen dunklen Anziehung folgend einen Tropfen Saft mitnimmt, ihr Verhältnis zu den Blumen nie vertieft und vergeistigt, dafür aber zuhause, die Blumen schnell vergessend, ihren Honig macht: sie tut auch das nicht aus irgend edlen und sehr bewußt werdenden Antrieben, sondern ebenfalls zwanghaft, weil es der ihr persönlich unerreichbare Sinn ihres Lebens, weil es der Bienenstock, weil es die Zukunft und Nachkommenschaft von ihr verlangt, weil sie irgendwie dienen und sich hingeben muß. So dient Goldmund nicht der Frau, und dient nicht der Beseelung seiner Liebe, sondern er trinkt bei der Frau, als der für ihn wirksamsten Quelle der Natur, den Tropfen Erlebnis, den Tropfen Lust und Qual, aus dem er, wenn die Zeit dafür da ist, seine Werke machen wird, seinen Honig.

Günter Eich, Hugo von Hofmannsthal, Alfred Kubin, Oskar Loerke, Klaus und Thomas Mann, Kurt Tucholsky, Richard Wilhelm, Stefan Zweig und vielen anderen inzwischen bereits politisch verfehmten Autoren.

»Der Band beginnt, als das Manuskript von ›Siddartha‹ abgeschlossen wurde, 1922, als ihm für sein am Bodensee verkauftes Haus zum Wechselkurs ganze 35 Franken überwiesen wurden und er zusehen mußte, selbst zu überleben. Der Band endet, als die ersten Kapitel des ›Glasperlenspiel‹ gedruckt wurden. Dazwischen zwei Scheidungen, die Versorgung von drei Söhnen, Krankheit und Krisen und eine Beanspruchung einer ratbedürftigen Leserschaft, die auch in der modernen Literatur einmalig sein sollte. Er hat es immer wieder gesagt, daß er mit Patentmedizin nicht aufwarten könnte. Aber des Zuspruchs hat er sich nicht versagt. 35000 Briefe hat er geschrieben und immerhin 10000 davon befinden sich in *Volker Michels* Archiv, der auch diese Briefsammlung betreut hat – sorgfältig und liebevoll.
So wird der Autor sichtbar, ... der – so schroff er sein mochte – sich für den Nebenmenschen einsetzte, dem das Leiden eine Kunst und eine Schule war.« »Die Bücherkommentare« 1/1980

»Völlig zu Unrecht spottete man, als das Hesse-Fieber vor zehn Jahren in Amerika und Japan ausbrach, über den innerlichen Hesse. Die Hesse-Welle war viel weniger Flucht aus der Wirklichkeit, als Flucht zu einem Lebenshelfer.
Den Zeitgenossen hat Hesse immer als ein liberaler Mann des Fortschritts gegolten. Wie sehr er sich den Angriffen reaktionärer Kreise ausgesetzt hat, zeigt unter anderem auch der Briefband. Der angebliche Romantiker Hesse hat sich immer wieder in die Zeitereignisse eingemischt, er hat seine Meinung sehr bestimmt vertreten, er war durchaus engagiert, und man kann sagen, daß sein Engagement recht behalten hat über die Jahrzehnte, was man bestimmt nicht allen engagierten Autoren nachsagen kann. Sein Sozialismus hat sich standhafter erwiesen als der so manches Propagandisten.
Zu Hesses Biographie, zum Bild der Zeit und zu den Zeitgenossen ist hier ein unschätzbares Material ausgebreitet. Das war zu erwarten ...
Hesse ist in diesen Antworten niemals ein Besserwisser, er breitet einfach seine Lebenserfahrungen aus, er setzt seine Gedanken und sein Wissen in lebendige Anschauung um. Es ist unwahrscheinlich,

Sokrates würde nicht so tun. Aber z.B. ein Mensch wie Mozart erinnert mich sehr an Goldmund. Und für mich wäre die Welt ohne Mozart noch ärmer als sie es ohne Sokrates wäre. Aber ich glaube auch von Bach, von Händel, von Tizian, daß sie, obwohl ganz andre Persönlichkeiten als Mozart, ganz ebenso dem Gesetz ihres Typus, ihres Bienentums gefolgt sind, und daß keiner von ihnen sein Leben ertragen hätte ohne den stillen, vielleicht nie bewußt gewordenen Glauben an den Sinn des Honigmachens, an den Sinn eines Lebens, das immer wieder den Extrakt seines Erlebten in Waben niederlegt, deren Füllung nun eben Bienenglück und Bienenschicksal ist.

An Otto Hartmann

[24. 12. 1932]

Lieber Hartmann!
Gefreut hat mich, daß Deine Frau das kluge Getöne jener Pastorenzeitschrift nicht so ernst nahm. Sie hat gewiß recht, und wir wissen ja auch, was wir von diesen hochkultivierten Pastoren zu erwarten haben: bei der nächsten Mobilmachung singen sie wieder Tedeum und preisen die Kanonen, und bei der nächsten revolutionären Welle stehen sie wieder auf Seiten der Geldsäcke. Zwischenein treiben sie Philosophie und beziehen Gehalt. Ich glaube, vorerst wird das Spiel, um das es da geht, von den Katholiken gewonnen werden, sie haben den Begriff der Kirche, der Ordnung, der Form, und eine recht gute Zucht. Etwas später aber wird, glaube ich, das Christentum noch härter auf seine etwaige Dauerhaftigkeit hin geprüft werden, und wenn es das übersteht, dann werden daran keine Pastoren schuld sein und keine Zeitschriften und Verlagsaktionäre etc., etc., sondern die Menschen werden das Evangelium bloß Leuten glauben, die von seiner Verkündigung keinen Vorteil haben und keinen Beruf draus machen.

was dieser gesundheitlich und seelisch so anfällige Mann an Kraft für diese literarische Seelsorge an seinen Mitmenschen aufgebracht hat.

»Arbeiter-Zeitung«, Wien vom 15. 12. 1980

»Gelegentlich hat er kaum noch Geld für das Porto, aber er antwortet, ausführlich, gründlich, positiv, und wenn es darauf ankommt, weiß er auch zu handeln. Bei ihm finden deutsche Emigranten in beträchtlicher Zahl Hilfe, Auskunft und Unterkunft, als das ›Rindvieh Hitler‹ den deutschen Geist demontiert. Nein, dieser sperrige Mann ist nicht mit *einer* Elle zu messen, und er ist weder sentimental noch – trotz aller Krankheitsklagen – wirklich wehleidig. Seine Briefe haben zu ihrem Grunde Kraft und Verständnisbereitschaft ... Man hat den Eindruck, daß die Editoren Verehrung mit Sachkenntnis und Objektivität gut zu verbinden wußten.«

»Frankfurter Allgemeine Zeitung« vom 14. 5. 1980

»Unabhängig vom Inhalt, vom Anlaß oder vom Empfänger, ungeachtet aller Aussprüche, die man über Hesses Schreibart gehört haben mag: Diese Briefe enthalten keinen stilistischen Ausrutscher, keine schiefe Metapher, keine Selbstgefälligkeiten oder Zugeständnisse an eine Person oder Instanz, und sie sind gewiß nicht um eines späteren Druckes willen geschrieben. Diese Sprache ist genau; sie berauscht sich nicht an Lieblingswendungen und gleitet nie ins Geläufige ab ...

Es wirkt paradox: Hesse, der die rücksichtslose Selbstverwirklichung, die unerbittliche Einzelnheit zu predigen schien, wird von Tausenden um Rat und Auskunft angegangen. Aber was er erwidern kann, sind Aufforderungen zum ›*Kampf um die Individualisierung, um das Entstehen einer Persönlichkeit ... Aus den zwei entgegengesetzten Kräften, dem Drang nach einem persönlichen Leben und der Forderung der Umwelt nach Anpassung, entsteht die Persönlichkeit.*‹«

Bernhard Gajek

in »Schweizer Monatshefte« vom März 1981

Wir können bewundernd über die Fähigkeit der Sprache staunen, für neue Dinge, neue Lebensverhältnisse, neue Funktionen und Bedürfnisse des Menschenlebens Bezeichnungen zu erfinden, aber wir merken bei näherem Zusehen doch bald, daß von hundert scheinbar neuen Wörtern neunundneunzig nur mechanische Kombinationen aus dem alten Bestande sind, ja überhaupt gar keine wirklichen und echten Wörter, sondern eben nur Bezeichnungen, Notbehelfe. Was unseren Sprachen in den letzten zwei Jahrhunderten an neuen Vokabeln zugewachsen ist, ist an Zahl ganz ungeheuer und staunenswert, aber an Gewicht und Ausdruckskraft, an sprachlicher Substanz, an Schönheit und echtem Goldgehalt ist es jämmerlich arm, es ist dieser scheinbare Reichtum eine Art von Inflationszauber.
Nehmen wir eine beliebige Seite einer beliebigen Zeitung in die Hand, so stoßen wir auf Dutzende solcher Vokabeln, die es vor kurzem noch nicht gab und von denen wir nicht wissen, ob es sie übermorgen noch geben werde. Solche Wörter, ganz ohne Tendenz einem Zeitungsblatt entnommen, lauten etwa so: Tochtergesellschaft – Dividendenausschüttung – Rentabilitätsschwankung – Atombombe – Existenzialismus. Es sind komplizierte, lange und anspruchsvolle Vokabeln, aber sie haben alle denselben Fehler, es mangelt ihnen eine Dimension, sie bezeichnen zwar, aber sie beschwören nicht, sie kommen nicht von unten, aus der Erde und dem Volk, sondern von oben, aus den Redaktionsstuben und Kontoren der Industrie, den Amtsstuben der Behörden.
Aus der Betrachtung »Über das Wort ›Brot‹«

HERMANN HESSE LIEST

Sprechplatte, zusammengestellt von Volker Michels, erschienen 1980.

Seite A: *Über das Wort ›Brot‹, Über das Alter, Zwischen Sommer und Herbst* gesprochen von Hermann Hesse.

Seite B: *Autorenabend, Die Fremdenstadt im Süden* vorgetragen von Gert Westphal.

Der für literarische Sprechplatten ungewöhnliche Erfolg unserer »Hermann Hesse-Sprechplatte«, die seit 1971 in sechs weiteren Auflagen nachgepreßt werden mußte, hat uns ermutigt, von den wenigen Tondokumenten, die sich von Hermann Hesse erhalten haben, drei weitere einem großen Interessentenkreis zugänglich zu machen. Es sind die Betrachtungen »Über das Alter« (geschrieben 1952), »Zwischen Sommer und Herbst« sowie die 1959 entstandene und im selben Jahr für Radio Lugano gelesene Skizze »Über das Wort ›Brot‹«.

»Zwischen Sommer und Herbst« ist der früheste der hier vom damals achtzigjährigen Dichter gelesenen Texte. Hesse schrieb diese Betrachtung als 53jähriger im August 1930, in einem Alter also und biographischen Klima, das sich gleichfalls »Zwischen Sommer und Herbst« befand. Auf die Verzweiflung und Zerrissenheit seiner »Steppenwolf«-Jahre war nun mit der drei Monate zuvor erschienenen Erzählung »Narziß und Goldmund« der Versuch erfolgt, von der Analyse zur Synthese zu gelangen, die aktiven und kontemplativen Komponenten seines Naturells nicht mehr als unversöhnliche Gegensätze zu begreifen, sondern zu verbinden als sich ergänzende Polaritäten.

Die Bedachtsamkeit und heitere Gelassenheit dieser Altersprosa harmoniert auf sinnfällige Weise mit der Stimme des achtzigjährigen Dichters. Nicht rezitatorische Brillanz gibt ihr ihren Reiz, sondern Authentizität, eine spröde Wärme

Diese Stadt ist eine der witzigsten und einträglichsten Unternehmungen modernen Geistes. Ihre Entstehung und Einrichtung beruht auf einer genialen Synthese, wie sie nur von sehr tiefen Kennern der Psychologie des Großstädters ausgedacht werden konnte, wenn man sie nicht geradezu als eine direkte Ausstrahlung der Großstadtseele, als deren verwirklichten Traum bezeichnen will. Denn diese Gründung realisiert in idealer Vollkommenheit alle Ferien- und Naturwünsche jeder durchschnittlichen Großstädterseele. Bekanntlich schwärmt der Großstädter für nichts so sehr wie für Natur, für Idylle, Friede und Schönheit. Bekanntlich aber sind alle diese schönen Dinge, die er so sehr begehrt und von welchen bis vor kurzem die Erde noch übervoll war, ihm völlig unbekömmlich, er kann sie nicht vertragen. Und da er sie nun dennoch haben will, da er sich die Natur nun einmal in den Kopf gesetzt hat, so hat man ihm hier, wie es koffeinfreien Kaffee und nikotinfreie Zigarren gibt, eine naturfreie, eine gefahrlose, hygienische, denaturierte Natur aufgebaut. Und bei alledem war jener oberste Grundsatz des modernen Kunstgewerbes maßgebend, die Forderung nach absoluter »Echtheit«. Mit Recht betont ja das moderne Gewerbe diese Forderung, welche in früheren Zeiten nicht bekannt war, weil damals jedes Schaf in der Tat ein echtes Schaf war und echte Wolle gab, jede Kuh echt war und echte Milch gab und künstliche Schafe und Kühe noch nicht erfunden waren. Nachdem sie aber erfunden waren und die echten nahezu verdrängt hatten, wurde in Bälde auch das Ideal der Echtheit erfunden. ... Der Naturersatz, den der heutige Städter verlangt, muß unbedingt echt sein, echt wie das Silber, mit dem er tafelt, echt wie die Perlen, die seine Frau trägt, und echt wie die Liebe zu Volk und Republik, die er im Busen hegt.

Aus »Die Fremdenstadt im Süden«

und dialektnahe Schlichtheit. Trotz allem Kosmopolitismus verleugnet Hesse keineswegs seine schwäbische Herkunft, die sich auch in der unverkennbar alemannischen Vokalfärbung seiner Stimme erhalten hat.
Die Rückseite unserer Sprechplatte zeigt einen scheinbar ganz anderen Hesse. Mit der autobiographischen Erzählung »Autorenabend« (1912) stellt sie ein Kabinettstück seiner humoristischen Prosa vor und zugleich eine der treffendsten Charakteristiken über die Rezeption von Kunst beim Publikum.
Diese Erzählung ebenso wie die Schilderung der »Fremdenstadt im Süden« (1926) wird gelesen von Gert Westphal, der sowohl die unfreiwillige Komik des Autorenabends wie die parodistische Vorwegnahme des modernen Massentourismus in die denaturierte Natürlichkeit künstlicher Ferienparadiese geistreich zu vergegenwärtigen versteht.

Antwort auf einen Brief an einen unbekannten Empfänger, der H. H. aufgefordert hatte, doch öfter »Aktuelles« zu schreiben

[Oktober 1939]

Danke für Ihren lieben Brief. Ihre Auffassung über die Aufgabe des Dichters, oder seine Funktion im ganzen der Gesellschaft, teile ich nicht ganz. Der Dichter unterscheidet sich vom normalen Menschen hauptsächlich dadurch, daß er weit stärker individualisiert ist als jener, und so wie er ein Dichter nur werden konnte, indem er diese Individualisierung ohne Rücksicht auf die Normalität und ihre Anpassungsforderungen vollzog, so kann er als Dichter, wenn etwas dabei entstehen soll, nur seinem eigenen Thermometer und Barometer folgen, das oft von dem der Allgemeinheit abweicht. So glaube ich auch kaum, daß ich zu diesem Krieg noch etwas werde zu sagen finden, nachdem ich (zu meiner eigenen Verwunderung übrigens) jene Verse, Knittel- und Gelegenheitsverse, hingeschrieben habe.*

Im übrigen muß ich meinen eigenen Forderungen und der Ökonomie meines eigenen Lebens folgen. Ich bin, ein alter und ziemlich verbrauchter Mann, vor etwa neun Jahren dazu gekommen, mich auf den Versuch einer Dichtung einzulassen, deren Problematik völlige Hingabe verlangt, und der ich denn auch den Rest meines Lebens widme. Seit mehr als acht Jahren arbeite ich an ihr und habe mich so sachte von allem andern zurückgezogen, um bei meinem Gespinst zu bleiben, einerlei, ob es eine wertvolle Arbeit oder eine Schrulle sei. An dieser Arbeit, von der seit manchen Jahren einzelne Teile da und dort auch gedruckt wurden, muß ich nun bleiben, sonst wären diese Jahre weggeworfen.

Übrigens nährt der Krieg, den wir beide hassen, sich ja von seiner ewigen Tendenz nach »Totalität«. Wenn Krieg ist, so schießen nicht bloß die Soldaten, die Schullehrer tragen Helme und die Bäcker wetzen Bajonette, sondern noch jeder kleine Bub strebt danach, eine Binde um den Arm zu kriegen und kein Bub mehr zu sein, sondern ein Funktionär des Kriegs. Je mehr der Dichter dieser Tendenz nachgibt, je mehr er dem Krieg das Recht zugesteht, über ihn zu verfügen, desto weiter kommt er von der Dichtung weg, für die es ja den Begriff der Aktualität nicht geben darf.

* H. Hesse, »Kriegerisches Zeitalter«, »Die Gedichte« a. a. O. S. 668 f.

GESAMMELTE BRIEFE
Dritter Band

1936-1948. In Zusammenarbeit mit Heiner Hesse herausgegeben von Ursula und Volker Michels. Erschienen 1982. Dieser Band mit Antwortschreiben aus dem sechsten bis siebten Lebensjahrzehnt Hermann Hesses setzt zu einem für den Autor besonders kritischen Zeitpunkt ein. Obwohl er dem politischen Deutschland schon seit dem Ersten Weltkrieg den Rücken gekehrt hatte und als »erster freiwilliger Emigrant« (Die Neue Rundschau) schon seit mehr als zwanzig Jahren in der Schweiz lebt, deren Staatsbürger er ist, gerät er nun in ein Kreuzfeuer, welches sich an seiner neutralen Vermittlerrolle entzündet, die den vom Faschismus Betroffenen zugute kommt.

Empörten sich die Nationalsozialisten über Hesses Einsatz für die Exilliteratur und die Emigranten, so war für die Exilpresse, der Umstand, daß Hesse seine Bücher immer noch in Deutschland und nicht in einem der Emigrationsverlage veröffentlichte, der Stein des Anstoßes. Welche existenzbedrohenden Folgen Hesses Haltung hatte, der sich nicht nur den Emigranten, sondern auch denen gegenüber, die unter den »braunen Teufeln« durchhalten mußten, verpflichtet fühlte, zeigt dieser Band. Zugleich illustriert er Hesses praktischen Einsatz für die Opfer des Nationalsozialismus und seinen Kleinkrieg gegen die Emigrantenschikanen der Fremdenpolizei. Es folgen Briefe über die Bedeutung und das charakteristische Schicksal seiner Bücher während des Dritten Reiches, Briefe über die Entstehungsbedingungen seines großen Alterswerkes *Das Glasperlenspiel*, für das auch Peter Suhrkamp, trotz seiner halsbrecherischen Vorabdrucks- und Verhandlungsstrategie, keine Druckerlaubnis mehr beim Propagandaministerium erwirken konnte. Denn bis 1942 hatte er es noch jedesmal geschafft, das bereits mehrfach beschlossene uneingeschränkte Publikationsverbot der Bücher seines

Antwort auf eine Umfrage*

Welchen Beruf ein junger Mann auch wähle, und wie seine Auffassung vom Beruf und sein Eifer für ihn auch sei – immer tritt er damit in eine organisierte, erstarrte Welt aus dem blühenden Chaos des Jugendtraumes, und immer wird er enttäuscht sein. Diese Enttäuschung mag an sich kein Schade sein, Ernüchterung kann auch Sieg bedeuten. Aber die meisten Berufe, und zwar gerade die »höheren«, spekulieren in ihrer jetzigen Organisation auf die egoistischen, feigen, bequemen Instinkte des Menschen. Er hat es leicht, wenn er Fünfe grade sein läßt, wenn er sich duckt, wenn er den Herrn Vorgesetzten nachahmt; und er hat es unendlich schwer, wenn er Arbeit und Verantwortlichkeit sucht und liebt.

Wie die Herden-Jünglinge sich mit diesen Dingen abfinden, geht mich nichts an. Die Geistigen finden hier eine gefährliche Klippe. Sie sollen die Berufe, gerade auch die staatlich organisierten Berufe, nicht fliehen, sie sollen sie probieren! Aber sie sollen sich nicht vom Beruf abhängig machen. Wer, ehe er in einen Beruf eintritt, sich verlobt oder heiratet oder sich an gutes Leben gewöhnt, den wird der Beruf nicht stählen, nicht hart, nicht elastisch genug finden, er wird sich anpassen, er wird rosten.

Dazu hat der Amerikaner Emerson, der mir sonst wenig bekannt ist, einmal ein gutes Wort gesagt. Er meint, wenn ein Jüngling Berufung zu Hohem in sich spüre, zum Forscher, zum Künstler, zum Priester, zum Führer, zum Geist und zur Verantwortlichkeit, dann dürfe er sich in keiner Weise an die materielle Welt binden. Er dürfe nicht heiraten, er dürfe nicht verlobt sein, er dürfe nicht gutes Essen, hübsches Wohnen, Luxus und Bequemlichkeit lieben. Dann, meint Emerson, werde es jedem möglich sein, mit einem Minimum täglicher oder wöchentlicher Arbeit sein einfaches Brot zu verdienen, und frei für seine Aufgabe zu bleiben.

Es werden immer nur Wenige sein, die diese Worte angehen. Aber daß es von diesen Wenigen einige gebe, daß in unsrer Jugend Einige, ihrem Glauben und Lebenstraum zuliebe, bereit seien, die uralten drei Gelübde zu halten, das ist wichtig. Davon hängt viel Zukunft ab.

* Undatiertes Typoskript.

wichtigsten Verlagsautors zu verhindern. Diese Briefedition bringt Licht in eine Nebelzone kulturhistorischer Forschung. Sie zeigt ein immer noch verdrängtes Kapitel deutscher Zeitgeschichte: das der Dreißiger und Vierziger Jahre. Mit dem Nobelpreis nach Kriegsende folgen die ersten repräsentativen Ehrungen Hermann Hesses. Seine Reaktionen auf diese plötzliche Invasion der Superlative gehören zu den amüsantesten Passagen dieses dritten Briefbandes. Zugleich vervielfachten diese verspäteten Ehrungen die tägliche Brieflawine, deren gewissenhafter Beantwortung er sich jedoch nicht entzieht, obwohl sie seine Arbeitszeit nun fast völlig in Anspruch nimmt.

»Das Buch demonstriert den Stilisten Hermann Hesse auf der Höhe seines Könnens und in einer historisch besonders kritischen Epoche.
Infolgedessen ist die Diktion dieser Briefe, wiewohl allesamt echt Hesse, überaus abwechslungsreich und für einen Briefband geradezu spannend. Hermann Hesse polemisiert großartig und ganz anders als andere: ein absolut Friedliebender, der sich durch schroffe Lieblosigkeit verletzt fühlt, unprovozierte Angriffe als nicht gerechtfertigt hinstellt und so den jeweiligen Gegner schlicht ins Unrecht setzt.
Das geht aus der Korrespondenz mit Freunden hervor; die Widersacher persönlich hat er keiner Antwort gewürdigt. Auch das geschieht mit wohlüberlegter Überlegenheit. ... Im Ganzen stellt der Band ein Kompendium geistiger Vielseitigkeit vor.«

»Die Presse«, Wien vom 18. 8. 1982

»Fast ein Jahrzehnt lang werden Hesses Gedanken davon beherrscht, wie er Widerstand zu leisten vermöchte, ohne doch das Fundament dieses Widerstandes, seine deutschen Leser, zu verlieren. Mehrmals drohte das Publikationsverbot durch die Reichsschrifttumskammer, mehrfach konnte Peter Suhrkamp es durch geschickte Verhandlungsführung abwenden. Das eben war der kleine, alltägliche, zermürbende Literaturkampf, die Bemühungen um Druck- und Neuauflagenerlaubnis, das Umgehen oder Unterlaufen von Zensurbestimmungen, das Abwägen des kleineren Übels.
In einem Lebenslauf beschreibt Hesse detailliert die frühe Einbürge-

An Alice Leuthold

Frühjahr [1942]

Liebe Alice!
Dieser Tage bekam ich ein merkwürdiges Dokument zu lesen. Jemand sandte mir ein durch Schmuggel herübergekommenes Exemplar von den gedruckten Vorschriften, welche in Deutschland »streng vertraulich« jeweils von der Behörde den Zeitungsredaktionen zugestellt werden. Da hieß es, meinen 65. Geburtstag könne man zwar erwähnen, aber man müsse dabei betonen, daß die Arbeit dieses Dichters von einer »Moderichtung bestimmt gewesen ist«. Man dürfe anerkennen, daß ich trotzdem wirklich ein begabter Dichter sei, aber keineswegs der Führer der Jugend, der ich vor zwanzig Jahren scheinbar gewesen sei.
Das ist angenehm. So weiß man im voraus, was in sämtlichen deutschen Blättern stehen wird, und braucht keins mehr zu lesen.

An Marianne Weber

[Februar 1944]

Liebes Fräulein Weber!
Ihr Vorfrühlingsbrief vom 2. Februar hat mir, was ich oft vermutete, aufs schönste bestätigt: daß Ihr drüben in eurem Elend zur Freude, zum momentanen Glück, zum Beschenktwerden vom Augenblick weit fähiger seid als wir im »unzerstörten« Land, wo alles noch da ist, nur die Luft zum Atmen nicht mehr. Nun, Jugend gibt es natürlich auch hier, aber wir alten Leute, ich speziell, haben genug und sind fertig.
Hübsch ist da die Geschichte vom Offizier, der bei der Nachtübung meine Verse spricht! Aber es gab auch Offiziere genug, die nach dem Erschießen von 10 oder 100 Geiseln oder dem Niederbrennen eines Dorfes sich die Hände wuschen, sich hinlegten und noch eine Stunde Rilke oder Goethe lasen. Mir wäre ein einziger lieber, der keinen Rilke noch Hesse liest, aber seine Soldaten, statt auf Russen und Juden, auf die eigenen Führer zu schießen beibrächte. Einst, um 1919, gab es eine kriegsmüde, stark pazifistische und internationalistische Jugend in Deutschland, besonders Studenten, die lasen Rolland und Hesse und schienen eine Art Sauerteig zu sein, aber einen Moment später hatte Hitler schon eine Knabenarmee von 100000 Burschen, die das Volk ihm freiwillig zur Verfügung stellte und deren braune Ausrüstung es zahlte. Ach, man glaubt an nichts in Deutschland als an das Janusgesicht, an den »Faustischen«, der heut Dörfer verbrennt

rung in die Schweiz, denn nur wenn er als Schweizer Autor, nicht etwa als Emigrant gilt, bestehen überhaupt weitere Publikationschancen in Deutschland.
Dazu kommen Hilfeleistungen für bedrängte, verfolgte, internierte Kollegen wie Alfred Mombert oder Robert Musil: Dem Schweizer Bildhauer Karl Geiser vermittelt Hesse die Unterstützung durch einen Zürcher Großindustriellen; den jungen Maler und Schriftsteller Peter Weiss ermutigt er durch einen Illustrationsauftrag und stiftet die Freundschaft zwischen ihm und Max Barth. Das sind nur wenige Beispiele, die Reihe ließe sich beliebig verlängern bis zu den Trostschreiben an ratlose, bedrückte Leser oder die Hunderte von Büchersendungen an Freunde und Bekannte in Deutschland. Denn die Buchhändler hielten seine Werke auch vor deren Verbot, und wenn sie überhaupt noch Exemplare in ihrem Sortiment hatten, ›hinterm Ladentisch verborgen und verkauften sie etwa so, wie man früher pornographische Literatur an Gymnasiasten verkauft hat‹.
Doch legen diese Briefe nicht nur Zeugnis tätiger und niemals resignierender Mitmenschlichkeit ab, einer Tapferkeit, die allein schon jeder Hochachtung würdig ist, sie berichten auch von einer anderen Großtat Hermann Hesses: der Fertigstellung des ›Glasperlenspiels‹, allen widerständigen Zeitläuften zum Trotz.«

Gert Neding
in »Frankfurter Allgemeine Zeitung« vom 31. August 1982

»Die Gesammelten Briefe Hermann Hesses ... bilden ein kulturgeschichtliches Ereignis besonderer Art, sie stellen ein Bildnis eines halben Jahrhunderts aus dichterischem Geist und direktem Erlebnis vor unsere Augen, und sie lesen sich in ihrer plastischen Formgestaltung wie spannende Novellen ... Die in den Dichtungen lebenden Gestalten und Figuren haben stets existente Wirklichkeit, in Gedichten und Prosa, von den Anfängen bis zum ›Glasperlenspiel‹.
Gerade die Briefe Hermann Hesses aus den Jahren 1936 bis 1948 sind Zeugnisse eines in allen seinen Teilen engagierten dichterischen Seins, dem die katastrophale Weltsituation gegenübersteht, die ihn zu höchster Anstrengung und Verantwortung der Menschheit gegenüber veranlaßt hat. Diese Briefe spiegeln den ganzen Hermann Hesse, den Dichter, den Denker, den Psychologen und Philosophen, den suchenden und findenden Menschen, dessen Urfrömmigkeit dogmenfrei immer wieder ergreifenden Ausdruck erlangt.«

»Aargauer Tagblatt« vom 12. November 1982

und morgen wunderbar Mozart spielt. Und grade von dem hat man für immer genug. Nun, seien Sie geduldig, daß ich bei dieser Laune schrieb. Aber bei jahrelangen Launen kann man halt nicht anders. Herzlich grüßt Sie Ihr

An Hans Goltz

[Mitte Mai 1947]

Hochgeschätzter Herr!
Mit Teilnahme und Sympathie habe ich Ihr Communiqué gelesen und bedaure, daß mir Zeit und Kraft nicht reichen, um Ihnen mehr als diese paar Zeilen zu antworten. Aber ich bin seit Jahr und Tag schwer überbürdet, seit einem Jahr dauernd krank, und muß übermorgen wieder eine Klinik aufsuchen.
Ähnliche Kundgebungen wie Ihre gehen mir aus manchen Ländern zu, die meisten aber aus Deutschland, und das ist natürlich, denn die momentan Besiegten sind immer, wenigstens scheinbar, am meisten reif zum Pazifismus. Wir bekommen jetzt aus Ihrem Lande alle die Aufrufe zur Menschlichkeit, die wir 15 Jahre lang vermißten, und die Welt neigt zu dem Gedanken: Jetzt, wo es ihnen schlecht geht, sind sie plötzlich wieder die Edlen. Ich teile diese Gedanken nicht, ich nehme Ihre Absichten ernst. Aber ich glaube nicht, daß Deutschland jetzt die Pflicht und das Recht zu solchen Appellen an die Menschheit habe, zu deren größtem Feind es sich für eine Weile gemacht hat. Angesichts der heutigen Weltkonstellation halte ich es für die Pflicht der Gutgesinnten, daß jeder in seinem Lande den Unsinn des Nationalismus und des Wettrüstens bekämpfe, jeder in seinem ihm erreichbaren Kreise, von Mensch zu Mensch, von Haus zu Haus. Das andere, auch wenn es noch so gut gemeint ist, wird immer sofort zu Papier und leerer Ideologie.
Nehmen Sie vorlieb mit diesem Gruß von Ihrem ergebenen

An eine Leserin

[Ende 1948]

Bitten möchte ich Sie, mir nicht mehr zu schreiben. Sie haben von mir, meinem Wesen und Glauben, nicht die leiseste Ahnung. Und möge Gott, mit dem Sie ja so viel zu tun haben und der auch die herrliche deutsche Sprache der Welt geschenkt hat, Ihnen die schrecklichen Verse verzeihen, mit denen Sie diese Sprache mißbrauchen.

»Mustergültige Editionen sind immer die, für die Volker Michels in den Verlagen Suhrkamp oder Insel verantwortlich zeichnet, insbesondere die vierbändige Ausgabe der »Gesammelten Briefe« von Hermann Hesse, von der drei Bände vorliegen ... Die Herausgeber haben sich für eine Auswahlausgabe entschieden, was die Regel ist, für die sich vernünftige Gründe finden lassen. Schriftstellerbriefe sind auch Gelegenheitsschreibereien, die ihren Zweck erfüllt haben, wenn der Adressat sie gelesen hat. Vollständigkeitswahn ist sinnlos und für den Leser ermüdend. Es bleiben also die Briefe übrig, die Grundlegendes mitteilen, sei es über das Werk, sei es über Lebensumstände des Autors.
Hermann Hesse, zeitlebens ein fleißiger Briefschreiber, der sich oft mit Rundbriefen behelfen mußte, hat selbst etwa 35 000 Briefe, die an ihn gerichtet waren, aufgehoben – woraus man ermessen kann, wieviel Briefe er selbst geschrieben haben muß. Keinem wäre gedient, wenn sich der Verlag zu einer Ausgabe sämtlicher Briefe verstiegen hätte.
Mustergültig heißt auch, daß nicht allein eine sinnvolle Auswahl aus der Menge getroffen wird, sondern diese für den Benutzer erschlossen wird und so mit der Ausgabe umgegangen werden kann. In der Ausgabe der Hesse-Briefe liest sich das so: Briefe, Anmerkungen, Editorische Angaben, Nachwort, Verzeichnis der Briefempfänger, Namenregister, Werk- und Sachregister, Bibliografie. Rechnet man die am Fuß der Seite stehenden Erklärungen hinzu, so dürfte keine Frage für den Leser offenbleiben.« »Lit« 4 Herbst/Winter 1983

»Seit meiner ersten Italienfahrt im Frühjahr 1901 habe ich mich mit Land und Leuten, Geschichte und Kultur der Toskana und von Venetien vielfach weiter beschäftigt und vertraut gemacht und bin namentlich in Venedig sehr heimisch geworden. Dennoch vergaß ich von den Eindrücken jenes ersten Besuches nichts, und ich habe mit Absicht an den nachfolgenden, im Jahr 1901 entstandenen Aufzeichnungen nichts geändert. Denn das jahrelang sehnlich erträumte Betreten italienischen Bodens gab mir damals ein so intensives erhöhtes Glücksgefühl, wie ich es bis dahin kaum gekannt hatte und wie es mir vielleicht nie wieder zuteil werden wird.
Daß mein Reisen, Sehen und Erleben unabhängig von Mode und Reisehandbüchern war, wird man leicht sehen können. Wer auf Reisen wirklich etwas erleben, wirklich froher und innerlich reicher werden will, wird sich die geheimnisvolle Wonne eines ersten Schauens und Kennenlernens nicht durch sogenannt »praktische« Reisemethoden verderben. Wer mit offenen Augen in ein fremdes, bis dahin nur aus Büchern und Bildern gekanntes, aber seit Jahren geliebtes Land kommt, dem wird jeder Tag unerwartete Schätze und Freuden geben, und fast immer behält in der Erinnerung dieses naiv und improvisiert Erlebte die Oberhand über das planmäßig Vorbereitete.«

(1904)

»Nun wieder jenes reizend geheimnisvolle Schlendern durch enge, dunkle, vielfach überbaute und überwölbte Gassen ohne Namen, wo kein Wagen fahren und kaum ein Mensch dem andern ausweichen kann, während sich doch ein reiches Kleinleben von Handel, Händeln, Familien und Tieren darin abspielt. Ich ging zum Abendbrot in die kleine Fiaschetteria, wo ich am Abend meiner Ankunft erstmals einkehrte. Dieses verwahrloste, fleißig-faule Schlenderleben, dieses Herumliegen auf Mauern und Sitzen in Loggien und auf Treppen hat einen besonderen Reiz, wenn man, wie ich tue, alle Rücksicht auf die Meinung der Mitwelt und alle Sorgen um Kleider, reine Hände etc. beiseite läßt. Mein Abendbrot, wenn ich überhaupt eines nehme, ist ein Brot mit Käse oder Wurst und zwei Gläser Wein, der pro Glas 20 cts kostet, wobei man sich das Glas auch halb, ja nur viertels vollschenken lassen kann. Ganz famos ist das überall nützliche Wort basta, mit dem man alle Händler, Kellner, Bettler etc.

ITALIEN

Schilderungen, Tagebücher, Gedichte, Aufsätze, Buchbesprechungen und Erzählungen. Herausgegeben und mit einem Nachwort versehen von Volker Michels. Erschienen 1983 als suhrkamp taschenbuch 689. 1984 im 27. Tausend.

»Alle freiwilligen Reisen meines Lebens waren nach Süden gerichtet«, schreibt Hesse in seinem *Kurzgefaßten Lebenslauf*. Die meisten führten ihn nach Italien. Von 1901 bis 1914 hat er etwa zehn Italienreisen unternommen und sich dabei, zusammengerechnet, wohl länger als ein halbes Jahr dort aufgehalten. Meist war er mit Maler- und Musikerfreunden unterwegs, zu Fuß oder in Eisenbahnabteilen dritter Klasse, um so viel wie möglich zu erleben und nicht nur mit der Kultur und Landschaft, sondern auch mit der Bevölkerung unmittelbaren Kontakt zu bekommen.

Dieser inzwischen fast ausgestorbenen Art zu reisen verdanken seine größtenteils unveröffentlichten Reisetagebücher und verschollenen italienischen Reisefeuilletons ihre Anschaulichkeit und Frische. Darüber hinaus enthält dieser Band Hesses seit 1904 nicht mehr nachgedruckte Monographien über *Franz von Assisi* und *Boccaccio*.

Hesses Italienbuch, chronologisch angelegt und erstmals alle wichtigen Texte zum Thema enthaltend, ist ähnlich wie die Neuedition *Aus Indien* und sein Bodenseebuch nicht nur ein biographisches Quellenwerk, sondern zugleich ein alternativer Führer durch die Landschaften, Städte und die Kunstgeschichte Oberitaliens und Umbriens bis etwa Spoleto, nordöstlich von Rom.

»Daß man von jedem Besuch in Italien ein unschätzbares Kapital mitbringt, das sich auch äußerlich gut verzinst«, schreibt Hesse 1904 an seinen Freund Hermann Haas, dafür garantiere er. »Man holt sich da eine Frische und Freiheit und zugleich einen inneren Besitz an Freude und Schönheit, der alles aufwiegt.«

abfahren läßt und das, wenn es wirken soll, mit kühl brutalem Ton gesagt werden muß. Gelegentlich half mir auch ein deutsches Kraftwort. Die Wirtsrechnung wird gewöhnlich mit Bleistift auf die marmorne Tischplatte geschrieben und vom Gaste scharf kontrolliert; selten zahlt einer genau das, was verlangt wird, mindestens ein Soldo muß abgezogen werden. Da war das Weinglas nicht ganz vollgegossen, das Brot zu klein gewesen! Wirt und Gast erklären beide, eher sterben zu wollen, als von ihrer Rechnung abzuweichen, bis sie sich nach langem Kampf um 5 oder 10 cts, beide zufrieden, vergleichen und als Freunde scheiden.«

Aus dem Reisetagebuch von 1901 (9. 4. 1901)

»6. Mai. – Heute ist mir das süßeste und lieblichste Wunder begegnet. Ich sah jene entzückende Blonde, die Bonifazio vor 400 Jahren als Lautenspielerin gemalt hat. Sie stand an einer Kanaltreppe nicht weit von Colleoni und schien ungeduldig zu warten. Ich konnte nicht widerstehen, ich mußte Halt machen und sie anreden. Es zeigte sich, daß sie auf einen Gondoliere wartete, der ihr versprochen hatte, sie bis zum Canneregio mitzunehmen, nun aber ausgeblieben war. Sie ging nach einigem Zögern darauf ein, meine Gondel zu benützen und fuhr nun mit mir fast eine halbe Stunde weit, denn sie ist bei San Giobbe zu Hause. So hatte ich am hellen Tage ein schönes Mädchen mir gegenüber sitzen und kam mir auf der warmen, allzu raschen Fahrt wie verzaubert vor.

Sie war es vollkommen: der zarte Hals, das kindliche und träumerische Gesicht, die feinen Schultern, das schwere hochgebundene Blondhaar. Sie heißt Gina Salistri, ist armer Leute Kind und wohnt bei San Giobbe. Mehr erfuhr ich nicht. Auch nicht die genauere Bezeichnung ihres Hauses. In Wirklichkeit aber ist sie eine Traumschöpfung des Malers Bonifazio, nach 400 Jahren zu Leben und körperlichem Dasein erwacht. Ob ich sie je wiedersehen werde?

Den Abend verbummelte ich auf der Piazzetta mit dem lustigen Sohn meines Hauswirts, hütete mich aber, ihm von meiner Vision zu erzählen.«

Aus »Venezianisches Notizbüchlein«, 1901

»Dieser Band dokumentiert nicht nur das einzigartige Verhältnis Hesses zu Italien, sondern nimmt den Leser auch hinein in die italienischen Begegnungen dieses Dichters. Wie Hesse die italienische Landschaft, die Kunst, die Menschen erfahren hat, das ist festgehalten in Stimmungsbildern aus Oberitalien, Gedichten, in einem Mosaik aus Briefen, Rezensionen und Dokumenten und nicht zuletzt in erzählenden Schriften, etwa in *Der Zwerg, Franz von Assisi* oder *Der Tod des Bruders Antonio*. Eines fällt vor allem auf: die Zeit oder Geduld, mit denen sich Hesse Italien erwanderte, der ruhige Rhythmus des Betrachtens und Geschehenlassens, ein Atem, der unserer Touristik-Eile verlorengegangen ist.«

»Titel« – »Das Magazin für Bücher« 1983, 3

»Der junge Buchhändler und angehende Schriftsteller hatte sich mit einiger Mühe das Geld verschafft, um auch sich den Traum so vieler Deutscher schon vor den Romantikern und vor Goethe zu verwirklichen: die Begegnung mit der Landschaft, den Städten, den Menschen, der Kunst Italiens. Und es wurde eine Erfüllung. ... Selbst bei einem so berühmten Autor wie Hermann Hesse gibt es im Nachlaß offenbar noch immer etwas zu entdecken. So waren seine italienischen Reisetagebücher aus den Jahren 1901 und 1903 bisher unveröffentlicht.

Entstanden ist ein einprägsames, besonders reizvolles oberitalienisches Reisetagebuch, und Hesses bisher unbekannte Tagebücher setzen ihm die Glanzlichter auf.« Heinrich Vormweg

in »Süddeutsche Zeitung« vom 24. Juli 1983

»Hier hat nicht ein großer Dichter tiefsinnig sich quälend von Kunstwerk zu Kunstwerk geschleppt und gedrechselte Geistreicheleien von sich gegeben, sondern die Art, in der Hesse reist, wirkt unheimlich modern, heute wäre er ein Rucksacktourist gewesen. Hesse ist mit allen Sinnen offen für die Kunst, das italienische Leben, die Menschen und die Landschaft.«

»Pinboard« Februar 1984

An Marcel Ochsenbein

Ende 1950

Viel schreiben kann ich Ihnen nicht, ich bin alt und jeden Tag überbürdet, und die von der Gicht verbogenen Finger scheuen das mühsam gewordene Schreiben.

Zu Ihrer Frage sage ich: als junger Mensch wäre ich ohne weiteres dafür gewesen, daß man eine Ehe weder kirchlich segnet noch amtlich beglaubigt, es hätte mir richtiger geschienen, das Leben in der Ehe dem Gewissen jedes Einzelnen zu überlassen. Mit den Jahren habe ich aber gesehen, daß durchaus nicht jeder Mensch ein Gewissen (oder Lust, von ihm Gebrauch zu machen) hat. Und da das Zusammenleben von Liebenden nicht sie allein angeht, und dessen Fehler und Sünden nicht von ihnen allein gebüßt werden müssen, sondern Kinder kommen, die unter Umständen einen besseren Schutz brauchen als das Gewissen der Erzeuger, sehe ich ein, daß es besser sei, das Schließen oder Wiedertrennen von Ehen nicht einzig der Laune der Liebespaare zu überlassen.

Aus GBriefe 4

An Rudolf Jentzsch

Sils-Maria, August 1951

Sehr geschätzter Herr!

[...] Ich mußte darüber lächeln, daß Sie es für nötig hielten, mich über die Ostzone etc. aufzuklären. Glauben Sie wirklich, ich wohne auf dem Mond? Ich bin zur Erkenntnis der geschichtlich-politischen Wirklichkeit während des ersten Weltkriegs erwacht und habe seither die Schlafmütze nie mehr benützt.

Sie und Ihre Freunde sind der uralten Meinung, Vernunft und Menschlichkeit seien zwar prächtige Dinge, angesichts politischer bedrohlicher Situationen aber sei es doch besser, diese prächtigen Dinge beiseite zu legen und sich auf die Generäle, die Rüstung und die Bomben zu verlassen. Das ist die Meinung jeder Menge, jedes Kollektivs, und in Deutschland war es leider stets auch die der Intellektuellen. Nun, ich kann das nicht ändern. Über Deutschland und speziell den Osten, aus dem ich vielen herausgeholfen habe, und wo ich viele habe, die mich auf Umwegen über alles informieren, bin ich reichlich unterrichtet, und seit 1933 ist ein Strom von Emigration aus allen versklavten Ländern durch mein Haus gegangen.

Aus GBriefe 4

GESAMMELTE BRIEFE
Vierter Band

1949-1962. In Zusammenarbeit mit Heiner Hesse herausgegeben von Ursula und Volker Michels. Erscheint 1985.
Der vierte Band der *Gesammelten Briefe* dokumentiert die letzten dreizehn Jahre von Hermann Hesses Leben.
Zur Edition der »Gesammelten Briefe«: Um den Korpus und Charakter der 1951 von Hesse selbst zusammengestellten Briefedition zu erhalten und um Doubletten zu vermeiden, wurden in die Ausgabe der »Gesammelten Briefe« keine Texte aufgenommen, die wortgleich in Hesses eigener Briefauswahl enthalten sind (Vgl. S. 213 »Briefe« bzw. »Ausgewählte Briefe«).

Nie zuvor stand dieser Autor so sehr im Rampenlicht der Publizität wie seit dem zweiten großen Bankrott deutscher Politik, als dem fast siebzigjährigen »Exponenten eines besseren Deutschland« mit dem Nobelpreis auch die ersten literarischen Ehrungen aus dem Land zugebilligt wurden, das er bereits 1912 verlassen hatte. Und nie zuvor hat sich Hesse entschiedener dem Zugriff der Öffentlichkeit entzogen als jetzt, wo er und sein Werk, nach jahrzehntelanger Indifferenz und Ablehnung seitens des offiziellen Deutschlands, plötzlich einmal Konjunktur zu haben schien. So energisch sich Hesse den Aufforderungen und Verlockungen zur Repräsentanz verweigerte, der gleichzeitig über ihn hereinbrechenden Flut von Leserzuschriften entzog er sich nicht. Denn zeitlebens hat er die Verantwortungsbereitschaft für die Wirkungen seiner nun allmählich wieder greifbaren Bücher sowie die individuelle Teilnahme am Los der Einzelnen für sinnvoller gehalten als spektakuläre Auftritte und unverbindliche Solidaritätsadressen.
Durch Tausende von Briefen aus allen Besatzungszonen war er über das Schicksal der deutschen Bevölkerung und die oft

An Hans C. Bodmer

Montagnola, 2. 7. 1951

Lieber Freund Bodmer!

Wenn ich in der letzten Zeit, oft recht mißmutig, von aktuellen Sorgen und von Leibesbeschwerden bedrückt, meinen Keller aufsuchte, um eine Flasche Wein zu holen, dann geschah es zuweilen mit einem bänglichen Gefühl, denn es war wenig mehr da, es ging zu Ende. Und jetzt bin ich wieder reich und kann ohne Bangen in den Keller gehen, Dank Ihrer lieben Gabe. Dafür sage ich Ihnen an meinem 74. Geburtstag Dank, und dazu noch für unendlich vieles, was ich Ihrer Freundschaft verdanke seit so vielen Jahren.

Jene Alterskrankheit, an der ich am meisten leide, die Berühmtheit, hat in allerletzter Zeit sich wieder wunderlich kompliziert und mich in neuen Formen attackiert. Während ich infolge politischer Mißverständnisse wieder einmal von einem Teil der Tagespresse, leider auch der Tessiner, in mehr oder weniger massiver Weise angeprangert wurde, gab es gleichzeitig einen wahren Hagel von mir zugedachten Ehrungen, die ich alle nicht annehmen konnte und deren Ablehnung mir vermutlich in nächster Zeit neue Salven zuziehen wird.

Zuerst wollte die westdeutsche Akademie, deren Mitgliedschaft ich schon früher abgelehnt hatte, mich mit andern Schweizern zusammen wenigstens zum korrespondierenden Auslandsmitglied haben, und ich mußte mir Mühe geben, die Einladung in höflicher Form zurückzuweisen. Dann tauchte, recht erschrekkend, in der ostdeutschen Presse die Anregung auf, mir den Nationalpreis zu geben. Darauf brauchte ich vorerst nicht zu reagieren.

Und jetzt, in den letzten Tagen, rückte mir der Osten noch näher auf den Leib. Anläßlich der PEN Club-Tagung waren die beiden Häupter der ostdeutschen Literatur, der Präsident der Ost-Akademie und der Präsident des Kulturbundes**, in die Schweiz gekommen, und sie ließen sich telefonisch bei mir anmelden, um mir die Ehrenmitgliedschaft ihrer Akademie anzubieten. Da mußte Ninon*** sich tüchtig zeigen, um sowohl den feierlichen Doppelbesuch wie die drohende Ehre abzuwehren, und hat es brav gemacht. Natürlich bedeuten die »Ehrungen« aus dem Osten nicht etwa, daß man sich dort etwas aus mir mache, sondern man denkt damit zweierlei zu erreichen: erstens einen*

* Arnold Zweig ** J. R. Becher

*** Ninon Hesse, geb. Ausländer, seine Frau.

problematischen Umerziehungsmethoden der Siegermächte besser informiert als mancher Politiker. So begleiten seine Antwortschreiben die zunehmende, in die Gründung zweier Nachkriegsstaaten mündende ideologische Polarisierung Deutschlands. Sie zeigen seine Skepsis gegenüber einer sich in wirtschaftlichen Superlativen betäubenden Vergangenheitsbewältigung im Westen nicht weniger wie seine Enttäuschung über ein nach wie vor obrigkeitshöriges, sich einem Kommunismus stalinistischer Prägung unterwerfendes Satellitenstaatswesen im Osten. Wiederbewaffnung und Mauerbau waren die nur allzu konsequenten, von ihm verabscheuten Folgen, ebenso wie die Versuche beider Staaten, mit Ehrungen Hesses auch den letzten deutschen Literaturnobelpreisträger in den kalten Krieg einzuspannen. »Natürlich bedeuten diese Ehrungen«, schrieb Hesse damals, »nicht etwa, daß man sich etwas aus mir mache, sondern man denkt damit zweierlei zu erreichen: erstens einen bekannten Namen für die Propaganda zu gewinnen, zweitens ihn in seinem eigenen Milieu unmöglich zu machen. Mit Thomas Mann wäre ihnen das ja beinahe gelungen. So schwamm ich alter Hecht im trüben Wasser des Aktuellen, umgaukelt von westlichen und östlichen Ködern, ohne jedoch anzubeißen.«
Diese Briefe an zahllose Unbekannte, aber auch an Kollegen wie J. R. Becher, Martin Buber, C. J. Burckhardt, Hans Carossa, André Gide, Theodor Heuss, Karl Hofer, Alfred Kantorowicz, Hermann Kasack, Gertrud von le Fort, Joachim Maass, Thomas Mann, Robert Neumann, Ernst Penzoldt, Hans Purrmann, Luise Rinser, Rudolf Alexander Schröder, Peter Weiss, Arnold Zweig und an viele andere zeigen einen bis ins hohe Alter wachsamen und hilfsbereiten Zeitgenossen, zugleich einen unbestechlichen Menschenkenner, der mit Humor, Güte und, wo es sein mußte, auch mit lakonischer Schärfe ins Schwarze zu treffen verstand. Viele dieser Antworten sind so aktuell und grundsätzlich, daß man meint, sie wären erst heute und an uns selbst geschrieben. So

bekannten Namen für die Propaganda zu gewinnen, zweitens den Geehrten in seinem Milieu unmöglich zu machen. Mit Thomas Mann wäre ihnen das ja beinahe gelungen.
Und dann, zuletzt, kam ein Anerbieten, das mich freute und rührte: Die »International Union for Cultural Cooperation« wollte mich, zusammen mit A. Schweitzer und dem Friedens-Nobelpreismann Lord Boyd Orr zum Mitglied machen. Das wäre ja freilich keine schlechte Gesellschaft gewesen.
So schwamm ich alter Hecht im trüben Gewässer des Aktuellen, umgaukelt von westlichen und östlichen Ködern, ohne jedoch anzubeißen.

Aus GBriefe 4

rechtfertigen die Briefe dieses Autors, daß inzwischen, wenn im Ausland von deutscher Literatur die Rede ist, neben Zeitgenossen wie Thomas Mann, Kafka und Brecht vor allem Hesse immer stärker in den Vordergrund rückt.

Anhang

Bibliographie der von Hermann Hesse herausgegebenen bzw. mit Vor- oder Nachworten versehenen Buchausgaben

März, Halbmonatsschrift für deutsche Kultur. Herausgegeben von H. Hesse, L. Thoma, A. Langen, K. Aram; Langen, München 1907-1912.

Der Lindenbaum, Deutsche Volkslieder. Herausgegeben von H. Hesse, M. Lang, E. Strauß, S. Fischer, Berlin 1910.

Die heiligen Schriften des Alten und Neuen Bundes, übersetzt von Martin Luther, 4 Bände. Vorwort von Hermann Hesse, Georg Müller, München 1910.

Ausgewählte Gedichte von Eduard Mörike. Herausgegeben und eingeleitet von H. Hesse (Deutsche Lyriker 8, Hesses Volksbücherei 598), 1911.

Des Knaben Wunderhorn, Alte deutsche Lieder, gesammelt von A. v. Arnim u. C. Brentano. Herausgegeben mit einem Nachwort von H. Hesse, Deutsche Bibliothek, Berlin 1913.

Gedichte und Novellen von Frh. v. Eichendorff. Herausgegeben mit einem Vorwort von H. Hesse. Deutsche Bibliothek, Berlin 1913.

Titan von Jean Paul in zwei Bänden. Gekürzt herausgegeben mit einem Nachwort von H. Hesse, Insel, Leipzig 1913.

Die Reiseschatten. Hrsg. von Justinus Kerner. Einleitung und Nachwort von H. Hesse, Kiepenheuer, Weimar 1913.

Das Meisterbuch. Herausgegeben mit einem Vorwort von H. Hesse, Deutsche Bibliothek, Berlin 1913.

Gedichte von Christian Wagner. Herausgegeben mit einem Vorwort von H. Hesse, Müller, München 1913.

Der Zauberbrunnen. Die Lieder der deutschen Romantik. Herausgegeben mit einem Vorwort von H. Hesse. Liebhaberbibliothek, Kiepenheuer, Weimar 1913.

Morgenländische Erzählungen, Palmblätter. Herausgegeben von J. G. Herder, A. J. Liebeskind. Neu herausgegeben mit einem Nachwort von H. Hesse, Insel, Leipzig 1914.

Lieder deutscher Dichter. Herausgegeben und mit einem Vorwort von H. Hesse. Eine Auswahl der klassischen Lyrik von P. Gerhardt bis F. Hebbel. Langen, München 1914.

Gesta Romanorum. Das älteste Märchen- und Legendenbuch des christlichen Mittelalters. Nach der Übersetzung von J. G. Th. Grässe. Herausgegeben und eingeleitet von H. Hesse, Insel, Leipzig 1915.

Der Wandsbecker Bote. Eine Auswahl aus den Werken von Matthias Claudius. Herausgegeben und mit einem Nachwort von H. Hesse. (Insel Bücherei 186), Leipzig 1916.

Deutsche Internierten-Zeitung. Herausgegeben von H. Hesse und R. Woltereck, Heft 1-62, Deutsche Kriegsgefangenenfürsorge, Francke Verlag, Bern 1916-1917.

Lektüre für Kriegsgefangene. Den Gönnern und Stiftern unserer Gefangenenbibliotheken gewidmet. Sonderausgabe 1916.

Der Sonntagsbote für die deutschen Kriegsgefangenen. Herausgegeben von H. Hesse und R. Woltereck, Schweiz. Hilfsstelle für Kriegsgefangene, Francke, Bern 1916-1918.

A. Welti, Gemälde und Radierungen. Herausgegeben und mit einer Einleitung von H. Hesse, Furche, Berlin 1917.

Bücherei für deutsche Kriegsgefangene. Herausgegeben von H. Hesse und R. Woltereck, 22 Bände. Bücherzentrale für deutsche Kriegsgefangene, Bern 1918-1919.

Isländerbuch. Zwei Geschichten aus dem Isländerbuch. Herausgegeben mit einem Vorwort von H. Hesse und A. Bonus. Bücherei für deutsche Kriegsgefangene 15, Bern 1918.

Dichtergedanken mit Vorwort von H. Hesse. Bücherei für deutsche Kriegsgefangene 5, Bern 1918.

Das kleine Buch der Wunder. Herausgegeben mit einem Vorwort von H. Hesse, A. Fürst und A. Moszkowski. Bücherei für deutsche Kriegsgefangene 10, Bern 1918.

Alte Geschichten, Zwei Erzählungen. Bücherei für deutsche Kriegsgefangene 1, Bern 1918.

Don Correa von Gottfried Keller mit einem Vorwort von H. Hesse. Bücherei für deutsche Kriegsgefangene 2, Bern 1918.

Zwei Märchen. Bücherei für deutsche Kriegsgefangene 12, Bern 1918.

Aus dem Mittelalter. Herausgegeben mit einem Vorwort von Hermann Hesse. Bücherei für deutsche Kriegsgefangene 19, Bern 1918.

Anekdoten und Sagen. Herausgegeben mit einem Vorwort von Hermann Hesse und W. Schäfer. Bücherei für deutsche Kriegsgefangene 9, Bern 1918.

Emil Strauß, Der Laufen; Musik. Herausgegeben mit einem Vorwort von H. Hesse. Bücherei für deutsche Kriegsgefangene 6, Bern 1918.

Alemannenbuch. Hrsg. von H. Hesse. Seldwyla, Bern 1919.

Ein badisches Buch. Herausgegeben mit einem Vorwort von H. Hesse und R. Woltereck. Bücherei für deutsche Kriegsgefangene 12, Bern 1919.

Ein Schwabenbuch für die deutschen Kriegsgefangenen. Herausgegeben von H. Hesse und W. Stich, Bern 1919.

Vivos voco. Eine deutsche Monatsschrift. Jahrgang 1-2. Herausgegeben von H. Hesse und R. Woltereck. Seemann, Leipzig 1919-1922.

Ein Luzerner Junker vor hundert Jahren. Aus den Lebenserinnerungen des X. Schnyder von Wartensee. Hrsg. mit einem Nachwort von H. Hesse, Benteli, Bern 1920.

Geschichten aus Japan. Herausgegeben und mit einem Nachwort von Hermann Hesse (Merkwürdige Geschichten, Bd. 3) Seldwyla, Bern 1922.

Salomon Gessners Dichtungen (Die Schweiz im deutschen Geistesleben, Bd. 2). Einleitung von H. Hesse, Haessel, Leipzig 1922.

Jean Paul, Der ewige Frühling. Vorwort von H. Hesse, Tal, Wien 1922.

Jean Paul, Die wunderbare Gesellschaft in der Neujahrsnacht, Erzählungen. Herausgegeben und mit einem Nachwort von H. Hesse (Merkwürdige Geschichten, Bd. 1), Seldwyla, Bern 1922.

Geschichten aus Japan. Herausgegeben und mit einem Nachwort von H. Hesse (Merkwürdige Geschichten, 3. Bd.), Seldwyla, Bern 1922.

Heinrich Leuthold, Der schwermütige Musikant. Vorwort von H. Hesse, Tal, Wien 1922.

Mordprozesse. Herausgegeben und mit einem Nachwort von H. Hesse (Merkwürdige Geschichten, Bd. 5), Seldwyla, Bern 1922.

Novellino. Herausgegeben und mit einem Nachwort von H. Hesse (Merkwürdige Geschichten, Bd. 2), Seldwyla, Bern 1922.

Aus Arnims Wintergarten. Herausgegeben und mit einem Nachwort von H. Hesse (Merkwürdige Geschichten, Bd. 4), Seldwyla, Bern 1922.

Zwei altfranzösische Sagen. Mit einem Nachwort von H. Hesse (Merkwürdige Geschichten, Bd. 6), Seldwyla, Bern 1924.

Die Geschichte von Romeo und Julia. Herausgegeben und mit einem Nachwort von H. Hesse (Merkwürdige Geschichten und Menschen), S. Fischer, Berlin 1925.

Geschichten aus dem Mittelalter. Übersetzt, herausgegeben und eingeleitet von H. Hesse, Hönn, Konstanz 1925.

Hölderlin. Dokumente seines Lebens. Herausgegeben und mit einem Nachwort von H. Hesse (Merkwürdige Geschichten und Menschen), S. Fischer, Berlin 1925.

Novalis, Dokumente seines Lebens und Sterbens. Herausgegeben und mit einem Nachwort von H. Hesse (Merkwürdige Geschichten und Menschen), S. Fischer, Berlin 1925.

Sesam, Orientalische Erzählungen. Herausgegeben und mit einem Nachwort von H. Hesse (Merkwürdige Geschichten und Menschen), S. Fischer, Berlin 1925.

J. Swift, Lemuel Gullivers Reisen in verschiedene ferne Länder der Welt. Mit einem Vorwort von H. Hesse, List, Leipzig 1925.

Blätter aus Prevorst. Eine Auswahl von Berichten über Magnetismus, Hellsehen, Geistererscheinungen usw. aus dem Kreise Justinus Kerners, herausgegeben und mit einem Nachwort von H. Hesse, S. Fischer, Berlin 1926.

Märchen und Legenden aus den Gesta Romanorum. Herausgegeben und mit einem Nachwort von H. Hesse, Insel, Leipzig 1926.

Schubart, Dokumente seines Lebens. Herausgegeben und mit einem Nachwort von H. Hesse (Merkwürdige Geschichten und Menschen), S. Fischer, Berlin 1926.

Frans Masereel, Die Idee. Einleitung von H. Hesse, Kurt Wolff, Leipzig 1927.

Hugo Ball, Sein Leben in Briefen und Gedichten. Vorwort von H. Hesse, S. Fischer, Berlin 1930.

J. W. v. Goethe, Dreißig Gedichte. Herausgegeben und eingeleitet von H. Hesse, Lesezirkel, Hottingen, Zürich 1932.

Frans Masereel, Geschichte ohne Worte. Nachwort von H. Hesse, Insel, Leipzig 1933.

Jean Paul, Siebenkäs. Nachwort von H. Hesse, List, Leipzig 1935.

Falterschönheit, Exotische Schmetterlinge. Vorwort von H. Hesse, Iris, Leipzig 1936.

Emmy Ball-Hennings, Blume und Flamme. Vorwort von H. Hesse, Benziger, Einsiedeln 1938.

Bunte Feier, Erzählungen und Gedichte (junger Autoren). Vorwort von H. Hesse, Widmer, St. Gallen 1938.

Jean Paul, Ausgewählte Werke. Einleitung von H. Hesse, Scientia, Zürich 1943.

Der Autorenabend. Dichteranekdoten von Rabelais bis Thomas Mann, Einleitung von H. Hesse, Diogenes, Zürich 1953.

A.Baeschlin, Ein Künstler erlebt Mallorca. Vorwort von H. Hesse, Lemper, Schaffhausen 1953.

L. Zahn, Künstler auf der Höri am Bodensee. Vorwort von H. Hesse, Simon & Koch, Konstnz 1956.

Ernst Morgenthaler. Vorwort von H. Hesse, Scherz, Bern 1957.

Ernst Morgenthaler, Ein Maler erzählt. Vorwort von H. Hesse, Diogenes, Zürich 1957.

Zusammengestellt von Volker Michels

Nachweise 1

Mit Siglen zitierte Werke:

Gesammelte Werke in zwölf Bänden. Werkausgabe der edition suhrkamp. Suhrkamp Verlag, Frankfurt 1970. Zweite, kaum veränderte Ausgabe. Frankfurt 1972. Dritte Auflage 1973. Sigle WA (die beiden folgenden arabischen Ziffern beziehen sich auf Band- und Seitenzahl).

Gesammelte Dichtungen in sechs Bänden. Suhrkamp Verlag, Frankfurt 1952. Seit 1957, erweitert um einen siebenten Band Gesammelte Schriften. Frankfurt 1957. Sigle GS (die nachfolgende römische Ziffer bezeichnet den Band, die arabische Ziffer die Seitenzahl).

Wenn irgend möglich, wurde nach der WA zitiert; sie enthält fast alle Werke der GS (die Ausnahme sind Briefe, sowie einige Erzählungen aus der erweiterten Ausgabe des *Bilderbuches*, einige Gedenkblätter und Betrachtungen).
Soweit Briefe unveröffentlicht sind, wurde dies angegeben. Die Manuskripte dieser Briefe befinden sich im Nachlaß bzw. im Archiv des Suhrkamp Verlages. Veröffentlichte Briefe von Hesse sind zitiert nach folgenden Ausgaben:

Briefe. Suhrkamp Verlag 1951: Ihre Auswahl wurde von Hesse selbst getroffen. Sigle Briefe. 1964 erweiterte Ausgabe. Sigle Erw. Br.

Schriften zur Literatur. Zwei Bände. Herausgegeben von Volker Michels. Sonderausgabe der Bände 11 u. 12 der WA. Suhrkamp Verlag, Frankfurt a. Main 1972. Sigle Schrift. z. Lit., Bd. 1 bzw. 2.
Gesammelte Briefe. Erster Band 1895-1921. In Zusammenarbeit mit Heiner Hesse. Herausgegeben von Ursula Michels und Volker Michels. Suhrkamp Verlag. Frankfurt 1973. Sigle GBriefe 1 (die nachfolgende arabische Ziffer ist die Seitenzahl des Bandes).

Materialien zu Hermann Hesses »Steppenwolf«. Herausgegeben von Volker Michels. suhrkamp taschenbuch 53. Frankfurt 1972. Sigle MatStep.
Materialien zu Hesses »Glasperlenspiel« Bd. 1. Texte von Hermann Hesse. Herausgegeben von Volker Michels. suhrkamp taschenbuch 80. Frankfurt 1973. Sigle MatGlas.

Die Kunst des Müßiggangs. Kurze Prosa aus dem Nachlaß. Herausgegeben von Volker Michels. suhrkamp taschenbuch 100. Frankfurt 1973. Sigle KdM.

Nachweise 2

Zitierte und benutzte Sekundärliteratur:

Hermann Hesse–Peter Suhrkamp. Briefwechsel 1945-1959. Herausgegeben von Siegfried Unseld, Frankfurt 1950.

Hermann Hesse–Thomas Mann. Briefwechsel. Herausgegeben von Anni Carlsson. Frankfurt 1968.

Hermann Hesse, Eine Chronik in Bildern. Bearbeitet und mit einer Einführung versehen von Bernhard Zeller. Frankfurt 1960.

Hermann Hesse–Romain Rolland. Briefe. Zürich 1954.

Hugo Ball, Hermann Hesse. Sein Leben und Werk. Erschien zum ersten Mal 1927. Erweiterte Ausgaben. Hier zitiert nach der Ausgabe in der Bibliothek Suhrkamp Band 34. Frankfurt 1956.

Walter Benjamin. Briefe. 2 Bände. Frankfurt 1966.

Bertolt Brecht, Gesammelte Werke. Frankfurt 1967; Werkausgabe in 20 Bänden.

Ernst Robert Curtius, Hermann Hesse. In: Kritische Essays zur europäischen Literatur. Bern 1950.

André Gide, Vorwort zur französischen Ausgabe der *Morgenlandfahrt*. Paris 1948.

Oskar Loerke, Tagebücher 1903-1939. Herausgegeben von Hermann Kasack. Heidelberg 1955.

Thomas Mann. Vorwort zur amerikanischen Ausgabe des *Demian* 1948. New York, Holt.

Volker Michels, Nachwort zum ersten Band der Gesammelten Briefe 1895-1921, Frankfurt 1973.

Rainer Maria Rilke. Sämtliche Werke. Wiesbaden 1955.

Peter Suhrkamp, Hermann Hesse, Ursprung und Entwicklung. »Die Neue Zeitung« vom 25. 11. 1946.

Kurt Tucholsky. Gesammelte Werke. Hamburg 1960.

Siegfried Unseld, Hermann Hesses Anschauung vom Beruf des Dichters. Aus: »Begegnungen mit Hermann Hesse«, Frankfurt am Main 1975.

Stefan Zweig, Der Weg Hermann Hesses. »Neue Freie Presse«. Wien 6. 2. 1923.

Inhalt